高等职业教育船舶与海洋工程装备类专业新形态教材

船舶通信与导航系统安装与操作

主　编　蔡新梅
副主编　段丽华　刘月鹏
参　编　李　妍　李海凤　林光道
主　审　王　宇

北京理工大学出版社
BEIJING INSTITUTE OF TECHNOLOGY PRESS

内 容 提 要

本书主要讲授船舶通信和导航系统的安装与操作，共分12个项目，主要内容包括全球海上遇险和安全系统（GMDSS）、地面通信系统安装与操作、卫星通信系统安装与操作、卫星搜救系统和寻位系统安装与操作、海上安全信息播发及气象传真系统安装与操作、船用罗经系统安装与操作、船用回声测深仪系统安装与操作、船用计程仪系统安装与操作、船用雷达与自动雷达标绘仪系统安装与操作、GPS卫星导航系统、船舶自动识别系统（AIS）的安装与操作、船载航行数据记录仪（VDR）的安装与操作。本书在内容、结构和体例上均有创新，采用项目引导的形式，突出修船、造船及航运等相关职业能力的培养。

本书可作为高等院校船舶通信导航相关课程的教材，也可作为电子电气员、船舶驾驶员的培训教材，还可作为修船、造船企业的电气员、接线员的参考书籍。

版权专有　侵权必究

图书在版编目（CIP）数据

船舶通信与导航系统安装与操作 / 蔡新梅主编.--
北京：北京理工大学出版社，2021.7（2025.1重印）
ISBN 978-7-5763-0050-5

Ⅰ.①船…　Ⅱ.①蔡…　Ⅲ.①航海通信 ②航海导航
Ⅳ.①U675.7

中国版本图书馆CIP数据核字（2021）第137347号

责任编辑：阎少华		**文案编辑**：阎少华	
责任校对：周瑞红		**责任印制**：边心超	

出版发行 / 北京理工大学出版社有限责任公司
社　　址 / 北京市丰台区四合庄路6号
邮　　编 / 100070
电　　话 /（010）68914026（教材售后服务热线）
　　　　　　（010）63726648（课件资源服务热线）
网　　址 / http://www.bitpress.com.cn
版 印 次 / 2025年1月第1版第3次印刷
印　　刷 / 河北世纪兴旺印刷有限公司
开　　本 / 787 mm×1092 mm　1/16
印　　张 / 22.5
字　　数 / 593千字
定　　价 / 49.90元

图书出现印装质量问题，请拨打售后服务热线，负责调换

前言

Foreword

为深化教育教学改革，推进课程改革与教材建设，更好地满足中国造船工业发展的需要，编者多次深入渤海船舶重工责任有限公司、大连船舶造船有限公司、山海关造船厂、大连海事大学等单位进行调查研究，收集信息，基于为企业培养具有必要的理论知识和较强的实践能力及生产、建设、管理、服务第一线的高技能人才的需求确定了本书的内容。

根据国家教育事业发展"十三五"规划的要求，高等教育要坚持面向市场、服务发展、促进就业的办学方向，科学确定各层次各类型教育培养目标，创新技术技能人才培养模式。推行校企一体化育人，推进"订单式"培养、工学交替培养，积极推动校企联合招生、联合培养的现代学徒制；率先在大中型企业开展产教融合试点，推动行业企业与学校共建人才培养基地、技术创新基地、科技服务基地；鼓励学校、行业、企业、科研机构、社会组织等组建职业教育集团，实现教育链和产业链有机融合。

本书立足造船、修船企业，并兼顾航运业，在认真总结全国船舶类高等院校多年来的专业教学经验、征求专业指导委员会专家意见的基础上，以职业岗位群的需求为出发点，以必需、够用为度，适当增减教学内容。减少了理论内容，加强了实践内容，针对造船、修船的需要增加了设备安装及检修内容，针对航运的需求加强了设备操作内容，具有职业性强、针对性强的特点。

本书的特点如下：

（1）作为一本理实一体化教材，注重理论和实践应用。

（2）项目内容依据国内、国外相关法规及GMDSS系统的相关要求编写。

（3）设备选型基本上为当今航行的船舶常用设备型号，并采用了大量的实物图片。

本书是针对高等院校船舶通信导航相关课程编写的，同时适用于船厂职工培训及其他形式的职业教育。

Foreword

本书由渤海船舶职业学院蔡新梅担任主编,由渤海船舶职业学院段丽华、大连航运职业技术学校刘月鹏担任副主编,渤海船舶职业学院李妍、李海凤和中远海运重工有限公司林光道参与本书部分章节的编写。具体编写分工为:蔡新梅负责编写项目一至项目四,段丽华负责编写项目九至项目十一,李妍负责编写项目五、项目六,李海凤负责编写项目七、项目八,林光道负责编写项目十二和附录部分,刘月鹏负责全书内容的审校。全书由蔡新梅策划、组织和定稿,由渤海船舶职业学院王宇主审,并提出了许多宝贵的意见和建议。

限于编者的水平和经历,本书内容难以覆盖各地区、各院校的实际情况,希望各兄弟院校及单位提出宝贵意见和建议,以便再版修订时改正。

编 者

学堂在线网络课程

目录

项目一　全球海上遇险和安全系统（GMDSS） 1
- 任务一　GMDSS的发展、概念及功能 1
- 任务二　GMDSS通信系统的组成 4
- 任务三　GMDSS海区划分、船载设备配备原则及适任证书 7
- 任务四　GMDSS业务类型 11

项目二　地面通信系统安装与操作 18
- 任务一　船舶中高频（MF/HF）组合电台 18
- 任务二　船舶甚高频（VHF）通信系统安装与操作 39

项目三　卫星通信系统安装与操作 59
- 任务一　INMARSAT-C通信系统 59
- 任务二　INMARSAT-F通信系统 76

项目四　卫星搜救系统和寻位系统安装与操作 101
- 任务一　卫星搜救系统 101
- 任务二　寻位系统 109

项目五　海上安全信息播发及气象传真系统安装与操作 121
- 任务一　海上安全信息播发系统简介 121
- 任务二　NAVTEX系统 125
- 任务三　EGC系统认识及其通信业务 137
- 任务四　气象传真机系统 141

项目六　船用罗经系统安装与操作 ································· 157
任务一　船用磁罗经系统安装与操作 ····························· 157
任务二　船用陀螺罗经系统安装与操作 ··························· 168

项目七　船用回声测深仪系统安装与操作 ·························· 195
任务一　回声测深原理 ······································· 195
任务二　回声测深仪系统 ····································· 197

项目八　船用计程仪系统安装与操作 ······························ 210
任务一　计程仪的工作原理 ··································· 210
任务二　计程仪系统 ··· 214

项目九　船用雷达与自动雷达标绘仪系统安装与操作 ················· 226
任务一　船用雷达系统安装与操作 ······························ 226
任务二　自动雷达标绘仪（ARPA）系统安装与操作 ················· 265

项目十　GPS卫星导航系统 ······································ 271
任务一　常见卫星导航系统 ··································· 271
任务二　GPS系统 ··· 276

项目十一　船舶自动识别系统（AIS）的安装与操作 ·················· 305
任务一　AIS的基本知识 ····································· 305
任务二　AIS系统介绍 ······································· 308

项目十二　船载航行数据记录仪（VDR）的安装与操作 ················ 331
任务一　VDR的基本知识 ····································· 331
任务二　VDR系统介绍 ······································· 334

附录　海岸电台频率表 ··· 353

参考文献 ·· 354

项目一　全球海上遇险和安全系统(GMDSS)

项目描述

对全球海上遇险和安全系统(Global Maritime Distress and Safety System，GMDSS)的发展、功能进行全方位了解，识读船舶通信与导航设备的布置图。

项目分析

全球海上遇险和安全系统(GMDSS)是国际海事组织(IMO)利用现代化的通信技术改善海上遇险与安全通信，建立新的海上搜救通信程序，并用来进一步完善现行常规海上通信的一套庞大的、综合的、全球性的通信搜救网络。因此，需要了解 GMDSS 的概念、组成、发展，以及海区的划分、设备和人员的配备要求等内容；船舶要根据 GMDSS、船东及船级社的要求配备船舶通信和导航设备，所以需要识读船舶通信和导航设备布置图，实现技能目标。

相关知识和技能

1. 掌握 GMDSS 的概念、功能及 GMDSS 通信系统的组成；
2. 掌握海区的划分及船用设备的配备；
3. 了解 GMDSS 系统遇险、紧急和安全通信业务。

任务一　GMDSS 的发展、概念及功能

任务目标

1. 了解 GMDSS 的发展过程；
2. 掌握 GMDSS 的概念及功能。

微课：GMDSS 的发展概念及功能

任务分析

为了保障海上船舶和人命的安全，国际海事组织在 1988 年对《国际海上人命安全公约》(SOLAS)进行修正时将 GMDSS 引入公约，通过这个任务我们可以学习 GMDSS 的发展、概念和功能。

一、GMDSS 的发展

19 世纪中叶，一些国家提出，应该建立一个永久性的国际机构以更有效地促进海上安全。1948 年，在日内瓦国际会议上通过了一项公约，正式建立一个国际性组织——政府间海事协商组织。其是联合国负责海上航行安全和防止船舶造成海洋污染的一个专门机构，总部设在英国伦敦。

1982年5月,政府间海事协商组织更名为国际海事组织(International Maritime Organization,IMO),它的作用是创建一个监管公平和有效的航运业框架,并加以普遍采用。其涵盖包括船舶设计、施工、设备、人员配备、操作和处理等方面,确保这些方面的安全、环保、节能、安全。图1-1所示为国际海事组织标识。

图1-1 国际海事组织标识

1974年10月21日至11月1日,政府间海事协商组织在伦敦召开的国际海上人命安全会议制定了旨在保障船舶在海上航行时的人命和财产安全的《1974年国际海上人命安全公约》,即 SOLAS(International Convention for Safety of Life at Sea)公约,其主要内容涉及船舶检验、船舶证书、船舶构造、消防和救生设备、航行安全、无线电设备、谷物运输和危险货物运输等方面。

国际海事组织(IMO)于1988年11月在伦敦总部召开了会议,审议通过了对作为现行系统法律依据的《1974年国际海上人命安全公约》的修正案即"SOLAS公约1988年修正案"。修正案将GMDSS引入公约,并在SOLAS公约中规定了GMDSS自然生效的条款。

GMDSS系统自1992年2月1日起分阶段实施,保障遇险船舶能够使用多种手段及时、可靠地发出报警,并被搜救部门和其他船舶接收到;保证畅通的搜救协调通信及救助现场通信;提供各种方式和手段预防海难事故的发生;为日常的公众通信服务;以及在航行时提供驾驶台的通信服务等。1999年2月1日以后,全球海上遇险和安全系统(GMDSS)全面运行,所有国际航行和国内沿海航行船舶均应配备符合GMDSS系统所要求的设备,保证船遇险时在世界任何地方都可以得到援助,即使船员没有时间广播求助,消息也将会被自动传播。

二、GMDSS的概念与功能

1. GMDSS的概念

GMDSS的全称是全球海上遇险和安全系统。GMDSS是一个庞大的全球性通信网,建立这个网络的目的是最大限度地保障海上人命与财产安全,将海上航行安全提高到一个新的水平。GMDSS的实施建立在现代电子技术、计算机技术和通信技术基础之上,是现代海上通信发展的客观需要。GMDSS救助示意如图1-2所示。

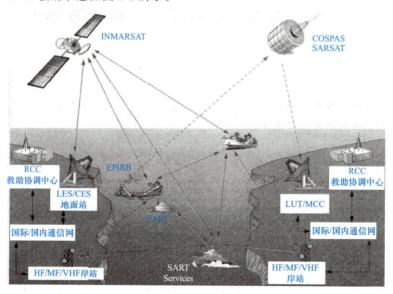

图1-2 GMDSS救助示意

2. GMDSS 的功能

每艘配备 GMDSS 通信设备的船舶应具备下述基本功能：

(1) 遇险报警 (Alerting)。遇险报警是指船舶发生海难时，遇险船使用适当的无线电通信装置及其相应的报警通信频率，将遇险信息迅速有效地告知岸上救助协调中心 RCC (Rescue Coordination Center) 或邻近船舶，这就是船对岸和船对船的报警。通常，RCC 通过岸台 (MF/HF/VHF 海岸电台) 或岸站 (卫星海岸地球站) 收到船对岸遇险报警后，它将向遇难地点附近的船舶和搜救单位转发遇险报警，要求这些船舶和搜救单位去救助遇难船，这就是岸对船的报警。

GMDSS 的通信设施按遇险报警信息的传送方向有以下三种遇险报警功能：

1) 要求有至少两台独立的、使用不同无线电通信业务的无线电装置发送船对岸的遇险报警。
2) 接收岸对船的遇险报警。
3) 接收和发射船对船的遇险报警。

GMDSS 要求每一艘配置 GMDSS 通信设备的船舶确保船对岸、岸对船、船对船三个方向的遇险报警。船对岸的报警是三种报警功能中首要的功能。

(2) 搜救协调通信 (SAR Coordinating Communication)。搜救协调通信通常是指在遇难船进行了成功的遇险报警后，RCC 为协调参加搜救行动的船舶或飞机所进行的必要通信。这种通信包括 RCC 和遇难海区的任何"现场指挥者 (OSC)"或"海区搜寻协调人 (CSS)"之间的通信。

搜救协调通信属于远距离双向通信。通信手段可采用电话或电传或两者兼用，实际应用中，既可使用 INMARSAT 卫星系统，也可用地面通信系统的设备。

(3) 搜救现场通信 (On-scene Communication)。搜救现场通信是在救助现场遇难船与救助单位 (救助船或飞机) 及救助单位之间进行的有关搜救工作的通信。

搜救现场通信通常使用甚高频 (VHF) 无线电话进行近距离通信，距离较远时，可使用中频 (MF) 无线电话或窄带直接印字电报 (NBDP) 通信。通信中可使用遇险、紧急、安全通信频率。当与参加救助的飞机通信时，应使用 3 023 kHz、4 125 kHz、5 680 kHz 的通信频率。

(4) 定位与寻位通信 (Locating Communication)。船舶在遇险的情况下，其位置一般由卫星和地面系统的报警设备发出，接收到信息的有关单位可以直接或通过分析得出遇险船舶的具体位置，即系统的定位功能。

在遇险报警信息中一般包含有遇险位置，但这一位置数据可能存在误差或报警后由于各种原因其位置发生了变化。救助单位在营救中，必须依靠寻位手段，快速有效地找到遇难船舶、救生艇 (筏) 或幸存者。

(5) 海上安全信息的播发 (Promulgation of Maritime Safety Information)。海上安全信息 (MSI) 是指航行警告、气象警告、气象预报等保证船舶安全航行的信息。GMDSS 系统专门设立了一套完整的播发体系，用来播发海上安全信息，同时船舶按要求配备相应的设备自动接收，从而为船舶航行提供预防性的安全措施。

(6) 常规无线电通信 (Routine Communication)。常规通信是指船舶除遇险、紧急、安全通信外的日常公众业务通信。如船台经岸台或岸站与陆上管理机构之间的调度、货物情况等通信，船舶申请引航、拖船的通信，船员或旅客与家人的通信等。常规通信可使用 INMARSAT 卫星船站、中高频、甚高频无线电话进行。

(7) 驾驶台与驾驶台间的通信 (Bridge to Bridge Communication)。这种通信是指从船舶驾驶位置上进行船舶之间的安全通信，一般使用甚高频 (VHF) 无线电话通信设备。这种通信特别是在狭长水道和繁忙航道航行中，对船舶航行安全尤其重要。

通过本任务的学习,了解了 GMDSS 的发展历程,利用现代先进技术研制出各种航海用的设备,就是为了最大限度地保护人命和财产的安全,GMDSS 凭借立体通信链路,将航行船舶、卫星和岸站连成一体,确保实现船对岸、岸对船、船对船的全球遇险报警及其他通信。

任务二　GMDSS 通信系统的组成

任务目标

1. 了解 GMDSS 通信系统的四个分系统;
2. 掌握每个分系统的通信设备。

微课:GMDSS 通信系统的组成

任务分析

根据各个通信系统的功能,GMDSS 通信系统主要分为四个分系统,分别是地面通信系统、卫星通信系统、海上安全信息播发系统及定位寻位系统。

一、地面通信系统

地面通信系统主要工作在 MF、HF 和 VHF 频段,用于中、远、近距离的遇险、紧急、安全和常规通信,从而实现 GMDSS 的功能。该系统由船舶电台、海岸电台和与岸台连接的国际/国内陆地公众通信网或专用通信网组成。海岸电台相当于船舶电台与陆地公众通信网用户的接口,起到有线通信与无线通信转接的作用。地面通信系统的船用通信设备主要有中高频(MF/HF)组合电台和甚高频(VHF)通信设备。

1. 近距离通信

甚高频(VHF)提供近距离调频无线电话和 DSC 呼叫及 DSC 遇险报警通信。

便携式双向甚高频无线电话设备,提供船舶遇险时进行较近距离的调频无线电话通信,它是弃船上救生艇后唯一的通信设备。

2. 中距离通信

中频(MF)提供中距离的单边带无线电话、NBDP、DSC 呼叫及 DSC 报警通信。

3. 远距离通信

高频(HF)提供远距离的单边带(SSB)无线电话、窄带直接印字电报(NBDP)、数字选择性呼叫(DSC)及 DSC 遇险报警通信。在卫星覆盖区内,既可用高频通信也可用卫星通信。在卫星覆盖区外,一般指 A4 海区,高频通信是唯一的远距离通信手段。

二、卫星通信系统

GMDSS 中有两种卫星通信系统,即 INMARSAT 国际移动卫星通信系统和 COSPAS/SARSAT 全球卫星搜救系统。

1. INMARSAT 国际移动卫星通信系统

(1)INMARSAT 国际移动卫星通信系统的服务业务。INMARSAT 国际移动卫星通信系统为船舶提供的服务有遇险呼救报警、直拨电话、电传、传真、电子邮件(包含影像、LAN、Internet 及 Internet 接入)、数据传输(综合业务数字网 ISDN 和移动包交换数据业务 MPDS)、船队管理、船队安全网和应急无线电示位标;航空应用有驾驶舱话音、数据、自动位置与状态报告和旅客直拨电话;陆地应用有微型卫星电话、传真、数据和运输上的双向数据通信、位置报告、电子邮件和车队管理等。INMARSAT 还为海事遇险救助和陆地较大自然灾害救助提供免费应急通信服务。

INMARSAT 有多种不同的移动通信系统,包括 INMARSAT-A(已关闭)、B、C、M、Mini-C、Mini-M、E(已关闭)、FBB、F77、F55、F33、M4、Aero、BGAN、D 等系统,目前符合 GMDSS 设备要求的有 INMARSAT-B、C、F77、FBB 终端。

(2)INMARSAT 通信系统构成。INMARSAT 通信系统由空间段、地面网络和移动站三大部分构成,其结构如图 1-3 所示。

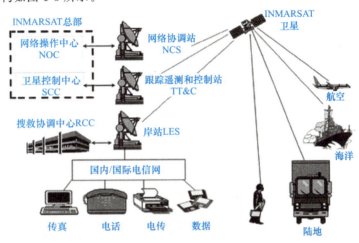

图 1-3 INMARSAT 通信系统构成

1)空间段。空间段包括 INMARSAT 卫星、跟踪遥测和控制站(Tracking Telemetry and Control,TT&C)和卫星控制中心(Satellite Control Centre,SCC)。

卫星空间段由 4 颗工作卫星(目前 INMARSAT 卫星主要使用 1996—1997 年间发射的 5 颗第三代卫星,其中 1 颗为备用卫星)组成,分别在太平洋(POR)、印度洋(IOR)、大西洋东(AOR-E)和大西洋西(AOR-W)区赤道上空 35 786 km 的静止轨道上运行。这 4 颗卫星可以覆盖地球南北纬 75°之间的表面,称为卫星的覆盖区。卫星覆盖不到的区域,即南北纬 75°以上的两极区域,称为卫星覆盖的盲区。

2005—2008 年间,系统又先后发射了 3 颗第四代卫星,分别位于印度洋上空、太平洋上空和大西洋上空。每一颗卫星均可以产生一个全球波束、19 个宽波束和 228 个窄波束,通信能力可覆盖全球 85%的陆地,比第三代卫星的通信容量大 20 倍,卫星功率大 60 倍,数据传输速率最高可达 492 kbit/s,为实现全球宽带局域网业务创造了良好的条件。

2)地面网络。INMARSAT 卫星通信地面网络由网络协调站、网络操作中心、卫星操作中心、卫星测控站和卫星地面站组成。

①网络协调站(Network Coordination Station,NCS)。在 INMARSAT 系统下,每一个洋区设立一个 NCS,负责对本洋区地面站的通信协调、管理和监控。NCS 的主要任务是协调和控制本洋区地面站和移动终端之间的通信和向船站发布业务广播通告。

②网络操作中心(Network Operations Center,NOC)。NOC 位于伦敦 INMARSAT 总部,

它使用全球通信网络将全球的 4 个 NCS 连接起来。NOC 与 NCS 进行信息交换,可使 NOC 对 INMARSAT 整个网络的通信业务进行监视、协调和控制。

③卫星操作中心(Satellite Operations Center,SOC)。SOC 设在伦敦 INMARSAT 总部,它负责监视 INMARSAT 卫星的运行情况。SOC 接收从卫星测控站(TT&C)发来的数据,通过测控站对 INMARSAT 卫星进行控制和管理。

④卫星测控站(Telemetry、Tracking and Control,TT&C)。测控站跟踪遥测卫星,对卫星的姿态进行调整、测控,并将测得的数据送 SOC 处理。卫星测控站还接收 SOC 发来的分析结果,以此为依据给卫星发指令,对卫星进行控制。全球设立了 4 个卫星测控站。卫星测控站在必要时可以替代 SOC 控制卫星,起到备用的作用。

⑤卫星地面站(Land Earth Station,LES 或 Coast Earth Station,CES)。卫星地面站(又称岸站)分别由各国政府指定的签字者建设和经营,我国为交通运输部中国交通通信中心。卫星地面站是移动卫星终端与陆地公众通信网的接口,每一个卫星覆盖区可建立若干个地面站,全球最多可建 60 个卫星地面站。目前,全球在运营的卫星地面站共有 39 个。

在实际卫星通信中,不同移动终端通过卫星经卫星地面站完成通信。呼叫卫星地面站以接续码(呼叫号码)完成。INMARSAT 的每一个系统 LES/CES 在每一个服务洋区都有一个接续码。表 1-1 所示为北京地面站接续码(移动站首发呼叫)。

表 1-1 北京地面站接续码

移动站类型	太平洋	印度洋	大西洋东	大西洋西
INMARSAT-B、M、Mini-M、M4、F	868	868	868	868
INMARSAT-C	211	311	121	021

3)移动站。移动站是指利用 INMARSAT 系统进行通信的卫星终端设备,主要进行话音、传真、数据通信业务。移动站根据使用的用户不同分陆用移动站(Mobile Earth Station,MES)、海用移动站(Ship Earth Station,SES,也称船站)和空用移动站。

(3)INMARSAT 通信系统工作波段。在 INMARSAT 通信系统中,移动站工作在 L 波段,其上行频率(发射频率)为 1.6 GHz,下行频率(接收频率)为 1.5 GHz。地面站则工作在 C/L 两个波段。当 LES/CES 与移动站通信时,其工作在 C 波段,上行频率为 6 GHz,下行为 4 GHz,当 LES/CES 与 LES/CES 或 NCS 间通信时,需在 C 波段发射而在 L 波段接收,如图 1-4 所示。

图 1-4 INMARSAT 通信系统工作波段示意

2. COSPAS/SARSAT 全球卫星搜救系统

COSPAS/SARSAT 全球卫星搜救系统是一个国际联合卫星搜救定位系统。该系统用于陆海空遇险事件的搜救业务,并向全球开放。遇险目标可利用其自身携带的卫星应急示位标自动或人工启动发射遇险报警信号。该系统根据收到的报警信号可迅速地确定出遇险目标的位置,从而进行及时有效的救助。

该系统中的船载设备是 406 MHz 卫星应急示位标(EPIRB)。该系统由 406 MHz EPIRB、沿经线方向绕过地球两个极区的近极轨道卫星、地球同步轨道卫星和地面设施组成。

三、海上安全信息播发系统

海上安全信息(MSI)播发系统用于向船舶提供海上航行安全所必需的气象警告、航行警告、气象预报等安全信息。

1. NAVTEX 系统

海岸电台以 518 kHz 频率向 400 n mile 以内海域的船舶用英语按时播发海上安全信息,船上 NAVTEX 接收机自动接收并打印,该系统主要服务于 A1、A2 海区。

2. EGC 系统

EGC 系统是通过 INMARSAT 海事卫星向船舶提供海上安全信息,主要服务于 A3 海区。它弥补了 NAVTEX 系统的空白,保证了 NAVTEX 岸台覆盖不到的远海域、没有能力建立 NAVTEX 业务或由于船舶密度太低而不开放 NAVTEX 业务的沿海水域,能接收到海上安全信息。船舶配备具有 EGC 功能的卫星船站或 EGC 接收机,接收海上安全信息。

NAVTEX 系统和 EGC 系统还提供岸对船的遇险报警。

远距离的海上安全信息是通过 NBDP 系统在 HF 频段(4 209.5 kHz)播发的,该系统服务于 A4 海区。船上采用 NBDP 设备或具有该工作频率的 NAVTEX 接收机在相应的频率上自动接收。

四、定位寻位系统

定位系统由卫星、应急无线电示位标(EHRB)、区域用户终端(LUT)和任务控制中心(MCC)所组成,其工作频率为 406 MHz。该系统目前使用四颗低高度极轨道卫星,为全球包括两极区域在内提供通过极轨道卫星进行的船对岸遇险报警的功能。

寻位系统由搜救雷达应答器(SART)和 X 波段导航雷达组成。便携式 SART 可在船上使用,或在救生艇上使用。在搜救行动中,救助船可使用 X 波段雷达发现和寻找到 SART(由遇难者携带并在遇难时开启),即遇难者的位置。

通过本任务的学习,了解了 GMDSS 通信系统的四个分系统,了解了不同系统的功能和使用的设备。

任务三　GMDSS 海区划分、船载设备配备原则及适任证书

任务目标

1. 掌握 GMDSS 海区的划分原理;

2. 了解船载设备的配备原则；
3. 了解 GMDSS 船舶通信的四种适任证书。

任务分析

微课：GMDSS 海区划分、船载设备配备原则及适任证书

为了保障海上船舶和人命的安全，国际海事组织在 1988 年对 SOLAS 公约进行修正时将 GMDSS 引入公约，根据船舶航行海区对其上安装的设备和人员进行规范。

一、GMDSS 的海区划分

IMO 于 1988 年 10 月通过的 SOLAS 公约修正案规定，每一公约船应按其航行的海区配备相应的无线电设备，也就是说船载设备应与其所航行的海区相适应。

在 GMDSS 中，根据岸台使用的各种频段无线电波的覆盖范围共划分为 A1、A2、A3、A4 四个海区。

(1) A1 海区：指至少在一个甚高频 (VHF) 岸台的无线电话覆盖范围之内，可实现 VHF DSC 报警。A1 海区的范围为以该 VHF 岸台为中心，半径为 25～30 n mile（海里）的海域范围。这个岸台必须保持对 VHF 的 CH70 连续 DSC 值守。

(2) A2 海区：除指 A1 海区外，至少在一个中频 (MF) 岸台的无线电话覆盖范围之内，在此海区可实现船岸 MF DSC 报警。A2 海区为以该 MF 岸台为中心，半径为 100～150 n mile（晚上可达 200～250 n mile）的海域内除 A1 海区的区域。这个岸台必须保持对 MF 有关信道的连续 MF DSC 值守。

(3) A3 海区：指除 A1、A2 海区外，INMARSAT 卫星所覆盖的海区，即地球南北纬 75°以内的区域。在这个区域内，INMARSAT 卫星通信系统提供连续、有效的 INMARSAT 船站报警。

(4) A4 海区：是 A1、A2 和 A3 海区以外的海域。A4 海区为 INMARSAT 卫星覆盖区以外除了 A1、A2 海区的海域。此海区使用高频 (HF) 无线电设备进行通信。

为保障船舶航行安全，更好地履行沿岸国义务，2009 年，我国海事局发布公告确定我国的沿海 A1、A2 海区覆盖范围如下：

(1) 以天津海岸电台塘沽台为圆心，半径 25 n mile 圆弧内的水域为 A1 海区。
(2) 以天津海岸电台军粮城台为圆心，半径 100 n mile 圆弧内 A1 海区以外的水域为 A2 海区。
(3) 以大连海岸电台为圆心，半径 25 n mile 圆弧内的水域为 A1 海区。
(4) 以大连海岸电台石庙台为圆心，半径 100 n mile 圆弧内 A1 海区以外的水域为 A2 海区。
(5) 以秦皇岛海岸电台为圆心，半径 25 n mile 圆弧内的水域为 A1 海区。
(6) 以烟台海岸电台为圆心，半径 25 n mile 圆弧内的水域为 A1 海区。
(7) 以烟台海岸电台北沙子台为圆心，半径 100 n mile 圆弧内 A1 海区以外的水域为 A2 海区。
(8) 以青岛海岸电台为圆心，半径 25 n mile 圆弧内的水域为 A1 海区。
(9) 以青岛海岸电台于家下河台为圆心，半径 100 n mile 圆弧内 A1 海区以外的水域为 A2 海区。
(10) 以连云港海岸电台为圆心，半径 25 n mile 圆弧内的水域为 A1 海区。
(11) 以连云港海岸电台虎山台为圆心，半径 100 n mile 圆弧内 A1 海区以外的水域为 A2 海区。
(12) 以上海海岸电台横沙台为圆心，半径 25 n mile 圆弧内的水域为 A1 海区。
(13) 以上海海岸电台芦潮港台为圆心，半径 25 n mile 圆弧内的水域为 A1 海区。
(14) 以上海海岸电台周浦台为圆心，半径 100 n mile 圆弧内 A1 海区以外的水域为 A2 海区。
(15) 以宁波海岸电台为圆心，半径 25 n mile 圆弧内的水域为 A1 海区；半径 100 n mile 圆弧内 A1 海区以外的水域为 A2 海区。
(16) 以福州海岸电台壶江基站为圆心，半径 25 n mile 圆弧内的水域为 A1 海区。

(17)以福州海岸电台天大山基站为圆心，半径 25 n mile 圆弧内的水域为 A1 海区。
(18)以福州海岸电台马尾台为圆心，半径 100 n mile 圆弧内 A1 海区以外的水域为 A2 海区。
(19)以厦门海岸电台双狮山基站为圆心，半径 25 n mile 圆弧内的水域为 A1 海区。
(20)以厦门海岸电台南太武山基站为圆心，半径 25 n mile 圆弧内的水域为 A1 海区。
(21)以厦门海岸电台为圆心，半径 50 n mile 圆弧内 A1 海区以外的水域为 A2 海区。
(22)以泉州海岸电台石湖基站为圆心，半径 25 n mile 圆弧内的水域为 A1 海区。
(23)以广州海岸电台南岗台为圆心，半径 25 n mile 圆弧内的水域为 A1 海区。
(24)以广州海岸电台黄山鲁站为圆心，半径 25 n mile 圆弧内的水域为 A1 海区。
(25)以广州海岸电台珠海淇澳岛站为圆心，半径 25 n mile 圆弧内的水域为 A1 海区。
(26)以广州海岸电台罗岗台为圆心，半径 100 n mile 圆弧内 A1 海区以外的水域为 A2 海区。
(27)以湛江海岸电台话台为圆心，半径 25 n mile 圆弧内的水域为 A1 海区。
(28)以湛江海岸电台为圆心，半径 100 n mile 圆弧内 A1 海区以外的水域为 A2 海区。
(29)以汕头海岸电台为圆心，半径 100 n mile 圆弧内的水域为 A2 海区。
(30)以北海海岸电台为圆心，半径 50 n mile 圆弧内的水域为 A2 海区。
(31)以海口海岸电台为圆心，半径 25 n mile 圆弧内的水域为 A1 海区。
(32)以八所海岸电台为圆心，半径 50 n mile 圆弧内的水域为 A2 海区。
(33)以三亚海岸电台为圆心，半径 70 n mile 圆弧内的水域为 A2 海区。

二、保障 GMDSS 设备有效性的措施

SOLAS 公约 1988 年修正案规定 GMDSS 系统自 1992 年 2 月 1 日起生效。根据修正案，一切从事国际航行的客船和 300 总吨以上的货船，都必须在 1999 年 2 月 1 日之前，按其航行的海区配备相应的 GMDSS 船用设备。

1. 保障 GMDSS 船载通信设备有效性的措施

为了确保海上通信的可靠性，SOLAS 公约的修正案提供了三种可选择的方案：

(1)双套设备(Duplication of Equipment)。双套设备是指在前面配置设备的基础上，再附加一套通信设备。附加的通信设备包括一台具有 DSC 功能的 VHF 无线电话；根据船舶的航行海区，在 INMARSAT 船站、MF 无线电装置、MF/HF 无线电装置中选择一台。

(2)岸上维修(Shore-based Maintenance)。

(3)海上电子维修(At-sea Electronic Maintenance Capability)。

2. 选择维修方案的原则

(1)航行在 A1、A2 海区的船舶，至少应具备上述三种方案中的一种；
(2)航行在 A3、A4 海区的船舶，应至少综合使用上述三种方案中的两种。

三、GMDSS 船载设备的配备

在双套设备配备方案中，各海区最低配备要求见表 1-2。

表 1-2　各海区最低配备要求(双套设备配备方案)

设备	A1 海区	A2 海区	A3 海区 INMARSAT 方案	A3 海区 HF 方案	A4 海区
VHF 设备(能在 CH70 DSC 上值守)	1+1	1+1	1+1	1+1	1+1
MF 无线电装置(能在 2 187.5 kHz 上值守)	—	1	1	—	—

续表

设备		A1 海区	A2 海区	A3 海区 INMARSAT 方案	A3 海区 HF 方案	A4 海区
MF/HF 无线电装置(包括 DSC、NBDP 和 DSC 值守机)		—	—	—	1+1	1+1
INMARSAT 船站(具有 EGC 接收功能)		—	—	1+1	—	—
NAVTEX 接收机		1	1	1	1	1
EGC 接收机(无 NAVTEX 业务地区)		1	1	—	1	—
漂浮式卫星 EPIRB		1	1	1	1	1
SART	300~500 总吨货船	1	1	1	1	1
	500 总吨及以上货船和所有客船	2	2	2	2	2
便携式 VHF 双向无线电话	300~500 总吨货船	2	2	2	2	2
	500 总吨及以上货船和所有客船	3	3	3	3	3

注：表中"+1"表示在双套设备配备方案中，在原有必备设备的基础上增配一套设备。

每艘客船都应设有从船舶通常驾驶的位置与现场用航空频率 121.5 MHz 和 123.1 MHz 进行以搜救为目的的双向无线电通信的设备。

所有客船应在指挥位置安装遇险报警板。客船遇险警报动用的所有相关无线电通信设备自动更新船位信息。

截至 1999 年 2 月 1 日，每艘船舶在海上时，如实际可行，应在船舶通常驾驶的位置在 VHF CH16 上保持连续值守。

四、GMDSS 适任证书

国际电信联盟(ITU)《无线电规则》(2016 年版)中规定了 GMDSS 船舶通信的四种证书。

1. 无线电人员持有的证书(4 种)

(1)一级无线电电子证书(First-Class Radio Electronic Certificate，1st REC)，具有完全的在船维修能力。

(2)二级无线电电子证书(Second-Class Radio Electronic Certificate，2nd REC)，具有有限的在船维修能力。

(3)通用操作员证书(General Operator's Certificate，GOC)，具有全球操作能力，但不包括维修能力。

(4)限用操作员证书(Restricted Operator's Certificate，ROC)，仅限 A1 海区船舶。

2. 无线电人员配备要求

为了对船舶无线电设备有效控制，实现可靠的遇险和常规通信，航行在不同海区的船舶应指派持有相应证书的无线电人员，见表 1-3。

表 1-3 各海区无线电人员配备

海区 适用证书	A1 海区	A1~A2 海区	A1~A3 海区		A1~A4 海区	
			单套设备	双套设备 岸上维修	单套设备	双套设备 岸上维修
一级无线电电子证书					√	

续表

海区 适用证书	A1 海区	A1~A2 海区	A1~A3 海区		A1~A4 海区	
			单套设备	双套设备 岸上维修	单套设备	双套设备 岸上维修
二级无线电电子证书			√			
通用操作员证书		√		√		√
限用操作员证书	√					

任务总结

通过本任务的学习，了解了 GMDSS 要求根据岸台使用的各种频段无线电波的覆盖范围共划分为四个海区，以及根据航行海区所要求配备的设备。为了能够进一步保证船舶安全，提出了保障 GMDSS 船载通信设备有效性的措施及适任证书。

任务四　GMDSS 业务类型

任务目标

1. 掌握海上通信的四个级别；
2. 了解遇险操作及误报警的处理方法；
3. 了解紧急和安全通信操作过程。

微课：GMDSS
业务类型

任务分析

国际电信联盟将海上通信划分为四个等级。在本任务中，要掌握四种通信的定义和级别，了解四种通信的通信过程。

为了保障海上移动通信的畅通，尤其是当一个移动单元需要紧急救助时能够快捷、安全地和相关机构保持联系，国际电信联盟将海上通信划分为遇险、紧急、安全和常规四个优先级别。

遇险通信：包括遇险报警和后续通信。遇险报警表明发送报警的移动单元，如船舶、航空器、其他载运工具、人员处于紧迫危险需要立即救援。后续通信主要包括搜救协调通信、现场通信等，它是在遇险报警之后针对险情展开的通信。

紧急通信：意味着呼叫台有一份涉及移动单元或者人员安全的十分紧急的信息需要发送。在紧急通信中包括多种业务形式，如医疗援助、医疗指导等。

安全通信：表明呼叫台有一份涉及航行安全的电文需要发送，如紧急的航行警告、气象警告等。

常规通信：常规通信也称日常通信，是指除了遇险、紧急和安全通信以外的通信类型。

在 SOLAS 公约中，不仅为 GMDSS 定义了海区的概念，而且为每个海区的船舶应该装备的无线电报警设备作出了详细的规定。国际电信联盟出版的《无线电规则》为遇险、紧急和安全通信划分了特定的频率，并制定了严格的通信程序。

一、遇险通信

1. 遇险船只遇险报警

遇险时，用 VHF/MF/HF DSC、INMARSAT 或者 EPIRB 设备发出遇险呼叫。

无线电话遇险信号为"MAYDAY"（三次），读作法语的"m'aider"。

2. 遇险报警接收和收妥确认

(1) 岸站接收遇险报警和收妥确认。当岸站接收到遇险报警后，一要联系遇险船只，二要向 RCC 转发报警信息，并根据 RCC 指示采取措施等。船舶遇险报警一般应由岸上机构给予确认。当岸站用 DSC 确认时，应在接收到遇险报警的 DSC 遇险呼叫频率上以所有船播发的方式发送遇险收妥确认。

(2) 非遇险船接收遇险报警和收妥确认。非遇险船根据收到报警路由的差别采取不同的行动。如果通过 INMARSAT 或者 NAVTEX 接收机收到船舶遇险信息，则在把相关信息记录到电台日志的同时，船长会根据自身船舶的状况采取相应的行动，如加强瞭望、驶往事发海域参与救助等。

如果该船舶在 DSC 终端上收到遇险报警信息，则应采取以下行动：

1) 若该信息是一份经由海岸电台转发的信息，将信息记入无线电日志，同时报告船长，并且根据遇险电文指示守听相应的无线电话或者无线电传遇险频率。如果船舶电台认为应该对电文给予确认，注意此时只能使用无线电话或者电传，而不应该使用 DSC 设备，因为 DSC 确认信息具有自动中断海岸电台报警程序的功能。确认之后须根据岸上当局的指令提供必要的救助行动。

2) 若该信息是一份由遇难船舶直接发送的，船舶电台可以考虑对信息进行确认或者转发，但是无论如何都应该首先守听相应的电话、电传信道。如果船台在 MF 或 VHF 频段上继续收到 DSC 遇险报警，只在与 RCC 或岸台协商并得到明确指示时，方可发射 DSC 遇险确认以中断遇险报警。在 HF 频段收到遇险报警，而岸台在 5 min 内未予确认时，船台均应向适当的岸台进行遇险呼叫转发。

3) 对于船台发射的针对一个以上船舶的遇险转发呼叫，船台应采用无线电话方式予以确认。船台发射的遇险转发呼叫，应由岸台用 DSC 方式确认。

3. 遇险船船长 GMDSS 设备操作指南

遇险船船长 GMDSS 设备操作指南如图 1-5 所示。

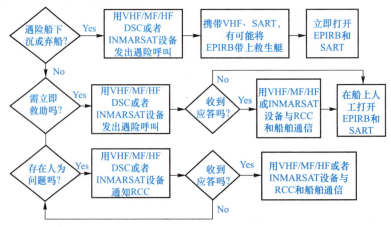

图 1-5 遇险船船长 GMDSS 设备操作指南

4. 误报警取消

一旦设备操作失误,发生了误报警,应及时取消报警,以减少对 GMDSS 通信系统的影响。误报警处理指南如图 1-6 所示。

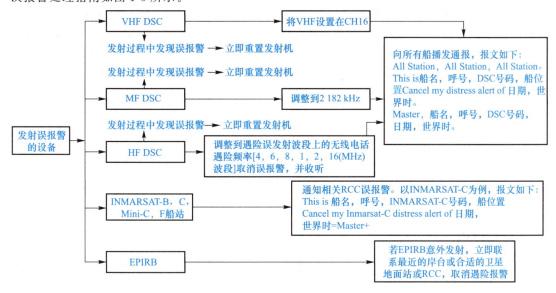

图 1-6 误报警处理指南

二、紧急和安全通信

依据 2012 年世界无线电通信大会文件,紧急和安全通信包括以下内容:
(1)航行警告、气象警告和其他紧急信息的发送。
(2)船对船的航行安全通信。
(3)船位置报告通信。
(4)搜救行动的辅助通信。
(5)医疗指导和医疗援助通信。
(6)有关船舶航行、船舶动态和船舶必需品的通信,以及发给官方气象部门的船舶气象观测电文等。

1. 紧急通信

紧急通信包括医疗援助、医疗指导、海事援助等。紧急通信必须有船长授权方可发送。紧急通信中的紧急信号为"PAN PAN"(三次),读作法语的"Panne Panne"。通信时首先应发送紧急信号的引语,然后发送相关的紧急信息。

紧急信号和紧急信息,可以通过地面或卫星系统发送。利用地面通信系统发送时,首先必须在一个或几个指定的遇险安全呼叫频率上,使用 DSC 终端发送紧急通信引语。如果通过卫星系统进行紧急通信时不需要独立的引语,因为通过选择"紧急"优先等级,操作员已经获得了进入国际海事卫星系统的优先权。当其他船舶在 DSC 设备上收到紧急呼叫时,不要对呼叫予以确认,只需将相关接收机调谐到呼叫中所指明的频率上进行接收即可。

2. 安全通信

安全通信表明呼叫台有一份涉及航行安全的电文需要发送。例如,当某船舶发现危险冰况、危险船舶残骸或危及海上航行安全等情况时,船舶电台应该尽快联系附近的其他船舶,并尽快与附近海岸电台取得联系,且通过海岸电台将上述信息发送给有关当局。上述所有通信都必须冠以安全信号。

如果使用地面通信系统进行安全通信,首先应该在一个或多个指定的遇险和安全呼叫频率上使用 DSC 终端进行呼叫,然后调谐到无线电话或者 NBDP 设备的特定频率上广播安全信号及信息,安全信号为"SECURITE",读作法语的"Say-Cure-Tay"。如果通过国际海事卫星系统发送安全信息,则不需要另外使用安全信号。当船舶收到 DSC 安全呼叫时,不要对呼叫予以确认,只需将相关接收机调谐到呼叫中所指明的频率上进行接收即可。

任务总结

通过本任务的学习,了解了遇险、紧急、安全和常规通信的定义,学习了遇险通信的操作过程及误报警的处理方法,了解了紧急通信和安全通信的范畴,还学习了在发射不同通信类型信息时要冠以引语。

项目评价

序号	考核点	分值	建议考核方式	考核标准	得分
1	GMDSS 系统中,设备的基本配备	10	教师评价(50%)+互评(50%)	能正确使用 GMDSS 设备的配备,使用错误一台设备扣2分	
2	GMDSS 的遇险报警程序,在不同的海区应使用的报警设备	10	教师评价(50%)+互评(50%)	在不同的海区能正确使用报警设备,使用错误一台设备扣2分	
3	在地球仪上指出海区划分情况	5	教师评价(50%)+互评(50%)	能正确指出不同海区划分,指错一处扣2分	
4	学习报告	30	教师评价(100%)	格式标准,内容完整,详细记录项目实施过程并进行归纳总结,一处不合格扣2分	
5	职业素养	5	教师评价(30%)+自评(20%)+互评(50%)	工作积极主动,遵守工作纪律,遵守安全操作规程,爱惜设备与器材	
6	练习与思考	40	教师评价(100%)	对相关知识点掌握牢固,错一题扣1分	
完成日期			年　月　日	总分	

项目总结

GMDSS(Global Maritime Distress and Safety System 的缩写)及全球海上遇险及安全系统是一个服从于《1979年国际海上搜救公约》的全球性通信网,是国际海事组织(IMO)为建立有效的搜救程序,并进一步完善海上通信手段而构建的一整套综合通信系统。其基本目的是最大限度地保障海上人命和财产的安全。GMDSS 系统的基本作用是船舶遇险时能迅速有效地报警，岸上的搜救机构和遇险船附近的其他船舶能够立即获得遇险船的报警信息，并保证在最短时间内进行协调救助，从而加大搜救的成功率；系统还提供紧急、安全通信和播发海上安全信息，以保证船舶的航行安全；同时系统满足传播常规业务通信的要求。GMDSS 系统主要由地面通信系统、卫星通信系统、定位寻位系统及海上安全信息播发系统组成，GMDSS 海区分为 A1 海区、A2 海区、A3 海区和 A4 海区，每个海区所使用的通信设备均有所不同，船舶应按航行的海区提供执行 GMDSS 功能的设备，同时，GMDSS 对无线电人员及设备的有效性和维护也作了一定的要求。

练习与思考

1. GMDSS 的首要功能是保证(　　)。
   A. 日常通信　　　　　　　　B. 播发海上安全信息
   C. 驾驶台之间通信　　　　　D. 遇险船舶的可靠通信
2. GMDSS 设备的配备是按(　　)要求进行。
   A. 船舶吨位　　　　　　　　B. 各国配备规范
   C. 船舶航区　　　　　　　　D. 船舶动力装置的功率
3. GMDSS 按海区划分为(　　)。
   A. 16 个海区　　B. 3 个海区　　C. 4 个洋区　　D. 4 个海区
4. 船舶在 A2 海区出现搁浅遇险紧急情况，需要他方援助时，首选使用(　　)设备报警。
   A. MFDSC　　　B. FPTRR　　　C. HFDSC　　　D. SART
5. GMDSS 中，不能用(　　)设备接收气象信息。
   A. NAVTEX　　　　　　　　B. NBDP 终端
   C. EGC 接收机　　　　　　　D. DSC 终端
6. SOLAS 公约第 4 章中规定，航行于 A3、A4 海区的船舶，其无线电设备维修方式应采用(　　)的方法。
   A. 依靠船上专设的电子维修人员维修
   B. 依靠岸上维修人员维修
   C. 船上配备双套设备
   D. 上述任何两种方案的配合
7. 遇险现场通信常使用(　　)。
   A. HF 设备的无线电话和电传　　B. INMARSAT 移动站的电话和电传
   C. VHF/MF 设备的无线电话　　　D. VHF 无线电话和 DSC
8. 没有遇险报警功能的设备是(　　)。
   A. SART　　　　　　　　　　B. EPIRB
   C. DSC　　　　　　　　　　 D. INMARSAT 移动站
9. 在 COSPAS/SARSAT 系统中，使用的终端设备是(　　)。
   A. NAVTEX　　B. EPIRB　　　C. DSC　　　　D. SART
10. 每艘 500 总吨以上的船舶至少配备 SART(　　)台，双向手提式无线电话(　　)台。
    A. 1/2　　　　B. 2/3　　　　C. 2/1　　　　D. 3/2
11. INMARSAT 卫星覆盖范围为(　　)。
    A. 两极地区　　　　　　　　B. A1＋A2＋A3 海区
    C. A1＋A2 海区　　　　　　 D. A3 海区

12. GMDSS 全面实施的日期是( )。
    A. 1992年2月1日   B. 1992年8月1日
    C. 1995年2月1日   D. 1999年2月1日
13. 在 GMDSS 规则中,( )不是通用操作员的能力要求。
    A. 掌握英语进行海上通信沟通   B. 具备维修 GMDSS 设备的能力
    C. 有效利用 GMDSS 设备进行通信   D. 了解海上无线电通信相关规则
14. 通过 INMARSAT-C 站的报文产生器误发报警信息,应尽快向( )取消误报警。
    A. IMO   B. RCC   C. NCS   D. LES
15. "具有连续 VHF-DSC 值守能力岸台所覆盖的区域"的定义是( )。
    A. A1 海区   B. A2 海区   C. A3 海区   D. A4 海区
16. 通常在船舶驾驶位置上,为了船舶航行安全而进行的通信实现的是( )功能。
    A. 日常通信   B. 遇险通信
    C. 现场通信   D. 驾驶台与驾驶台通信
17. 下列不是 GMDSS 所要求的每个海区必备的设备是( )。
    A. NAVTEX 接收机和 EPIRB   B. SART 和 VHF 双向无线电话
    C. MES 和 MF/HF 组合电台   D. VHF DSC 终端与 EGC 接收机
18. GMDSS 中遇险报警指( )。
    A. 船对岸的报警   B. 船对船的报警
    C. 岸对船的报警   D. A、B 和 C
19. 在 A4 海区实现船对岸遇险报警通常可采用( )。
    A. VHF DSC 设备   B. HF DSC 设备
    C. MF/HF DSC 设备   D. MF DSC 设备
20. GMDSS 系统由( )个分系统组成。
    A. 4   B. 3   C. 2   D. 1
21. 航行于( )海区的船舶不能用 INMARSAT 系统完成通信。
    A. A1   R. A2   C. A3   D. A4
22. 救助中心(RCC)通过岸站发出的报警是( )报警。
    A. 船对岸   B. 船对船   C. 岸对船   D. A、B 和 C
23. 国际航行船舶,A3 海区的双配套设备是指在原有设备的基础上( )。
    A. 重新加倍配套
    B. 加一套船站或 MF/HF 装置
    C. 加一套 SART 和 VHF
    D. 加一套带 DSC 的 VHF,一套卫星船站或 MF/HF 装置
24. ( )不是 INMARSAT 系统提供的业务。
    A. 电话、低速数据传输   B. 电传、E-mail
    C. 传真、高速数据传输   D. 窄带直接印字电报
25. ( )不是属于国际移动卫星通信系统的组成部分。
    A. 网络协调站(NCS)   B. 卫星地面站(LES)
    C. 移动站(MES)   D. 陆地用户终端(LUT)
26. 在 GMDSS 中,通过( )设备完成寻位功能。
    A. 卫星移动站   B. SART
    C. 组合电台   D. MF/HF-DSC 设备

27. ( )不是COSPAS/SARSAT系统的组成。
    A. MCC　　　　B. SART　　　　C. EPIRB　　　　D. LUT
28. A4海区船舶必须增配的设备是( )。
    A. HF无线电设备　　　　　　　　B. NAVTEX与EGC
    C. MF DSC值守机　　　　　　　　D. INMARSAT移动站
29. 客船至少配备( )台双向VHF无线电话通信设备
    A. 2　　　　　B. 3　　　　　C. 4　　　　　D. 5
30. GMDSS通信优先等级分( )级。
    A. 3　　　　　B. 2　　　　　C. 4　　　　　D. 6
31. GMDSS无线电话紧急信号为( )。
    A. MAYDAY　　B. PANPAN　　C. SECURITE　　D. URGENT
32. NAVTEX是近距离广播通信系统,工作频率为( )。
    A. 2 182 kHz　　B. 2 187.5 kHz　　C. 518 MHz　　D. 518 kHz
33. 船舶应急通信的责任人是( )。
    A. 船长　　　　B. 大副　　　　C. 二副　　　　D. 遇险通信者
34. ( )情况下需要遇险转发。
    A. 确认遇险船没有发出遇险报警
    B. 救助船救助能力不够,需要其他船舶增援救助
    C. HF波段上收到DSC报警,本船不能救助,海岸电台5 min没有应答时
    D. A、B和C三种情况,都需要进行遇险转发
35. INMARSAT-F站发生误遇险报警时,( )的描述不正确。
    A. 立即关机
    B. 不要立即关机,在RCC人员与你通话时,及时做出解释
    C. 与相关RCC联系做出解释
    D. 报告船长,采取措施,消除影响

项目二　地面通信系统安装与操作

📋 项目描述

地面通信系统主要工作在 MF、HF 和 VHF 频段，用于中、远、近距离的遇险、紧急、安全和常规通信，从而实现 GMDSS 的功能。该系统由船舶电台、海岸电台和与岸台连接的国际/国内陆地公众通信网或专用通信网组成。海岸电台相当于船舶电台与陆地通信网用户的接口，起到转接有线通信与无线通信的作用。地面通信系统的船用通信设备主要包括中高频（MF/HF）组合电台和甚高频（VHF）电台。地面通信系统的安装要参照系统的系统图和接线图，还要满足造船企业和船级社及船东的要求。熟读设备操作说明书后，在教师指导下对设备进行操作。

📋 项目分析

对项目的构成进行了解，掌握地面通信系统的功能及系统组成，了解设备的工作原理，了解通信过程，识读系统图和接线图，并对设备进行熟练操作。

🧰 相关知识和技能

1. 识读 MF/HF 组合电台和 VHF 设备的系统图和接线图。
2. 能正确安装 MF/HF 组合电台、VHF 设备，并正确接线，包括天线、收发信机及各终端设备。
3. 熟悉 MF/HF 组合电台、VHF 设备控制器面板各键的名称和作用。
4. 会操作 MF/HF 组合电台、VHF 设备进行快速 DSC 遇险报警。会使用 MF/HF 组合电台、VHF 设备进行船—岸—用户无线电话通信、船—船无线电话通信。
5. 掌握电台的通信频率和不同业务类型的通信过程。

任务一　船舶中高频（MF/HF）组合电台

🧰 任务目标

1. 了解 MF/HF 组合电台系统的组成；
2. 掌握地面通信系统遇险安全呼叫频率和通信频率；
3. 掌握识读 MF/HF 组合电台的船舶识别码和业务类型、通信过程；
4. 识读 MF/HF 组合电台的系统图和接线图；
5. 能正确安装 MF/HF 组合电台，并正确接线，包括天线、收发信机及各终端设备；
6. 熟悉 MF/HF 组合电台控制器面板各键的名称和作用；
7. 会操作 MF/HF 组合电台进行快速 DSC 遇险报警。会使用 MF/HF 组合电台进行船—岸—用户无线电话通信、船—船无线电话通信。

任务分析

本任务的最终目的是学会对 MF/HF 组合电台进行安装和操作,为了实现这个目的,必须学会 MF/HF 组合电台系统的组成,识读系统图和接线图。为了对设备进行有效操作,必须学会船舶识别码的意义和构成,掌握不同业务的通信频率及操作方法。

一、船舶中高频(MF/HF)组合电台系统组成

船舶中高频(MF/HF)组合电台是 GMDSS 地面通信系统的主要设备之一,是一种能完成 MSI 的播发与接收,常规无线电话、电报通信,还能完成遇险报警,搜救协调通信,搜救现场的中、远距离通信的设备。另外,通过海岸电台的延伸能实现船舶电台与陆地公众电话网用户、电传网用户之间的通信,还可借助专用终端设备实现与陆地数据通信网用户之间的通信。

微课:船舶中高频组合电台系统组成

设备工作在 MF/HF 频段,属于中、远距离通信设备,它与卫星船站相互补充,是航行在 A3 和 A4 海区的船舶必须装配的通信设备,尤其在 A4 海区,静止卫星转发的波速覆盖不了这个区域,在这个海区内只能使用该组合电台进行远距离通信。

MF/HF 组合电台,安装在船舶驾驶室的 GMDSS 组合电台上。GMDSS 组合电台上除安装 MF/HF 组合电台外,一般还安装 INMARSAT-C 站,有些船舶的 VHF 设备也安装在组合电台上。图 2-1 所示为 FURUNO 的 RC-1800F GMDSS 组合电台的系统。

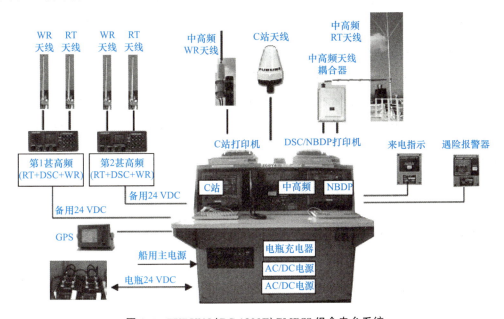

图 2-1 FURUNO(RC-1800F)GMDSS 组合电台系统

如图 2-2 所示,中高频组合电台主要包括单边带无线电话电报终端 SSB(Single Side Band),数字选择性呼叫终端 DSC(Digital Selective Call),窄带直接印制电报终端 NBDP(Narrow-Band Direct-Printing)三个部分。SSB 发射机、SSB 接收机和收发控制部分,是整套设备的核心,承担无线信号的收、发任务。DSC 值守机作用是对 MF/HF 频段的多个相关频率进行连续接收,实现无人值守功能,它可使用专用的接收天线。送受话器、NBDP 和 DSC 终端设备,承担语音信息、数字信息与基带信号之间的转换。

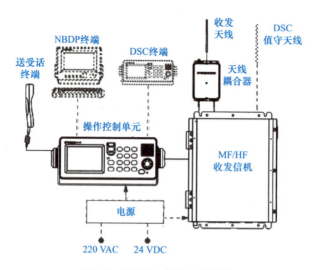

图 2-2 MF/HF 组合电台组成

天线耦合器完成发射前的调谐和阻抗匹配。天线有 MF/HF 收发天线(RT 天线)和 DSC 值守天线(WR 天线)。

电源单元的输入采用交流(AC)、直流(DC)双重供电方式。输入的交流电来自船舶主电源或应急电源,输入的直流电来自船舶通信设备的备用电源,一旦船舶交流电源断电,直流电源就会自动工作,从而保证 MF/HF 通信设备在船舶遇险和应急情况下能够正常通信。

二、地面通信系统遇险安全呼叫频率和通信频率

GMDSS 地面通信系统采用 DSC 方式进行遇险、紧急和安全呼叫,随后的通信使用无线电话或 NBDP。考虑到 VHF、MF 和 HF 波段电波传输特点,IMO 在 MF、HF 和 VHF 频段指配了 DSC、无线电话和 NBDP 遇险与安全通信专用频率。值守机保持对 DSC 遇险和安全频率连续值守,同时在 VHF CH16 信道上保持收听。DSC 呼叫后遵循同频段原则进行无线电话或者无线电传通信。地面通信系统遇险与安全通信频率见表 2-1。

表 2-1 地面通信系统遇险与安全通信频率　　　　　　　　　　　　　　　kHz

通信方式	频段						
	MF	HF					VHF
DSC	2 187.5	4 207.5	6 312.0	8 414.5	12 577.0	16 804.5	CH70
无线电话	2 182.0	4 125.0	6 215.0	8 291.0	12 290.0	16 420.0	CH16
NBDP	2 174.5	4 177.5	6 268.0	8 316.5	12 520.0	16 695.0	

三、单边带通信系统业务

1. 船舶电台的识别

船舶的识别有多种形式,其主要作用是进行船舶之间的相互识别和通信,早期只有一个船名,但是随着通信技术的发展,出现了船舶呼号、水上移动通信业务识别(MMSI)和国际移动卫星船用终端业务识别码(IMN)等识别。其中,船名是由船东根据自己的意愿命名的,但是其他

的识别就是由国际组织将识别的范围统一分配到国家和地区,再由国家和地区的管理部门具体分配到各个船舶,不得出现重复现象。

(1)船舶呼号(Call Sign)的组成。船舶呼号是国际海事组织(IMO)指定给每条船舶唯一的识别信号,相当于船舶专用身份证。国际电信联盟(ITU)划分给我国的呼号范围:船舶电台为 BAA～BZZ,海(江)岸电台为 XSA～XSZ 和 3HA～3UZ。

微课:船舶电台识别

1)海(江)岸电台呼号。海(江)岸电台呼号由两个字符和一个字母,或两个字符、一个字母后跟不超过三位数字(紧接在字母后面的数字 0 或 1 除外)组成。例如,我国上海海岸电台的呼号是 XSG 和 XSG26,青岛海岸电台的呼号是 XST 等。

2)船舶电台呼号。船舶电台呼号由两个字符和两个字母,或两个字符、两个字母和一位数字(数字 0 或 1 除外)组成。例如,"育强"轮的呼号是 BOXZ 等。

只使用无线电话的船舶电台也可以使用如下组成的呼号:两个字符(第二必须是字母),后跟四位数字(紧接在字母后面的数字 0 或 1 除外);或两个字符和一个字母,后跟四位数字(紧接在字母后面的数字 0 或 1 除外)。

(2)无线电话电台的识别组成。

1)海(江)岸电台的识别。电台的呼号,或港口地理名称后面加"RADIO"(台)。

2)船舶电台的识别。电台的呼号,或船舶的正式名称。与国外电台联系时,前面加"CHINESE VESSEL"。

(3)水上移动业务识别码。水上移动业务识别码(MMSI)是一种九位识别码,主要分配给船舶电台和海岸电台在 DSC 和 NBDP 通信中相互识别身份时使用。根据国际电信联盟无线电规则的相关规定,在电话业务呼叫人工连接时也可以使用水上移动业务识别码。

水上移动业务识别码主要包括船舶电台识别码、船舶电台群呼识别码、海岸电台识别码。通常,水上移动业务识别码由设备安装人员写入终端设备。

1)水上识别数字。水上识别数字(Maritime Identification Digits,MID)是国际电信联盟给每一个国家分配的水上业务识别码,用来表示海岸电台、船舶电台所属的国家或地区。它由三位数字组成,也可称为水上识别码。国际电信联盟分配给我国的水上识别码是 412、413。在实际工作中,船舶操作人员可以查阅《无线电信号表》第 1、5 卷等获得具体细节。

2)水上移动业务识别码组成。不同类型水上移动业务识别码组成见表 2-2。

表 2-2 水上移动业务识别码组成

类型		识别码组成	说明
船台	选呼	$M_1 I_2 D_3 X_4 X_5 X_6 X_7 X_8 X_9$	$X_4 \sim X_9$ 船台自身识别,可以是 0～9 之间的任何数字;第一位的"0"是群呼业务标志
	群呼	$0_1 M_2 I_3 D_4 X_5 X_6 X_7 X_8 X_9$	
岸台	选呼	$0_1 0_2 M_3 I_4 D_5 X_6 X_7 X_8 X_9$	$X_6 \sim X_9$ 岸台自身识别,可以是 0～9 之间的任何数字;前两位的"00"是岸台业务标志

例如:上海岸台的识别是 004122100,大连岸台的识别是 004121300。

(4)无线电传的识别码和应答码。

1)无线电传的识别码。每一个装配了 NBDP 的船舶电台或海岸电台,都有一个唯一的选择性呼叫码(Sel Call)。其在信息往来过程中起到识别身份的作用。

在未实施 GMDSS 前,ITU 在《无线电规则》中规定了 NBDP 的选择性呼叫号码,海岸电台选择性呼叫号码用 4 位,船舶电台选择性呼叫号码用 5 位。

中国海岸电台无线电传的选择性呼叫号码范围是 2010～2039；

中国船舶电台无线电传的选择性呼叫号码范围是 03000～03199、09700～09999、19600～20201、20203～20299。

我国船舶电台的预定成组船舶电台群的无线电传识别号码范围是 18181、19191、20202、03030、05050、13131，目前我国使用的是 20202；美国的是 11111。

《无线电规则》规定 NBDP 在使用 4 位、5 位选择性呼叫号码的同时，还应兼容使用 9 位水上移动业务识别码(MMSI)。例如，我国广州海岸电台选呼号是 2017 和 004123100；某船台电传设备选呼号是 19718 和 412××××××。

2) 无线电传的应答码。NBDP 使用应答码(Answerback Code)是为了便于相互识别。无线电传应答码一旦申请启用被核准，就不能随意更改。无线电传的应答码组成见表 2-3。

表 2-3 无线电传的应答码组成

电台	无线电传的应答码组成	说明
船台	5 位电传识别码+船舶呼号+×	×为水上移动业务标志
岸台	4 位电传识别码+岸台呼号(名称缩写)+国家代码	
陆地用户	识别码+公司识别+国家代码	

例如：上海海岸电台无线电传的应答码为 2010 SHAIRADIO CN；

某船台的无线电传应答码为 19718 BOBL；

中国某陆上用户的无线电传应答码为 210740 CPC CN。

2. 单边带系统常规通信业务

(1) 常规通信业务。

1) 单边带无线电话业务。实现无线电话通信一般按如下步骤操作：选择合适的岸台→确定最佳工作频率→设置组合电台→呼叫与回答→正式通信→通信结束及通信登记。

微课：单边带系统常规通信业务

通信时，尽量选择离通信目的地近的海岸电台。海岸电台开放的 SSB 无线电话业务所使用的 ITU 信道、频率、工作时间，以及播发通话表(Traffic List)时间和频率等详情可在《无线电信号书》第一卷海岸电台表中查找。

海事无线电话常规呼叫一般需要先在呼叫与回答频率上进行先期沟通，之后双方转换到工作频率。

2) NBDP 通信业务(船对岸)。船对岸 NBDP 常规通信包括呼叫前准备、通信呼叫、发送报文和结束通信四个环节。

呼叫前准备工作包括电传电文的准备；选择合适海岸电台，确定最佳工作频率；组合电台的通信类型设置、信道设置。

两台之间的通信一般采用电传的 ARQ 方式。其具体方法是选择 ARQ 工作方式，输入海岸电台的无线电传选呼码，发起呼叫。

3) DSC 常规通信业务。

① 船岸 DSC 呼叫方法。设置好组合电台收、发天线→设置工作种类→选择合适的 DSC 呼叫频率，调谐发射机→根据设备的操作程序，编辑 DSC 电文→发送 DSC 呼叫。

② 船到船 DSC 常规呼叫。当船到船要建立无线电通信链路时，也可通过使用 DSC 呼叫建立无线电通信链路的方式。在 MF/HF 波段，使用船到船的 DSC 呼叫频率 2 177 kHz。当确知对方没有在船舶 DSC 频率上值守，可以在船舶值守的其他 DSC 频率上呼叫，但不能干扰遇险与安全

呼叫。

(2)遇险通信业务。利用地面通信系统设备可以迅速发出遇险报警,并能很快建立遇险通信。地面通信系统主要采用数字选择性呼叫(DSC)方式报警。

用 DSC 方式发出的报警,同时能实现船到船、船到岸报警,也可用此方式实现岸到船的报警。在这些遇险报警方式中,DSC 遇险报警能够直接被附近的船舶收到,几乎没有报警延迟,而其他的遇险报警方式,附近的船舶不能立即收到,需要一系列的环节,才能转发到附近的船舶,就会造成相当的时间延迟。

1)DSC 遇险呼叫及收到遇险报警后的处理方法。

①DSC 遇险呼叫序列可以人工进行编辑后发出,也可以启动遇险报警快捷键,自动生成 DSC 遇险呼叫序列发出。遇险报警的引语是连续呼叫三次"Mayday"。

②接收到 DSC 遇险呼叫后的处理。接收到遇险报警后,有关人员应立即向船长报告,迅速进行处理。

a. 在 MF 2 187.5 kHz 上收到一个 DSC 遇险呼叫,如果在 A2 海区,该海区的岸台应给予 DSC 遇险收妥;如果该海区岸台没有及时给予 DSC 遇险收妥,离遇险船很近的某一船舶应发出 DSC 遇险收妥;如果是在 A3 海区,船舶接收到一个 MF DSC 遇险呼叫后,当确知离遇险船不远时,也应发出 DSC 遇险收妥,以终止遇险呼叫,转到后续通信方式进行遇险通信。而其他附近船舶应根据 DSC 遇险呼叫电文中的后续通信方式直接转到同波段无线电话 MF 2 182 kHz 信道,或无线电传 MF 2 174.5 kHz 上进行遇险通信收听,并准备与遇险船进行通信联系,提供可能的帮助。救助船舶转到后续通信频率上后,应首先和遇险船联系,确认收到遇险呼叫、前去救助和预计抵达的时间等信息。

DSC 遇险收妥应尽量在 DSC 遇险呼叫的间隙发出。救助船舶还应使用任何通信方式通知 RCC 或海岸电台遇险船舶的情况。

b. 在 HF 波段的 DSC 遇险呼叫频率上接收到一个 DSC 遇险呼叫,岸台应该给予 DSC 遇险收妥,船台可在有关遇险安全频率上进行监听,以便给予及时帮助。如果岸台 3 min 内没有给予 DSC 遇险收妥,而本船离遇险船又很远,可发射一个 DSC 遇险转发呼叫或者采用适当的通信方式通知适当的海岸电台和 RCC。在 A3、A4 海区,船舶接收到 HF DSC 遇险呼叫后,如果确知本船离遇险船很近,和 RCC 或海岸电台协商后,可在 VHF 或 MF 波段使用 DSC 遇险安全呼叫频率发出一个 DSC 遇险收妥,然后转到约定的方式上与遇险船联系,并前去救助。救助船舶还应使用任何通信方式通知 RCC 或海岸电台遇险船舶的情况。

③DSC 遇险转发。船舶如果在 VHF CH 70 或者在 MF 2 187.5 kHz 上接收到一个 DSC 遇险报警,一般情况下都不必做 DSC 遇险报警转发。但在下列两种情况下,可向附近船舶和海岸电台转发遇险报警。

a. 在规定的时间内没有收到岸台的遇险收妥并且确知遇险船舶自己不能发送遇险报警。

b. 非遇险船舶的负责人或者陆地电台的负责人认为需要进一步的援助时。

发出 DSC 遇险转发后,等待 DSC 遇险收妥确认,并准备在 DSC 报警的同波段无线电话信道上进行遇险通信。

2)接收到海岸电台遇险转发时的应对。当在遇险事件附近海区航行的船舶接收到遇险转发的信息时,应使用无线电话方式主动和该海岸电台联系,确认遇险转发收妥,了解遇险船情况。可能的情况下,迅速与遇险船建立接触,进行救助。同时应和该海区的海岸电台保持通信,及时通报搜救进程。

(3)紧急和安全通信业务。

1)紧急通信业务。当海岸电台或船舶要进行紧急通信时,一般先用 DSC 方式,在一个或者多个DSC遇险和安全呼叫频率上发送一个呼叫。发射类型可以是所有船呼叫或者海区呼叫或者群呼，或者单对某一台呼叫，优先等级选择"紧急"，并约定后续工作方式和工作频率。然后在约定的工作方式和工作频率上进行后续通信。后续通信频率可以在无线电话或无线电传的遇险安全频率上进行，但不能干扰遇险通信，也可以在其他适当的频率上进行后续紧急通信。紧急信号的引语是连续呼叫三次"PAN PAN"。

如果向海岸电台发送一个DSC紧急呼叫，应该等待海岸电台发回DSC收妥确认；如果海岸电台在几分钟内没有发回DSC收妥确认，应该在另一个合适的频率上重发紧急呼叫。

2) 安全通信业务。当船舶电台或海岸电台临时有关航行安全信息需立即播发时，为了让有关船舶及时接收，一般应先用DSC方式在一个或者多个DSC遇险和安全呼叫频率上发送一个安全等级呼叫。优先等级可选择"安全"，并约定后续工作方式和工作频率。然后在约定的工作方式和工作频率上进行后续通信。后续通信频率可以在无线电话或无线电传的遇险安全频率上进行，但不能干扰遇险通信和紧急通信。当然，也可以在其他适当的频率上进行后续安全通信。安全通信的引语是"SECURITE"。

任务实施

技能一　单边带通信系统安装

一、GMDSS组合电台系统图和接线图

1. 系统图

图2-3所示是400 W GMDSS组合电台系统。该系统的天线安装在罗经甲板上，系统其他部分安装在驾驶甲板上的驾驶室内。MF/HF组合电台的天线有两个，分别是MF/HF收发天线和MF/HF DSC值守天线，还有一个卫通C站天线。

GMDSS组合电台的交流电源（图中电源箱）来自无线电分电箱，电源箱是由船舶电站的主配电板或应急配电板供电；24 V备用直流电源来自蓄电池组。1♯VHF、2♯VHF设备的电源由组合电台提供。另外，在紧急情况下，GPS信号必须要送到GMDSS设备，故GPS电源应有电台供电。

2. 接线图

图2-4所示是400 W无线电组合电台接线图，其中图2-4(a)所示为电源接线图，蓄电池、电源箱电源（来自船舶主电源）接至组合电台的端子排TB1；图2-4(b)所示为外部接线图，甚高频、GPS等电源及信号线接至组合电台的端子排TB2；图2-4(c)所示为内部接线图，一般由服务工程师完成。

图2-4中的BK-OUT信号是由MF/HF在发射时送出信号，使工作于相同频段的接收机断开接收，从而保护接收机。

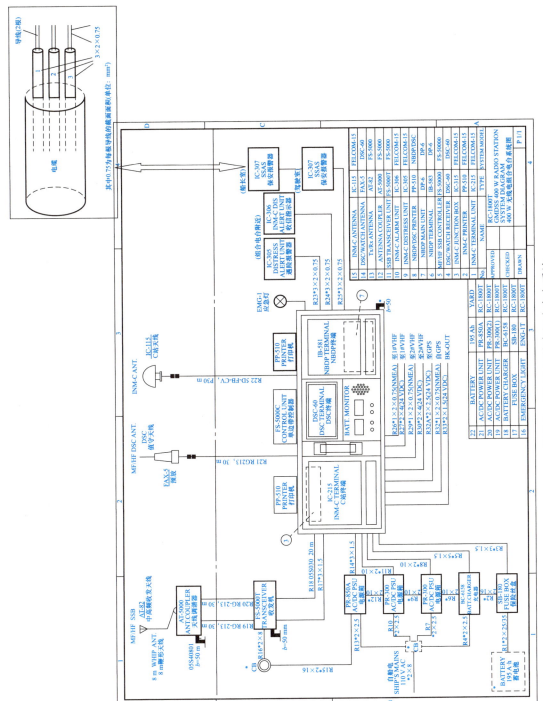

图 2-3 400 W 无线电组合电台系统

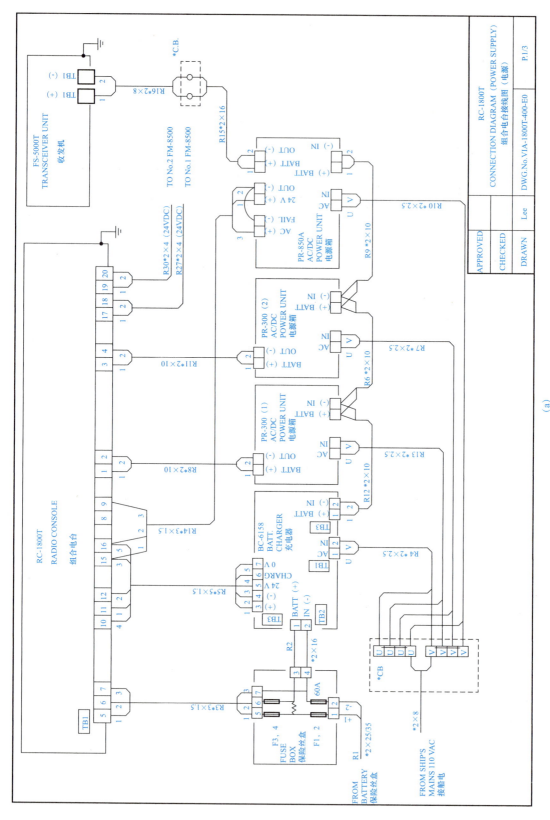

图 2-4 400 W 无线电组合电台接线图
(a) 电源

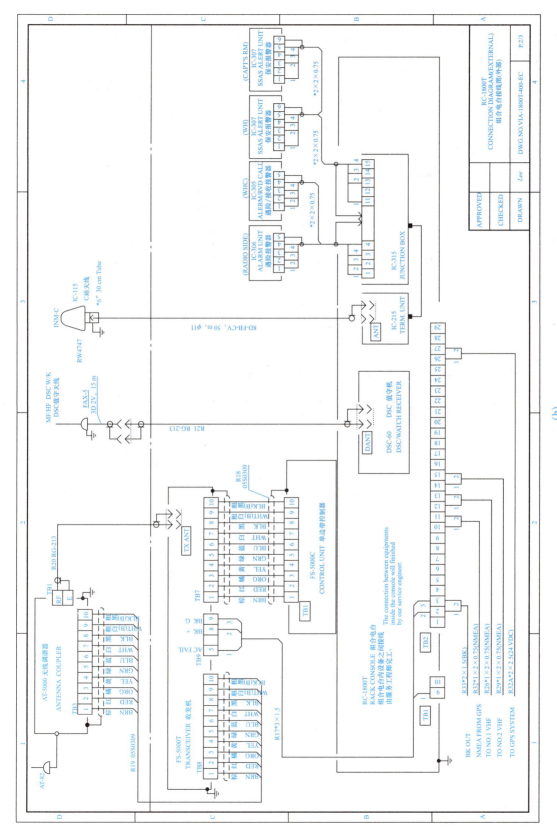

图 2-4 400 W 无线电组合电台接线图（续）

(b) 外部

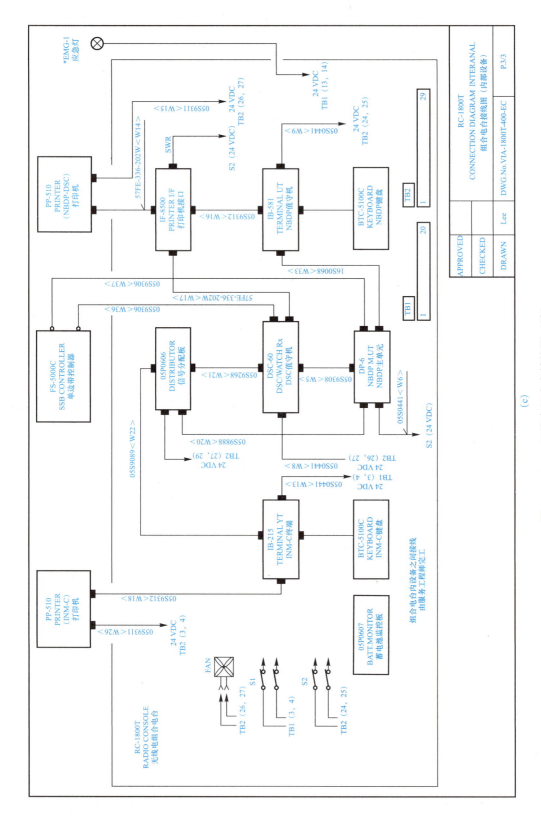

图 2-4 400 W 无线电组合接线图（续）
(c) 内部设备

二、MF/HF 天线的安装

1. MF/HF 收发天线的安装(天线耦合器装在室外)

(1)天线布置。MF/HF 收发天线为鞭形天线,可达 8 m。图 2-5 所示为天线布置与天线耦合器的安装图,由图可见,鞭形天线的馈电点不使用绝缘子(以防因刮风和天线的摆动而引线晃动,导致耦合器连接部位断裂),其引线仰角最好在 45°以上。天线下引线的线端处用绝缘子进行绝缘,并固定天线馈线,以免使馈线摇晃。

MF/HF 收发天线功率大,电压高,故在其周围架设安全围栏,并在围栏上悬挂高压警示标牌。

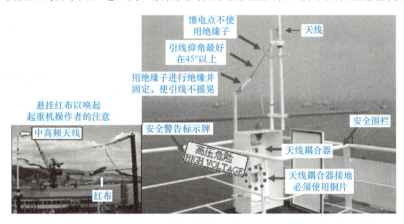

图 2-5 天线布置与天线耦合器的安装图(天线耦合器装在室外)

(2)天线耦合器安装与接地。天线耦合器安装如图 2-6(a)所示,安装在室外的天线耦合器大多数使用两个 U 形螺栓固定。天线耦合器要用宽 50 mm 的铜片接地,用带铁板的接地片焊接在船体上,铜片长度应尽量缩短。铜片接地处的缝隙应使用硅胶进行防水/防腐蚀处理,如图 2-6(b)所示。接地线原则是越短越好,越粗越好。

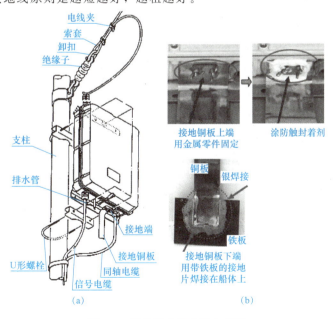

图 2-6 天线耦合器安装与接地

(a)天线耦合器室外安装实例;(b)天线耦合器接地

(3)天线的引线连接方法。因刮风和天线的摆动而引线晃动,有可能导致耦合器连接部位断裂。连接部位的断裂会导致天线耦合器烧损及设备故障。为防止引线连接部位断裂,天线的引线连接方法,如图2-7所示。

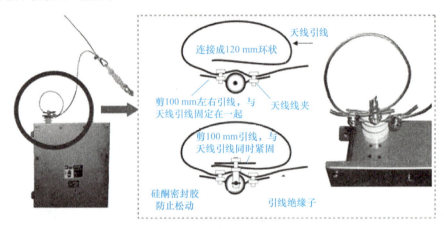

图 2-7　天线的引线连接方法

2. DSC值守天线的安装

(1)值守天线的接线盒。如图2-8(a)所示,接线必须紧固,螺母、螺栓及接地端子上必须用硅酮密封胶和油灰进行防水防腐处理。接地螺栓的直径为6~8 mm,并涂抹硅酮密封胶以防腐蚀,接地线截面面积在8 mm^{2}以上。同轴电缆缠绕成环状时,直径要设定在200 mm以上,以免芯线折断。

(2)带前置放大器天线的安装。如图2-8(b)所示。

1)使用托架将天线牢固地安装在天线杆上。

2)同轴电缆连接部分要使用自熔胶带和乙烯树脂胶带进行防水处理。首先以1/2带宽叠压缠绕2层自熔胶带,在其上面,以1/2带宽叠压再缠绕2层乙烯树脂胶带,进行防水处理。乙烯树脂胶带缠绕末端要用扎带捆绑,进行固定。

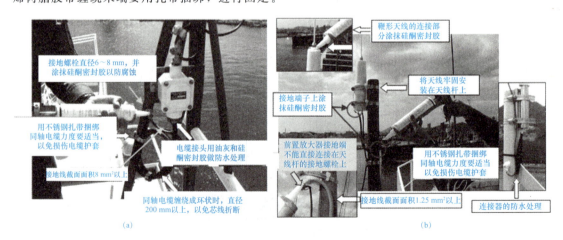

图 2-8　接收天线的安装
(a)接收天线的接线盒的安装;(b)带前置放大器天线的安装

三、控制台及中高频电台的安装

控制台的高度要求各不同。以DNV(挪威船级社)为例，其距离地面的高度应在1.2 m以内。但是，如果控制台面向舱壁安装，就不受此限。

1. 中高频电台控制单元安装

控制单元一般安装在控制台表面中间位置。其安装方法有多种，如悬挂在舱、舱壁或桌面，但最常用的是嵌入式安装法，如图2-9所示。嵌入式安装侧视图如图2-10所示。

图 2-9　RC-1800F 控制台

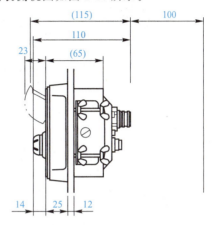

图 2-10　嵌入式安装侧视图

2. 电话听筒安装

如图2-11所示，拧开六个螺栓，拆下托架盖，并用两个自攻螺钉(4×16)将托架固定在桌面或舱壁。

3. 中高频收发单元安装

中高频无线电收发机在控制台右上侧，用六个螺钉按照图2-12显示的顺序将收发单元固定(不用星号标记的孔)。

拆下控制台右边的上盖后接线。如图2-13所示，接线时，首先将各芯线剥出5～6 mm。然后用端子台开启工具，边向A方向按压，边插上芯线。在芯线插入后，拉伸导线，以确认芯线不能脱落。

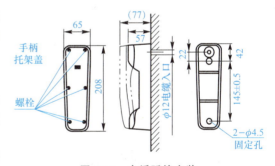

图 2-11　电话听筒安装

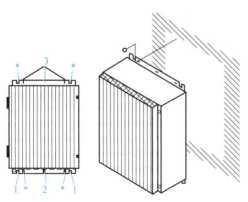

图 2-12　中高频收发单元安装

图 2-13　FS-2570/1570T 的接线

4. 控制台接地和电缆布置

控制台接地和电缆布置如图 2-14 所示。

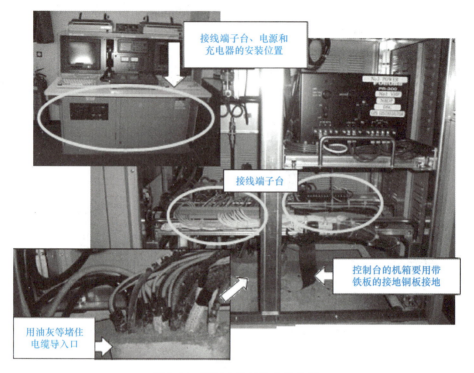

图 2-14 控制台接地和电缆布置

5. 控制台左上侧和中下部的接线

如图 2-15 所示，控制台左上侧主要是电源端子 TB1 和 NMEA 数据输出入端子 TB2 的接线，一般不需要现场接线；控制台中下部的接线，主要是中高频值守（WR）天线的接线端子、甚高频等其他设备的电源端子、AC 电源输入端子、蓄电池的连接端子及外部 BK/AF（中断/音频）接线端子的接线。

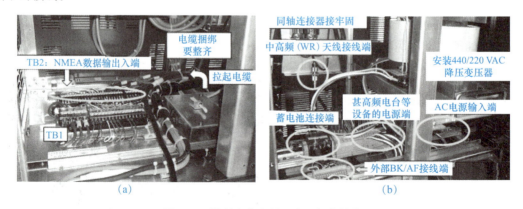

图 2-15 控制台左上侧、中下部的接线
(a)控制台左上侧的接线；(b)控制台中下部的接线

完成控制台及中高频电台的各部分安装后，按图 2-4 接线。

技能二 FS-1570/2570 设备操作

一、控制单元面板及键钮功能介绍

控制单元面板如图 2-16 所示。

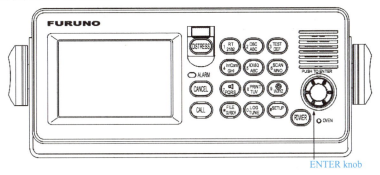

图 2-16 FS-1570/2570 组合电台控制单元面板

二、基本操作

1. 调整面板亮度和液晶显示器(LCD)对比度

按[9/☀]键显示亮度、对比度调整界面。旋转[Enter]旋钮选择"亮度"(DIMMER),按[Enter]键确认,再转动[Enter]旋钮选择"亮度等级",按[Enter]键确认;转动[Enter]旋钮选择"对比度"(CONTRAST),按[Enter]键确认,再转动[Enter]旋钮选择"对比度等级",按[Enter]键确认;旋转[Enter]旋钮选择"退出"(EXIT),按[Enter]键退出该窗口,如图 2-17 所示。

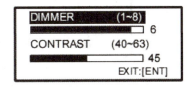

图 2-17 面板亮度和 LCD 对比度调整界面

2. DSC 与无线电话界面

按[6/SCAN]键,显示标准 DSC 界面,如图 2-18(a)所示。

按[1/ RT/2182]键,显示无线电话界面,如图 2-18(b)所示。

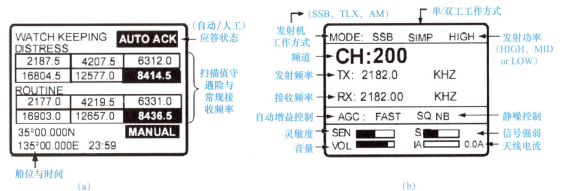

图 2-18 DSC 与无线电话界面
(a)标准 DSC 界面;(b)无线电话界面

· 33 ·

3. 调整喇叭音量

按[7/符号]键一次接通或关闭喇叭和常规通信的喇叭报警。

调整喇叭音量,按[1/RT/2182]键,切换到无线电话显示界面;转动[Enter]旋钮选择"音量"(VOL),按[Enter]键确认,再转动[Enter]旋钮选择"音量等级",按[Enter]键确认所选的音量。

4. 开启/断开自动应答

在 DSC 方式时,按[5/ACK/SQ]键,将在自动应答/人工应答之间转换。在自动应答状态,当接收到呼叫时,DSC 值守机会自动向发射台发送应答信号,但对"Distress""Urgency"或者"Safety"呼叫不能进行自动应答。

三、SSB 无线电话操作

1. 选择发射模式

按[1/RT/2182]键调出无线电话界面,转动[Enter]旋钮在"MODE"栏选定"SSB",如图 2-19 所示。

2. 设置自动增益控制(AGC)

旋转[Enter]旋钮,设置 AGC。SSB 方式选"FAST";TLX 方式选"OFF";AM 方式选"SLOW",如图 2-19 所示。

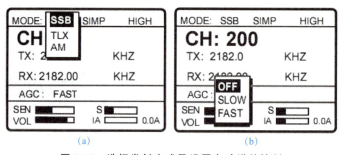

图 2-19 选择发射方式及设置自动增益控制
(a)选择发射方式;(b)设置自动增益控制

3. 选择波段

转动[Enter]旋钮到"CH"栏,按[Enter]键调出波段输入窗口;用光标键[FILE/CURSOR]将光标放在左边第一位数上,转动[Enter]旋钮选择所要的 2、4、6、8、12、16、18、25(MHz)波段,按[Enter]键确认;或直接输入国际电联规定的成对信道。例如"1225",按[Enter]键输入,就可以输入广州台的成对频率。

4. 在选定的波段输入相应的发射和接收频率

转动[Enter]旋钮到"TX"栏,按[Enter]键调出频率输入窗口,用数字键输入所要的发射频率,按[Enter]键确认;转动[Enter]旋钮到"RX"栏,按[Enter]键调出频率输入窗口,用数字键输入所要的接收频率,再按[Enter]键确认。

5. 选择发射功率

转动[Enter]旋钮到"LOW""MID""HIGH"(低、中、高)选择所要的发射功率。

6. 启动发射自动调谐

按下话筒上的[PTT]开关出现"TX",或按面板上的[0/LOG/TUNE]键出现"TUNE",即可启动自动调谐。新选择的频率在 2~5 s 之内完成调谐,调谐过的频率少于 0.5 s。当调谐成功时,显示"TUNE:OK";调谐失败时,显示"TUNE:NG"。

7. 调节接收灵敏度

转动[Enter]旋钮到荧光屏下边的"SEN"栏,按[Enter]键调出调整窗口,再边转动[Enter]旋钮边听接收的效果,在自己觉得比较好的位置,按[Enter]键确认;一般情况下放在"最大"处。

8. 静噪控制

按[5/ACK/SQ]键调出设置菜单[Setup Menu];转动[Enter]旋钮选择"静噪控制"(SQ),通过设置 SQ FREQ(500～2 000 Hz)的大小来控制接收机音频大小。

完成上述操作,就可以进行单边带无线电话通信。

四、DSC 操作

1. DSC 菜单介绍

(1)呼叫种类(CALL Category),见表 2-4。

表 2-4　呼叫种类详细介绍

呼叫种类		描述
Distress	Distress	本船对所有船发射遇险呼叫。在实际工作中只有船舶遭受危险时,须马上得到援助,并经船长授权才能发射本遇险呼叫
All Ships	All Ships	对所有船呼叫
	Distress relay all	本船对所有船发遇险转发呼叫。只有(1)本船在遇险船附近,而遇险船不能够发送遇险报警;(2)当本船船长或负责人认为有必要进一步援助时,才发此呼叫
	Medical Transport	通知所有船,本船正在进行医疗援助。这是对所有船的一种呼叫方式
	Neutral Craft	中立船呼叫。通知所有船,本船不是武装战争的参与者,是保持中立的船。这是对所有船的一种呼叫方式
Area	Geographical Area	对指定的地理区域的所有船台呼叫,这是一种区域呼叫
Group	Group	对指定的群体呼叫
Individual	Individual	单独呼叫
	Distress relay select	本船发遇险转发呼叫给一个岸台,是单独呼叫的一种。只有(1)在遇险船附近,而遇险船不能够发送遇险报警;(2)当本船船长或负责人或岸台负责人认为有必要进一步援助时,才发此呼叫
	Polling	回应呼叫。给予在本船通信范围内的他船一个回应。这个功能仅仅提供肯定或否定的回应,不提供船位信息。这是单独呼叫的一种
	Position	船位呼叫。(1)将本船的船位发给他船;(2)索要他船的船位。这是单独呼叫的一种
	PSTN	电话呼叫。通过公共交换电话网呼叫,是单独呼叫的一种
	Test	测试呼叫

(2)识别号(Station ID)。在单独呼叫(INDIVIDUAL)时,输入所要呼叫的对方九位识别码。

(3)优先等级(PRIORITY),主要有遇险、紧急、安全和常规通信。

(4)后续通信种类(COM. TYPE)与通信频率(COM. FREQ)。完成DSC后,确定建立后续通信使用的通信种类。

(5)结束码(End Code)。结束码有如下三种:

1) ACK RQ(Acknowledge Request)：要求收妥通知，是要求对方当收到呼叫时给收妥通知，一般用于单呼和测试。

2) ACK BQ(Acknowledge Back)：收妥返回。这是对 ACK RQ 的回复。在与岸台测试时就能收到岸台给的 ACK BQ，只有收到 ACK BQ 才表示测试完成。

3) EOS(End of Sequence)：结束码，不需要对方给收妥通知，一般用于群呼。

2. DSC 遇险操作

(1) 第一种方法是按[DISTRESS]键发射未指明遇险性质的遇险报警，如图 2-20 所示。

1) 打开[DISTRESS]键盖，按住[DISTRESS]键 3 s 以上，[DISTRESS]键的指示红灯开始闪，并且蜂鸣器发出声响，此时可以松开此键。

2) 发射遇险报警过程大约需要 40 s，在显示屏底部显示发射完成需要的秒数。此时，无线电话输出功率自动设置为最大。

3) 在遇险报警发射后，音响报警停止，红灯仍亮着，必须等 3.5～4.5 min 以便岸台给遇险收妥通知。此时，设备除了接收遇险报警收妥通知外不接收其他任何呼叫，发射的遇险报警呼叫记录在 TX log(发射日志)里。在 5 min 后如没有收到岸台的遇险收妥通知，重发 DSC 遇险报警。

4) 当收到岸台的遇险收妥通知，音响报警声响，按[CANCEL]键停止音响报警。无线电话自动地设置在遇险收妥通知指定的工作频率和发射种类上，用无线电话与岸台进行遇险通信"MAYDAY MAYDAY MAYDAY THIS IS……"。

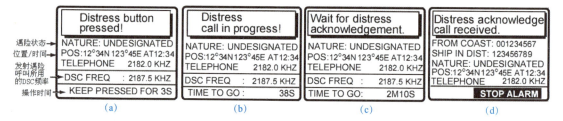

图 2-20　按[DISTRESS]键发射未指明遇险性质的遇险报警
(a)发射遇险报警；(b)遇险报警中；(c)等待遇险报警收妥；(d)收到遇险报警收妥

(2) 第二种方法是指明遇险性质的遇险报警，如图 2-21 所示。

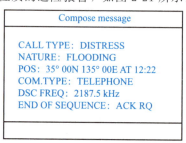

图 2-21　指明遇险性质的遇险报警

1) 打开[DISTRESS]键盖，短暂地按[DISTRESS]键，调出遇险报警编辑屏幕菜单。

2) 转动[Enter]旋钮到"NATURE"栏选择遇险性质，然后按[Enter]键确认。

3) 转动[Enter]旋钮到"POS"，打开输入船位菜单，自动或手动根据提示输入船位，在最右坐标位[1]键是北纬或东经，[2]键是南纬或西经；然后再输入时间。

4) 转动[Enter]旋钮到"COM. TYPE"栏，选择"TELEPHONE"或"NBDP-FEC"，然后按[Enter]键确认。

5)转动[Enter]旋钮到"DSC FREQ"栏,选择要用的 DSC 频率,一般首先是使用 2 187.5 kHz,然后按[Enter]键确认(如果遇险报警未被收妥,设备会自动在 2 MHz、8 MHz、16 MHz、4 MHz、12 MHz、6 MHz 的遇险和安全频率上重发本遇险报警)。

6)转动[Enter]旋钮到"GO TO ALL VIEW",按[Enter]键,再转动[Enter]旋钮到"END OF SEQUENCE"栏按[Enter]键,选择"ACK RQ"按[Enter]键。

7)按住[DISTRESS]按钮 3 s 以上,开始发射遇险报警,按上一种方法介绍的国际遇险通信操作程序进行遇险通信。

五、窄带印字电报 NBDP 操作

1. NBDP 的准备工作

(1)登记应答码和 ID 码。按功能键[F5],然后按[5]键,输入本船的应答码。例如,应答码为 12345789 FURU X,如图 2-22 所示,按[Enter]键后会出现警示"确认应答码,应答码一旦登记完成就不能再改变",如果输入正确,再按[Enter]键。

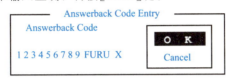

图 2-22 输入本船的应答码

按功能键[F5],然后按[6][7][8]或[9]键,输入本船的 ID 码(群呼码或选呼码)。

(2)登记用户信道。用户信道目录可存储 100 个用户信道,号码为 0~99。注意:用户信道可用于信道扫描。

1)按功能键[F5],然后按[4]键,显示用户信道输入窗口;用箭头键将光标停在新建 Create,按[Enter]键。

2)将光标停在"Channel"处,输入信道号(如果信道已满 100 个,先删除不需要的信道)。

3)按[↓]键,在"Tx Freq"处,输入发射频率;按[↓]键,在"Rx Freq"处,输入接收频率。

4)按[Enter]键,出现"OK/Cancel"提示;按[Enter]键,登记的信道出现在信道目录中;按[Esc]键退出。

(3)登记扫描信道表。可以存储 10 个扫描信道表,每个表有 20 个信道。

通过信道扫描,NBDP 终端单元能够扫描值守。NBDP 终端按设置的信道号扫描,在 ARQ 模式,当收到的信号中检测到本船的 ID 码时,停止扫描,同时发射机调谐到相应的发射频率,建立通信线路,自动交换信息,通信线路一旦拆线立即恢复扫描。

1)先按功能键[F5],然后按[3]键,显示扫描信道表输入窗口;用箭头键将光标停在新建 Create,按[Enter]键。

2)光标停在"Group Name"处,输入表名。

3)按[↓]键,在"CH Dwell Time"处,输入信道停留时间,以"s"为单位。

4)按[↓]键,在"Mode"处,选择通信模式(Auto、ARQ 或 FEC)。

5)按[↓]键,在"Auto Search"处,选择自动搜索为"ON"或"OFF"。

ON:当找到最强的信号时,设备停止扫描。

OFF:找到第一个信号时,设备停止扫描。

6)按[↓]键,选择扫描设置窗口的 No.1,输入信道号,按[→]键选择"Scan"。

7)按[↓]键,选择扫描设置窗口的 No.2,输入信道号,按[→]键选择"Scan"。

8)输入其他的信道号,输完信道号后按[Enter]键,出现要求证实的提示;再次按[Enter]键保存数据,组名显示在扫描组目录窗中。

9)如要继续登记其他的扫描信道组,按[Enter]键两次,重复步骤②~⑧。

10)按[Esc]键退出。

(4)登记台名。

1)先按功能键[F5],再按[1]键,显示岸台名输入窗口;将光标停在"Create",按[Enter]键。

2)使光标停在"Station"处,输入岸台名,最多用18个字母。

3)按[↓]键,在"ID code"处,输入岸台的 ID 码。

4)按[↓]键,在"Mode"处,选择"ARQ"模式或"FEC"模式。

5)按[↓]键,在"CH/Table"处,选择"Channel"或"Scan Table"。

6)按[↓]键,在"Num/Table"处,如果在上一步选择"Channel",输入 ITU 信道号或用户信道号;如果在上一步选择"Scan Table",按[→]键显示登记的扫描表,用[↑]键或[↓]键选择一个扫描表,接着按[Enter]键。

7)按[Enter]键,出现提示"OK/Cancel"要求确认数据,按[Enter]键确认。

8)如要继续登记其他台名,按[Enter]键两次,重复步骤②~⑦。

9)按[Esc]键退出。

(5)创建一份电文和保存电文。用 2HD 型软盘储存文件。使用时,先将软盘格式化。

1)按功能键[F1],再按[1]键选择"New",标题栏显示"UNTITLED1"(无标题1),在光标处输入电文。

注意:在电传电文中不要使用符号♯、&、*、$ 和%。在电文中间不能有字符串"$$$",该字符串只能在电文结束后使用,当检测到这个字符串时,通信线路自动拆线。

2)按功能键[F1],再按[3]键选择"Close",显示保存电文屏幕。选择"Yes",按[Enter]键,输入文件名,最多用8个字符,可以加扩展名,如".TXT",按[Enter]键保存电文。

2. NBDP 的发射和接收

(1)船—岸—用户 NBDP 通信。以广州海岸电台为例,简单介绍 NBDP 的 ARQ 模式操作。在与广州岸台联系之前,先将广州岸台编进岸台名表,并且编好一份要发射的电文储存在电文文件夹里(如 TEST 1)。

1)在 SSB 界面,选择"TLX"模式。此项必须选,否则直接按[F3]键进入,会听不到 NBDP 的监听信号的声音。

2)按功能键[F3],显示操作菜单;再按[1]键选择"Call Station",显示所登记的岸台名表。

3)在岸台名表里选择"广州岸台"(必须用 ARQ 模式登记),按[Enter]键。这时,设备会根据所设的频率与广州岸台进行联系,互相交换应答码,当沟通成功后,屏幕显示广州岸台给出的指令"GA+?"(我已准备好,请发指令)。

4)船台输入"DIRTLX08544380+"(直接与 08544380 用户连线),按[Enter]键。

5)岸台进行连线,船台与用户交换应答码,连线成功后给出指令"MSG+?"(请发电文)。

6)船台按[F3]键,再按[3]键选择"File to Send",显示发射电文目录屏幕。

7)用[↑]键或[↓]键把光标放在要发送的电文(如 TEST1),按[Enter]键显示要发送电文的内容;再次按[Enter]键就开始发送电文。

如要取消发射,按[F3]键,再按[4]键,就会停止发射,但与岸台的线路还连着,如要拆线按[F10]键。

8)电文发送完毕,船台与用户交换应答码,这时船台输入"KKKK",按[Enter]键拆线。

9)岸台发送:

2017 XSQ CN	岸台应答码
Ship's answerback	船台应答码
Date and time	日期和时间
Land subscriber telex number	陆地用户电传号码
Duration of call	计费时间
GA+?	还要发电传吗？

10）如船台需要给其他的陆地用户发电传，重复步骤③～⑧。

11）如船台要拆线，输入"BRK+"或按[F10]键，就会与岸台拆线。

（2）测试 NBDP 工作情况（以广州海岸电台为例）。

1）在 SSB 界面，选择"TLX"模式。

2）按功能键[F3]，按[1]键（Call Station），显示所登记的岸台名表。

3）在岸台名表里选择"广州岸台"（必须用 ARQ 模式登记），按[Enter]键。此时设备会根据所设的频率与广州岸台进行联系，互相交换应答码，当沟通成功后，屏幕显示广州岸台给出的指令"GA+?"（我已准备好，请发指令）。

4）船台输入"TEST+"，按[Enter]键。

5）岸台发测试电文"The brown fox quickly jumps a lazy dog"，并再次发送"GA+?"。

6）输入"BRK+"或按[F10]键，与岸台拆线。

注意：要保留与岸台的"TEST+"测试通信记录，备无线电检验和 PSC 检查。

任务总结

通过本任务的学习，了解了中高频（MF/HF）组合电台的功能和特点，以及系统组成，学会了对设备进行安装和操作。

在进行设备安装和操作时一定要注意安全，同时要了解各船级社和造船企业的要求，接线时注意线型的选择和工艺，操作时不要发送误报警，如果发出误报警一定要按照程序通知岸站或 RCC 取消误报警。

任务二　船舶甚高频（VHF）通信系统安装与操作

任务目标

1. 识读 VHF 设备的系统图和接线图；
2. 能正确安装 VHF 通信系统，并正确接线，包括天线、收发信机及各终端设备安装与接线；
3. 会操作 VHF 设备，能使用 VHF 终端设备进行遇险、紧急、安全和常规通信，包括无线电话终端、VHF DSC 终端。

任务分析

本任务的最终目的是学会对 VHF 系统进行安装和操作，为了实现这个目的，必须学会 VHF 系统的组成，识读系统图和接线图。为了对设备进行有效操作，必须学会船舶识别码的意义和构成，掌握不同业务的通信频率及操作方法。

一、VHF 通信系统的组成

船舶甚高频(VHF)设备是 GMDSS 要求配备的通信设备,IMO 规定所有的客轮和 500 总吨以上的货轮根据航行的海区,一般安装 1~3 套 VHF 设备。船舶 VHF 设备安装在驾控台、GMDSS 组合电台或驾驶室前壁上,VHF 通信系统组成如图 2-23 所示。

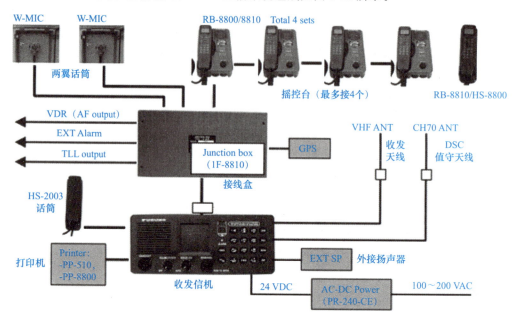

图 2-23　FM-8800S/D VHF 通信系统的组成

船用甚高频系统主要由 VHF 收发信机、DSC 终端、话筒,两支天线(VHF 收/发天线和 VHF CH70 值守天线)、AC/DC 电源和双向 VHF(Two-way VHF)无线电话组成;也可以外接打印机、遥控台(最多 4 个)、两翼话筒(最多 2 个)、扬声器等。

二、VHF 设备的功能

1. 遇险、紧急、安全和常规通信

船舶航行于任何海区,都可以用 VHF 设备完成近距离的船到船遇险报警、紧急、安全和常规通信,以及遇险现场通信。

2. 值守功能

微课:甚高频通信系统组成及功能

甚高频无线电话可以进行双值守功能的设置,也就是说可以设置 VHF 无线电话设备的船舶电台在水上时应保持对 CH16 和另外一个信道的连续值守。船舶 VHF CH70 值守机有独立的接收天线,VHF DSC 按规定在 VHF CH70 上保持 24 h 不间断值守,随时接收 CH70 值守机上的遇险、紧急、安全和常规呼叫。

三、VHF 信道

国际电信联盟(ITU)将海上 VHF 波段划分了 57 个国际信道,相邻信道间隔 25 kHz,收发间隔 4.6 MHz。信道号为 CH1~CH28 和 CH60~CH88(CH60 频率最低,然后是 CH1、CH61、CH2……)。其中,单工信道为 20 个(CH06、CH08~CH17、CH67~CH74、CH77),双工信道为 35 个,保护信道为 2 个。下面介绍几个重要或常用的信道。

CH70 被指定为水上移动业务电台的 VHF DSC 呼叫频率，用于遇险、紧急、安全、常规通信的 DSC 呼叫。VHF CH70 是 VHF DSC 的专用信道。

CH16 被指定为 VHF 无线电话的国际遇险与安全通信的信道，用于遇险呼叫、遇险通信、紧急通信及简短的安全信息播发，长时间的安全信息播发应在该信道上播发引语（引导语，如遇险信号、安全信号都可以作为引语）后转到其他信道上播发。CH16 也可用于船舶电台之间、海岸电台与船舶电台之间的无线电话呼叫及应答，应为全功率状态工作。

与 CH16 邻近的 CH75、CH76 为 CH16 的保护信道（不工作信道）。与 CH75、CH76 信道相邻，将被强制在小功率状态，发射功率不超过 1 W，以免对 CH16 造成干扰。

CH06 用于船舶间导航、避让操作等通信，也用于从事协调搜寻和救助作业的船舶电台和飞机电台之间的通信。

CH12、CH13 主要用于船舶之间的航行安全通信，还可以用于船舶移动和港口作业。

CH09、CH72、CH73 分别是船舶之间通信、港口作业和船舶移动的首选信道。

四、VHF 设备的主要性能指标

1. 发射功率

船用 VHF 设备的发射功率通常用载波功率来衡量。所谓载波功率是指在无调制时，发射机在工作频率上一个射频周期中供给标准负载的平均功率。按规定，船台发射机的额定载波输出功率应为 6~25 W，并应能减少到小于或等于 1 W，其目的是在近距离通信时，尽量减少对其他通信所产生的干扰。

2. 频率偏差

频率偏差是指调频波瞬时频率的最大值或最小值与中心频率（载频）之间的差值。通常在正常工作条件下所限定的频率偏差称为最大频偏。船用 VHF 设备无线电话通信所允许的最大频偏为 ±5 kHz。

3. 调制音频的频带

调制音频的频带应限于 3 000 Hz 以下。

4. 灵敏度

船用 VHF 接收机的灵敏度应优于 1 μV。

5. 发射机辐射带宽

发射机辐射带宽是指占总辐射能量 99% 的信号频谱宽度。如果信道间隔为 25 kHz，所允许的最大频偏 Δf_{max} 为 5 kHz，最高调制频率 F_{max} 为 3 kHz，则发射机最大辐射带宽为

$$B_{max} = 2(F_{max} + \Delta f_{max}) = 2 \times (3+5) = 16 (kHz)$$

五、双向 VHF 无线电话（Two-way VHF radiotelephone）

随着航运事业的发展，双向 VHF 无线电话，是船与船、船与陆地之间不可缺少的通信工具。双向 VHF 无线电话的使用，对提高交通管理效率，加强船舶之间和船岸之间的通信联系，促进船舶航行安全，发挥着重要的保证作用。

1. 双向 VHF 无线电话的功能及配备

双向 VHF 无线电话是符合 GMDSS 系统要求的 VHF 无线电收发机。它用于救生艇与救生艇之间的现场通信或在救助行动中的现场通信（SOLAS 公约的第三章第 6 项的规定），也可用于船上通信。船舶遇险弃船时，由指定人员将所有双向 VHF 无线电话带上救生艇（筏）。

GMDSS 规定，所有在国际航线上航行的客船和 300 总吨以上的货船，都需要配备双向

VHF 无线电话。它要求所有客船和 500 总吨以上的货船至少配备 3 台双向 VHF 无线电话；300～500 总吨的货船至少配备 2 台双向 VHF 无线电话。对于渔船，需要根据鱼的种类、渔船的吨数、水域等配备 1～2 台双向 VHF 无线电话。

图 2-24 所示是不同厂家生产的两款双向 VHF 无线电话设备。

2. 双向 VHF 无线电话的主要性能

（1）双向 VHF 无线电话可以从 1 m 高处向硬表面跌落不致损坏，在 1 m 水深处能保持水密至少 5 min。在浸没状况下受到 45 ℃ 的热冲击时能保持水密性，不受海水或油的损坏。

（2）双向 VHF 无线电话长时间暴露于阳光下不会性能减退，外壳应有明显的黄/橙颜色或标志。

（3）双向 VHF 无线电话应能在 CH16(156.800 MHz) 和至少另外一个信道上工作。所有选配的信道只用于单一的语音通信。

（4）双向 VHF 无线电话发射类型和信道指示应符合《无线电规则》的相关要求。

（5）设备应能够在任何光线环境下指示出所选择的 CH16，应在开机后 5 s 内工作。

图 2-24 双向 VHF 无线电话设备
(a) 日本 FURUNO FM-8；
(b) 日本 JRC JHS-7

（6）设备有效辐射功率的最小值应为 0.25 W。如果辐射功率超过 1 W 时，要有功率降低开关可使功率降低至 1 W 或更小。当双向无线电话用于船上通信时，输出功率在工作频率上不得超过 1 W。

（7）在设备输出端，当信噪比为 12 dB 时，接收机的灵敏度应等于或优于 2 μV。接收机的抗干扰性应达到无用信号不会对有用信号产生严重影响。

（8）双向 VHF 无线电话设备的天线应当是垂直极化，并尽可能在水平面上为全向的。天线应在工作频率上对信号可进行有效的发射和接收。

（9）双向 VHF 无线电话音频输出，应能够在船上和救生艇(筏)上可能遇到的噪声环境中被听到。

（10）双向 VHF 无线电话设备应能在 -20 ℃～+55 ℃ 的温度范围内工作。在 -30 ℃～+70 ℃ 的温度范围内存放时，不应有损坏。

（11）双向 VHF 无线电话在工作周期为 1∶9 时，电源容量足以确保它以最高额定功率工作 8 h（工作周期定义为 6 s 发射，高于静噪电平 6 s 接收、低于静噪电平 48 s 接收）。

六、VHF 系统通信业务

1. 遇险通信业务

在 VHF CH70 上收到一个 DSC 遇险呼叫，如果是在 A1 海区，该海区的 VHF 海岸电台应该先用 DSC 给予遇险收妥，使遇险船终止 DSC 遇险呼叫，然后转到 VHF CH16 上进行后续遇险通信，而附近的船舶应转到 VHF CH16 上准备与遇险船进行通信联系；如果不是在 A1 海区接收到一个 VHF DSC 遇险呼叫，则由接收到 VHF DSC 遇险呼叫的某一条船舶发出 DSC 遇险收妥，使遇险船终止 DSC 遇险呼叫，然后转到 VHF CH16 信道上进行后续遇险通信，其他附近船舶应转到 VHF CH16 上收听，并准备与遇险船进行通信联系。救助船转到 VHF CH16 上后，应首先和遇险船联系，确认收到遇险呼叫，通知前去救助和预计抵达的时间等信息，在得到遇险船救助请求后，前去救助。

救助船舶还应使用任何通信方式通知 RCC 或者海岸电台遇险船的情况。

2. VHF 紧急通信业务

如果船舶发生紧迫事件或者有关于船舶航行及安全的重要信息需要立即播发，需要岸上或者附近船舶提供帮助或者采取行动，由船长或者负责人授权，可在 VHF CH70 上发送 DSC 紧急呼叫，然后转到 VHF CH16 上进行紧急通信；也可直接用 VHF CH16 发送紧急呼叫和紧急信息。如果船舶在 A1 海区向海岸电台发送一个 VHF DSC 紧急呼叫，应该等待海岸电台发回 DSC 收妥确认，再转到 VHF CH16 或者其他信道进行紧急通信。

紧急呼叫和紧急通信可在遇险和安全频率上进行，但不能干扰遇险通信，也可在其他适当的频率上进行后续紧急通信。

3. 安全通信业务

如果船舶或者海岸电台有关于船舶航行安全的临时信息播发，需要附近船舶注意，可用 VHF CH70 发送 DSC 安全呼叫，然后转到约定的信道（VHF CH13 或者 CH06 等）发送安全信息。也可直接在 VHF CH16 上发送简短的安全信息，或者在 VHF CH16 上播发引语后转到其他 VHF 信道上播发。

4. 日常无线电话通信业务

VHF CH16 不仅作为国际无线电话遇险与安全通信信道，同时是无线电话呼叫信道，在船舶日常情况下供海岸电台和船舶电台之间呼叫与应答。通常，海岸电台在 VHF CH16 信道上安排 24 h 值守和工作。船舶可在此信道上呼叫海岸电台，海岸电台响应船舶呼叫并分配一个 VHF 工作信道，然后船岸转到分配的工作信道上进行通信。有的海岸电台还开放和陆上电话网人工连接业务，船舶呼叫海岸电台并告诉陆上用户电话号码。海岸电台操作员分配一 VHF 工作信道，帮助拨叫陆上电话用户，船舶可以经海岸电台与陆上用户进行电话通信。

海岸电台通常在 VHF CH16 信道上播发通报表，或者在此信道上播发引语后，再到另一信道上发送海上重要信息。为便于接收遇险呼叫和遇险通信，在 VHF CH16 上所有发射信息应尽量简短，且不得超过 1 min。简短的安全信息可在此信道上播发，但是如果安全信息过长，可在此信道上播发引语，然后转到其他信道上播发。另外，在进行非遇险类呼叫前，电台应在 VHF CH16 上守听一会儿，当确认没有其他电台正在此信道上进行遇险通信时，才可进行呼叫。

一些海岸电台直接值守在某一 VHF 工作信道上，船舶可直接在该信道上与海岸电台进行无线电话通信，详情可在《无线电信号书》第 1 卷某海岸电台 VHF 业务中查找。

任务实施

技能一　FM-8800D/8800S 系统安装

一、VHF 系统图和接线图

1. 系统图

VHF 系统图如图 2-23 所示。VHF 系统主要由收发信机、话筒、天线（收发天线和 DSC 值守天线）、接线盒、两翼话筒（最多 2 个）、打印机、电源等部分组成，另外，还可接遥控器（最多 4 台）、扬声器等设备。

2. 接线图

VHF 接线图如图 2-25 所示（以 FM-8800D/8800S 为例）。

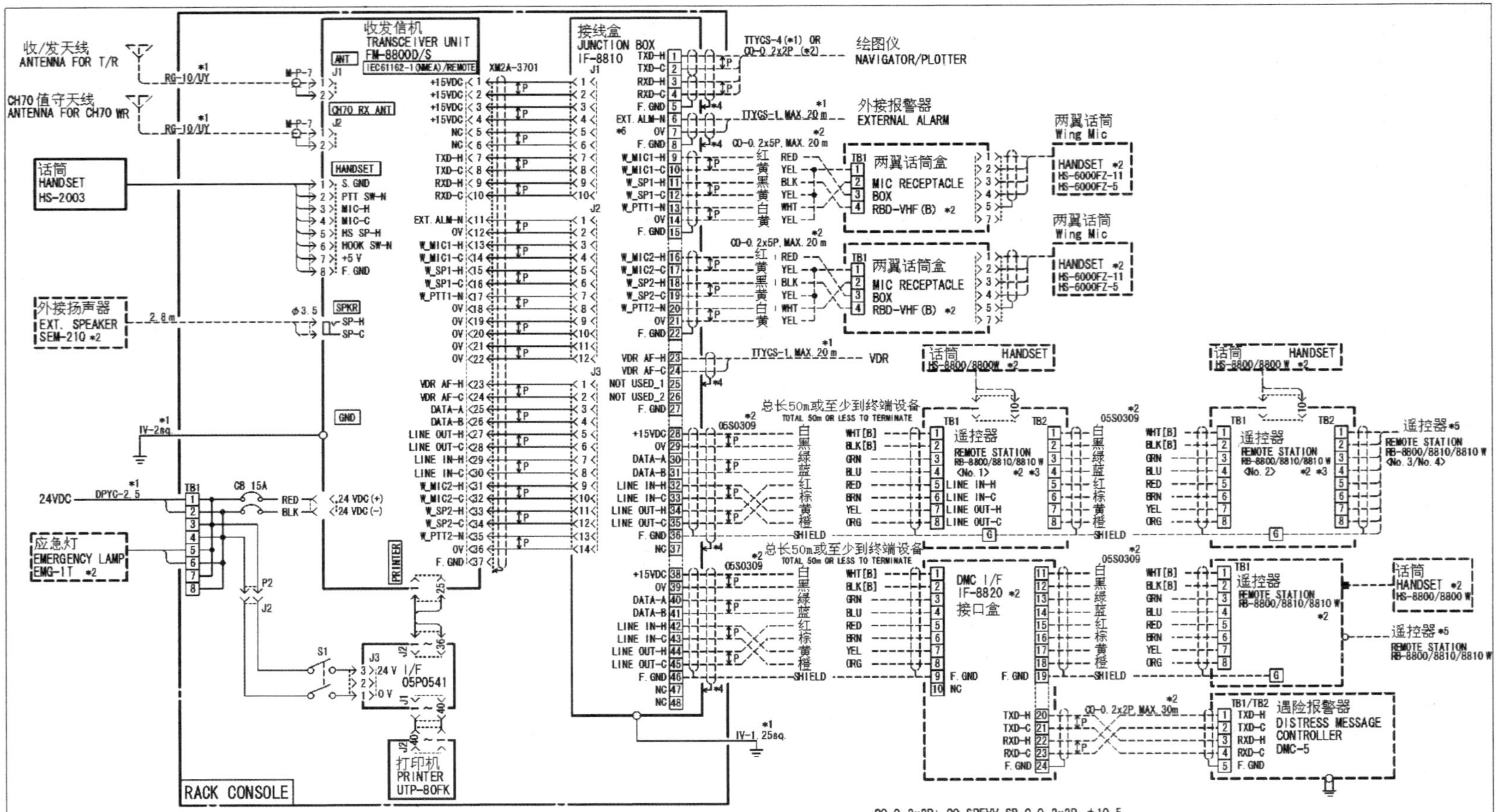

CO-0.2x2P: CO-SPEVV-SB-C 0.2x2P, φ10.5
CO-0.2x5P: CO-SPEVV-SB-C 0.2x5P, φ13.5

DRAWN Jan. 29 '07	T. YAMASAKI		TITLE	RC-8800D/S-A (FM-8800D/S)
CHECKED Jan. 29 '07	T. TAKENO		名称	VHF无线电话
APPROVED	Feb. 2 '07 R. Esumi			接线图
SCALE	MASS	kg	NAME	VHF RADIOTELEPHONE (RACK CONSOLE)
DWG No.	C5642-C02- F			INTERCONNECTION DIAGRAM

注意
*1) 造船厂提供。
*2) 可选项。
*3) 最多4台。
*4) 通过电缆屏蔽层接地。
*5) 遥控器终端连线（J2和J3）。
*6) 最大电流80 mA，耐压≤50 V。

NOTE
*1. SHIPYARD SUPPLY
*2. OPTION
*3. MAX. 4 SETS AVAILABLE
*4. GROUND THROUGH CABLE CLAMP.
*5. CONNECT JUMPERS (J2 & J3) ON TERMINATED REMOTE STATION.
*6. NORMAL CLOSE, FLOATING, MAX80mA, WITHSTAND VOLTAGE ≤50V.

图 2-25 FW-8800D/8800S 接线图

二、船用 VHF 天线的安装

目前船用 VHF 设备多采用 0.5～1.5 m 的鞭形天线，一般固定安装在罗经甲板或雷达桅等较高位置，以保证能有足够大的通信距离。

VHF 天线的安装如图 2-26 所示。使用天线金属配件，稳固地安装在天线柱上。同轴电缆缠绕成环状时，直径要设定在 200 mm 以上，以免芯线折断。

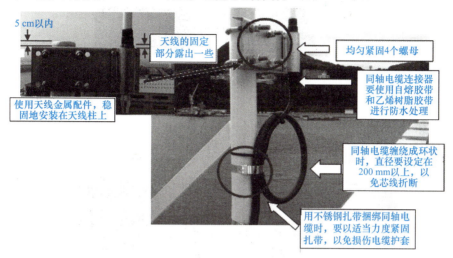

图 2-26　VHF 天线的安装

同轴电缆连接器的连接部分要使用自熔胶带和乙烯树脂胶带进行防水处理。连接器的防水处理：首先以 1/2 带宽叠压缠绕 2 层自熔胶带，在其上面，以 1/2 带宽叠压再缠绕 2 层乙烯树脂胶带，进行防水处理。乙烯树脂胶带缠绕末端要用扎带捆绑，进行固定。

三、VHF 设备的安装

图 2-27 所示为 VHF 收发信机的背面，可连接天线、电源、打印机和遥控台等单元。VHF 收发信机内部接线，一般由服务工程师完成。

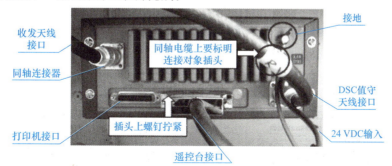

图 2-27　VHF 收发信机的背面

四、遥控台的安装

遥控台（最多 4 台）通过接线盒连接到 VHF 收发信机，如图 2-28 所示，常用遥控台有 RB-8800 和 RB-8810 型。

遥控台 RB-8800 的电缆引入有底侧进入和后侧进入两种方法。后侧进入，做一两个直径为 12 mm 以上的孔，最后一台只需要一个电缆入口。

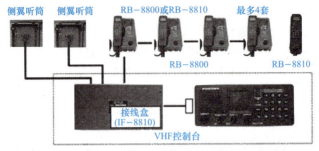

图 2-28　VHF 遥控台连接图

五、侧翼话筒的安装

侧翼话筒安装在船舶驾驶甲板的两翼，最多 2 台，其安装如图 2-29 所示。

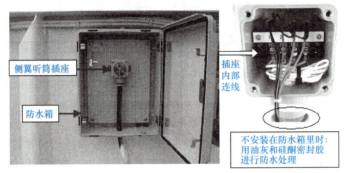

图 2-29　侧翼话筒的安装

技能二　FM-8800S/D 设备操作

一、控制单元面板键钮功能及屏幕显示内容

1. 控制单元面板及键钮功能

控制单元面板如图 2-30 所示。遥控台的控制面板如图 2-31 所示。

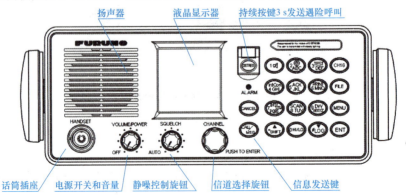

图 2-30　FM-8800D/FM-8800S VHF 设备控制单元面板

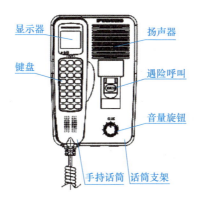

图 2-31 遥控台的控制面板

2. 屏幕显示内容

图 2-32 所示是待机时屏幕所显示的内容，其含义见表 2-5。图 2-32(a)所示是主机(FM-8800D/S VHF 设备)的显示内容；图 2-32(b)所示是遥控台的显示内容，遥控台在显示左边的画面时按 ⌣ 键，将会显示右边的画面。在显示右边的画面时按 ⌣ 键，将会显示左边的画面，和主机的显示基本是一样的。

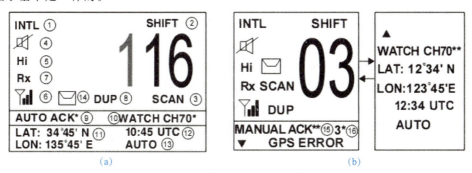

图 2-32 待机时屏幕显示的内容(等待发射显示状态)

(a)FM-8800D/S VHF 设备；(b)遥控台

表 2-5 待机时屏幕显示内容的说明

编号	说明
1	显示的信道模式 INTL/USA/WX/CANADA/INLND-WA/PRIV/(MEMO)
2	SHIFT 当第二功能被激活时显示
3	显示扫描模式：SCAN、DUAL，或者不显示扫描模式。显示扫描模式时，表示轮流接收两个信道信息，不显示时表示连续接收同一信道信息
4	显示时表示扬声器关闭，不显示时表示扬声器打开
5	显示发射功率(Hi=25 W/Lo=1 W)
6	显示接收信号强度： 　　没有信号：只有天线图标； 　　低于 20 dB：天线图标和 1 个短信号指示条； 　　20～40 dB：天线图标和 2 个信号指示条； 　　40 dB 以上：天线图标和 3 个信号指示条
7	接收信号时显示 RX，发射时显示 TX

续表

编号	说明
8	显示当前信道
9	接收到一个日常 DSC 呼叫时显示： 　　Auto ACK：自动应答； 　　MANUAL ACK：手动应答； 　　DISTRESS：在遇险呼叫时显示
10	CH70 值守或 VHF 值守(根据菜单设置)。如果 CH70 有问题将显示"WATCH CH70 NG"，如果没有输入 MMSI 将显示"DSC NOT USABLE"
11	显示本船的经纬度
12	显示 UTC 时间(通用协调时间)
13	显示 AUTO，表示自动输入数据(船位、时间等)；显示 MANUAL，表示手动输入
14	有未读信息时显示此图标
15	如果没有输入 MMSI，"DSC UNAVAIL"将会替代 MANUAL ACK，在收到遇险呼叫时显示"DISTRESS MODE"
16	3＊：表示此遥控台为第 3 个遥控台

二、基本操作

1. 打开电源，调整对比度

打开(关闭)电源：顺时针(逆时针)旋转［VOLUME］旋钮直到听到"啪"一声。

调整显示器的对比度：按［SHIFT］键后，旋转［CHANNEL］旋钮或按［▼］(［▲］)键。

2. 选择信道模式和信道

选择信道模式：按［SHIFT］键后，按［INTL/USA/7］键几次直到显示需要的信道模式，下面为常用的几个模式。

(1) INTL：International mode(国际信道)；

(2) USA：USA mode(美国信道)；

(3) WX：Weather channel mode(气象信道)；

(4) CANADA：CANADA mode(加拿大信道)；

(5) INLND-WA：Rhine river mode(莱茵河信道，在内河使用)；

(6) PRIV：Private channel(私人信道)；

(7) MEMO：Memory channel mode if registered(存储信道)。

3. 调整静噪

使用［SQUELCH］旋钮调整静噪。顺时针旋转［SQUELCH］旋钮可降低白噪声，但也会降低设备灵敏度，通常选择"自动"位置。

4. 发射

按下话筒上的［PTT］开关键发射，松开接收。

5. 选择输出功率

按下［SHIFT］键，再按［HI/LO/0］键选择高功率或低功率。

6. 打开/关闭扬声器

按下［SHIFT］键，再按下［1］键打开/关闭扬声器，当关闭时会出现扬声器关闭的标记。当话筒正在使用时扬声器会自动地关闭。利用［VOLUME］旋钮调整扬声器的音量。

7. 快速选择 16 信道

按下[CH16]键选择国际遇险安全信道 CH16。

三、DSC 操作

1. DSC 遇险通信操作

当遇险警报发射时，FM-8800S 自动将输出功率设置为最大(25 W)。

(1)快速发射遇险呼叫。

1)当遇险事件来得突然时，打开[DISTRESS]键上面的盖，按下[DISTRESS]键 3 s，就会发出报警声，同时该键就会变红色并闪亮，报警声每隔 3 s 响一次，同时指示灯每隔 3 s 闪一次。屏幕变化如图 2-33 所示。图 2-33(a)所示是当[DISTRESS]键按下时的显示界面；图 2-33(b)所示是倒数到零后正在发射报警；图 2-33(c)所示是等待遇险收妥，此时遇险通信与 CH16 信道连接；图 2-33(d)所示是收到遇险收妥。

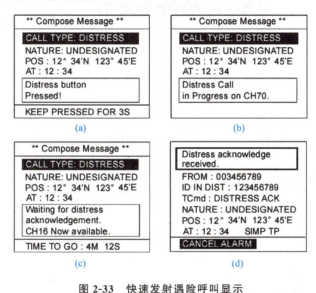

图 2-33　快速发射遇险呼叫显示

(a)按下[DISTRESS]键显示；(b)倒数到零后正在发射报警；
(c)等待遇险收妥；(d)收到遇险收妥

2)按下[CANCEL]键或[ENT]键，再按下[ENT]键，屏幕就会出现"CH16"和"Hi"；此时，使用话筒给海岸台发送信息，过程如下：

①按下[PTT]键并缓慢地、清楚地说"MAYDAY、MAYDAY、MAYDAY"；

②This is"遇险船名和呼叫标记"(三次)；

③"MAYDAY"；

④This is"遇险船名和呼叫标记"；

⑤经纬度位置；

⑥遇险的性质；

⑦所需帮助；

⑧船上的人数；

⑨能有助援救的其他信息，如船的长度、颜色等；

⑩结束通常简单地说"OVER"。

(2)通过[DISTRESS]键编发遇险报警。打开[DISTRESS]键的盖子,并短暂地按下[DISTRESS]键,就会出现遇险性质窗口(两页),如图2-34(a)所示,用[CHANNEL]键或用上、下箭头键选择,按[ENT]键确认,窗口显示如图2-34(b)所示。再按下[DISTRESS]键3 s就会显示图2-34(c)所示窗口。后续过程同"快速发射遇险呼叫"。

图 2-34　通过[DISTRESS]键编发遇险报警显示
(a)遇险性质列表;(b)遇险性质选择;(c)按下[DISTRESS]键报警

(3)通过[CALL]键编发遇险报警。时间允许的情况下,还可以通过[CALL]键编发遇险报警说明遇险性质。

1)按下[CALL]键,如图2-35(a)所示。

2)在"CALL TYPE"项中,按[ENT]键选择"DISTRESS"项。

3)在"NATRUE"项中,旋转[CH]旋钮选择遇险信息,而后按[ENT]键,如图2-35(b)所示。

4)输入船位,然后按[DISTRESS]键3 s以上,发出遇险报警。

图 2-35　通过[CALL]键编发遇险报警显示
(a)按[CALL]键后显示内容;(b)选择遇险性质

(4)遇险收妥。收到遇险报警时,本船若在A1海区,应先等待岸站发遇险收妥信号;如果在其他海区或A1海区岸站5 min内未发遇险收妥信号,本船离遇险船较近并有救助条件,可以发出遇险收妥信号。具体方法如下:

当收到遇险报警时,会听到提示音。如图2-36所示,先按下[CANCEL]键取消报警声,再按[ENT]键,出现选择"DISTRESS ACK"项,然后按[CALL]键3 s发射遇险收妥信号。遇险收妥后,回到待机界面,并自动转到CH16。

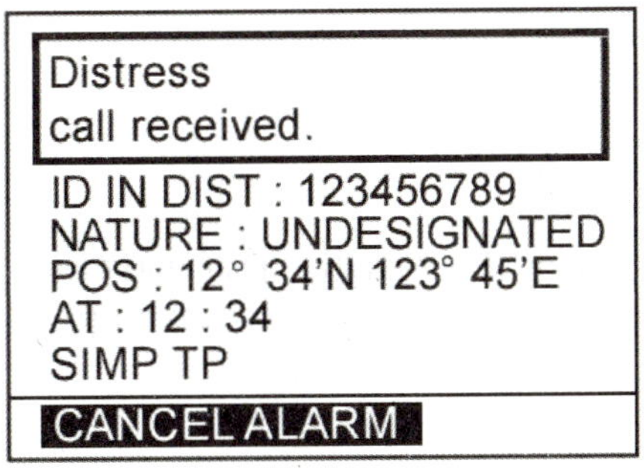

```
Distress
call received.
ID IN DIST : 123456789
NATURE : UNDESIGNATED
POS : 12°34'N 123°45'E
AT : 12 : 34
SIMP TP
CANCEL ALARM
```

图 2-36　收到遇险报警信号

(5)遇险转发。可转发遇险报警的情况有两种：

1)遇险船不能自己发射报警；

2)非遇险船的船长或负责人或海岸电台的负责人认为对遇险船有必要进行进一步帮助。

按[CALL]键，在呼叫类型中选择"RELAY SEL"可以将遇险报警转发给海岸电台，或者选择"RELAY ALL"将遇险报警转发给所有船。

(6)取消误报警。若不慎通过本设备发出误报警，应立即取消误报警，步骤如下：

1)立即关闭设备。

2)重新开机，并切换至 CH16 告知所有船以下信息：

All Stations, All Stations, All Stations

This is VESSEL'S NAME, CALLSIGN.

DSC NUMBER, POSITION.

Cancel my distress alert of DATE, TIME, UTC.

Master, VESSEL'S NAME, CALLSIGN.

DSC NUMBER, DATE, TIME UTC.

2. 海岸电台/船台的呼叫操作

(1)向海岸电台/船台的呼叫。

1)按[CALL]键，显示界面如图 2-37(a)所示。

2)按[ENT]键打开呼叫类型列表，如图 2-37(b)所示。旋转[CH]旋钮选择岸台(COAST CALL)/船台(SHIP CALL)，并按[ENT]键。

3)选择"ID"项，并按[ENT]键。输入岸台 ID/船台 ID 的号码并按[ENT]键。

4)在"ROUTINE"项中选择优先等级，按[ENT]键，如图 2-37(c)所示。

5)在"TCMD1"项中选择后续通信方式，按[ENT]键。其中，"SIMPLEX TP"为单工方式；"DUPLEX TP"为双工方式；"DATA"为数据传输；"FAX"为传真，如图 2-37(d)所示。

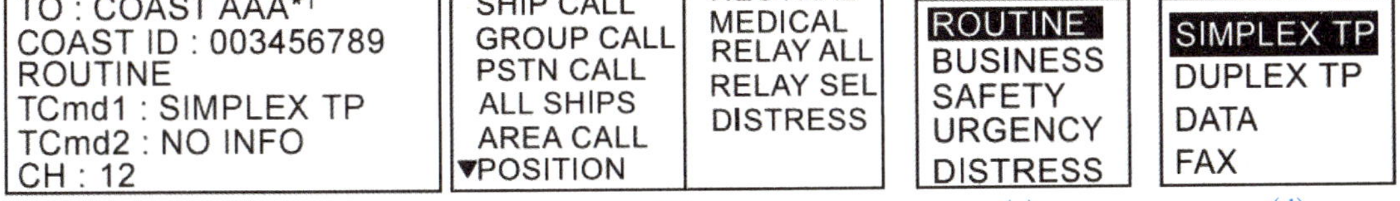

```
** Compose Message **
CALL TYPE:COAST CALL
TO : COAST AAA*1
COAST ID : 003456789
ROUTINE
TCmd1 : SIMPLEX TP
TCmd2 : NO INFO
CH : 12
```

```
COAST CALL      ▲POLLING
SHIP CALL        NEUTRAL
GROUP CALL       MEDICAL
PSTN CALL        RELAY ALL
ALL SHIPS        RELAY SEL
AREA CALL        DISTRESS
▼POSITION
```

```
ROUTINE
BUSINESS
SAFETY
URGENCY
DISTRESS
```

```
SIMPLEX TP
DUPLEX TP
DATA
FAX
```

(a)　　　　　　　　(b)　　　　　　　　(c)　　　　　　　(d)

图 2-37　DSC 向海岸电台/船台的呼叫

(a)按[CALL]键后显示界面；(b)呼叫类型表；(c)优先等级；(d)后续通信方式

6)在"CH"项中选择信道,并按下[ENT]键,进入选择信道界面。选择"SELECT CH"并按[ENT]键,就可以选择通信信道并按[ENT]键确认。

7)按下[CALL]键 3 s 后,发射编辑好的呼叫,并从 3 s 倒计时到 0 s 发出呼叫。发射时,显示"CALL IN PROGRESS ON CH70"。

8)发射后等待收妥,并从 4 min 59 s 倒计时。若倒计时结束,出现"No response! Try calling again?"图界面,即"没有响应!再次呼叫吗?"若重新呼叫,按下[ENT]键再按[CALL]键;取消呼叫,按下[CANCEL]键。

(2)海岸电台/船台的收妥操作。

当海岸电台/船台接收到报警呼叫时:

1)当出现报警声时,按下[CANCEL]键,如图 2-38(a)所示。

2)要收妥,如图 2-38(b)所示,再按[ENT]键,弹出收妥选择"ABIE""UNABLE"窗口。

3)选择"ABIE"操作界面。按[ENT]键进入图 2-39(a)右图界面;按下[CALL]键 3 s 后就会发送"ACK BQ"。

4)选择"UNABLE"。按[ENT]键弹出不能收妥原因界面,如图 2-39(b)左图的界面;再按[ENT]键进入图 2-39(b)右图界面;按下[CALL]键 3 s 后就会发送"ACK BQ"。

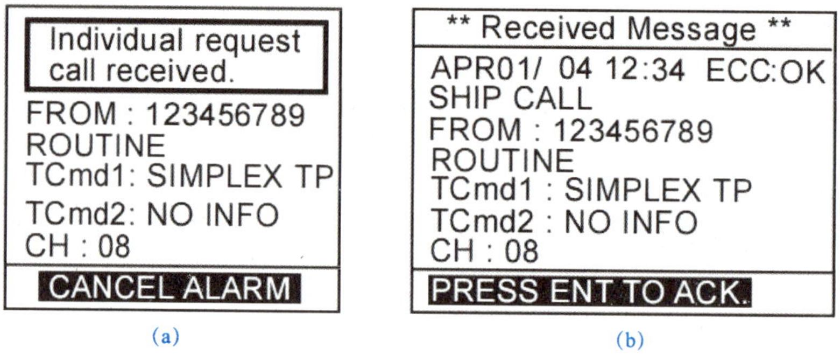

图 2-38 海岸电台/船台接收到报警呼叫
(a)收到报警时;(b)收妥操作

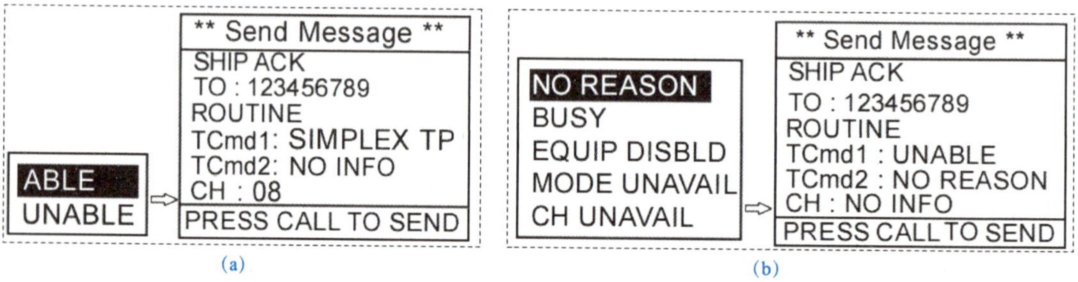

图 2-39 海岸电台/船台接收到报警后的收妥操作
(a)选择"ABIE"操作界面;(b)选择"UNABLE"操作界面

(3)发射台收到收妥的操作。当向海岸电台/船台的呼叫发送后,要等待接收台的应答。收到应答信息有两种情况,如图 2-40(a)所示表示可以应答,如图 2-40(b)所示表示不能应答。

发射台收到应答后,先按[CANCEL]键取消报警声,由图 2-40(a)所示进入图 2-40(c)所示、由图 2-40(b)所示进入图 2-40(d)所示界面,再按[ENT]键转到约定的信道通信。

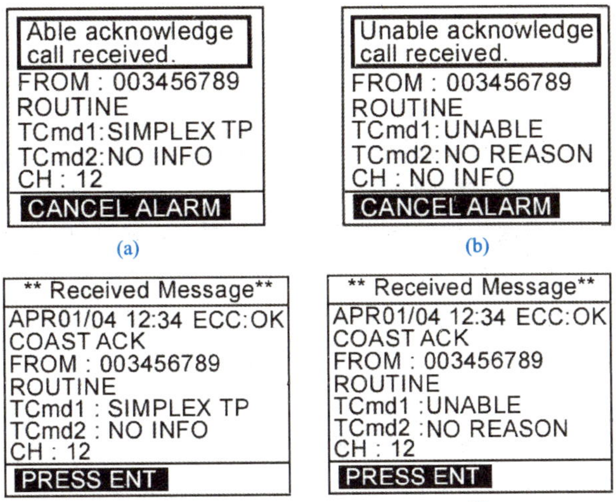

```
┌─────────────────────┐   ┌─────────────────────┐
│ Able acknowledge    │   │ Unable acknowledge  │
│ call received.      │   │ call received.      │
│ FROM : 003456789    │   │ FROM : 003456789    │
│ ROUTINE             │   │ ROUTINE             │
│ TCmd1:SIMPLEX TP    │   │ TCmd1:UNABLE        │
│ TCmd2:NO INFO       │   │ TCmd2:NO REASON     │
│ CH : 12             │   │ CH : NO INFO        │
│ [CANCEL ALARM]      │   │ [CANCEL ALARM]      │
└─────────────────────┘   └─────────────────────┘
          (a)                        (b)

┌─────────────────────┐   ┌─────────────────────┐
│ ** Received Message**│  │ ** Received Message**│
│ APR01/04 12:34 ECC:OK│  │ APR01/04 12:34 ECC:OK│
│ COAST ACK           │   │ COAST ACK           │
│ FROM : 003456789    │   │ FROM : 003456789    │
│ ROUTINE             │   │ ROUTINE             │
│ TCmd1 : SIMPLEX TP  │   │ TCmd1 : UNABLE      │
│ TCmd2 : NO INFO     │   │ TCmd2 : NO REASON   │
│ CH : 12             │   │ CH : 12             │
│ [PRESS ENT]         │   │ [PRESS ENT]         │
└─────────────────────┘   └─────────────────────┘
          (c)                        (d)
```

图 2-40　发射台收到收妥的操作

(a)可以应答；(b)不能应答；(c)可以应答收妥信息；(d)不能应答收妥信息

3. PSTN(公共交换电话网)呼叫操作

本设备支持通过岸站、公共交换电话网与陆上用户通话。

(1)发出 PSTN 呼叫。先按[CALL]键，选择"PSTN CALL"项，按[ENT]键，系统自动加"00"，如图 2-41(a)所示；在"TEL"项中输入对方电话号码，最多 16 位数字，如图 2-41(b)所示。其他步骤如前所述。

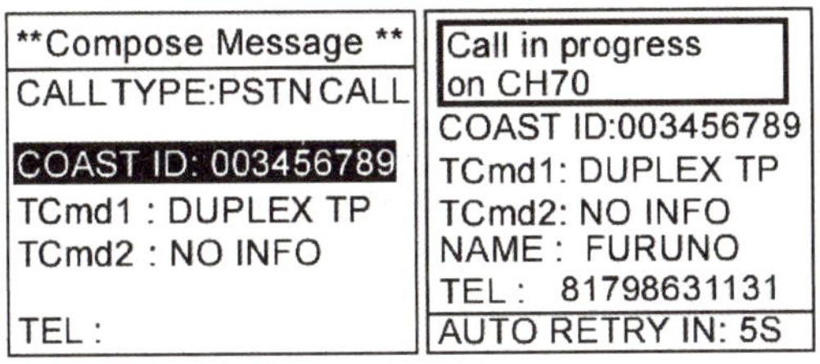

```
┌─────────────────────┐   ┌─────────────────────┐
│ **Compose Message** │   │ Call in progress    │
│ CALL TYPE:PSTN CALL │   │ on CH70             │
│                     │   │ COAST ID:003456789  │
│ COAST ID: 003456789 │   │ TCmd1: DUPLEX TP    │
│ TCmd1 : DUPLEX TP   │   │ TCmd2: NO INFO      │
│ TCmd2 : NO INFO     │   │ NAME : FURUNO       │
│                     │   │ TEL : 81798631131   │
│ TEL :               │   │ AUTO RETRY IN: 5S   │
└─────────────────────┘   └─────────────────────┘
          (a)                        (b)
```

图 2-41　发出 PSTN 呼叫

(a)输入岸站识别码；(b)发射呼叫

(2)接收 PSTN 呼叫。发出 PSTN 呼叫后，如果岸站支持该业务，设备会振铃，同时收到岸站发回的电文，在 60 s 内摘机可以与陆地用户通话。通话结束后，岸站会发回电文显示本次通话计费时间，如图 2-42 所示。

```
┌─────────────────────┐   ┌─────────────────────┐
│ Able PSTN call      │   │ Able acknowledge    │
│ Pick up the handset!│   │ call received.      │
│ FROM : 003456789    │   │ FROM : 003456789    │
│ TCmd1: DUPLEX TP    │   │ TCmd1 : END CALL    │
│ TCmd2: PAY-PHONE    │   │ TCmd2 : NO INFO     │
│ TEL No:1234567890123456│ │ TEL:1234567890123456│
│ CH : 28             │   │ CHARGE TIME:00h05m18s│
│                     │   │ [PRESS ENT]         │
└─────────────────────┘   └─────────────────────┘
          (a)                        (b)
```

图 2-42　接收 PSTN 呼叫

(a)摘机通话；(b)通话计费时间通知

四、电话终端操作

1. 信道选择

旋转[CHANNEL]旋钮或者直接按数字键可以选择信道,若选择双工信道,屏幕上会显示"DUP"。按[CH16]键可以快速切换到CH16。

选择适当信道后,可以拿起话柄,按[PTT]键进行呼叫,松开[PTT]键收听。

2. 双值守

先选择非CH16,然后按[SHIFT]→[DW/9]键进行双信道值守,如图2-43所示。按[CH16]键或者再按[SHIFT]→[DW/9]键停止双值守。

说明:

(1)在CH16信道停0.15 s;在另一信道停1 s。

(2)当另一信道有信号时,继续双值守,按[PTT]键可停止双值守。

(3)如果CH16信道有信号,就停止双值守,信号消失后,继续双值守。

3. 发射功率选择

按[SHIFT]→[HI/LO/0]键可以选择发射功率,高功率为25 W,屏幕显示"Hi",如图2-43所示;低功率为1 W,屏幕显示"Lo"。

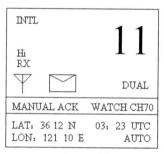

图2-43 双值守显示

说明:当选择国际信道的CH15、CH17、CH75、CH76;USA的CH13、CH17、CH67时,功率默认为1 W。

4. 改变信道模式

按[SHIFT]→[INTL/USA/7]键,可以在ITU信道和内存信道之间转换。

5. 扫描所有信道

(1)屏幕左上角显示"INTL"时,按[SHIFT]→[SCAN/8]键,扫描全部信道,顺序如图2-44所示。

(2)按[CH16]键或者再按[SHIFT]→[SCAN/8]键,可以停止扫描。

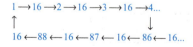

图2-44 扫描所有信道

6. 扫描内存信道

(1)按[MENU]键,按[∨]键选择"MEMORY CHANNEL",按[ENT]键,设置内存信道。

(2)按[SHIFT]→[INTL/USA/7]键,屏幕左上角显示"MEM00*(*为1~7)",扫描内存信道,同时间隔扫描CH16。

(3)按[CH16]键或者再按[SHIFT]→[INTL/USA/7]键,可以停止扫描。

任务总结

通过本任务的学习,了解了甚高频(VHF)通信系统的组成和功能,了解了 VHF 设备不同业务之间的通信频率。

项目评价

序号	考核点	分值	建议考核方式	考核标准	得分
1	MF/HF 组合电台、VHF 系统图、接线图识读	15	教师评价(50%)＋互评(50%)	能正确识读系统图、接线图,识读错误一处扣1分	
2	MF/HF 组合电台、VHF 接线	15	教师评价(50%)＋互评(50%)	能正确进行设备接线,接错一处扣2分	
3	MF/HF 组合电台、VHF 操作	15	教师评价(50%)＋互评(50%)	能正确进行设备操作,操作错误一次扣3分	
4	项目报告	10	教师评价(100%)	格式标准,内容完整,详细记录项目实施过程并进行归纳总结,一处不合格扣2分	
5	职业素养	5	教师评价(30%)＋自评(20%)＋互评(50%)	工作积极主动,遵守工作纪律,遵守安全操作规程,爱惜设备与器材	
6	练习与思考	40	教师评价(100%)	对相关知识点掌握牢固,错一题扣1分	
完成日期			年 月 日	总分	

项目总结

通过本项目的学习,了解了地面通信系统的系统组成及功能。地面通信系统的船用通信设备主要包括:中高频(MF/HF)组合电台和甚高频(VHF)电台。学习到了地面通信系统的业务频率,掌握了系统的安装过程和技巧。通过对系统图和接线图的识读,对系统进行了安装,在详细阅读设备操作说明书后,学会了对设备不同业务类型的操作。

练习与思考

1. 上海海岸电台的无线电传应答码是(   )。
   A. 2010 SHAIRADIO CN　　　　　　B. 2017 SHAIRADIO CN
   C. 004121100 SHAIRADIO CN　　　D. 004123100 SHAIRADIO CN

2. 在GMDSS系统中,高频(HF)通信分系统的工作频率范围是( )。
   A. 415～4 000 kHz   B. 4.0～27.5 MHz
   C. 30～60 MHz   D. 156～174 MHz

3. 在GMDSS系统中,中频(MF)通信分系统的工作频率范围是( )。
   A. 415～4 000 kHz   B. 4.0～27.5 MHz
   C. 30～60 MHz   D. 156～174 MHz

4. MF/HF组合电台,单边带无线电话采用的工作类型是( )。
   A. J3E   B. A1A   C. H2A   D. F1B

5. 中高频(MF/HF)无线电话的工作种类( )主要是用于遇险和安全通信,规定在2 182 kHz、4 125 kHz、6 215 kHz、6 291 kHz、12 290 kHz、16 420 kHz等频率上使用。
   A. H3E   B. F1B   C. A1A   D. A2A

6. MF/HF组合电台的NBDP和DSC方式,采用的工作类型是( )。
   A. J2B   B. F1B   C. A或B   D. 不是A也不是B

7. G3E发射种类的含义是( )。
   A. 单边带抑制载波   B. 具有纠错的载波移频键控
   C. 单边带调频无线电话   D. 调相无线电话

8. 在下列识别码中,( )是分配给广州岸台的MMSI识别码。
   A. 04120017   B. 004123100
   C. 494602017   D. 441201017

9. 船舶在航行时( )。
   A. MF/HF DSC值守机应24 h开启值守
   B. NBDP终端应24 h开启值守
   C. 组合电台必须24 h开启工作
   D. MF/HF DSC值守机可以关闭

10. ( )kHz不是DSC进行遇险和安全呼叫时所采用的频率。
    A. 8 414.5   B. 16 804.5   C. 156.525   D. 2 182

11. ( )是MF DSC进行遇险和安全呼叫时所使用的频率。
    A. 2 182 kHz   B. 2 174.5 kHz   C. 156.8 MHz   D. 2 187.5 kHz

12. DSC终端MF/HF频段共有( )个遇险呼叫频率。
    A. 7   B. 6   C. 5   D. 4

13. 船台在MF上收到DSC遇险呼叫后,应( )。
    A. 马上转发
    B. 不得转发
    C. 在1 min内没有岸台应答的情况下,船台给予转发
    D. 在3 min内没有岸台应答的情况下,船台给予转发

14. DSC遇险呼叫序列中不包括( )。
    A. 遇险船名   B. 遇险时间
    C. 遇险位置   D. 后续通信方式

15. 遇险报警时要用( )个遇险信号引导。
    A. 1   B. 2   C. 3   D. 4

16. 岸台使用NBDP系统播发气象信息采用( )方式。
    A. ARQ   B. SFEC   C. CFEC   D. TDMA

17. NBDP 中二重时间分集的间隔时间为（　　）ms。
    A. 280　　　　B. 300　　　　C. 400　　　　D. 350

18. 无线电话遇险信号是（　　）。
    A. PAN PAN　　B. MAYDAY　　C. URGENCY　　D. SECURITE

19. NBDP 中拆除有线网络联系，以及拆除与岸台的无线联系分别用指令（　　）。
    A. NNNN 和 KKKK　　　　　　B. KKKK 和 BRK
    C. NNNN 和 BRK　　　　　　D. BRK 和 KKKK

20. 能表示海上移动电台无线电传应答码的是（　　）。
    A. 47579 GFCV　　　　　　B. 47579 GFCV X
    C. 4579 GFCV　　　　　　　D. 4579 GFCV X

21. VHF DSC 发射遇险序列的信道是（　　）。
    A. 16CH　　　B. 70CH　　　C. 13CH　　　D. A 与 B 均可

22. （　　）属于 DSC 进行遇险和安全呼叫时所采用的频率。
    A. 8 291.0 kHz　　　　　　B. 12 520 kHz
    C. 156.525 MHz　　　　　　D. 2 174.5 kHz

23. （　　）不属于 DSC 进行遇险和安全呼叫时所采用的频率。
    A. 8 414.5 kHz　　B. 12 577 kHz　　C. 156.525 kHz　　D. 156.8 MHz

24. VHF 双向无线电话必须具备（　　）信道。
    A. 6　　　　　B. 16　　　　　C. 13　　　　　D. 70

25. 船用 VHF 电话 ITU 的最小信道间隔为（　　）kHz。
    A. 50　　　　B. 25　　　　C. 12.5　　　　D. 5

26. 甚高频波段信道（　　）是用于船舶和航空器之间进行协调救助作业通信或用于安全目的进行的航空器与船舶之间的通信。
    A. CH16　　　B. CH13　　　C. CH70　　　D. CH06

27. VHF DSC 采用的工作频率是（　　）MHz。
    A. 156.525　　B. 156.800　　C. 156.750　　D. 156.300

28. 按 CCIR 建议，水上 VHF 通信中船舶间通信只能使用（　　）。
    A. 异频单工方式　　　　　　B. 同频单工方式
    C. 异频或同频单工方式　　　D. 准双工方式

29. VHF 双值守信道是（　　），守听时间分别是（　　）。
    A. 16CH 和 70CH；0.1 s，0.9 s
    B. 16CH 和任选一非 16 电话信道；0.1 s，0.9 s
    C. 16CH 和任选一非 16 电话信道；1 s，9 s
    D. 70CH 和任选一非 16 电话信道；1 s，9 s

30. 在 GMDSS 系统中，甚高频（VHF）通信分系统的工作频率范围是（　　）。
    A. 415～4 000 kHz　　　　　B. 4.0～27.5 MHz
    C. 30～60 MHz　　　　　　　D. 156～174 MHz

31. VHF 系统的双值守是指（　　）。
    A. CH70 值守机和 VHF CH16 的双值守
    B. CH70 值守机和 VHF DSC 的双值守
    C. CH16 和任一非 CH16 的双值守
    D. 上面任意一个

32. VHF 设备的 75CH 和 76CH 是（　　）的保护信道，不应在此信道工作。
    A. CH16　　　B. CH70　　　C. CH13　　　D. CH06

33. 强制工作在小功率状态（不超过 1 W）的信道是（　　）。
    A. CH16&CH06　B. CH75&CH76　C. CH13&CH11　D. CH15&CH17

34. VHF 设备的话筒有一个按压开关（PTT），此开关的作用是（　　）。
    A. 按下此开关，接收机工作，发射机不工作
    B. 按下此开关，接收机不工作，发射机工作
    C. 松开此开关，接收机和发射机都工作
    D. 松开此开关，接收机和发射机都不工作

35. VHF 设备可以进行通信的海区是（　　）。
    A. A1
    B. A1，A2
    C. A1，A2，A3
    D. A1，A2，A3，A4

36. 按 CCIR 建议船舶 VHF 电台之间通信只能选择（　　）。
    A. 单工信道　　B. 双工信道　　C. ITU 信道　　D. USA 信道

37. VHF 无线电设备是实现近距离海上通信的主要手段，它的有效通信距离为（　　）n mile。
    A. 50　　　　B. 150　　　　C. 200　　　　D. 400

38. VHF DSC 工作模式为（　　）。
    A. G2B　　　B. J3E　　　C. G3E　　　D. FSK

39. VHF 无线电电话设备发送和接收无线电话的信道有（　　）（①CH06；②CH70；③CH13；④CH16；⑤CH75）。
    A. ①②③④　　B. ①③④　　C. ①②③⑤　　D. ①②③④⑤

40. （　　）信道主要用于船舶之间的航行安全通信。
    A. CH06　　　B. CH13　　　C. CH16　　　D. CH26

项目三　卫星通信系统安装与操作

📺 项目描述

利用人造地球卫星在两个或多个地球站之间进行的通信就是卫星通信。海上通信主要用到的是 INMARSAT 通信系统，其由空间段、地面网络和移动站三大部分构成。船舶上主要使用 INMARSAT-C 船站和 INMARSAT-F 船站进行卫星通信。本项目主要讲解了船站的识别码，船站系统的组成及业务类型。该系统的安装不仅需要参照系统的系统图和接线图，还要满足造船企业和船级社以及船东的要求。熟读设备操作说明书后，在教师指导下对设备进行操作。

📺 项目分析

首先对项目的构成进行了解，掌握 INMARSAT-C 船站和 INMARSAT-F 船站的功能及系统组成，了解设备的工作原理，了解通信过程，识读系统图和接线图，并对设备进行熟练操作。

🧰 相关知识和技能

1. 了解 INMARSAT-C 系统和 INMARSAT-F 系统的组成；
2. 掌握 INMARSAT-C 船站和 INMARSAT-F 船站的业务类型；
3. 识读 INMARSAT-C 和 INMARSAT-F 的系统图和接线图；
4. 能正确安装 INMARSAT-C 和 INMARSAT-F 系统设备，并能正确接线；
5. 熟悉 INMARSAT-C 和 INMARSAT-F 终端设备的操作。

任务一　INMARSAT-C 通信系统

🧰 任务目标

1. 识读 INMARSAT-C 的系统图和接线图；
2. 能正确安装 INMARSAT-C 系统设备，并能正确接线；
3. 熟悉 INMARSAT-C 终端设备的操作；
4. 会操作 INMARSAT-C 快速遇险报警。

📺 任务分析

INMARSAT-C 系统是一种纯数据通信的全球、全天候系统，尽管无语音业务，数据传输速率也较低，但由于其在价格、体积及通信交费上的优势，特别是基于该系统开发出来的各种增值业务，使得 INMARSAT-C 系统的应用十分广泛。本任务主要讲解 INMARSAT-C 系统的组成，C 船站的功能及系统的安装和操作。

一、INMARSAT-C 系统的组成

INMARSAT-C 系统由空间段的四颗卫星、网络协调站（NCS）、岸站（LES）和船站（MES）组成。空间段的四颗卫星在项目一中已作过介绍，这里不再重复。

微课：INMARSAT-C 系统组成

1. 网络协调站（NCS）

在 C 系统下，NCS 除负责本区域内的 LES 通信协调和管理外，每一个船站（MES）在开机或跨洋区移动时，都要向其发出入网登记信号。船站（MES）在空闲时，自动协调在 NCS 站发出 TDM 载波，收听 EGC 和公告信息。INMARSAT-C 系统中的 NCS 站见表 3-1。

表 3-1　INMARSAT-C 系统中的 NCS 站

卫星覆盖区	NCS 名称	所在国家	NCS 识别码
大西洋西区（AOR-W）	贡西利（Goonhilly）	英国	044
大西洋东区（AOR-E）	贡西利（Goonhilly）	英国	144
太平洋（POR）	圣淘沙（Sentosa）	新加坡	244
印度洋（IOR）	塞莫皮莱（Thermopylae）	希腊	344

表 3-1 中的 NCS 识别码，第一个数字表示 NCS 所在洋区，大西洋西区（AOR-W）为 0，大西洋东区（AOR-E）为 1，太平洋（POR）为 2，印度洋（IOR）为 3；第二、三位表示 NCS 编码。

2. 岸站（LES）

岸站是船站与陆地通信网络的接口，提供与陆地的电传网络、海事遇险路由、公共交换电话网（PSTN）和分组交换数据网（PSDN）的接口。

来自船站（MES）的信息经卫星转发后，先进行存储，然后再经公众通信网（PSTN/PSDN）发送到目的地，反之亦然。LES 通过 ISL（Interstation Signalling Link）信道与 NCS 通信。

LES 的识别码由三位数字组成。第一位表示 LES 所在的洋区（与 NCS 识别码相同），后两位表示 LES 对应的编号，见表 3-2。例如：在太平洋使用北京岸站。北京岸站的自识别码为 11。所以在太平洋的北京岸站的识别码为 211。

表 3-2　INMARSAT-C 系统的各洋区常用的 LES 识别码

AOR-W	AOR-E	POR	IOR
001 美国	101 美国	211 北京	311 北京
002 英国	102 英国	203 日本	303 日本
011 法国	131 丹麦	210 新加坡	308 韩国
—	111 法国	202 澳大利亚	304 挪威

3. 船站（MES）

一个典型的船站包括数据电路终端设备（Data Circuit Equipment，DCE）和数据终端设备（Data Terminal Equipment，DTE）两个单元。DCE 是与卫星通信信道的接口，进行数据处理与转换，将要发射的数字信号变换为射频信号，将接收的射频信号转换为数字信号。目前，有单独设置的 DCE，也有直接接入卫星天线单元的。DTE 提供人机接口，与计算机相连完成报文的编辑、阅读和打印。

二、INMARSAT-C 船站的特点

INMARSAT-C 船站由于采用全向性天线，不需复杂的天线跟踪系统，生产制造容易，故目前得到 INMARSAT 认可并生产 C 船站的厂家很多，如丹麦的 Thrane&Thrane（泰纳）公司、挪威的 ABB 公司、美国的 Trimble（天宝）公司及日本的 JRC 公司、FURUNO（古野）公司等。

1. INMARSAT-C 船站的分类

通常根据 INMARSAT-C 船站是否挂接增强群组呼叫(Enhanced Group Call，EGC)接收设备，可将其分为以下三类：

(1)1 类船站即标准 C 站，不能接收 EGC 信息。

(2)2 类船站既具有标准 C 站的功能，也能接收 EGC 信息，但两者不能同时工作。

(3)3 类船站既具有标准 C 站的功能，也能接收 EGC 信息，且两者能同时工作。

在实际应用中，2 类 C 站使用较多，通过软件设置，2 类 C 站可分别在以下两种模式下工作：

1)合用模式。移动站在接收 LES 电文时，接收机调谐在 LES 的 TDM 信道上，不能收 EGC 信息，只有空闲时接收机才会自动返回到 NCS 公共信道上，此时方能接收首播或重播的 EGC 信息。

2)EGC Only 模式。这种模式下的 C 站已经退网，只能接收 EGC 信息。只有为在某一特定时间内确保收到 EGC 信息时才能采用此种模式。

2. INMARSAT-C 船站的组成

INMARSAT-C 船站的基本组成分为甲板上设备和甲板下设备，也称室外设备(Externally Mounted Equipment，EME)和室内设备(Internally Mounted Equipment，IME)。其基本组成如图 3-1 所示。

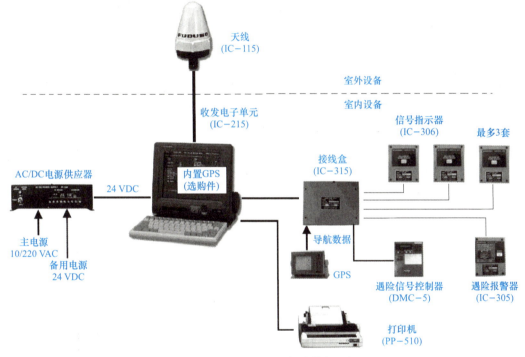

图 3-1　INMARSAT-C 船站基本组成

(1)室外安装设备。室外安装设备又称天线射频单元(Antenna Radio-frequency Unit，ARU)，该单元主要包括天线、功率放大器、低噪声放大器和天线双工滤波器等，实现移动站信号的频率转换和信号的收发。

(2)室内安装设备。

1)收发电子单元。收发电子单元(Data Circuit Equipment，DCE)主要由信号处理电路和接口电路组成，其主要作用是进行信号处理及接口信号转换。

2)数据终端设备(DTE)。数据终端设备包括键盘、打印机等，作用是完成数据的输入、输出和打印等功能。

3)电源设备。电源设备为 C 站提供交流和直流电源。C 站一般用直流电源工作,其直流电压工作允许范围为 9～33 V,一般选择 24 V。交流电压允许变化范围为 90～121 V 或 180～242 V,交流一般选择 110 V、220 V 或 240 V。

设备正常由船舶主电源(交流)供电,当船舶主电源(交流)断电时,此电源可自动切换到直流供电;当船舶主电源(交流)恢复正常供电时,能自动切换至交流工作。

4)任选单元。任选单元包括信号指示器和遇险报警器,作为移动站接收遇险信号指示或进行遥控发送遇险信号的装置。用户可以根据需要向厂方提出要求,是否加装任选单元。一般配置任选单元安装在驾驶台上或便于遥控的地方。

3. INMARSAT-C 系统的入网与退网

入网就是船站进入 INMARSAT-C 系统网络,退网就是船站退出 INMARSAT-C 系统网络。

(1)入网(LOG IN)。INMARSAT-C 系统收发电文之前,必须完成入网登记,有些船站具有自动完成入网登记的功能,开机后会自动选择信号最强的洋区 NCS,并自动地向该 NCS 发出入网申请,完成入网登记。只有少数船站,需根据船位人工选定某洋区的 NCS 进行入网操作。

(2)退网(LOG OUT)。如果在一段较长时间内不打算使用船站,则应在关机前进行退网。退出登记发出一信号给 NCS,告知该船站不再用于通信。退网后,各洋区的岸站将不会再受理发给该船站的信息。如果船站在关闭之前没有退网,则 INMARSAT-C 系统的数据库仍然保持该船站为登记状态。若给该船站发送电文,则电文经由公众网络发送至某一 LES,由于 LES 不知该船站已停止使用,故仍将这份电文投送给该船站,LES 采用预先确定的时间或一定的次数重发此电文,多次投送失败后停止发送并向原发送者发出无法投递的通知。由于占用了通信网,因此即使电文没有投递成功,国内或国外电信机构仍将向原发送者收取通信费用。

有些船站具有自动完成退网的功能,即在关机时由船站自动向 NCS 发出退网申请,完成退网登记,退网后船站再自动地切断电源。有一些船站不具有自动退网功能,可由操作者在不关机情况下手动完成退网登记。

三、INMARSAT-C 船站的业务

1. INMARSAT-C 系统基本结构图

INMARSAT-C 系统结构如图 3-2 所示,MES 通过 LES 经对应的通信链路实现传真、电传、数据、X.25 和 E-mail 信号传输,如果船站之间分属在两个不同的洋区,它们之间的通信可以通过 NCS 与另一洋区的 LES 实现。

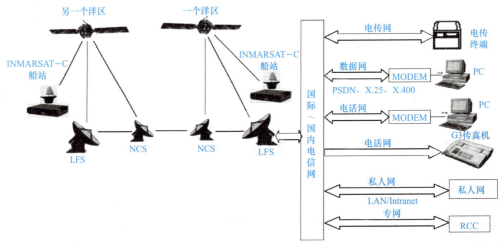

图 3-2 INMARSAT-C 系统结构

(1)公共交换电话网(PSTN)。通过电话线和 Modem 接入,网络建设费用最低,但数据传输质量和传输速率也最差。

(2)分组交换数据网(PSDN)。其是一种基于分组交换技术的公共数据通信网络,采用 X 系列标准,遵循 X.25 标准。故 PSDN 又称"X.25 网"。

(3)X.400。它是电子邮件传输协议的标准,通过计算机与公用电信网结合,利用存储转发方式为用户提供邮件系统之间的信息交换。该标准在欧洲和加拿大使用比较普遍。

2. C 站的移动站识别码与通信地址码

(1)C 站的移动站识别码(INMARSAT Mobile Number,IMN)。对于 INMARSAT-C 船站的识别码由九位数字组成,其 IMN 格式为

$$T \ MID \ X_1 \ X_2 \ X_3 \ Z_1 \ Z_2$$

其中:

T:移动站类型编码。C 站用 4 代表。

MID:海上识别数字(Maritime Identification Digit,MID),为船舶所属国或地区的海上三位识别码,如中国的 MID 为"412"或"413"。

$X_1 \ X_2 \ X_3$:表示三位船舶的识别编码,由船舶所属国分配。

$Z_1 \ Z_2$:10~99 的随机码。

例如,某 C 站识别码为 441231123,则 4 表示 C 站,412 为中国的 MID 码,311 为船舶的识别编码,23 为随机码。

(2)C 站通信地址码。向海上 MES 通信呼叫的地址码:洋区码+船站识别码(共 12 位)。例如:583441256789(呼叫印度洋航行的船舶)。

向陆地上用户通信呼叫的地址码:国家码(3 位)+电传码或 E-mail 地址。

需要陆上特别业务服务通信呼叫的地址码:直接输入两位业务代码。

3. 遇险报警业务

(1)快速发射遇险报警。船舶一旦遇险,只需按"遇险报警"发射按钮,遇险报警器自动生成船站识别码、遇险船位和遇险时间等信息,经 INMARSAT-C 系统的 LES 送至 RCC。

(2)编辑遇险报警电文。在遇险报警器的编辑界面,人工设定遇险优先电文来发遇险。遇险优先电文包含较详细的遇险情况,如下:

1)船站识别码;

2)LES 的 IMN 或 NCS 的 IMN 码;

3)船位坐标;

4)航向;

5)航速;

6)数据更新的日期和时间;

7)遇险性质。遇险性质可分为以下一些:

微课:INMARSAT-C 遇险报警业务

UNDESG DISTRESS 遇险性质不明;	FIRE 火灾;
FLOOD 大量进水;	COLLISION 碰撞;
GROUND 搁浅;	LISTING 倾斜;
SINKING 正在下沉;	ADRIFT 失去控制,漂泊;
ABANDON 弃船;	PIRACY 遭遇海盗;

REQ ASSISTANCE 请求援助。

上述 1)~6)项的信息,可自动生成,操作者只是人工选择遇险的性质后,按发送键即可发送。如果未选遇险性质,默认为"UNDESG DISTRESS 遇险性质不明"进行"遇险报警"。

C 站终端设备发出遇险报警后,若 5 min 内还没有接收到 LES 和 RCC 发送的遇险报警收妥确认,应重新发送遇险报警。

(3)误报警处理。若不小心误发射了遇险报警或遇险优先电文,一定不要关机了事,而应向船舶负责人报告情况,并向 RCC 发出解释情况的电文,等候 RCC 取消此告警的通知或确认,具体方法为:立即编辑电文,解释信号为误发;将报文在日常发射操作界面(窗口)设置遇险优先等级,将信息发至船舶航行区域的 RCC,并设置信息收妥回执;等待信息收妥回执,对是否解除报警信息进行有效判定;或通过其他的 GMDSS 设备来完成。

4. INMARSAT-C 系统安全业务与常规业务

INMARSAT-C 系统安全业务与常规业务以存储转发方式实现信息的传输。借助各种接口和协议,包括电传(强制)、X.25/X.75(可选)、数据 MODEM(可选)和传真(可选),可以非常灵活、简便、快速地实现船到岸、岸到船或船到船的数据通信。

微课:INMARSAT-C
系统安全业务与常规业务

C 系统安全业务与常规业务如下:

(1)常规电传通信。C 站经 LES 可与任何连至国际或国内电传网的任一电传终端,或与其他的 C 站进行电传通信,接收和发送电文。海事卫星通信电传洋区码见表 3-3。

表 3-3　海事卫星通信电传洋区码

洋区	电传洋区码
大西洋东区(AOR-E)	581
太平洋(POR)	582
印度洋(IOR)	583
大西洋西区(AOR-W)	584

(2)数据信息传输。C 站经 INMARSAT 系统的通信卫星和地面站可与任何连至分组交换数据网(PSDN)、公共电话交换网(PSTN)或者 Internet 网等数据通信网络的任一计算机终端,或与其他 C 站以卫星低速信道(传输速率 600 bit/s)采用存储转发方式交换数据信息。

(3)船至岸传真通信。C 站经 INMARSAT 系统的通信卫星和地面站可向任何连至公共电话交换网(PSTN)的任一传真终端发送电文,但只限于船到岸方向的通信,且信息以报文的形式传送,即数据传真必须是文字或字符信息而不能是图形信息,并且发射界面要做相应的设置。

(4)自动数据报告业务。船舶有关数据可以定时向岸上用户或主管部门报告,此信息报告只要事先做好参数设置,就可自动进行。在 C 站中,自动数据报告业务分为以下三种类型。

1)船位报告。可以定时、定区进行船位报告。船舶的船位报告一般由船上的定位系统提供数据(如卫星导航设备、GPS 等),数据的置入分手动或自动,在手动置入时,要经常修改船位报告,否则将会造成船位的误差。

2)气象报告。船舶使用气象导航设备时,可通过 C 站向岸上发射气象监测报告。岸向船可通过 EGC 系统发送气象报告信息。

3)其他船舶参数报告。这是一种查询任务。通过发射控制指令向 LES 或有关主管部门了解其他船舶的情况,包括对某一船的查询,对某船队的查询和对某一海域的船舶进行查询。

(5)询呼业务。询呼(Poll)通常指操作中心通过岸站经 NCS 公共信道向船站发送指令,船站在该询呼指令控制下执行某项任务或操作,如发回数据报告或在控制下操作设备。此类信息可以包括位置、航速、航向、油量、库存和消耗,以及天气数据等。此业务广泛应用于水文监测、环境检测、气象、远程遥测等领域。

INMARSAT-C 船站的询呼业务分为单船询呼、群询呼、区域询呼三种类型。

(6)监控与数据采集业务(Supervisory Control And Data Acquisition,SCADA)。该业务是

INMARSAT-C 数据报告和询呼业务的综合应用。INMARSAT-C 系统内部嵌有 GPS 系统，利用它可以方便获得移动目标所在的位置、速度等信息。移动目标也可将自己的一些信息以其他通信方式发给固定用户，以便固定用户能及时知道移动目标的情况。

另外，一台 C 站通过适宜的接口连接至数据采集的传感器，采集信息可通过监视系统将数据报告传至操作中心进行分析，中心可向 C 站发回询呼指令来操作控制如开关、继电器或阀门等设备以达到遥控控制的功能。

(7)电子邮件业务(E-mail)。INMARSAT-C 船站在向地面站申请开通电子邮件业务后，就可通过地面站经 Internet 发送船到岸的 E-mail 电文，与全球电子邮件业务的用户交换电文和数据文件。发送 E-mail 的方法是在电文的第一行输入"TO：用户的电子邮件地址"。

INMARSAT-C 站发送电子邮件比发送电传成本更低，这可以减少用户的通信费用，使船东和船管人获得更大的利益。除可以经 INMARSAT-C 站完成船到岸的电子邮件发送外，也可经 INMARSAT-C 站接收来自陆上 Internet 用户的电子邮件。

技能一　INMARSAT-C 系统安装

一、FELCOM-15 系统图和接线图

1. 系统图

图 3-3 所示为日本 FURUNO 公司生产的 FELCOM-15 型 C 站系统。

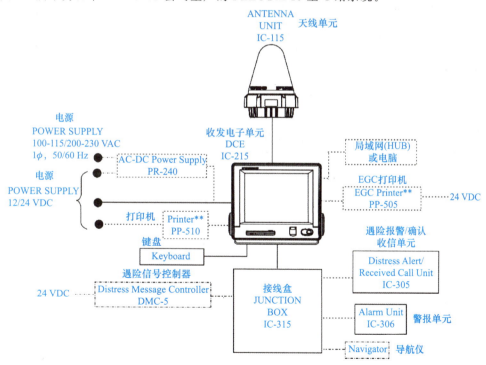

图 3-3　FELCOM-15 型 C 站系统

2. 接线图

图 3-4 所示为日本 FURUNO 公司生产的 FELCOM-15 型 C 站接线图。

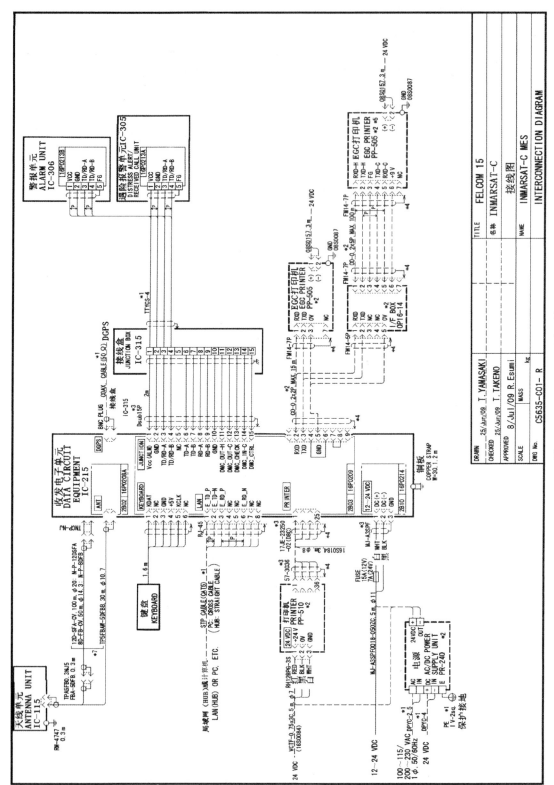

图 3-4 FELCOM-15 型 C 站

二、天线单元的安装

1. 天线安装注意事项

(1)将全向天线单元安装于桅杆之上附近不可以有遮挡物,以及不可以在雷达天线转动的范围。理想的安装位置的前后方向向下5°和左右舷向下15°方向应没有障碍物,如图3-5所示。天线桅杆、鞭形天线等的阴影区域应位于距离天线单元1 m处的2°之内。

(2)如果既安装了INMARSAT-B/F船站,又安装了INMARSAT-C船站,请将INMARSAT-B/F天线与INMARSAT-C天线隔开至少8 m。

(3)按图3-6所示将天线单元和S波段雷达分开。

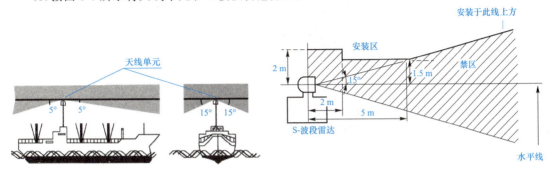

图3-5 天线安装位置　　图3-6 S波段雷达和C站天线安装区域

(4)避开通风井和烟囱附近的位置;天线罩上的烟灰会降低信号级别。将天线单元和HF、VHF或27 MHz天线分开5 m。

(5)设备工作时,请勿靠近雷达天线罩60 cm范围内,微波辐射会导致严重伤害或疾病;辐射等级:60 cm处10 W/m^2。

2. 天线安装步骤

天线的安装如图3-7所示,其安装步骤如下:

(1)在安装铁管的螺纹上涂抹硅树脂密封剂(自供应)。

(2)松开3颗螺钉,将天线基座从天线单元上移除。

(3)将电缆组件TPA5FB0.3NJ5FBA-5DFB(附带,300 mm)穿入收缩管(SC M2,附带)。

(4)将上述电缆组件连接至天线单元(上部)底部的接头上。

(5)向上移动收缩管直至接触到天线单元(上部)底部。

(6)加热收缩管,然后在收缩管的上边缘涂抹硅酮橡胶,同时在收缩管的下边缘缠上自熔胶带,然后用乙烯基胶带包裹自熔胶带。

注意:天线单元(上部)的底部与缠绕部分的末端之间应小于50 mm。

(7)将电缆保护器(附带)插入天线基座底部的插槽。

(8)将天线电缆依次穿过安装铁管和天线基座。

(9)重新将天线单元(上部)安装于天线基座上。

(10)旋转天线单元,将其拧在天线安装铁管上。

(11)在天线基座和安装铁管的连接部位包裹自熔胶带(附带),然后在自熔胶带上包裹乙烯基胶带。

(12)将接地线RW-4747(附带)固定于天线单元上的接地端子与桅杆上的接地桩之间。

(13)连接天线电缆(50 m或100 m)和电缆组件[在步骤(5)中已连接]。

(14)用自熔胶带包裹接头,然后用乙烯基胶带包裹自熔胶带。用扎带(自供应)绑紧电缆末端。

(15)使用扎带(自供应)将电缆固定在桅杆上。

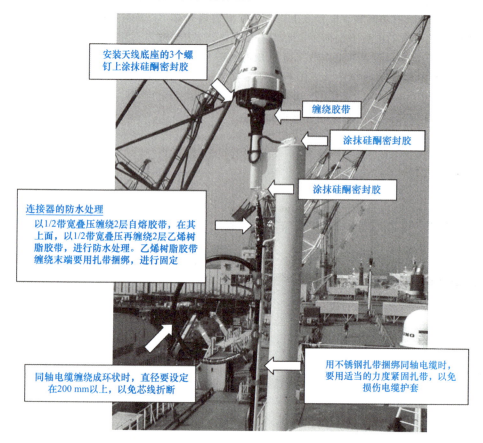

图 3-7　天线的安装

三、通信单元的安装

1. 收发电子单元 IC-215 的安装

为了方便维护和检查,应在装置的背面和侧面保留充足的空间且不要绷紧电缆,温度和湿度应适中且稳定。

(1)用 4 颗自攻螺钉(型号 5×20,附带)将挂钩固定于桌上。

(2)将旋钮和垫圈轻轻旋入收发电子单元。

(3)将收发电子单元安装到悬架,然后固定旋钮。

2. 键盘的安装

(1)将 4 个扣件(小型,附带)安装到键盘底部。

(2)将 4 个扣件(大型,附带)安装到小型扣件上。

(3)剥掉 4 个扣件上的贴片。

(4)将键盘安装到所选位置,然后固定。

键盘上有功能键的按键操作标签(附带),如图 3-8(a)所示。将 INMARSAT-C 和罗盘安全距离的标签(附带)贴于适当的位置,如图 3-8(b)所示贴到了键盘的侧面。

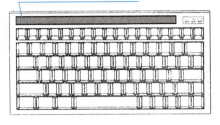 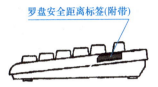

图 3-8 键盘及标签张贴位置

3. 遇险报警/确认收信单元 IC-305 及警报单元 IC-306 的安装

遇险报警/确认收信单元 IC-305 及警报单元 IC-306 的外形如图 3-9 所示。

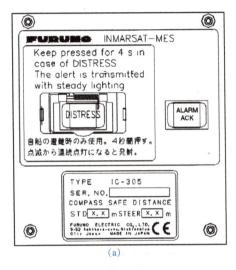 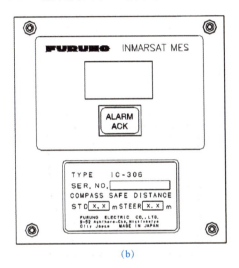

(a)　　　　　　　　　　　　　　　　(b)

图 3-9 遇险报警/确认收信单元 IC-305 及警报单元 IC-306

(a)遇险报警/确认收信单元 IC-305；(b)警报单元 IC-306

(1)移除单元上的 4 颗螺钉，将底部机壳和顶盖分开。
(2)用 4 颗自攻螺钉(附带)将底部机壳固定在安装位置。
(3)电缆可从面板底部或后部进入。选择合适的入口。
(4)将互连电缆穿过电缆入口并将其连接至端子接线板。

4. 打印机 PP-510(可选)

(1)将打印机放置于桌上并使用打印机夹具 1 和 2 将其固定好。
(2)正确贴好标签：罗盘安全距离标签贴于打印机右侧，INMARSAT-C 标签"C"贴于打印机前面，如图 3-10 所示。

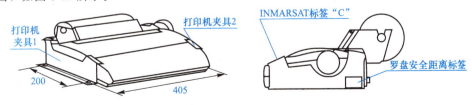

图 3-10 打印机 PP-510

5. 接线盒 IC-315

接线盒 IC-315 是使用电缆组件 16S0344(2 m，连接至接线盒)连接到收发电子单元的。将接线盒安装于距离收发电子单元 2 m 的范围内。

(1)移除单元上的 4 颗螺钉，将底部机壳和顶部机壳分开；
(2)用四颗自攻螺钉(4×16，附带)将底部机壳固定在安装位置。

技能二　FELCOM-15 设备操作

一、FELCOM-15 终端设备描述

1. 收发电子单元

收发电子单元是 FELCOM-15 型 C 站的心脏，用于编辑、发射和接收信息。收发电子单元前面板如图 3-11 所示。

2. 键盘

FELCOM-15 型 C 站几乎完全由键盘控制，由键盘顶部的 F1 到 F10 功能键执行操作，键盘如图 3-12 所示，键盘键功能见表 3-4。

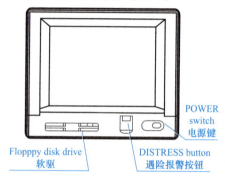

图 3-11　FELCOM-15 型 C 站收发电子单元　　　图 3-12　PELCOM-15 型 C 站键盘

表 3-4　键盘键功能

键	功能	键	功能
F1	文件功能键，用于处理文件	F6	记录功能键，显示发射和接收信息记录
F2	编辑功能键，提供电文编辑功能	F7	任选功能键，用于入网、退网、测试等
F3	发射电文功能键	F8	设置功能键，对船站进行设置
F4	增加群呼功能键，设置 EGC 信息	F9	位置功能键，用于人工输入船位
F5	报告功能键，设置数据/信息报告	F10	停止报警功能键，用于静默声报警

二、设置 IMN

(1)按功能键[F8]显示设置菜单，如图 3-13 所示。
(2)按数字[2]键显示系统设置菜单，如图 3-14 所示。
(3)选择"IMN"，然后按[Enter]键，输入"IMN"，按[Enter]键。
(4)按[Esc]键返回。

要清除 IMN，在第 2 步输入 IMN 前，按[Alt]键时按顺序按[I][M][N]键。

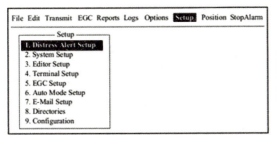
图 3-13　按[F8]键显示的设置菜单

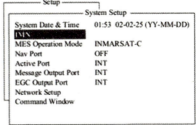
图 3-14　设置菜单选项

三、登录和退出(脱网)

注意：C 站即使不入网登录，也能发射遇险报警和接收 EGC 信息。长期不用，在关机前，应退网。

1. 登录

(1)屏幕下面出现"SYNC(NCS)"字样。

(2)按[F7] 键显示"Options"菜单，如图 3-15 所示。

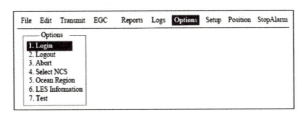

图 3-15　"Options"菜单

(3)按[1]键，显示"Login Screen"窗口，如图 3-16 所示。

注意：显示终端必须显示"Current State：IDLE"才能执行登录。

(4)选择"Yes"，并按[Enter]键开始登录。

(5)当正在登录时，屏幕闪烁显示"Login"；当成功登录时，有"Successful Login"窗口出现。这时终端恢复 IDLE 状态，并且"Login"闪烁显示。

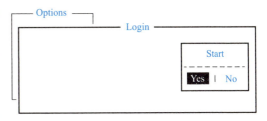

图 3-16　"Login Screen"窗口

(6)按[Esc]键退回。

2. 退出(脱网)

(1)按[F7] 键显示"Options"菜单。

(2)按数字[2]键显示"Logout Screen"窗口，如图 3-17 所示。

注意：同 Login 一样，执行 Logout 之前，先确定终端处在 IDLE 状态(左下角显示"Current State：IDLE")。

(3)选择"Yes"，并按[Enter] 键执行 Logout，如图 3-18 所示。

(4)当成功退出时，显示"Successful Logout"，并在左下角显示"Current State：IDLE"。

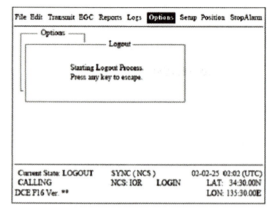
图3-17 Logout Screen 窗口

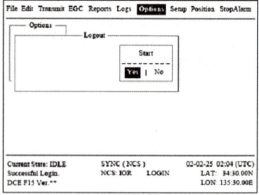
图3-18 正在退出显示界面

四、遇险通信操作

1. 快速发射遇险报警

当船舶遇险情况特别紧急，没有时间编辑遇险电文，可快速发出遇险报警。

(1)打开收发电子单元或者遇险报警/接收呼叫单元(IC-305)上的遇险报警按钮上的盖子。

(2)按下遇险报警按钮大约6 s，直至按钮上的指示灯连续闪烁。

当遇险报警发射时，屏幕出现提示"Sending Distress Alert"；接收到遇险报警收妥，屏幕提示"Distress Acknowledgement Received"，遇险按钮上的指示灯慢闪，蜂鸣器断续蜂鸣，要静默蜂鸣报警，按[F10]键。

2. 编发遇险报警信息

当船舶遇险，如果情况允许，可以编辑遇险电文发射，为救援提供较详细的信息，具体方法如下：

(1)按[F8]键，再按数字[1]键，打开遇险报警设置窗口(Distress Alert Setup)，如图3-19所示设置内容。

图3-19 遇险报警设置窗口

(2)按[Esc]键，弹出更新窗口，选择"Yes"，按[Enter]键登记设置。

(3)打开收发电子单元或者遇险报警/接收呼叫单元(IC-305)上的遇险报警按钮上的盖子，按下遇险报警按钮大约6 s，直至按钮上的指示灯连续闪烁。

当遇险报警发射时，屏幕出现的提示信息，以及静默蜂鸣报警的方法，与快速遇险报警部分所述相同。

3. 编发遇险优先等级电文

遇险报警仅能提供有限的遇险报警信息。当从 LES 接收到一个遇险报警收妥信息后，可以按以下方法编发一个含有更多详情信息的遇险优先等级电文。

(1)按[F1]键，再按数字[1]键，打开电文编辑屏幕。

(2)编辑含有更多信息的遇险电文。

(3)按[F3]键，再按数字[1]键，打开发射设置界面。发射设置界面各项内容设置如图 3-20 所示。

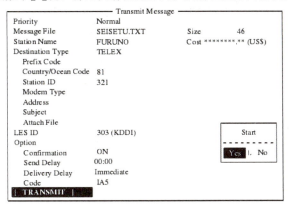

图 3-20　发射界面设置举例

注意："LES ID"项的设置最好与接收遇险报警的 LES ID 一致；"Country/Ocean Code"项和"Station ID"不需要设置。

(4)光标移到"TRANSMIT"项，按[Enter]键，向 LES 发射遇险优先等级电文。遇险电文发射期间，屏幕出现红色文字提示"Distress Message Call Activated"（遇险电文呼叫启动）。当接收到一个从 LES 发来的遇险收妥信息时，出现提示信息"Distress Message Call Acknowledged"（遇险报文呼叫收妥），提示信息闪动。

4. 遇险试验

可以按下列方法试验在收发电子单元或者遇险报警/接收呼叫单元(IC-305)上按遇险报警按钮，而不发射信号。

(1)按[F7]键，打开任选菜单(Options)。

(2)按数字键[7]（作为 EGC 接收机时按数字键[6]），选择"TEST"菜单。

(3)按数字键[4]，选择"Distress Alert Button Test"项。

(4)选择"Yes"，再按[Enter]键，开始试验。蜂鸣器重复响，表明试验开始。另外，出现红色信息"Distress buttons are under test. Cancel the test mode if a real distress alert needs to sent"（遇险测试进行中，如果要发射一个真实的遇险报警，就取消测试）。

(5)打开遇险按钮盖，按[DISTRESS]按钮 6 s，蜂鸣器快速蜂鸣 3 s，然后重复响。如果按钮工作正常，则出现提示"Distress Button works correctly"。

(6)盖上[DISTRESS]按钮盖，按[Esc]键两次，退出测试，出现如下提示信息通知可恢复正常工作："INF：Distress Buttons returned to NORMAL OPERATION."。

(7)按[Esc]键三次，返回 STANDBY 状态。

五、常规通信操作

1. 发射电文

(1)按[F3]键，打开发射菜单，如图 3-21 所示。

(2)按数字键[1]打开发射信息窗口,进行相关设置,如图 3-22 所示。
(3)将所需设置的选项设置好后,光标移到[TRANSMIT]项,按[Enter]键启动发射。

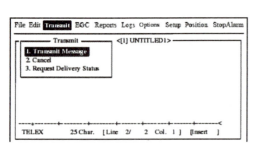

图 3-21 发射菜单

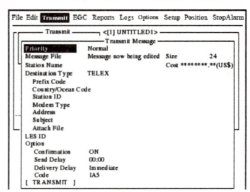

图 3-22 发射信息菜单

2. 使用两位码业务通信

国际海事卫星组织开发的特别业务都有专门的业务代码。这些业务由岸站提供,供船站选择使用。业务代码由两位十进制数字构成,见表 3-5。

表 3-5 业务代码

代码	特别业务	代码	特别业务	代码	特别业务
00	自动业务	24	电传信件业务	41	气象预告
11	国际值机员	31	海上信息查询	42	航行障碍物和警告
12	国际查询业务	32	申请医疗指导	43	船位报告
13	国内值机员	33	技术援助	51	气象预报
14	国内查询业务	34	叫人电话	52	航行警告
15	无线电报业务	35	受话人付费电话	6(x)	管理上的特殊用途
17	电话预约	36	信用卡电话	70	陆地岸站数据库
20	访问海上 PAD	37	通信时间和费用	91	自动线路检测
21	(国际)储存和转发业务	38	医疗援助	92	船站启用测试
22	(国内)储存和转发业务	39	海事援助		

使用两位码业务方法介绍如下:
(1)在电文编辑器中,准备两位业务所需要的电文。
(2)按[F3]、数字[1]键,打开发射电文菜单设置界面。
(3)在发射电文菜单设置界面注意如下项目的设置。
"Message File"设置为"Message now being edited"。
"Destination Type"选择"SPEC"。
"Station ID"输入两位业务码。
"LES ID"输入提供 2 位业务的 LES 识别码。
(4)光标移到"TRANSMIT"项,按[Enter]键启动发射。

3. 查看发射信息记录

按[F6]键、数字[1]键,打开发射电文记录界面,可以看到发送信息。选中某项,按[Enter]键,即可打开发送该电文的详情;按[Esc]键3次返回"STANDBY"显示界面。

4. 接收电文程序

当接收到 TELEX 或者 E-mail,屏幕出现提示信息"Successful Receiving Message"(成功接收到电文);如果在"Auto Mode Setup"菜单中,开通自动储存和打印接收信息功能,收到的电文能自动存储和打印(不包括保密和有密码的电文);开通报警功能,收到信息也会产生蜂鸣报警,按[F10]键可静默报警。收到的电文自动地指定一个序号,并能存储到指定的终端设备上。在"LOG"菜单中,能显示最后 50 个发射和接收电文的号数、优先等级、发射和接收日期时间、LES ID、文件的字节大小、状态等。

调看、打印、删除接收到的电文程序:
(1)按[F6]键、数字[2]键,打开接收信息记录"Received Message Log"窗口。
(2)用上、下键选择要显示或者要打印的电文。
(3)按[Enter]键(如果是保密文件,在弹出窗口中输入口令)。
(4)要存储按[Ctrl]+[S]键(要打印按[Ctrl]+[P]键;要删除接收电文按[Ctrl]+[D]键)。
(5)按[Esc]键3次,返回 STANDBY 显示。

六、使用计算机收发 E-mail

(1)按[F3]键,打开发射菜单,如图 3-20 所示。按[↓]键选择地址"Address"项,按[Enter]键打开地址输入窗口。输入接收方的 E-mail 地址,按[Enter]键关闭窗口。

(2)按[↓]键选择标题"Subject"项,按[Enter]键打开主题输入窗口。输入主题,按[Enter]键关闭窗口。

(3)如果要附加文件,按[↓]键选择"Attach File"项,再按[Enter]键打开选择文件窗口。

按[↑]或[↓]键选择一个文件,然后按[Enter]键关闭窗口,要再选择一个文件,按[Enter]键选择另一个文件。按[Esc]键关闭窗口。

(4)选择"LES ID"项,按[Enter]键打开设置窗口,如图 3-23 所示。选择想要的 LES,按[Enter]键关闭窗口。

(5)按[↓]键选择"TRANSMIT",发送。

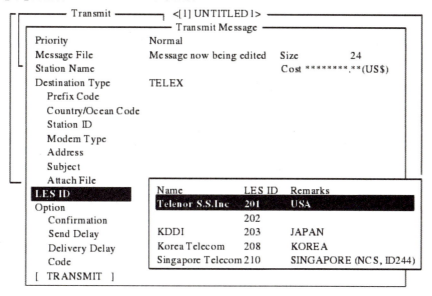

图 3-23 LES 识别码选项

任务总结

通过本任务的学习，了解了 INMARSAT-C 船站的功能和特点，了解了 INMARSAT-C 系统的组成，学会了对设备进行安装和操作。

在进行设备安装和操作时一定要注意安全，同时要了解各个船级社和造船企业的要求，接线时注意线型的选择和工艺，操作时不要发送误报警，如果发出误报警一定要按照程序通知岸站或 RCC 取消误报警。

任务二　INMARSAT-F 通信系统

任务目标

1. 识读 INMARSAT-F 的系统图和接线图；
2. 能正确安装 INMARSAT-F 系统设备，并正确接线；
3. 会操作 FURUNO 公司生产的 F 站 FELCOM-500 手持电话；
4. 会操作 FELCOM-500 的遇险报警及常规通信、上网等业务。

任务分析

INMARSAT-F 系统是 INMARSAT 技术最先进的一个系统，它与 INMARSAT 第三代卫星的技术标准相兼容，并且是目前唯一能与第四代卫星点波束兼容工作的系统。其中，INMARSAT-F77 船站可以提供电话、传真、遇险报警通信、互联网接入、收发电子邮件等全方位的服务，INMARSAT-F77 是目前唯一可以满足 IMO 关于 GMDSS 最新标准的卫星通信移动站，有着巨大的潜在市场和广阔的应用前景。

一、INMARSAT-F 系统的组成

为了满足在高速数据通信下既经济又安全的海事通信业务的要求，INMARSAT 开发了一系列独特的新服务。INMARSAT-F 标准是国际移动卫星组织继 A、C、B、M、Mini-M 标准后制定推出的技术上最新、最先进的标准。INMARSAT-F 系统设备通信接口丰富，符合国际规范。系统可进行遇险报警、普通语音通信、高质量语音通信、传真（G4）、高速数据传输、提供 ISDN 与 MPDS 业务，实现通信网络互联互通。

与 INMARSAT 其他系统一样，INMARSAT-F 系统由 INMARSAT 静止卫星、网络协调站（NCS）、岸站（LES）和移动站（MES）组成。INMARSAT-F 系统四颗 INMARSAT 静止卫星覆盖范围的四个洋区，每个区域都是一个单独的网络。F 系统在 INMARSAT 卫星的全球波束覆盖范围内运行，可以充分利用覆盖范围内的点波束增强功率。移动站通过卫星和地面站经 PSTN、ISDN、INTERNET 等通信网络协议与陆地用户的计算机、局域网、传真、电话进行信息的传递。

INMARSAT-F 系统的网络协调站管理并协调该区域的电信流量。NCS 为 MES 分配可用的通信信道。当不再要求某个信道时，该信道便被释放，如需要，可以在以后分配给别的 MES。一般情况下，NCS 在与 INMARSAT 连接的特定地面站（LES）中运行。INMARSAT-M、B、Mini-M 和 F77 系统使用相同的 NCS。INMARSAT-F 系统中四个洋区的 NCS 见表 3-6。

表 3-6 INMARSAT-F 系统中四个洋区的网络协调站（NCS）

卫星覆盖区	NCS 名称	所在国家	NCS 识别码
大西洋东区（AOR-E）	贡西利（Goonhilly）	英国	144
大西洋西区（AOR-W）	贡西利（Goonhilly）	英国	044
太平洋（POR）	山口（Yamaguchi）	日本	244
印度洋（IOR）	山口（Yamaguchi）	日本	344

另外，挪威的 Eik 为 AOR-E 和 AOR-W 备用 NCS，新加坡的 Sentosa 为 POR 和 IOR 备用 NCS。

二、INMARSAT-F 系统特点

（1）INMARSAT-F 系统确保兼容 INMARSAT 第 4 代卫星及新型呼叫优先级划分计划，改善遇险呼叫处理功能。

（2）卫星全球波束工作和点波束工作。

（3）LES 和 MES 由不同的全向有效辐射功率（EIRP）控制。采用的是"根据信号质量控制发射功率"的先进方式。

（4）通信接口丰富且符合国际规范。船站主通信单元提供 2 线模拟话机接口（RJ-11），ISDN S/T 总线接口（RJ-45）、RS-232、RS-422 及 USB 接口，这些标准接口为用户接入外设终端提供了方便。

（5）通信网互联互通。通过 INMARSAT-F 系统将卫星网与地面通信网连通，直接进入遍及各地的 PSTN、ISDN 网和国际互联网或局域网，使 PSTN、ISDN 网业务拓展到全球。通过 MP-DS 业务接入互联网实现真正意义上的全球包交换数据业务。

（6）满足 IMO 遇险安全通信规范新要求（仅限 INMARSAT-F77）。INMARSAT-F77 是目前唯一一个满足 GMDSS 新规范要求的船站。

（7）MES 具有定位系统。MES 内安装有内置式 GPS 接收装置。

INMARSAT-F 是航海者生活中不可缺少的一部分，能够提供范围空前广泛的语音、传真和数据服务，适应所有类型和吨位的船只需要，从小型游艇到大型的远洋船只，使航海人员在船上进行通信时，也能如同在岸上通信那样有效。在提供安全服务方面，其卫星服务构成了 GMDSS 的核心，这一系统能立即将船员与最近的 RCC 连接起来。

三、INMARSAT-F 船站介绍

1. INMARSAT-F 船站分类

INMARSAT-F 船站包括 Fleet77、Fleet55、Fleet33 等类型，其后面的数字代表天线直径尺寸，如 77 是天线直径，约为 77 cm，如图 3-24 所示。

微课：INMARSAT-F 船站

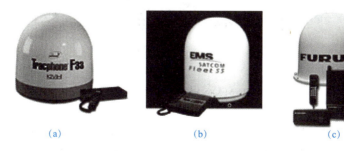

(a)　　　　　　　(b)　　　　　　　(c)

图 3-24 INMARSAT-F 系列终端

(a)F33 终端；(b)F55 终端；(c)F77 终端

F55 终端和 F33 终端是适用于中小船舶的通信系统。与 F77 终端相比它们的价格更低，不具备遇险通信功能。F 系列三种产品的性能比较见表 3-7。

表 3-7 F 系列终端性能比较

类型	覆盖范围	话音	数据传输（线路接入）	数据传输（打包方式）	传真	GMDSS（遇险安全）	天线尺寸	应用范围
F77	全球覆盖	全球范围的数字话音（4.8 kbit/s）	64 Kisdn（欧洲标准）	标准的 MP-DS	2.4 k（可选业务）9.6 k（可选业务）64 k G4 传真	符合 IMOA888(21)决议要求的话音业务	直径为 75~90 cm	大型商船、远洋船舶、海军
F55	全球波束话音，点波束数据和传真业务	全球范围的数字话音（4.8 kbit/s）	64 Kisdn（欧洲标准）	标准的 MP-DS	9.6 k(可选业务)64 k G4 传真	无遇险安全呼叫功能	直径为 50~60 cm	大中型游船；中型商船、巡逻船
F33	全球波束话音，点波束数据和传真业务	全球范围的数字话音（4.8 kbit/s）	2003 年上半年推出 9.6 K 数据变量选择业务	2003 年上半年推出 MP-DS 数据变量选择业务	9.6 k 传真	无遇险安全呼叫功能	直径为 30~40 cm	游艇、渔船、中小型商船、数据采集单元

2007 年，INMARSAT 进一步完善了其海上产品组合，推出 Fleet Broad Band(FBB)。它在每个共享频道上以最高 432 kbps 的速率同时提供语音和宽带数据服务。此外，按照需求选择有确保高达 256 kbps 的数据传输速率。

2. INMARSAT-F 船站设备组成

目前，INMARSAT-F 船站生产厂商有多家，其电路的具体形式随厂家及型号的不同也有一定差异，许多功能由计算机软件来完成，但总框架设计及实现的功能是基本一样的。

INMARSAT-F 船站设备由甲板上设备的天线及天线控制单元和甲板下设备组成。INMARSAT-F 船站的基本组成如图 3-25 所示。

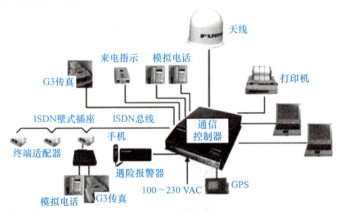

图 3-25 INMARSAT-F 船站的基本组成

INMARSAT-F 站采用的是定向天线，一般是直径为 0.8 m 左右的抛物面天线或平板相控阵天线。由于船舶在航行、转向及恶劣天气等情况下，要求天线应始终指向卫星，所以，电路中增加了天线控制单元。

INMARSAT-F 船站的基带处理单元含有语音压缩编码。其作用是实现模拟语音信号和数字语音信号之间的转换。

INMARSAT-F 船站的外围设备一般包括 PC 或数字终端、打印机、话机、遇险报警盒、传真机等，还可以根据用户需要选择配置蜂鸣器、信用卡电话、视频电话等外设。

3. INMARSAT-F 站工作流程

甲板上天线单元有效收发信号，天线控制单元使天线工作稳定可靠，始终跟踪通信的卫星；甲板下设备由电子单元和终端控制单元组成移动站的室内通信单元，在进行电话和数据传输的过程中，外接的各种终端操作设备(如计算机、传真机、数码影像设备、打印机等)及专用终端操作设备(手柄式电话机和一个遇险报警控制器)，可以将信息传到 INMARSAT-F 船站的通信单元，进行数字处理(含信号的数字调制与解调、放大等)，处理后的信号经天线发射到 INMARSAT 静止卫星上，信号经卫星处理后转发到地面站。地面站把接收到的信息传到陆地用户，实现 F 站与用户之间的通信；反之，陆地用户的信息也可以通过地面站发射到卫星，然后由卫星转发到 INMARSAT-F 船站，实现 INMARSAT-F 船站与陆地用户之间的双向通信，如图 3-26 所示。

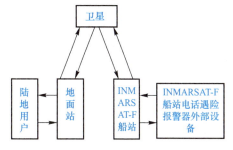

图 3-26　INMARSAT-F 船站与陆地用户之间的双向通信示意

F77 专用终端操作设备主要有手柄式电话机和一个遇险报警控制器。遇险报警控制器主要用于应急情况时，将设备内事先设置好的信息(如船名、呼号等)以一键的方式快速操作进行发射，提高信息发射的成功率和报警的速度。

四、INMARSAT-F 系统通信业务

1. 遇险通信业务

(1)选择缺省地面站。在使用 INMARSAT-F 船站前，必须完成在每个洋区选择一个用于遇险呼叫的缺省地面站，以使得在发出遇险呼叫时，无须再具体指明某一地面站而会自动经由事先确定的该缺省地面站连至相关的 RCC。选择缺省地面站时应考虑：

1)所选择的地面站是否具有遇险处理能力。

2)尽可能选择距离船舶所处地理位置较近的地面站。

3)若有必要，选择一能用母语或熟悉的语言为船员提供帮助的地面站。

(2)电话遇险呼叫。当船舶遇险时，可使用船站发出电话遇险报警，电话遇险呼叫将自动经由一个预先设置好的地面站发至相应岸基救助协调中心(RCC)。发出遇险告警的程序如下：

1)摘机并听有无拨音号。

2)掀开遇险钮上面的护罩，按下遇险按钮并持续至少 6 s。

3)按下[♯]键发出遇险呼叫。

4)当 RCC 值班员应答时，应清晰地给出下列信息：

MAYDAY　MAYDAY　MAYDAY；

THIS IS(船名/呼号)CALLING ON INMARSAT；

TIME：(时间)；

POSITION：(经纬度或相关陆地点的名称)；

MY INMARSAT MOBILE NUMBER IS(本船移动站电话信道的识别码)；USING THE(洋区)SATELLITE；

MY COURSE AND SPEED ARE(航向及航速);

遇险性质:如失火/爆炸、进水、碰撞、搁浅、倾斜、下沉、失控或漂浮、弃船、海盗袭击;

需要的援助的种类;

有助于救援单位的其他信息。

5)按RCC值班员的指示,以及当需要时,挂机等候以后的呼叫。

6)放下电话后,保持船站开启,并保持与遇险呼叫时所选择的洋区一致,RCC必要时可以回叫。

(3)取消报警。若不小心误发遇险报警或遇险状况已解除,应立即与地面站或RCC联系,通知他们取消报警。

例如:若误发报警给中国RCC,则应立即使用F船站,以普通等级给RCC打电话,通知他们取消遇险报警。中国RCC电话号码为010-65292221,可从英版《无线电信号书》中查到。

2. 常规电话业务

(1)INMARSAT-F77 MES 识别码。INMARSAT-F77 MES 和其他 INMARSAT 子系统的 MES 一样,都分配有一个终端识别码(IMN),它为用户号码,用于呼叫船站(MES)。它执行和 PSTN 或 ISDN 号完全相同的功能。IMN 的确切格式随 INMARSAT 服务的不同而不同,因此,可以用于确认与该号码相关的服务类型。

INMARSAT-F77 MES 识别码(IMN)格式:$T_1 T_2 X_1 X_2 X_3 X_4 X_5 X_6 X_7$。

其中,$T_1 T_2$ 代表不同的业务类型:电话、传真、电传或数据。其含义见表3-8。

表3-8 INMARSAT-F77 MES 识别码中 $T_1 T_2$ 所代表数字的含义

T_1	T_2	业务
3		INMARSAT-B 的电话/传真/低速数据
6		INMARSAT-M 的电话/传真/低速数据
7	6	INMARSAT-Mini-M/M4/F 的电话/传真/低速数据
6	0	INMARSAT-Mini-M/M4/F 的高速数据

$X_1 X_2 X_3 X_4 X_5 X_6 X_7$ 为十进制数字。

F77 IMN 由 INMARSAT 统一分配,并分批分配给航线组织(RO)/服务激活点(PSA),以便分配给他们的海事用户,用于鉴别移动终端身份。

(2)F77 移动站电话业务。

1)公网固定用户或 F 终端到终端。

格式:00-87S-$X_1 X_2 X_3 X_4 X_5 X_6 X_7 X_8 X_9$-#。

其中,87S 表示分配给 INMARSAT 系统的洋区电话号码,S 代表卫星覆盖范围,见表3-9。$X_1 X_2 X_3 X_4 X_5 X_6 X_7 X_8 X_9$ 为 INMARSAT-F77 船站识别码。

表3-9 INMARSAT 系统的洋区电话号码中 S 的含义

S取值	S=0	S=1	S=2	S=3	S=4
说明	实现 Mobile 功能后,全球将采用的同一洋区码	INMARSAT 大西洋东区卫星覆盖范围	INMARSAT 太平洋卫星覆盖范围	INMARSAT 印度洋卫星覆盖范围	INMARSAT 大西洋西区卫星覆盖范围

2)移动终端到公网固定用户。

格式：00-$C_1 C_2 C_3$-$X_1 X_2 X_3 \cdots X_n$-♯

其中，$C_1 C_2 C_3$ 为电话业务的国家码(中国是086)；$X_1 X_2 X_3 \cdots X_n$ 代表陆地固定号码，由地区号和用户号组成。拨号时，区号用后3位。♯为结束标志。

例：INMARSAT-F77 移动站呼叫青岛某电话号码是 0532—85752167 的用户时，则呼叫码组成为 008653285752167♯。

3)其他拨号方式。移动终端用户只要选择卫星地面站，拨叫缩位码33♯，就能直接与卫星地面站联系得到技术支持；拨叫缩位码92♯，终端可进行启用测试。

INMARSAT-F 船站通过 INMARSAT 卫星进行的电话呼叫可以通过移动卫星终端(移动到固定呼叫)或通过普通的陆地电话线(固定到移动呼叫)来发出。呼叫始发点(卫星终端或陆地线路)决定呼叫的线路和计费方式。

3. 传真业务

(1)传真业务分类。F77 提供三类传真通信服务。

①G3 类传真。采用数字技术，它将扫描得到的模拟量进行编码，变成数字信号，编码后的数字传真信号经过调制解调器变成带宽为 3.1 kHz 的音频信号通过电话网进行传输。

②G4 类传真。G4 类传真采用数字传输，使用 ISDN 协议，它利用 ISDN 的一个 64 kbit/s 传输速率的 B 信道进行传输，它采用差错控制技术提高传输质量，采用信号压缩技术提高速度，G4 类传真的速度约是 G3 类的 6 倍，G4 与 G3 互相兼容，即 G4 可以作 G3 类使用(G4 可以接收来自 G3 和 G4 的传真，但 G4 不能向 G3 发传真)。

③9.6 kbps 传真。9.6 kbps 传真采用基于 9.6 kbps 的异步数据传输。

(2)传真通信程序。如果给陆地终端发传真，先放好传真，再输入：业务代码 00＋国家电话号码＋长途区号(省略前缀0)＋用户传真码＋♯；若给船站发传真，输入：业务代码 00＋洋区码＋被呼移动站识别码＋♯。

例：给青岛某用户(传真号码为 0532－85752167)发传真，则输入：008653285752167♯。

4. 综合业务数字网(ISDN)业务与移动包交换数据业务(MPDS)

(1)ISDN 业务。ISDN 已在陆地通信网中得到广泛使用，并且在全球的服务正迅速增长，它能够提供端到端的数字连接，支持包括话音和非话音在内的多种电信业务。用户通过一组有限标准的多用途用户网络接口接入网内。

移动 ISDN 针对大数据量、图像、图片的传输，充分利用 ISDN 速度高、成本低的优势，满足用户的海事数据通信需求。因此，ISDN 业务适用于传输数据量大的文件，或是对传输速率要求较高的极重要文件，特别有利于电视会议等大信息量的传输。ISDN 呼叫一般只需 5 s 就可以连接到网络，移动 ISDN 使海事用户能够和陆地成熟的 ISDN 并网，能够使他们的船载通信环境变革成为"移动办公室"。

(2)MPDS 业务。MPDS 业务为客户提供永远在线服务，其计费不是按连接时间来计算，而是根据通过卫星发送和接收的信息量来付费。因此，用户可以从容地浏览所需要的信息，无论浏览屏幕需要多长时间，也不会增加用户的费用。由于移动包交换数据使同一卫星点波束覆盖的移动用户共享该点波束中的可用带宽和信道，因而，确保了系统能承载最大的负载，并给点波束增加更多的信道来保持特定目的的服务。其缺点是随着用户连接的增加，用户的可用带宽和速度会降低。因此，MPDS 业务更适用于交互性的信息传输，如 E-mail、Web 浏览或访问企事业内部互联网等。

5. 增值业务

INMARSAT-B/F 系统的增值业务因地面站而异，这里主要介绍北京地面站的增值业务。目前,北京地面站所提供的 B/F 系统增值业务主要有 Rydex 的 E-mail 和传真业务、SIM 卡电话业务、"Internet 61"业务等,其中以专门针对卫星环境开发的 Rydex 系统为平台的各种增值业务应用最受用户的青睐。

(1) Rydex 的 E-mail 和传真业务。Rydex 是 Rydex 公司(INMARSAT 的软件公司)开发的,以电子邮件方式进行数据交换的最新一代船岸数据通信系统。它综合了先进的船岸通信特点,支持 INMARSAT-B/M/Mini-M/F 系列船站。

实现 Rydex 通信,要求 INMARSAT-F 船站用户在其数据通信终端(一般是计算机)安装必要的软件,如 Rydex 软件、杀毒软件、图像处理软件等。

1) Rydex 的 E-mail 业务。Rydex 的 E-mail 业务是指通过 Rydex 系统收发电子邮件。与微软的 Microsoft Outlook、Outlook Express、Foxmail 等多种电子邮件应用程序配合使用,不改变收发邮件操作习惯,操作简单。过程如下:

①通过 Outlook Express 建立新邮件。

②将邮件传送至 Rydex。

③通过 Rydex 经 INMARSAT-B/F 系统与陆地用户交换邮件。

④通过 Outlook Express 查看接收的邮件。

2) Rydex 传真业务。Rydex 传真业务是指通过 Rydex 系统将电子邮件发送到传真机上,实现邮件信息(包括文本、图片)到指定传真机的通信。其过程与 Rydex E-mail 传送过程相同,但通过 Outlook Express 建立新邮件时,要求"收件人"栏中的地址为目的传真机号@fax.bjles.net。

其中,目的传真机号:

①国际传真:00+电话国家码+地区码+用户传真号码。

②国内传真:地区码+用户传真号码。

③北京传真:用户传真号码。

(2) SIM 卡业务。SIM 卡业务是指将 SIM 卡插入已经入网的船站,实现打电话、发传真、传数据等功能,并独立计费。INMARSAT-Mini-M、F 船站都可以实现 SIM 卡业务,与手机 SIM 卡业务相似。实际中,该业务的服务对象主要是船员,船员自己买卡,插入船上卫通设备,费用在电话卡上直接扣除。与船上工作通信计费无关,通信完毕抽回 SIM 卡。

SIM 卡上有芯片,并有唯一的序列号(识别码),SIM 卡还可以预存话费和续话费,并可挂失。为防止盗用,每一个 SIM 卡对应有一个密码条,密码条包含 PIN 码(开机密码)、PUK 码(解锁密码,用于解除密码输错后锁住的卡)和序列号(对应 SIM 卡序列号)。

SIM 卡业务的开通很简便,只要填写 SIM 卡入网申请表,电汇预存话费,相关部门核配识别码并邮寄卡及密码条,用户收到卡和密码条后即可开通业务。

1) SIM 卡业务通信收费标准。

①国内电话 0.15 美元/(6 s);国际电话 0.18 美元/(6 s)。

②船员电话预存话费有 50 min、100 min 和 200 min 三种。

2) 优惠通话时段(SQT)。为给船员提供海上通话机会,降低通话费用,INMARSAT 设置了优惠通话时段(SQT)。

①在 INMARSAT 覆盖的所有海域从星期五的格林尼治标准时间(GMT)20:00 到星期一的(GMT)06:00,每天提供 10 h 的优惠通话时段。

②周末 24 h 均为优惠通话时段。

(3) "Internet 61"业务。"Internet 61"业务是指通过北京地面站特服号码"61"建立 Internet 连接访问互联网的业务。INMARSAT-B/M/Mini-M/F 船站都可以通过串行通信接口连接 PC 终端,实现"61"上网业务。

船舶用户"Internet 61"业务的使用，无须增加任何设备，但需要事先对连接的 PC 终端进行参数配置。配置工作主要有以下几种：

1）在计算机操作系统中添加 Modem 驱动程序。一般选择 33 600 bit/s 标准调制解调器，并设置调制解调器的最大端口速度为 115 200。

2）建立拨号连接。要求 ISP 电话号码设置为"61♯"，有些型号的船站在设置号码时有特殊要求，具体参阅船站手册。

3）配置完成后，拨号建立连接，可进行互联网的各种操作，如网页浏览、收发邮件等。

4）断开连接。"Internet 61"业务与 MPDS 业务尽管都能实现上网，但"Internet 61"业务按时间计费，而 MPDS 业务按流量计费，因此不进行互联网操作时，应及时断开连接。

技能一　INMARSAT-F 系统安装

一、INMARSAT-F 系统图和接线图

1. INMARSAT-F 系统图

INMARSAT-F 系统图，如图 3-27 所示（以 FELCOM-500 为例）。

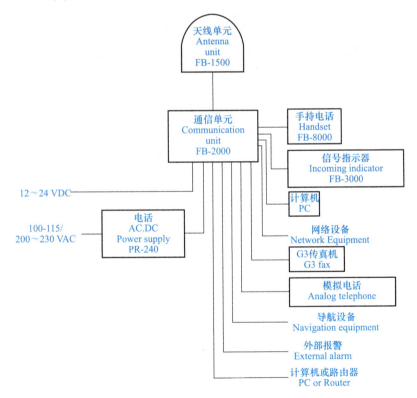

图 3-27　FURUNO FELCOM-500 系统

2. FELCOM-500 接线图

INMARSAT-F 接线图，如图 3-28 所示（以 FELCOM-500 为例）。

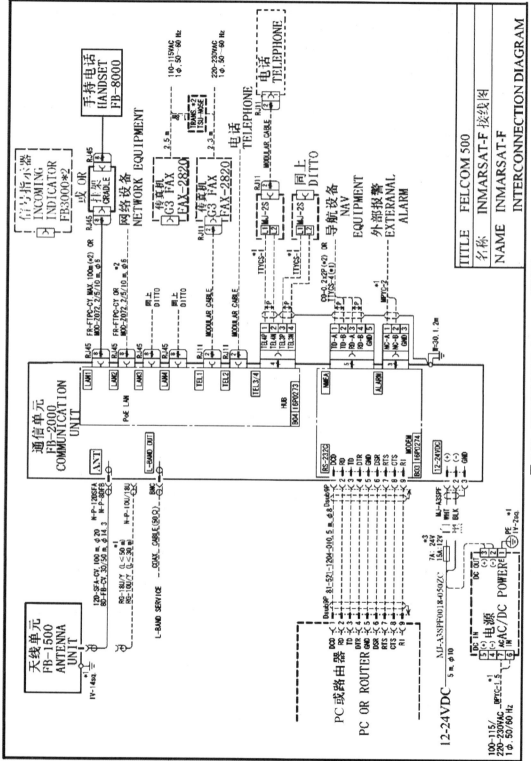

图 3-28 FURUNO FELCOM-500 接线图

二、天线单元的安装

1. 天线安装的注意事项

(1)安装位置要选择四周视野开阔且振动强度小的地方。
(2)不能堵塞排水孔。
(3)天线单元远离排气烟囱、远离热源、远离储存燃料和化学溶剂的地方。

2. 安装步骤

(1)松开四个吊耳,然后在天线罩底部向外打开吊耳,如图 3-29(a)所示,然后拧紧四个螺钉,使吊耳牢固。
(2)用起重钢丝绳通过吊耳,盖罩与起重钢丝绳接触的地方用防护材料(橡胶等)进行隔离,以防止损坏天线罩。
(3)将天线装置吊到它的安装位置。
(4)放置橡胶板固定底座和天线单元。
(5)用四套六角螺栓和螺母套固定天线单元,如图 3-29(b)所示。
(6)将接地线连接到接地螺栓。

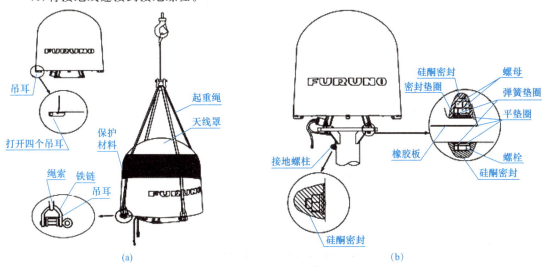

图 3-29　天线安装
(a)吊耳固定;(b)螺栓固定

(7)所有螺栓和螺母用硅酮密封胶,以防止电解腐蚀涂层。
(8)吊环恢复到原来的位置。
天线罩内部布线如图 3-30 所示。

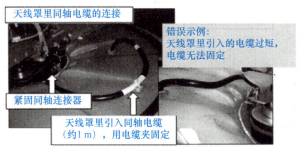

图 3-30　天线罩内部布线

3. 危险标记

非维护人员远离天线罩 4 m 以上，其示意图如图 3-31(a)所示。在天线的周围设置安全栏，不要靠近指定范围内。在距离天线 4 m 左右的位置张贴有"辐射危险"的标记，提醒注意不得靠近天线，如图 3-31(b)所示。

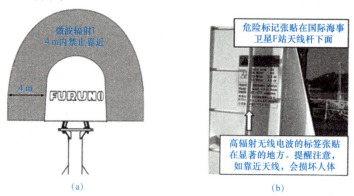

图 3-31　天线的安全距离图示及危险标记

(a)安全距离图示；(b)危险标记

三、通信单元的安装

1. 安装通信单元(CU)的注意事项

(1)通信单元不是防水的，安装时应远离水溅的地方。

(2)避免阳光直接照射。温度和湿度必须满足设备的技术要求。

(3)远离产生电磁场的设备。

(4)符合设备要求的冲击和振动规格。

(5)为了便于维护和检查，安装时在设备的两侧和后部留出足够的空间。

2. 通信单元与其他设备连接

(1)与电话和传真机的连接。将电话或传真机连接到通信单元的 TEL1、2、3 或 4 端口。用双绞线连接配电箱和通信单元，如图 3-32 所示。

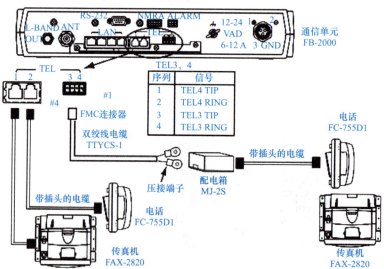

图 3-32　通信单元与传真机、电话的接线图

（2）与报警单元、导航设备的连接。与报警单元、导航设备的连接如图3-33所示。

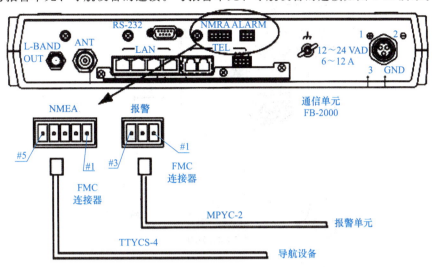

图 3-33　通信单元与报警单元、导航设备的连接图

（3）与 ISDN 设备的连接。ISDN 设备连接至通信控制器的 ISDN 插座上（接线端子或电话插座）。从 1 个 ISDN 插座开始串联 ISDN 设备时，线路总长不能超过 100 m。此时，连接至其他 ISDN 插座的电缆长度不能超过 10 m，如图 3-34 所示。

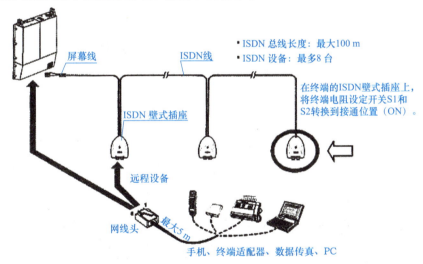

图 3-34　与 ISDN 设备的连接

（4）与模拟设备的连接线。与模拟设备（模拟电话、来电显示器和传真机）的连接如图 3-35 所示。

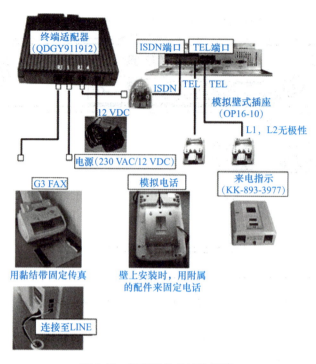

图 3-35　与模拟设备的连接图

技能二　FELCOM-500 设备操作

一、FELCOM-500 终端设备

1. 通信单元

通信单元是 INMARSAT-F 船站设备中的控制单元，所有设备都要与它相连接，将外围设备信号进行处理后发送给天线，同时能将天线接收到的信号进行处理发送给与之相连的设备。通信单元面板如图 3-36 所示。

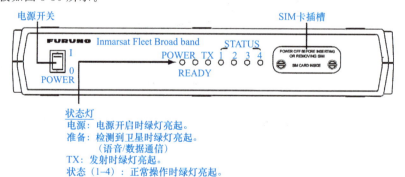

图 3-36　通信单元面板

2. 手机

INMARSAT-F 手持电话机（手机）如图 3-37 所示。手持电话机面板键功能见表 3-10。

· 88 ·

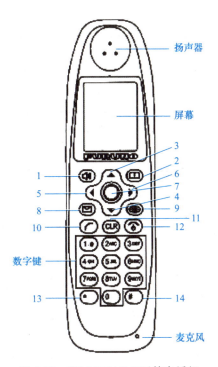

图 3-37 INMARSAT-F 手持电话机

表 3-10 INMARSAT-F 手持电话机面板键功能介绍

序号	键	功能
1		* Opens the "Sound" menu. 打开"声音"菜单
2		* Opens the Contacts screen. 打开"联系人"屏幕
3	[▲]	* Moves the cursor up. Increases the volume. 将光标向上移动，提高音量
4	[▼]	* Moves the cursor down. Decreases the volume. 将光标向下移动，减小音量
5	[◀]	* Moves the cursor left. Opens Incoming History. 向左移动光标，打开呼入历史
6	[▶]	* Moves the cursor right. Opens Outgoing History. 向右移动光标，打开呼出历史
7	Enter ○	* When Information window is not displayed：Opens the main menu. 当信息窗口不显示：打开主菜单。 * When information window is displayed：Displays new information. 当信息窗口显示：显示新的信息。 * Softkey：Execute content that appears at center bottom of screen. 软键：在屏幕中心显示执行的内容
8	✉	* Opens "SMS" menu. 打开"短信"菜单
9	🌐	* Opens "Web top" menu. 打开"网页顶部"菜单
10	☎	* Call. Answers phone. 呼叫、应答电话

续表

序号	键	功能
11	CLR	* Returns to the previous menu. Erases a number or letter. 返回到上一级菜单；擦除一个数字或字母
12	☎	* Hangs up phone. Cancels operation. Long push: Restart handset. 挂断电话；取消操作；长按：重新启动手机
13	*	* Press once for(＊)and twice for(＋)at the transmit screen. Enters text. 在发送屏幕中按一次显示(＊)，按两次显示(＋)
14	#	* Symbol(♯). Enters text. 符号(♯)，输入文本

3. SIM 卡

FELCOM-250/500 使用的 INMARSAT Fleet Broad Band 的兼容 SIM 卡。

(1) SIM 卡的个人识别码。INMARSAT-F 船站 SIM 卡如图 3-38 所示，用户个人信息存储在 SIM 卡上，当 SIM 卡插入时，系统读取信息用户登记号码保存在 SIM 卡上，并且可以从一个终端用不同的 SIM 卡发送。在这种情况下，传输费用传送给登记 SIM 卡的人，联系地址也保存到 SIM 卡上。SIM 有 PIN1、PUK1、PIN2、PUK2 4 个登记代码。本单元不使用 PIN2 码和 PUK2 码。务必仔细记下 PIN1 和 PUK1 的代码。

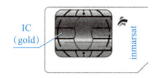

图 3-38　INMARSAT-F 船站 SIM 卡

1) PIN 码。为了防止未经授权的第三方使用，有 4~8 位数字的 PIN 码(个人识别码)。当设备开启时，用户将被提示输入 PIN 码。如果输入 3 次错码，系统将锁定，并且通信单元不能使用。

2) PUK 码。如果系统锁定，使用 8 位的 PUK 码(解锁密钥)来解锁系统。当使用 PUK1 码时，如果输入 10 次错误的 PUK 码，SIM 卡将停止工作。出现这种情况，要联系 SIM 卡的零售商。

3) SIM 卡应用的注意事项。

① 确保插入/取出 SIM 卡之前关闭电源。

② 请勿触摸 SIM 卡的 IC 部分。

③ 始终用手取出 SIM 卡。

(2) SIM 卡的开启。电源开关在 FELCOM250/500 通信单元的前面板上：

1) 松开通信单元前面靠近插槽的两个螺钉，卸下盖板，在下面找到 SIM 卡插入端。

2) 将 SIM 卡 IC 面朝下插入卡端口，要弹出 SIM 卡，用手指推它，如图 3-39 所示。

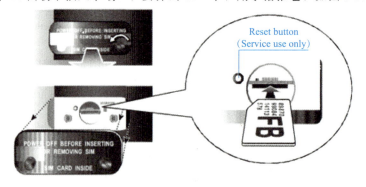

图 3-39　SIM 卡插入示意

3)盖上步骤1)卸下的盖板。

4)在通信单元上打开电源开关。话机屏幕显示"V:Ready"和"D:Disconnected",即可进行通信,屏幕显示大约为3 min,如图3-40所示。

注意:如果有障碍或卫星的干扰,开机时间更长;可能要求输入PIN码,这取决于SIM卡的设置。

5)按[Enter]键以显示PIN码输入的屏幕,如图3-41所示。

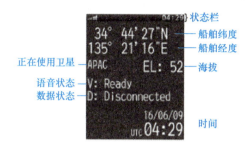

图3-40　手机开启后的待机屏幕　　　　图3-41　输入PIN码显示屏幕

6)输入4~8位的SIM卡的PIN码,按[Enter]键。如果正确输入PIN码,则在手持设备上显示待机屏幕。如果输入错误,出现"PIN码无效"提示信息。

7)调整屏幕亮度。按[0]键的同时按[▲]键,屏幕变亮;按[0]键的同时按[▼]键,屏幕变暗。

如果连续三次输入错误的PIN码,则当前的PIN号码被锁定,解锁PIN码要按以下程序。

①按[Enter]键以显示PUK码输入的屏幕,如图3-42所示。

②输入SIM卡的PUK码,按[Enter]键。

③按[▼]键选择"输入新的PIN",然后按[Enter]键。

④输入新的PIN码,然后按[Enter]键进入手机主菜单,如图3-43所示。

图3-42　输入PUK码显示屏幕　　　　图3-43　手机主菜单

二、遇险通信操作

1. 505应急报警

505紧急呼叫是一个国际海事卫星服务,不符合GMDSS系统,在紧急情况下执行以下操作:

(1)从支架上取出手机,在空闲屏幕拨号"505"。

(2)按⌒或[♯]键拨号。

根据所使用的卫星,将与表3-11中的RCC相连接。

表 3-11　INMARSAT-F 使用的卫星及相对应的 RCC

卫星	RCC
EMEA（西亚、非洲、东部大西洋区）	RCC Den Helder（Holland）
APAC（西太平洋、东南亚、大洋洲地区）	RCC Australia（Canberra，Australia）
AMER（大西洋西部、东太平洋、美国大陆面积）	JRCC Norfolk（Norfolk，Virginia，USA）

例如，如果在日本进行 505 紧急报警，将连接到澳大利亚的 RCC，因为日本属于 APAC 卫星服务领域。

（3）一旦连接到 RCC，须清楚地提供以下信息：

1）你是谁：船舶的名称、电话号码和呼号。

2）你在哪里：你所在的纬度和经度或已知的地理点距离的位置和方位。

3）出现的问题：紧急情况或困难的性质。

4）所需援助的类型。

5）船上的人数。

2. 遇险报警盒报警

INMARSAT-F 站配有遇险报警盒，如图 3-44 所示。使用时将红色保护盖拉开，按下报警按钮 6 s 以上，报警发出。

图 3-44　遇险报警盒

三、常规通信操作

1. 拨打电话

可以呼叫陆地上的手机，也可以呼叫船上的手机，有三种方法进行呼叫：输入呼叫号码、选择从呼叫历史中调用号码、从联系人列表中选择呼叫号码。

当待机屏幕显示"V：Ready"，进行下面的操作。

若要输入手机号码，执行以下操作：

（1）从支架上取下手机，在待机屏幕输入号码，如图 3-45 所示。

注意：

1）要清除错误输入的数字，按[CLR]键。

2）有两种服务类型：[4 kbps AMBE＋2]和[3.1 kHz Audio]，见表 3-12。

图 3-45　待机屏幕输入号码界面

在电话号码之前输入[1][＊]或[2][＊]来选择该服务。如果没有输入数字，默认使用[4 kbps AMBE＋2]，这取决于 SIM 卡的设置。

表 3-12　SIM 卡提供的两种服务类型

服务	费用	选择方法	屏幕显示
4 kbps AMBE+2（标准质量）	低	[1][＊]＋用户号码	Voice（语音）
3.1 kHz Audio（高质量）	高	[2][＊]＋用户号码	Fax（传真）

（2）按下 🕻 键，或按[Enter]键来发送呼叫。如果连接失败，出现消息"无法连接"。

（3）完成对话。通话期间，通信时间在屏幕上显示（以"s"为单位），如图 3-46 所示。

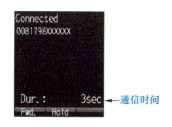

图 3-46 呼叫期间显示界面

(4) 按下 ⊙ 键或将话机重新挂到支架上以结束通话。

2. 短信息

短信息服务(SMS)功能就是发送和接收 SMS 信息，SMS 信息可以有最多 160 个字符。

注意：并不是所有的移动电话运营商都允许 INMARSAT 终端接收和传输 SMS 信息。详细信息，请联系 INMARSAT 移动电话运营商。

(1) 登录访问 SMS 菜单。

1) 在待机屏幕上，按 ✉ 键打开 SMS 的菜单，按[Enter]键。登录屏幕如图 3-47 所示。

2) 输入短信密码，然后按[Enter]键。为了缩短下次登录的过程，选择"保存密码"，然后按[Enter]键。

3) 按[▼]键选择"登录"，然后按[Enter]键。

注意：如果密码不正确，会出现信息"密码不正确"，须再次输入密码。如果由于其他原因不能登录，在待机屏幕会显示"登录失败"，并出现报警图标 ⚠。

(2) 发送短信。

1) 在待机屏幕上，按下 ⊘ 键显示"SMS"菜单，如图 3-48 所示。

2) 按[1]键选择"新建"，如图 3-49 所示。

图 3-47 登录访问"SMS"菜单　　图 3-48 "SMS"菜单　　图 3-49 新建短信界面

3) 在"To"区按[Enter]键，如图 3-50 所示。

若要从联系人列表中选择收件人，请按[1]键，选择联系人，然后按[Enter]键。

若要从呼叫历史中选择收件人，请按[2]键，选择联系人，然后按[Enter]键。

直接输入收件人号码，按[3]键，输入号码（最多 20 位），然后按[Enter]键。

4) 按[▼]键选择"Body"，然后按[Enter]键进入文本输入窗口。最多输入 160 个字符的文本，然后按[Enter]键。

5) 按下 ⊙ 键打开图 3-51 所示界面。

6)按[1]键选择"发送"发送消息。正在发送信息时显示"发送……"。当完成时显示"已发送"。

图 3-50 联系人输入菜单　　　　图 3-51 编辑好短信和联系人的界面

如果电话号码被登记在通信录中,名字会在这里出现。

注意:

① 按下[2]键,选择"保存"。邮件就会保存到"Draft"框中,不发送信息。

② 要取消已经显示"发送……"的信息,按⊙键。

7)按⊙键关闭菜单。

3. 手机浏览网页

可以通过手机浏览网页。费用根据信息量收取,与时间无关。

(1)登录网页。

1)在待机屏幕上,按⊙键以打开"Web top"菜单,如图 3-52 所示。

2)按[5]键选择"Std. IP",如图 3-53 所示。

3)按[▲]键以选择"Yes",然后按[Enter]键。连接过程中,屏幕显示"连接..."。当连接上时,显示"完成"。按[Enter]键,输入网络密码并按[Enter]键。

图 3-52 "Web top"菜单　　　　图 3-53 "Std. IP"菜单

注意:

① 当无法建立连接时,屏幕出现"故障"。

② 当设置了互联网密码时,要输入密码。

4)按[▼]键选择"OK",然后按[Enter]键。

5)按⊙键关闭菜单。待机屏幕会显示"D:Connected"。

(2)浏览网页。有四种方式浏览网页:直接输入 URL、使用输入历史的 URL、从收藏夹中选择 URL、使用最后一个显示的 URL。

确认待机屏幕显示"D:Connected",如果显示"D:Disconnect",将出现错误消息并且网页是空白的。

下面以直接输入 URL 来浏览页面为例。

1)在空闲屏幕上,按⊙键以打开"Web top"菜单。

2)按[1]键选择"Input URL"。

3)按[Enter]键，以显示 URL 输入的屏幕，如图 3-54 所示。

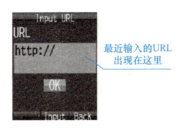

图 3-54 "Input URL"界面

4)输入 URL 地址(最多 192 个字符)，然后按[Enter]键。可以输入除空格外的任何字符。如果最近访问网址出现在屏幕上，按[CLR]键清除。

5)按[▼]键选择"OK"，然后按[Enter]键。URL 的网页显示在 Web 浏览器中，如图 3-55 所示。使用"Web settings"菜单来调整显示以便于查看。

图 3-55 正确输入 URL 后的界面

6)按下⊙键，再按[▲]键选择"Yes"，按[Enter]键，关闭浏览器。
网页的其他功能与手机上网程序相似，在此不再赘述。

四、传真 Fax(FX-2820)

传真单元(可选)可以发送和接收传真，在陆地上或船到船上使用 3.1 kHz 音频。

1. 船站向陆地发送传真

输入"00"+"国家或地区代码"+"传真号码"+"♯"，然后按[Start]键发送传真。

2. 船站向船站发送传真

输入"00"+"870"(洋区码)+"移动终端识别码"(由 INMARSAT 统一分配的 9 位码)+"♯"，然后按[Start]键发送传真。

五、用计算机浏览网页

通信单元连接到计算机，使用 Web 软件可以调整通信单元设置，创建短信，创建/编辑联系人列表。通信单元使用的 Web 浏览器如下：

(1)Internet Explorer 版本 6.0 或更高版本。
(2)Mozilla Firefox 3.0 或更高版本。
用 PC 浏览网页的过程如下：
(1)插入 SIM 卡。打开通信单元电源。
(2)打开计算机电源。
(3)计算机启动后，在桌面上双击[FELCOM_FB]图标，出现主屏幕，如图 3-56 所示。

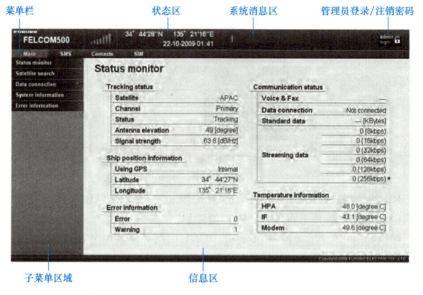

图 3-56 计算机显示主屏幕

注意：如果出现图 3-57 所示的要求输入 PIN 码的屏幕，输入 SIM 卡的 PIN 码。

图 3-57 输入 SIM 卡的 PIN 码界面

(4)浏览网页结束，要关闭 Web 软件，在窗口右上角单击[×](关闭)按钮。
页面的其他操作与 PC 操作相似，在此不再赘述。

通过本任务的学习，了解了 INMARSAT-F 的功能和特点，了解了系统的组成及通信特点，识读了系统图和接线图，学会了对设备进行安装和操作。

序号	考核点	分值	建议考核方式	考核标准	得分
1	INMARSAT-C、F 系统图、接线图识读	15	教师评价(50%)+ 互评(50%)	能正确识读系统图、接线图，识读错误一处扣 1 分	
2	INMARSAT-C、F 设备的接线	15	教师评价(50%)+ 互评(50%)	能正确进行设备接线，接错一处扣 2 分	

续表

序号	考核点	分值	建议考核方式	考核标准	得分
3	INMARSAT-C、F设备操作	15	教师评价(50%)+互评(50%)	能正确进行设备操作，操作错误一次扣3分	
4	项目报告	10	教师评价(100%)	格式标准，内容完整，详细记录项目实施过程并进行归纳总结，一处不合格扣2分	
5	职业素养	5	教师评价(30%)+自评(20%)+互评(50%)	工作积极主动，遵守工作纪律，遵守安全操作规程，爱惜设备与器材	
6	练习与思考	40	教师评价(100%)	对相关知识点掌握牢固，错一题扣1分	
完成日期			年 月 日	总分	

项目总结

通过本项目的学习，了解了卫星通信系统的系统组成及功能，船舶上常用的卫星通信系统船用终端主要包括 INMARSAT-C 船站和 INMARSAT-F 船站；掌握了系统的安装过程和技巧，通过对系统图和接线图的识读，对系统进行了安装，在详细阅读设备操作说明书后，学会了对设备不同业务类型的操作。

练习与思考

1. INMARSAT-C 系统可以提供（　　）业务。
   A. 电传　　　　B. 电话　　　　C. 图像传输　　　　D. A+B+C
2. INMARSAT-C 系统不能提供（　　）业务。
   A. 电话　　　　B. 电传　　　　C. E-mail　　　　D. 数据
3. 在 INMARSAT 系统中，协调和控制本洋区通信网的机构是（　　）。
   A. NCS　　　　B. LES　　　　C. SCC　　　　D. NCC
4. 在 INMARSAT-C 系统中，AOR-W 洋区网络协调站的识别码为（　　）。
   A. 244　　　　B. 044　　　　C. 144　　　　D. 344
5. 太平洋区的 INMARSAT-C 系统北京地面站识别码为（　　）。
   A. 01　　　　B. 211　　　　C. 11　　　　D. 311
6. 关于 INMARSAT-C 船站的识别码描述正确的是（　　）。
   A. 9位数，第一位是4，表示 C 标准业务
   B. 7位数，第一位是1，表示 C 标准业务
   C. 9位数，前三位是 MID
   D. 7位数，前三位表示国家和地区
7. 下述识别码中（　　）是分配给中国籍"胜利"船的 INMARSAT-C 船站的识别码。
   A. 494601513　　　B. 041213560　　　C. 441258112　　　D. 412011360

8. INMARSAT-C 船站遇险报警电文中不包括(   )。
   A. 遇险时间　　B. 遇险船位　　C. 遇险性质　　D. 遇险人员
9. INMARSAT-C 船站 DTE 单元的主要作用是(   )。
   A. 信息处理　　B. 收发信号　　C. 频率变换　　D. 输入输出数据
10. INMARSAT-C 船站关机前脱网的目的是(   )。
    A. 节省电能　　　　　　　　　B. 防止误报警
    C. 避免 LES 多次试发电文　　　D. 节省打印纸
11. INMARSAT-C 船站是通过(   )进行遇险通信的。
    A. 电话　　B. 电传　　C. 传真　　D. 电子邮件
12. 使用 INMARSAT-C 船站取消误报警时,(   )不是必须包含在取消误报警电文中的。
    A. 船名、呼号　　　　　　　　B. INMARSAT-C 船站识别码
    C. 误报警时间　　　　　　　　D. 发送误报警人员
13. 船位报告业务的两位业务码为(   )。
    A. 37　　B. 38　　C. 43　　D. 40
14. 通过北京地面站使用 INMARSAT-C 船站向中国搜救中心发送传真,以下(   )是发送时输入的正确的电传号码。
    A. 00861065292245　　　　　B. 861065292245
    C. 00851065292245　　　　　D. 851065292245
15. 通过北京地面站使用 INMARSAT-C 船站发送电子邮件,以下(   )是电文开头添加电子邮件地址的格式。
    A. TO MASTER@COSCO.COM　　B. TO：MASTER/COSCO.COM
    C. TO：MASTER@COSCO.COM　　D. TO：MASTER/COSCO
16. INMARSAT-C 船站准备通信前,必须向所在洋区的(   )登记(LOG-IN)。
    A. 任一地面站　　　　　　　　B. 网络协调站
    C. 网络协调站指定的地面站　　D. 操作员选择的地面站
17. INMARSAT-C 船站性能测试包括(   )。
    A. 接收报文试验　B. 发射报文试验　C. 遇险报警试验　D. A、B、C 都是
18. 如果在关闭 INMARSAT-C SES 之前未作 LOG-OUT,可能会引起(   )。
    A. 延误电报接收　B. 延误 MSI 接收　C. 岸台无效呼叫　D. 设备故障
19. INMARSAT-C 船站终端设备发出遇险报警后,(   )min 内还没有接收到 LES 和 RCC 发送的遇险报警收妥确认,应重新发送遇险报警。
    A. 1　　B. 3　　C. 5　　D. 10
20. 用 INMARSAT-C 船站发送遇险优先等级电文时,船站应(   )。
    A. 选择 LES 不必输入 RCC 号码　　B. 选择 LES 必须输入 RCC 号码
    C. 选择 NCS 不必输入 RCC 号码　　D. 选择 NCS 必须输入 RCC 号码
21. INMARSAT-C 船站的 DCE 的主要作用不包括(   )。
    A. 信号处理　　　　　　　　　B. 收、发卫星信号
    C. 频率变换　　　　　　　　　D. 输入、输出数据
22. 某单位传真号码是 0532-85752555,某船想通过 INMARSAT-C 船站给其发传真时应输入(   )。
    A. 008653285752555#　　　　B. 08685752555#
    C. 8653285752555#　　　　　D. 86053285752555#

23. INMARSAT-C 船站设备主要包括（　　）。
　　①抛物面天线；②甲板上安装设备（ADE）；③甲板下安装设备（BDE）；④双工蜗合器；⑤天线伺服机构
　　A. ②③　　　　B. ①③　　　　C. ③④　　　　D. ①④⑤

24. INMARSAT-C 系统在四个洋区都有网络协调站，它们是（　　）。
　　①贡西利（Goonhilly）；②圣淘沙（Sentosa）；③温泉关（Thermopylae）；④北京；⑤中国香港
　　A. ②③④　　　B. ①③⑤　　　C. ①②③④　　D. ①②③

25. 下面号码中属于 INMARSAT-F 船站的识别码的是（　　）。
　　A. 704120123　　B. 664121234　　C. 674121234　　D. 764120123

26. INMARSAT-F 系统采用的是（　　）卫星。
　　A. 低高度轨道　　B. 静止轨道　　C. 中高度轨道　　D. 高轨道椭圆轨道

27. 不能利用 INMARSAT-F 船站进行电话通信的区域是（　　）。
　　A. A1 海区　　B. A2 海区　　C. A3 海区　　D. A4 海区

28. 在 F 系统中，当不知被呼叫船所在洋区时，电话业务洋区码可输入（　　）。
　　A. 876　　　　B. 860　　　　C. 870　　　　D. 不输入

29. 当利用 INMARSAT-F 船站的传真机给中国用户发传真时其国家代码应为（　　）。
　　A. 868　　　　B. 11　　　　C. 86　　　　D. 85

30. IAMARSAT-F 船站的语音业务识别码的首位数是（　　）。
　　A. 2　　　　　B. 7　　　　　C. 5　　　　　D. 6

31. INMARSAT-F 船站的数据 56/64 kbit/s 传输业务识别码的前两位数是（　　）。
　　A. 87　　　　　B. 76　　　　　C. 60　　　　　D. 85

32. INMARSAT-F 系统中，太平洋区的主要 NCS 是（　　）。
　　A. 中国的北京（Beijing）　　　　B. 新加坡的圣淘沙（Sentosa）
　　C. 日本的山口（Yamagughi）　　D. 美国的圣保罗（Santapaula）

33. 在太平洋区的 INMARSAT-F 系统中，北京地面站识别码为（　　）。
　　A. 868　　　　B. 211　　　　C. 11　　　　D. 118

34. MPDS 业务付费的特点是（　　）。
　　A. 付费与通信时间成正比　　　　B. 按占用信道的时间付费
　　C. 按传输信息量的大小付费　　　D. 按月付费

35. ISDN 业务付费的特点是（　　）。
　　A. 付费与通信时间成正比　　　　B. 陆地用户付费
　　C. 按传输信息量的大小付费　　　D. 按月付费

36. INMARSAT-F 系统中采用全球波束是（　　）。
　　A. 为南北两极地区提供服务　　　B. 为进一步提高 INMARSAT-F 系统的通信容量
　　C. 确保 GMDSS 的实施　　　　　D. 为改善船站的性能

37. 选用 MPDS 业务进行（　　）是不明智的选择。
　　A. 网上冲浪　　　　　　　　　　B. 短电文发送与接收
　　C. 电子海图更新　　　　　　　　D. 电视会议

38. INMARSAT-F77 船站采用的卫星是（　　）。
　　A. INMARSAT 第二代　　　　　　B. INMARSAT 第三代
　　C. INMARSAT 第四代　　　　　　D. INMARSAT 第三、第四代

39. 在 INMARSAT-F 系统中电话费收费方法通常采用的是（　　）。
   A. 单向付费，谁呼叫谁付费　　　　B. 双向收费
   C. 单向付费，由对方付费　　　　　D. 包月

40. INMARSAT-F 船站发出误报警以后的正确操作是（　　）。
   A. 给 LES 打电话取消
   B. 查出 RCC 电话号码，给 RCC 打电话取消
   C. 按[DLSTRESS]键，RCC 接通后取消
   D. 关机，重启注意守听

41. 航行在太平洋的船，其 INMARSAT-F 船站识别码为 764121901，欲使用该 INMARSAT-F 船站通过缺省地面站给中国青岛用户 85752167 打电话，则呼叫号码组成为（　　）。
   A. 00870764121901　　　　　　B. 008653285752167
   C. 0086764121901　　　　　　　D. 008553285752167

42. INMARSAT-F 系统北京地面站能覆盖的洋区有（　　）。
   ①太平洋；②印度洋；③大西洋西区；④大西洋东区
   A. ①②　　　B. ③④　　　C. ①②③④　　　D. ①③④

项目四　卫星搜救系统和寻位系统安装与操作

📋 项目描述

国际卫星搜救系统(COSPAS/SARSAT)已成功地应用于世界范围内大量的遇险搜救行动,在 2 247 起遇险事件中已成功地救助了 7 354 人。国际海事组织在《国际海上人命与安全公约》(SOLAS)中明确规定:所有 300 总吨以上的船舶必须按照要求装备遇险定位与搜救设备。COSPAS/SARSAT 国际卫星搜救系统由遇险示位标、卫星星座和地面分系统三大部分构成。在 GMDSS 系统中,除地面通信系统、卫星通信系统、海上安全信息播发系统外,还有一个寻位系统。寻位系统由遇险船舶上的搜救雷达应答器(Search and Rescue Radar Transponder,SART)和救助船舶上的 9 GHz 雷达组成。SART 是确定遇险船舶、救生艇及幸存者位置的设备。

📋 项目分析

首先对项目的构成进行了解,掌握国际卫星搜救系统(COSPAS/SARSAT)和寻位系统的功能及系统组成,了解设备的工作原理,了解通信过程,并对设备进行熟练操作。

🧰 相关知识和技能

1. 掌握 COSPAS/SARSAT 系统的概念、功能及 COSPAS/SARSAT 系统组成;
2. 能对 EPIRB 进行正确安装和正确操作;
3. 能正确安装和操作 SART 设备;
4. 掌握 SART 的检查、测试及维护保养方法。

任务一　卫星搜救系统

🧰 任务目标

1. 掌握 COSPAS/SARSAT 系统的概念、功能及 COSPAS/SARSAT 系统组成;
2. 能对 EPIRB 进行正确安装;
3. 会对 EPIRB 进行正确操作。

📋 任务分析

在充分了解国际卫星搜救系统的组成及工作原理基础上,学习利用 EPIRB 发送信息,并对设备进行维修和保养。

COSPAS/SARSAT 系统原称"低近极轨道搜救卫星系统",近年来,该系统又引入静止卫星作为转发器,因此,现在系统更名为"国际搜救卫星系统",是 1981 年由美国、苏联、法国和加拿大四国联合开发的旨在全球利用卫星进行搜索和救援的信息服务系统,它是 GMDSS 的重要组成部分,为海上搜救提供信息服务。

国际卫星搜救系统(COSPAS/SARSAT)以其可靠、方便、免费使用等优点赢得人们的青睐。该系统不仅广泛地应用于航海领域,而且对航空业和陆地用户提供全球性的卫星搜救服务。

一、COSPAS/SARSAT 系统组成

COSPAS/SARSAT 系统由卫星空间段、示位标和地面段三部分组成,如图 4-1 所示。

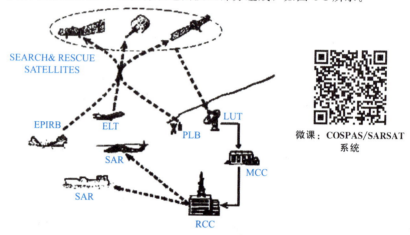

图 4-1 COSPAS/SARSAT 系统示意

由图 4-1 可以看出,应急示位标(EPIRB)发出的信号经搜救卫星中继到地面段,通过地面段的本地用户接收终端 LUT(Local User Terminal)、任务控制中心 MCC(Mission Control Center)送至相应的搜救协调中心(RCC),由 RCC 来开展组织救助工作。

1. 空间段

空间段由两部分组成,即地球同步轨道卫星系统(Geostationary Search and Rescue System,GEOSAR)和低近极轨道卫星系统(Low-altitude Earth Orbit System for Search and Rescue,LEOSAR),如图 4-2 所示。

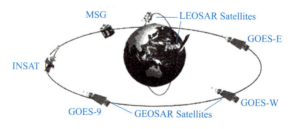

图 4-2 COSPAS/SARSAT 卫星

(1)低近极轨道卫星。低近极轨道卫星共有 8 颗,是由苏联的 COSPAS 卫星和美国的 SARSAT 卫星组成,卫星高度为 850~1 000 km,运行轨道为低近极轨道。因为该系统的卫星轨道较低,所以,单颗卫星覆盖地球的面积比地球同步静止卫星要小,覆盖直径约为 6 000 km 的圆形区域,该区域称为卫星共视区,随着卫星绕地球旋转,在地面上形成宽约为 6 000 km 的带状覆盖区域。

低近极轨道卫星的运行周期约为 100 min，在目前卫星的工作情况下，中纬度地区两颗卫星飞越同一地区的时间间隔在 1 h 之内，在靠近赤道地区，最长达 1.5 h，从地面上看，一颗卫星飞过的时间为 10～15 min。因此，对遇险目标来说，存在着一定的等待时间；同时，由于地面上本地用户接收终端 LUT 的分布有限，只有那些和 LUT 处在同一个卫星共视区内的遇险目标才能实现实时报警，而其他区域的报警将会出现一定的延时。因此，目前已经开始使用地球同步卫星实现对信标信号的实时转发，以消除卫星的等待延时。

(2) 地球同步轨道卫星。地球同步轨道卫星共有 5 颗，分别由美国、印度和欧洲气象卫星组织提供，如图 4-2 所示。因为该卫星在地球同步轨道上，所以可以实现除南、北两极之外的全球覆盖。

由地球同步轨道卫星构成的 COSPAS/SARSAT 搜救分系统(GEOSAR)，作为低近极轨道卫星搜救系统的补充，具有如下特点：

1) 仅支持 406 MHz EPIRB。
2) 能够实现南北纬 75°之间的实时报警，提高了报警的时效性。
3) 无定位功能，需要人工注入或 GPS 定位仪注入位置信息。因为卫星和示位标之间无相对运动，因而不能利用多普勒频移原理对报警信标进行定位。

2. 示位标

示位标实际上就是一台全自动小型发射机，其作用是发射遇险报警和搜救作业时帮助确定幸存者位置。示位标按用途分为航空用示位标(Emergency Locator Transmitter，ELT)、船用示位标(Emergency Position Indication Radio Beacons，EPIRB)和个人用示位标(Personal Locator Beacon，PLB)。目前，个人用示位标和船用示位标的工作频率是 406 MHz，航空用示位标的工作频率是 121.5 MHz 和 243 MHz。

3. 地面段

地面段由区域用户中心也称本地用户接收终端(LUT)、搜救任务控制中心(MCC)和搜救协调中心(RCC)组成。

(1) 本地用户终端(LUT)。在 COSPAS/SARSAT 系统中有两种本地用户接收终端。工作于低近极轨道卫星搜救分系统中的 LUT 称为 LEOLUT；工作于地球同步轨道卫星搜救分系统中的 LUT 称为 GEOLUT。LUT 作为卫星地面接收站，其作用：跟踪搜救卫星并接收卫星转发下来的遇险示位标报警信号，然后解码、计算，给出示位标识别码和位置数据，将示位标的报警数据和统计信息送给相应的搜救任务控制中心。

(2) 任务控制中心(MCC)。搜救任务控制中心和本地用户接收终端相连接，其主要作用：收集、整理、储存和分类从 LUT 及其他 MCC 送来的数据；分析数据的可信度，过滤虚假报警，解除模糊值；在 COSPAS/SARSAT 系统内与其他 MCC 进行信息交换；将报警和定位数据送到相应的搜救协调中心(RCC)或搜救协调点(Search and Rescue Point of Contact，SPOC)。

对于每一个 MCC，国际搜救卫星组织都按照其所属的地理区域位置，划分了搜救服务区。MCC 在对每一个示位标数据进行处理时，首先判定其发生报警的位置。如果报警发生在自己的搜救服务区内，那么 MCC 将把遇险信息转发到与其相关联的搜救协调中心(RCC)或搜救协调点(SPOC)；如果报警发生在自己搜救服务区以外，MCC 将通过其所属节点的任务控制中心(Nodal MCC)将报警信息转发给遇险示位标所在搜救服务区的 MCC。

目前，全球已经建立了 LEOLUT 45 个，GEOLUT 18 个，共有 26 个 MCC 处于工作状态，LUT 的地理分布可以把地球的大部分表面覆盖。

(3) 搜救协调中心(RCC)。搜救协调中心的任务是组织、协调、指挥救助工作。

二、COSPAS/SARSAT 系统的业务

COSPAS/SARSAT 系统的主要业务是为全球包括极区在内的海上、陆上和空中提供遇险报警及定位服务，以使遇险者得到及时有效的救助。

对于遇险目标的搜救行动应在能够提供帮助的各搜救主管部门的协调下来完成，但地面系统和卫星系统的搜救协调工作程序还是有所不同的。

1. 利用地面系统的搜救协调工作程序

如果船舶利用地面系统设备报警，可能的话离报告的事故地点最近的岸台应对遇险报警给予收妥确认。如果该最近的岸台因故没有应答，则收到报警的其他岸台应予以收妥确认。给予报警收妥确认的岸台在将其责任移交之前必须与遇险船沟通并保持有效的通信，同时，岸台会将报警信息转发给与其相关联的 RCC。

2. 利用卫星系统的搜救协调工作程序

如果船舶利用卫星船站报警，则需选择报警岸站，该岸站收到报警后会直接把报警信号转给与其相关联的 RCC；如果使用卫星 EPIRB 进行报警，则报警信号经卫星转发至 LUT，再通过 MCC 的处理和协调，最终转发给 RCC。

一个报警信号可能被多个岸台或岸站收到，但与第一个给出收妥确认的岸台相联系的 RCC，或与遇险者所选择的报警岸站相关联的 RCC，为组织协调的 RCC。若事故发生地不在本 RCC 救助区内或本 RCC 地理位置不利于搜救，则除非有另外一个其地理位置有利于救助的 RCC 来承担责任，否则第一个 RCC 应承担起全部后续的搜救协调工作。若有多个岸台给予了收妥确认而无法确定哪个 RCC 为第一个 RCC，则相关的 RCC 之间必须尽快地商定出由哪个 RCC 承担起搜救协调工作，以便对事故作出最迅速的响应。图 4-3 所示为 COSPAS/SARSAT 系统搜救通信业务操作流程。

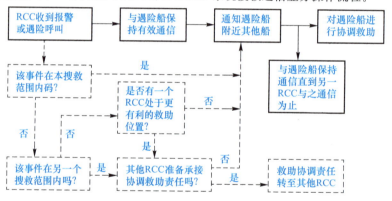

图 4-3　COSPAS/SARSAT 系统搜救通信业务操作流程

三、EPIRB 认识

国际海事组织规定，所有 300 总吨以上的货船及适用于 SOLAS 公约的公约船，无论航行在 A1、A2、A3 或 A4 哪个海区（在 A1 海区可用 VHF EPIRB 代替），都必须配备 406 MHz EPIRB。

1. 406 MHz EPIRB 简介

船用 EPIRB 一般内装两个发射机，406 MHz 发射机和 121.5 MHz/243 MHz 发射机（121.5 MHz 和 243 MHz EPIRB 不是强制的），用于发射遇险报警信号。同时，121.5 MHz/243 MHz 发射机发射的信号还可作为搜救飞机和搜救船舶的寻位信号。

微课：EPIRB 认识

在船上的 406 MHz EPIRB 要求安装在自浮式支架上，并能人工启动和自动启动。EPIRB 示位标启动后，每 50 s 发射一次 0.5 s、功率为 5 W 的射频脉冲。EPIRB 的电池使用年限为 4 年，电池容量为 48 h。自浮式支架上的静水压力释放器使用年限为 2 年。图 4-4 所示为两种应急示位标外形。

图 4-4　两种应急示位标外形

如果船舶要配备 EPIRB，应及时向有关机构注册。注册的内容都在注册卡上标明，主要包括装船 EPIRB 的出厂序列号，船舶的国籍、船东、船名等信息。如果注册的内容有任何变更，应迅速通知注册机构，如船舶的变更，船东的变更，EPIRB 的丢失、被盗等，都要迅速通知注册机构。

2. 406 MHz EPIRB 的启动方式

406 MHz EPIRB 的启动方式分为自动启动和手动启动两种。

(1)自动启动。如果示位标的存放盒或安装支架是浮离式的，则该示位标可以自动启动。具体是指当船舶遇险，船体下沉到一定深度后(一般为 1.5～4 m)，由压力传感器测得海水静压力，释放机构自动启动，示位标脱离支架或存放盒，浮出水面，开始发射报警信号，所以自动启动式示位标需要安装在没有遮挡的暴露场合处。当然，自动启动式示位标通常也可以手动启动。

(2)手动启动。手动启动是指人为地将示位标从安放支架或存放盒中取出，手动启动式示位标的遇险报警功能，使示位标开始发射遇险信号。

3. 应急示位标的维护保养

应急示位标的维护保养主要包括一些部件的更换及日常维护保养。

(1)部件的更换。部件的更换主要指电池和静水压力释放器。不同型号示位标电池的有效期是不相同的，一般为 3～5 年，有效期通常标记在手动启动式示位标圆顶的后侧或自动启动式示位标的存放盒上。静水压力释放器的有效期一般为 2 年，有效期通常标记在静水压力释放器及存放盒侧面的标签上。电池和静水压力释放器的有效期要经常查看，到期前应及时报告申请安排换新，换新后的电池、静水压力释放器要标明有效期。

(2)日常维护保养。

1)检查应急示位标周围有无杂物堆积、有无新的构建物会在紧急时刻影响应急示位标的释放。

2)检查应急示位标周围有无腐蚀品,尤其在油船、化学品船舶上,注意机体或存放支架是否牢固,有无腐蚀及爆裂等损坏。

3)检查应急示位标机体是否有海水浸泡及密封不良的情况。

4)检查应急示位标电池和静水压力释放器的有效期,如果即将到期,要及时通知岸上的代理机构更换。

5)每月利用设备自身提供的自检测方式,检测设备工作状态。

6)检查应急示位标机体上的标志是否清晰,如果异常及时更换。

7)到港时注意防盗。

8)定期测试。根据SOLAS公约的要求:"卫星应急示位标(EPIRB)应在不超过12个月的间隔期内,对其操作有效性的各个方面进行测试。"届时及时通知部门负责人并且做好相关记录,将各项检查结果填入无线电日志。

日常检查时应注意防止误报警,应急示位标的误报警已经是GMDSS误报警的主要来源。另外,由于EPIRB有水敏开关,因此在冲洗甲板时不要对着EPIRB冲洗以免发生误报警。如果发现用EPIRB设备发送了误报警,必须马上联系就近的海岸电台或者适当的海岸地球站,或RCC取消误报警。

无论哪种设备出现了误报警,均应将误报警日期、UTC时间、地理位置、经由的海岸电台或地面站记入无线电日志。一般来讲,对那些在产生误报警之后,能够按照正确的步骤取消报警从而消除其不利影响的船舶免予处罚。但是,那些经常进行错误操作的船舶可能被追究责任。另外,一旦船舶发生了误报警,船舶靠港时很可能面临严厉港口国监督(Port State Control,PSC)检查,所以,航海人员必须认真对待。

四、使用 EPIRB 时的规定

我国已有相当数量的船舶配备了应急示位标(EPIRB)。为加强设备的管理,防止发生误报警,使EPIRB设备发挥应有的作用,作出相应的规定:

(1)EPIRB设备安装前,各船舶所属公司的通信导航管理部门应认真核对和试验所装设备与船舶相关的数据是否一致;做好电池失效期、静水压力释放器更换期等有关数据的记录工作;按照要求填写相关数据资料,报送给相关主管部门。

(2)EPIRB设备的电池、静水压力释放器的更换,由船舶所属公司的通信导航管理部门负责监督、执行,更新日期应填入表4-1,一式两份,一份存通信导航管理部门,一份存船方。

表4-1 EPIRB设备管理记录登记表

船名	船舶编号或呼号	设备名称和型号	装船日期	电池更换日期	释放器更换日期	备注
			⋮			

填表人:　　　　　　　负责人:　　　　　　　主管部门<盖章>

(3)EPIRB放置设备应安装在靠近驾驶室并易于操作的位置,并张贴明显标志。设备周围和上方应避免有碍设备取出和自浮释放的物体。

(4)EPIRB设备安装后,船长应组织全体船员学习有关使用规定和注意事项。船长、驾驶员必须了解和熟练掌握该设备的性能结构、操作规程及试验方法。

（5）EPIRB 设备属救生无线电报警设备。当船舶处于危急状况，严重危及船舶和人命安全时，在船长指示下或机关操作人员主动请求船长批准后方可启动。严禁无关人员随意触动设备及其附属设施。任何违反操作规程造成的误报警发射，要及时上报有关部门，并按《海上海事行政处罚规定》处理。

（6）EPIRB 设备在应急状态下的操作使用及设备在船上的日常维护工作由二副负责。按照《海船安全开航技术要求　第 1 部分：一般要求》(GB/T 11412.1—2009)，远洋船舶(往返航期为三个月左右)，每次国内开航前由二副对设备进行一次试验。短航线船舶(往返期不足两个月)，每季度第一次开航前由二副对设备进行一次试验。试验时，应按产品说明书自测试程序进行，防止由于操作不当造成误报警发射，并将试验情况填入无线电日志。该项试验方法应作为交接班的一项内容。

（7）当各地港监或验船师登船检查时，二副应在场，并给予必要的协助。

任务实施

技能一　406 MHz EPIRB 的安装

一、406 MHz EPIRB 安装时应考虑的因素

406 MHz EPIRB 一般安装在驾驶台两侧或驾驶台顶部。安装的地点应便于接近，容易维护，人工启动方便；周围无障碍，无废气，无化学品污染，无机械冲击，无海浪冲击。

二、406 MHz EPIRB 的安装

（1）安装 EPIRB 时要注意使收纳器盖子完全打开，以便 EPIRB 能浮出水面。注意 EPIRB 浮起时不能挂到船舷上。为使打开的收纳器盖子不会掉下，要在收纳器上安装支架，如图 4-5 所示。

图 4-5　EPIRB 的安装台

（2）安装 EPIRB 后，要在 EPIRB 旁边显著位置张贴荧光纸，以便显示 EPIRB 的位置(贴纸由造船厂提供)。

（3）剥去水压传感器的有效期标志(有效期：自检查月起 2 年)，如图 4-6 所示。

· 107 ·

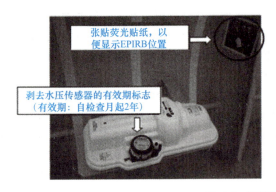

图 4-6 EPIRB 的安装

技能二　JQE-3A 406 MHz EPIRB 设备操作

一、JQE-3A 406 MHz EPIRB 简介

JQE-3A 406 MHz EPIRB 设备是日本 JRC 公司产品，如图 4-7 所示。它是自浮式 EPIRB，发射 406 MHz 遇险信号和 121.5 MHz 自引导信号，满足 IMO/CCIR 与 COSPAS/SARSAT 的相关规则。当船只遇险沉没时，卫星示位标会自动从托架上释放，发射 406 MHz 紧急求救信号，在信号被 COSPAS/SARSAT 卫星接收后，会传送到 LUT。LUT 会解码分析出示位标位置，并传达 RCC，以便实施紧急救援。定位精度误差为 2～5 km。同时可向飞机发射专用频率信号，以便展开更有效的搜救行动。

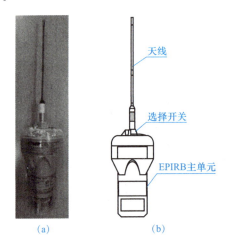

图 4-7　JQE-3A 406 MHz EPIRB 设备
(a)外形；(b)组成部分名称

二、JQE-3A 406 MHz EPIRB 操作

JQE-3A 406 MHz EPIRB 设备存放与工作程序如下。

1. 平时放置

示位标平时放置在自浮式支架上，机体上的黑色箭头和示位标自浮式支架上黑色箭头应对齐；选择开关在"READY"位，如图 4-8 所示。

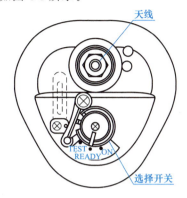

图 4-8　JQE-3A 406 MHz EPIRB 开关

2. 自动启动

船舶遇险时，EPIRB 在水下 2～4 m，示位标被释放，浮出水面，开始发射报警信号。

3. 人工启动

船舶遇险时，可人工启动 EPIRB。具体方法：选择开关放置到"ON"位，如图 4-8 所示。示位标的电池电压提供到发射机，发射机开始发射报警信号。

4. 试验

将选择开关旋转到"TEST"位，如图 4-8 所示。绿色指示灯亮，表示示位标工作正常。

通过本任务的学习，了解了国际卫星搜救系统的功能和组成，了解了 EPIRB 的工作原理和安装与操作过程。

任务二　寻位系统

任务目标

1. 能正确安装 SART 设备；
2. 会操作 JQX-10A 型 SART；
3. 掌握 SART 的检查、测试及维护保养方法。

任务分析

寻位系统由遇险船舶上的搜救雷达应答器(Search and Rescue Radar Transponder，SART)和救助船舶上的 9 GHz 雷达组成。SART 是确定遇险船舶、救生艇及幸存者位置的设备。本任务学习过程中，要掌握 SART 的工作原理、安装和操作过程。

一、SART 的功能及示位原理

搜救雷达应答器(SART)需要与雷达配合工作,是近距离发现幸存者的一种主要搜救手段,也是船舶必备的设备之一。

1. SART 的功能

在 GMDSS 中,遇险船可利用各种手段进行遇险报警,报警信息中,包含遇险船舶的位置信息,但是由于受到客观原因的制约,例如遇险船舶使用的定位系统的精度等因素的影响,遇险船舶或幸存者报告的位置与实际的位置可能存在一定的误差和变化,同时考虑到遇上恶劣海况、浓雾或黑夜,现场搜救幸存者的工作难度很大。为尽快发现幸存者,在 GMDSS 中,公约船都按要求配备了 SART,解决了现场搜救不易发现失事地点或幸存者的问题,使得遇险船舶、救生艇或幸存者能被迅速发现和获救。

SART 是 GMDSS 中用来近距离确定遇难船舶、救生艇(筏)及幸存者位置的主要方式。SART 是遇险现场使用的设备,能引导搜救飞机或搜救船舶尽快地搜寻到遇险者,并可让持有 SART 的幸存者知道是否有救助飞机或救助船舶在靠近他们。图 4-9(a)所示为 SAR-9 型 SART。

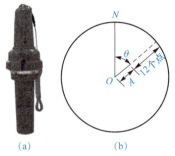

图 4-9 SART 图片及雷达显示的 SART 信号
(a)SAMYUNG SAR-9;(b)SART 信号

2. SART 的示位原理

SART 启动后首先处于待命状态,即只收不发。但只要收到 X 波段的雷达信号,立即进入应答状态。应答时,在雷达发射的一个脉冲周期内,SART 会发射 12 个周期扫频信号,该信号在雷达显示器上的标志是同一方位上的 12 个等距离亮点,12 个亮点大约距离 8 n mile,相邻 2 个亮点间大约是 0.65 n mile。如图 4-11(b)所示,ON 为船首线,第一个亮点到雷达荧光屏中心的距离 A 为救助船与幸存者间的距离,12 个亮点的连线与船首线的夹角 θ 就是搜救船到幸存者的相对方位。

微课:SART 的示位原理

SART 标志信号在雷达显示器上的视觉效果,如图 4-10 所示。其中图 4-10(a)描述的是双方距离较远时的情形。随着双方距离渐进,雷达所收到的 SART 信号也渐强,因而在大光点附近会逐渐出现小光点。这主要是 SART 应答雷达波的回扫信号造成的。当距离近至约 1 n mile 甚至更近时,雷达天线的旁瓣方向也能接收到 SART 的信号,导致雷达显示器上的标志信号由 12 个光点逐渐扩展为 12 条弧线,如图 4-10(b)所示。再近时则可形成 12 个同心圆,如图 4-10(c)所示。这时的标志信号只能用来测距,无法用来测量方位。为避免出现上述情形,要求搜救雷达的操作员必须随距离的逐渐接近,适时降低雷达增益。始终保持雷达显示器上的 SART 标志信号呈 12 个光点状态。

另外,在 SART 上还同时设有声、光指示装置,以便遇险幸存者判定设备的工作状态和与搜救单位之间距离的远近。例如 TRON 型 SART,在其处于待命状态时,其上的指示灯以亮

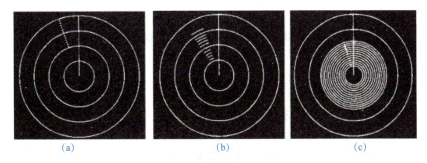

图 4-10　SART 标志信号在雷达显示器上的视觉效果
(a)距离较远；(b)距离较近；(c)距离很近

0.5 s、灭 1.5 s 的 2 s 周期闪动。当收到雷达信号后，其频率加快，改为以亮 0.5 s、灭 0.5 s 的 1 s 周期闪动；而声响装置在待命状态不发声，在收到雷达信号后，远距离时，能周期性地听到 SART 应答雷达信号时发出的短促声，随距离渐近，周期渐短，直至变成连续的声响，此时表明搜救雷达已经近在咫尺了。若听到几种不同音调的声响时，则可断定有多个救援船舶或飞机到达。

二、SART 的技术性能

1. SART 的容量

雷达的发射脉冲重复周期为 1 ms，而 SART 的 12 次扫描发射大约用 100 ms，加上 SART 的恢复抑制时间，则每台 SART 在一个具体方位上能响应大约 9 台雷达的询问。在全方位上，雷达的方位鉴别能力按 2° 计算，则每一台雷达只有在雷达天线旋转一周所用时间的 1/180（2/360＝1/180）的时间内对 SART 发出询问信号。所以在全方位内，SART 所能响应的询问雷达的台数是 180×9＝1 620（台）。因此，SART 所能响应的雷达台数是完全可以满足实际需要的。同时，现代雷达都使用了成熟的噪声抑制技术，它防止了与雷达本身发射不同步的回波显示。

2. 对电池的要求

SART 是用电池供电工作的。要求 SART 的电池容量应能使 SART 在准备状态工作 96 h，然后还能连续应答 1 kHz 探测脉冲 8 h。

3. 其他要求

满足 CCIR-628 建议的 SART 的其他技术性能如下：
(1)频率范围：9 200～9 500 MHz。
(2)极化方式：水平极化。
(3)扫描形式：锯齿线性变化的扫描频率发射。
(4)脉冲持续时间：每次响应，扫描发射 12 次，约 100 ms。
(5)有效全向辐射功率(EIRP)：大于 400 mW。
(6)有效接收灵敏度：优于 −50 dBmW。
(7)恢复时间：在 10 ms 以内。
(8)响应延迟时间：小于 0.5 ms。
(9)工作温度范围：−30 ℃～+65 ℃储存；−20 ℃～+55 ℃工作。

4. 操作要求

在操作上对 SART 的要求：工作可靠，操作简便，便于携带，容易发现。具体要求如下：
(1)应能容易由非熟练人员操作。

(2)应装有防止意外启动的装置。

(3)应装有监听或监视(或两者兼备)装置,以指示应答器是否正常工作和告知幸存者已有搜救船只在靠近他们。

(4)应能人工启动和关闭,也能在紧急时自动启动。

(5)应能提供待命状态的指示。

(6)应能从 20 m 高落入水中而不损坏。

(7)在 10 m 深水处,至少应能保持 5 min 而不进水。

(8)在浸入水中条件下,受到 45℃ 热冲击应仍能保持水密。

(9)单独落入水中,应能自动正向立起,指示灯在上面。

(10)应有一根与 SART 连接的浮动绳索,以提供遇难幸存者系在身上使用。

(11)应能抗海水和油的侵蚀。

(12)长期暴露在阳光下及在风雨侵蚀下,技术指标不应降低。

(13)所有表面应呈可见度高的橘黄色。

(14)外围构造平滑,以防止损伤救生筏和遇难幸存者。

三、SART 的使用

1. SART 的作用距离

SART 的作用距离,主要与 SART 的安装高度和搜救者雷达的天线高度有关。一般情况下,如果 SART 的安装高度离海面 1 m 以上,雷达天线高度离海平面 15 m 以上,搜救船在至少 5 n mile 远处就能探询到 SART 信号;飞行高度 3 000 ft(1 ft=100 英尺=30.48 米)、雷达峰值功率 10 kW 的搜救飞机能在 40 n mile 远处探询到 SART 信号。影响探询 SART 信号距离的还有以下三个方面的因素:

微课:SART 的作用距离

(1)雷达的类型和使用。一般来说,大型船舶的雷达有较高的天线增益,离海平面也比较高,探询 SART 的距离也远。雷达的性能和最佳使用也很重要。

(2)海面和天气状况的影响。平静的海面因电波多径传输可影响 SART 的接收;大浪时,搜救雷达和 SART 仰角若发生变化,可能会导致接收的距离更远。但是,SART 在海浪波谷时也会降低探测距离。

(3)SART 安装高度的影响。实际使用时,要提高 SART 的作用距离,应当将 SART 启动后安装在尽可能高的地方,并注意不要有任何遮挡。

试验得知:将 SART 平放在地板上时,作用距离为 1.8 n mile;垂直放在地板上时,作用距离为 2.5 n mile;当 SART 漂浮在水中时,作用距离为 2.0 n mile。一般天气情况下,适当地安装 SART,对大船雷达,发现距离可达 10 n mile 以上。如果安装不好,如在救生艇(筏)内使用,或者漂浮在水中,探测距离甚至比视距还要近。

2. SART 的安装使用

SART 平时是以关机状态保存在容器中,安装在驾驶室两侧容易接触到的地方。在船舶遇险时从安装容器中取出 SART,开机放置在"STAND BY"处(有的设备标识为"ON")。如果在母船上用,应把 SART 安装在罗经甲板的栏杆上;如果是弃船,应由专人把它带到救生艇(筏)上,尽量安装在高处;也可由幸存者手持,或者安放在遇险船的船舷上,作为出事点的标志。

SART 开启后,准备应答搜救船舶或者搜救飞机的雷达触发信号。

3. 搜寻 SART 信号应注意的问题

在海上救助时,使用雷达搜寻遇险者的 SART 信号应注意以下几个问题:

(1)雷达量程的选择。在使用雷达近量程挡时，仅能显示 SART 的几个亮点，例如，在 3 n mile 量程仅能显示出 SART 信号的 4 个亮点。在恶劣海况下，杂波干扰非常严重，经常不能看到完整 12 个点的 SART 信号。一般情况下，海浪干扰最严重可延至 4 n mile，不会完全淹没整个 SART 信号。因此，由两亮点之间约 0.65 n mile，可推算出遇险者的位置。

从以上分析看，开始进入搜救区时，应尽量用大量程，以便在大范围内搜寻到遇险者的 SART 信号。当搜寻到遇险者的 SART 信号后，最好使用雷达的 6～12 n mile 之内的量程。这些量程中，能看到完整的或多个 SART 亮点，易区别其他回波和确定 SART 的位置。

(2)SART 的距离误差。SART 与搜救者雷达相距 6 n mile 左右时，距离误差在 150 m 以上；而在接近 SART 时，因为雷达能接收到 SART 的正向扫描信号和返回扫描信号，所以会出现两个不同形状的亮点，第一个亮点的距离误差不大于 150 m。

(3)选择合适的雷达带宽。小于 5 MHz 的雷达带宽将对 SART 的信号稍有衰减。最好是使用中等带宽以确保获得 SART 的最佳信号。一般雷达的远距离量程，带宽为 3～5 MHz；雷达的近距离量程，带宽为 10～25 MHz，应根据具体情况，灵活选用。

(4)接近 SART 时注意。在接近 SART 时，来自雷达天线的旁瓣波束，可能使 SART 的信号在雷达的荧光屏上变成一串圆弧或同心圆。这种情况，可用海浪抑制旋钮来消除。出现这种情况，证明 SART 在船附近，应减速并注意搜索。

(5)恶劣的海况下使用的注意事项。在海况不好的情况下，为增加 SART 信号的可见度，可失谐雷达，以减小海浪回波的影响。自动频率控制雷达不允许手动失谐设备。注意：在失谐的情况下，一些需要的信息如航行和避碰船舶信息可能被取消，因此可能的情况下，要尽快回到正常调谐状态。

(6)导航雷达的调整。在搜救过程中，要合理地调整雷达增益，最好使雷达显示器出现轻微背景噪声，但是还不至于干扰到正常信号的辨别，以获得对 SART 信号的最大范围的搜寻。

为获得最佳探测距离，海浪抑制旋钮应放在最小。注意在受到海浪杂波干扰时，不使用海浪抑制旋钮，最近的 SART 回波可能被淹没。这种情况下，可从 SART 回波的最近亮点推算出本船船位。如海浪抑制旋钮有自动/人工选择，选择人工方式。注意和自动方式比较一下，看选择哪种方式效果更好。

在搜寻 SART 时，应将抗雨雪干扰旋钮放在人工位置，直到搜寻到 SART 信号。如果海浪抑制和抗雨雪干扰用一个旋钮控制，建议选择手动搜寻 SART 信号。注意将手动方式和自动方式比较一下，看选择哪种方式效果更好。

四、SART 的检查、测试及维护保养

1. SART 的检查、测试

SART 是遇险现场搜救用设备，要求每月进行检查、测试工作是否正常，并将情况记录在《无线电日志》。要注意外观检查，确认其处于良好状态；检查 SART 上标识的船名、呼号、MMSI 号是否清楚，电池是否在有效期内。检查 SART 的存放位置是否便于取出并易于带上救生艇(筏)。

进行测试时，按照设备厂家的操作要求进行。当 SART 没有自测控钮时，可以把 9 GHz 雷达打开，将 SART 从容器中取出，开关打到"STAND BY"位置，拿到船头，另一人在船舶驾驶台观测雷达是否收到 SART 的应答信号。当雷达显示器上出现一系列等间隔点样回波，同时 SART 被触发产生蜂鸣和指示灯闪亮，表明 SART 工作正常。SART 的试验时间应尽可能短，以延长电池使用寿命，同时避免干扰其他船舶雷达的工作。

大多数 SART 都有自测功能。测试时,将 SART 工作开关置于"TEST"位置,观察指示灯是否闪亮并伴有声响,在雷达屏幕上也会出现一系列等间隔点样回波。

2. SART 的维护保养

一般每 4 年由 SART 的代理商,对设备的工作情况进行一次全面的检查,并更换电池。更换 SART 电池的工作,只能由委托的代理去做,并由其处理旧电池,同时注意如下事项:

(1)不要企图打开该机。

(2)不要对电池充电。

(3)不要将电池扔进火中。

(4)不要将电池放在 70 ℃ 以上的地方。

(5)不要短路电池。

(6)如果除试验以外的其他原因,使用了 SART,不管发射时间多长,不管是否到了电池更换期限,都必须更换电池。

任务实施

技能一　设备安装

一、SART 安装位置

按 IMO 要求,无论在哪一航区,500 总吨以上的货船和所有客船应至少配备 2 台 SART,而不满 500 总吨的货船,则可只配备 1 台 SART。

SART 安装在驾驶台靠近左右门内侧墙适当位置,如图 4-11(a)所示。如果安装两台,左右侧对称各装一台。必须不借助任何工具即可提起 SART。救生艇上安装 SART 有专用托架,以备万一,如图 4-11(b)所示。

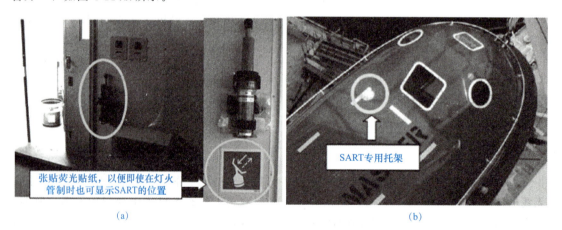

图 4-11　SART 安装位置和专用托架

(a)安装位置;(b)专用托架

二、SART 安装要求

(1)安装前,主管部门应认真做好设备的测试,并做好型号、序号、电池的有效期登记。

(2)如安装在救生艇(筏)上,使用时天线高度应高于水面至少 1 m。
(3)装船的 SART 应在外壳上标明船名和船舶呼号。
(4)配备可用作系绳的浮索应将其妥善盘起、防止损坏。
(5)安装完毕后,应将有关说明书、各类证明及证书完整移交船舶责任人,并妥善保管。

技能二 设备操作

一、JQX-10A 搜救雷达应答器简介

JQX-10A 搜救雷达应答器是日本 JRC 公司的产品,天线高度在 1 m 以上,外壳呈橘红色,有利于海上搜寻。

JQX-10A SART 由本机和其容器组成。储存时,可将 SART 装进容器。一般情况下,SART 安装在驾驶台两侧容易接触到的地方,图 4-12(a)所示为安放在驾驶室舱壁上的情形。使用时,取出 SART 本机,将外壳作为 SART 的下半部分,SART 本机作为上半部分,构成如图 4-12(b)所示的形状。

在船舶遇险时,应取出 SART 本机,启动后,固定安放到合适的位置或手持 SART 本机。

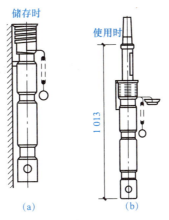

图 4-12 JQX-10A 储存和使用
(a)储存;(b)使用

二、JQX-10A 雷达应答器操作

(1)从容器中取出 SART 本机,如图 4-13(a)所示。
1)旋下容器盖①。
2)从容器中取出 SART 本机②。
(2)启动 SART,如图 4-13(b)所示。
1)旋下 SART 本机黑色的后盖③。
2)把 SART 底部的开关④打到"ST-BY"位置。
3)检查"ST-BY"绿色指示灯是否亮。
(3)将 SART 本机固定在容器上,如图 4-14(a)所示。
1)将 SART②按图示方向插进容器。
2)从 SART 顶套进容器帽①,并按顺时针方向旋紧固定 SART。

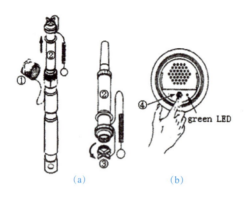

图 4-13　JQX-10A 取出与启动

(a)取出；(b)启动

(4)启动后的 SART，根据遇险情况不同，可固定在合适的位置。

1)如果想把 SART 固定在遇险船上，作为指示遇险位置的标志，可按图 4-14(b)所示的方式固定 SART，用固定架或者绳子将顶部装有 SART 的容器，按垂直于海平面的方向，固定在船舷边，底部应离水面 1 m 以上。当 SART 被 9 GHz 雷达探测时，嘀嘀声⑤会从底部圆孔中传出，并且随着搜救船或飞机的靠近，嘀嘀声会有所变化。

2)如果遇险后弃船，应将 SART 带到救生筏或救生艇上，将其固定。可按图 4-15 或图 4-16 所示方式固定该 SART，即用绳索缚牢在救生筏(艇)上，或者在救生艇的舷边事先安装一个底座⑥，遇险弃船时，将 SART 带到救生艇上，用 SART 的容器顶盖将其固定，并注意监听 SART 的声音变化，以证实是否有搜救船或飞机在接近自己。

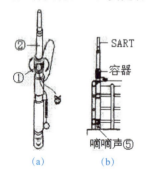

图 4-14　固定 SART

(a)容器上的固定；(b)遇险船上的固定

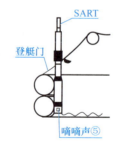

图 4-15　固定在救生筏上

图 4-16　固定在救生艇上

如果固定 SART 有困难，可人工手持 SART。

JQX-10A SART 的电池型号是 NBB-272，额定电压为 15 V，额定容量为 10 A·h。电池更换方法如下：

1)从容器中取出 SART。

2)旋下 SART 底部活动螺母。

3)将底部 SART 的监测接收机与电池的电源连接头分开。

4)拉出在 SART 中间部位的锂电池，放入新电池。

5)连接新电池和监测接收机电源接头。

6)装复各部分，旋上底部活动螺母。

任务总结

通过本任务的学习,了解了寻位系统的功能和组成,了解了SART的工作原理和安装与操作过程。

项目评价

序号	考核点	分值	建议考核方式	考核标准	得分
1	EPIRB、SART设备安装	15	教师评价(50%)+互评(50%)	能正确安装EPIRB、SART,安装错误一处扣3分	
2	EPIRB、SART设备操作	15	教师评价(50%)+互评(50%)	设备操作,操作错误一次扣3分	
3	EPIRB、SART的检查、测试及维护保养方法	15	教师评价(50%)+互评(50%)	能正确进行EPIRB、SART的检查、测试及维护保养,错误一次扣3分	
4	项目报告	10	教师评价(100%)	格式标准,内容完整,详细记录项目实施过程并进行归纳总结,一处不合格扣2分	
5	职业素养	5	教师评价(30%)+自评(20%)+互评(50%)	工作积极主动,遵守工作纪律,遵守安全操作规程,爱惜设备与器材	
6	练习与思考	40	教师评价(100%)	对相关知识点掌握牢固,错一题扣4分	
完成日期			年 月 日	总分	

项目总结

本项目主要学习了国际卫星搜救系统(COSPAS/SARSAT)和寻位系统,了解了各个系统的工作原理和系统组成,学会了如何对船舶终端设备进行安装和操作。我国幅员辽阔,地理条件复杂,经济发展迅速。特别是改革开放以来,航海、航空、长途运输、地质勘探、科学考察、登山探险等经济活动发展迅猛。而我国目前的地面网络,还很难做到大范围的覆盖,更难以有及时准确的遇险报警和搜救网络;有相当多的边远地区,甚至还无法建立地面网络。利用卫星搜救系统,实现遇险的报警和定位,是我国目前在现有技术条件下最有效的全球搜救手段。

练习与思考

1. COSPAS/SARSAT 系统不能完成的通信任务是（　　）。
   A. 测定遇险船舶的船位　　　　　　　　B. 遇险通信
   C. A4 海区遇险报警与定位　　　　　　　D. 接收和转发遇险报警

2. 在 COSPAS/SARSAT 系统中，不能使用的示位标是（　　）。
   A. 156.525 MHz EPIRB　　　　　　　　B. 406 MHz EPIRB
   C. 121.5 MHz EPIRB　　　　　　　　　D. 243 MHz EPIRB

3. 406 MHz EPIRB 发射的遇险报警，必须给出的信息是（　　）。
   A. 船位　　　B. 遇险性质　　　C. 船舶电台识别数字　　　D. 时间

4. 406 MHz EPIRB 的位置信息是（　　）。
   A. 由与 EPIRB 相接的导航仪给出
   B. 由 EPIRB 发射的 121.5/243 MHz 信号给出
   C. 由 COSPAS/SARSAT 系统的卫星检测
   D. 由 COSPAS/SARSAT 系统卫星共视区的 LUT 检测

5. COSPAS/SARSAT 卫星通信系统覆盖范围是（　　）。
   A. 全球　　　　　　　　　　　　　　　B. 南北纬 75°以内
   C. 南北纬 75°以外　　　　　　　　　　D. 极区

6. 406 MHz EPIRB，每 50 s 发射时间为（　　）。
   A. 5 s　　　B. 0.5 s　　　C. 10 s　　　D. 25 s

7. 406 MHz EPIRB 的电池每（　　）更换，静水压力释放器每（　　）更换。
   A. 二年　四年　　B. 一年　二年　　C. 四年　二年　　D. 三个月　三个月

8. COSPAS/SARSAT 系统采用的定位原理是（　　）。
   A. 空间分集　　B. 双曲线原理　　C. 多普勒频移　　D. 时间分集

9. EPIRB 在 GMDSS 中的作用是（　　）。
   A. 当船舶发生海难事故时，用于进行遇险报警的装置
   B. 当船舶发生海难事故时，用于进行遇险通信的装置
   C. 当船舶发生海难事故时，用于进行搜寻救助的装置
   D. 用于进行船舶定位的装置

10. SOLAS 公约对航行于不同海区的船舶配备 EPIRB 设备的要求是（　　）。
    A. 航行于 A1、A2、A3、A4 海区的船舶至少配备 1 台 EPIRB
    B. 航行于 A1、A2 海区的船舶可选配 1 台 EPIRB
    C. 航行于 A1、A2、A3、A4 海区的船舶至少配备 2 台 EPIRB
    D. 以上均错

11. COSPAS/SARSA 系统是由（　　）四部分组成。
    A. 低极轨道卫星、陆地用户终端、EPIRB 和任务控制中心
    B. 静止卫星、陆地用户终端、EPIRB 和营救协调中心
    C. 低极轨道卫星、陆地用户终端、EPIRB 和网络协调站
    D. 低极轨道卫星、陆地用户终端、SCC 和任务控制中心

12. COSPAS/SARSAT 系统使用的卫星是（　　）。
    A. 低高度极轨道卫星　　　　　　　　　B. 高高度赤道轨道卫星

C. 静止轨道卫星 D. 中高度倾斜轨道卫星

13. COSPAS/SARSAT 系统中任务控制中心的缩写是( )。
    A. LUT B. MCC C. RCC D. EPIRB

14. COSPAS/SARSAT 系统中,406 MHz EPIRB 使用的工作模式是( )。
    A. 实时转发和实时处理模式 B. 实时模式和全球覆盖模式
    C. 全球覆盖和存储转发模式 D. 存储转发模式

15. COSPAS/SARSAT 系统中的 EPIRB 工作频率是( )。
    A. 121.5 MHz B. 406 MHz C. 1.6 GHz D. 156.8 MHz

16. EPIRB 设备在应急状态下的操作使用及在船上的日常维护由( )负责。
    A. 大副 B. 船长 C. 三副 D. 二副

17. 当船舶沉到水下( )m 处时,静水压力释放器被打开,EPIRB 浮到水面并自动启动,发送报警信息。
    A. 1～2 B. 2～4 C. 4～6 D. 1～5

18. 若不小心使用 EPIRB 误发报警,正确的处置方法是( )。
    A. 立即关机
    B. 立即使用 INMARSAT-F 或 B 船站给就近 RCC 打电话说明情况
    C. 打电话报告给公司
    D. 以上措施均可

19. EPIRB 的识别码应选用( )。
    A. 海事卫星海上移动业务识别 B. 海上移动业务识别
    C. 船舶呼号识别 D. 船舶电台呼号识别

20. COSPAS/SARSAT 系统的示位标由( )组成。
    ①EPIRB;②LUT;③PLB;④ELT;⑤LES
    A. ①②③ B. ①③④ C. ②③④ D. ③④⑤

21. EPIRB 安装应考虑的因素主要有( )。
    ①驾驶台两侧或驾驶台顶部;②便于接近,容易维护;③周围无障碍、无废气、无化学品污染;④人工启动方便;⑤无机械、海浪冲击
    A. ①②④ B. ①③④ C. ②③④⑤ D. ①②③④⑤

22. EPIRB 日常维护与测试应注意的问题有( )。
    ①对不同类型的设备,分别按不同的方法进行试验,检查其工作情况。带试验开关的设备,将开关转至"TEST"位置,试验指示灯应闪亮或点亮
    ②对设备进行的试验应避免造成误报警
    ③确认其安装位置及方法是否满足设备安装要求。所有示位标安放位置的上方不应存在妨碍示位标自动浮起的物体。做系绳用的浮力短索,其布置应能防止在浮离时被缠在船舶结构上
    ④检查电池的有效期和静水压力释放器的有效期
    ⑤检查贴于设备外部的简短说明,原电池的失效日期和编入发射器的识别码是否清晰可见,设备上的反光材料是否完好,是否具有制造厂、型号、编号、出厂日期的铭牌及船用产品检验标志
    A. ①②④ B. ①③④ C. ②③④⑤ D. ①②③④⑤

23. SART 应答信号在救助船雷达显示屏上的图像,下列描述错误的是( )。
    A. 与救助船雷达的量程有关 B. 与救助船雷达天线高度有关

C. 与救助船和SART的距离有关　　　D. 与救助船的多少有关

24. 符合CCIR-625建议的搜救雷达应答器,由一根短索与之连接,为( )使用。
    A. 遇难幸存者系在身上
    B. 便于把SART绑扎固定于船舷
    C. 使SART有良好的接地,避免发射时对人员造成伤害
    D. 增加SART的有效发射功率。

25. SART应答信号是由12个等间距点状信号组成,代表( )n mile。
    A. 8　　　　　　B. 12　　　　　　C. 0.8　　　　　　D. 0.7

26. 搜救雷达应答器是与( )共同完成寻位作用的。
    A. 卫星示位标　　　　　　　　B. X波段导航雷达
    C. S波段导航雷达　　　　　　D. DSC终端

27. SART的电池要求在待命状态和应答状态的工作时间为( )。
    A. 都为48 h　　B. 都为24 h　　C. 96 h/8 h　　D. 96 h/48 h

28. SART的作用是( )。
    A. 发射遇险信号　　　　　　B. 发射船位信号
    C. 发射应答信号　　　　　　D. 受雷达询问脉冲触发后应答

29. SART表面应涂( )色,以保证具有较高的可见度。
    A. 红　　　　　　B. 白　　　　　　C. 橘红　　　　　　D. 蓝

30. 每艘客船至少应配备( )只9 GHz搜救雷达应答器。
    A. 1　　　　　　B. 2　　　　　　C. 3　　　　　　D. 4

31. SART接收和发射的频率范围是( )MHz。
    A. 7 380～7 500　　　　　　B. 9 200～9 500
    C. 8 200～8 380　　　　　　D. 6 100～6 380

32. SART和搜救船舶上( )导航雷达配合使用。
    A. 9 cm雷达　　B. 3 cm雷达　　C. 10 cm雷达　　D. 3 GHz雷达

项目五　海上安全信息播发及气象传真系统安装与操作

📟 项目描述

海上安全信息(Maritime Safety Information，MSI)播发系统是 GMDSS 的分系统之一，它的主要工作过程是将有关方面提供的船舶航行安全的信息汇集起来，通过各种有效的途径，向航行于世界各个海域的船舶进行播发，确保航行安全。NAVTEX(Navigational Telex)系统是向船舶播发海上安全信息的自动直接印字电报系统，适合各种船舶播发，并可对所播发的电文进行有选择地接收和打印。

气象传真系统是将陆地气象观测台观测到的各种气象资料图片，由海岸气象传真播发台在固定的频率上，以无线方式定时向远洋船舶播发。航行在各海区的船舶可以使用气象传真接收机有选择地接收海岸电台播发的气象传真图，及时掌握船舶所在海区的气象情况，以保证船舶航行安全。

📟 项目分析

了解海上安全信息播发系统和气象传真系统的功能及组成，了解播发这些信息的设备 NAVTEX、EGC 和气象传真机，掌握其工作原理、操作及安装，会对设备进行维护保养。

🧰 相关知识和技能

1. 掌握海上安全信息(MSI)播发系统的概念、业务；
2. 能正确安装 NAVTEX 系统设备；
3. 会操作 NAVTEX 接收机；
4. 了解 EGC 业务特点；
5. 掌握气象传真机业务、日常维护方法；
6. 能正确安装气象传真机；
7. 会对气象传真机进行操作。

任务一　海上安全信息播发系统简介

🧰 任务目标

1. 了解海上安全信息的意义；
2. 掌握海上安全信息播发手段；
3. 熟悉海上安全信息业务。

📟 任务分析

海上安全信息接收是保证船舶安全地航行于海上的保障之一，通过这个任务的学习，要了解海上安全信息播发业务，了解接收海上安全信息的主要设备及海上安全信息业务。

海上安全信息(MSI)播发系统用于向船舶及时有效地提供海上航行安全所必需的气象警告、航行警告、气象预报、冰况报告、引航业务(不包含美国)、电子航行系统更新信息、搜救信息七种安全信息。这七种安全信息可分为航警信息、气象信息和搜救信息三大类,每类信息都有专门的信息提供者和自己的协调机构,三类信息汇总于一个总协调中心,根据需要经不同的系统播发。信息提供部门必须经国际海事组织(IMO)、国际航道测量组织(IHO)、世界气象组织(WMO)及各国相关主管机关的认可。图5-1所示为MSI播发业务结构。从图中可知,海上安全信息业务是一个国际性的协作业务,涉及安全信息的搜集、汇总、协调播发等多个环节。

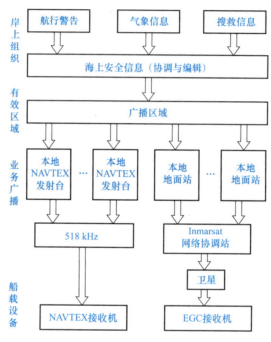

图 5-1　MSI 播发业务结构

一、MSI 播发系统

1. MSI 的播发

SOLAS 公约要求每艘公约船必须符合关于接收海上安全信息广播的规定:

微课:海上安全信息播发系统

(1)值守。在航船舶必须在相关海上安全信息广播的频率上保持值守。

(2)登记。每艘公约船应该在无线电日志中记录接收海上安全信息的时间和识别,并应该打印、保留所有与遇险通信有关的电文。

除上述要求外,国际海事组织(IMO)还建议船舶驾驶台应该保留所有有效的航行及气象信息,供航行值班人员使用。

2. 主要播发手段

所有国际海上安全业务信息使用英语印刷和广播(有时本地语音会附加在英语之后)。在 GMDSS 中,MSI 主要通过下面系统播发:

(1)NAVTEX 系统:该系统主要提供国际 NAVTEX 业务。信息提供者将信息转发到特定区域的 NAVTEX 发射台。

(2)EGC 系统:该系统主要提供国际安全网业务。信息提供者将信息转发到特定区域的地面站，地面站通过 NCS 经过卫星向自己负责的洋区广播。因此，在海上航行的船舶，无论距离地面站和信息提供者多远，都可以接收到海上安全信息。

（3）HF NBDP：远程安全信息播发业务是利用高频（HF）窄带直接印字电报（NBDP）技术对 A3、A4 海区进行播发。根据 SOLAS 公约 1988 年修正案规定，如果配备了高频（HF）海上安全信息的接收设备，可以免除对 EGC 设备配备的要求，但是，根据设备配备的实际情况，几乎所有的远洋船舶均配备 INMARSAT-C 船站，因此，协调国在播发区域安全信息时，基本全用 EGC 的方式播发，高频安全信息播发系统主要用于播发沿海安全信息，对国际 NAVTEX 系统进行补充。例如，我国广州海岸电台，除在 518 kHz 进行正常的 NAVTEX 播发外，还在 4 219 kHz、6 329 kHz、8 431 kHz、12 622.5 kHz、16 854 kHz 等频率上播发海上安全信息，补充 518 kHz 不能覆盖我国南海海域的实际情况，上海、天津等岸台也在高频播发相应的安全信息。

3. 辅助性播发手段

尽管根据 SOLAS 公约第 4 章"无线电通信"的要求，当船舶航行在没有 NAVTEX 播发台覆盖的海域时，可以通过 EGC 系统的 SafetyNET（安全网）业务获得 MSI，但是国际海事组织从保障海上人命和财产安全的角度出发，积极鼓励沿岸国主管机关为船舶提供其他发送方式的警告和常规预报，作为国际 NAVTEX 业务和安全网业务的有益补充，主要包括以下内容：

（1）无线电传真图：包括气象图、冰况图及其他航海者感兴趣的资料。

（2）无线电气象及航行警告业务：有一些海岸电台通过甚高频、中频和高频无线电话和电传向海上船舶播发无线电气象和航行警告信息。

总之，上述所有的方式都有益于提高海上人命安全。但是各种播发方式的责任区域各有侧重，NAVTEX 系统主要负责 A1、A2 海区 MSI 业务的播发；EGC 系统通过 INMARSAT 卫星转发，尽管在 A1、A2、A3 海区都可以收到 EGC 系统的 MSI 信息，但该系统主要负责较远海域 MSI 业务的播发，某些没有 NAVTEX 业务的近岸海域（例如，澳大利亚沿海地区），可以通过 EGC 系统业务实现海上安全信息的收发；甚高频、中频和高频无线电话和电传对于 A1、A2、A3 和 A4 海区起到完善和补充作用，尤其 HF NBDP 系统很好地覆盖了 A4 海区，它采用了 NBDP CFEC 播发方式。

4. MSI 信息的播发频率

海上安全信息专用广播频率见表 5-1。根据国际海事组织和电信联盟的规定，这些频率主要用于国际业务，语言为英语。

表 5-1　海上安全信息专用广播频率

NAVTEX 系统	EGC 系统	HF NBDP 系统
490 kHz 518 kHz 4 209.5 kHz	网络协调站公共 信令信道频率	4 210 kHz、6 314 kHz、 8 416.5 kHz、12 579 kHz、 16 806.5 kHz、22 376 kHz、 26 100.5 kHz、19 680.5 kHz

除上述频率外，各国海岸电台还可自主决定辅助性播发频率。例如：中国的广州海岸电台（呼号 XSQ）在自己的话音工作信道上插播气象、航警消息等。播发细节可查阅《无线电信号表》第 3 卷。

二、海上安全信息业务

海上安全信息业务的种类很多，根据信息的来源和内容可分成两大类，即全球航行警告业务和海上气象信息服务。

1. 全球航行警告业务

全球航行警告业务是由国际海事组织(IMO)和国际航道测量组织(IHO)协作为海上航行的船舶提供的全球航行警告业务；为了使船舶有选择、有目的地接收此业务，根据地理位置和电波可能覆盖的范围，IMO大会于1977年作出了A381(X)决议，世界海域被分为16个航行警告区(NAVAREA)，并按罗马数字的顺序编排给定。每个区内最多可设立24个NAVTEX播发岸台，用A～X中一个英文字母识别，如图5-2所示。每个NAVAREA区域航行警告传播均由指定的区域协调国负责搜集、协调并播发所在区域的航行警告，位于这一区域的其他国家，把相关信息传送到区域协调国进行播发。当然，各国应当各自播发本国的航行警告，以满足不同船舶的需要。我国海域位于世界航行警告第Ⅺ(11)海区，协调国为日本，我国NAVTEX播发台有6个，分别是香港[L]、三亚[M]、广州[N]、福州[O]、上海[Q]、大连[R]。广州台负责台湾地区以南中国海域的安全信息播发；上海台负责台湾地区以北中国海域；大连台负责渤海、黄海海域。另外，我国台湾地区在基隆等地也设立了几个NAVTEX台。

根据航行警告性质、影响和涉及的范围不同，在进行发射时采用不同的方式，全球航行警告业务分成以下三类：

(1)远距离航行警告业务。远距离航行警告业务也叫作航行警告区域警告业务，涉及的区域一般在公海或是商船经常经过的A3、A4区域，内容主要是与航行安全有关，如军事学习、航行标志的变更、不明漂浮物等，但也有一些是与船舶有关，如某个区域人员落水失踪、接收到遇险报警信号等需要过往船舶协助搜救的一类业务。远距离航行警告业务由每个NAVAREA协调国负责协调和播发；该项业务的发送一般由EGC系统的安全网业务进行，船舶应配备EGC接收机(船站具有该功能时可免)自动接收并打印。A3、A4航区的MSI播发业务也可通过HF NBDP中CFEC方式进行，船台用NBDP终端可定时自动接收并打印。

(2)沿海警告业务。沿海航行警告主要使用NAVTEX系统，信息覆盖范围一般距海岸400 n mile的A1、A2海区。但是对于海域范围比较大或受客观条件限制无法建立NAVTEX台的区域(如中国南海)，就需要HF(高频)无线电传方式发送，用来弥补NAVTEX台的覆盖范围的缺陷，我国广州、上海和天津海岸电台除用NAVTEX台播发安全信息外，还用HF NBDP方式播发相关信息。

(3)本地警告业务。在港区范围内的临时警告，如港区大雾、能见度下降等，通常在VHF波段播发。当船舶航行在近岸或者江河中或者在锚地，应注意接收附近的VHF海岸电台播发的海上安全信息。

2. 海上气象信息服务

海上气象信息服务主要是指对船舶提供天气预报、气象警告等气象信息服务，服务方式与全球航行警告业务基本相同，同样划分了气象服务区(METAREA)，划分方式与航行警告区完全相同，在一个区域内分气象信息发布国和提供国或地区。例如，在第Ⅺ气象服务区(METAREA Ⅺ)，中国负责印度洋区域的气象信息的发送，信息提供国或地区是中国大陆和中国香港特别行政区，日本负责太平洋区域的气象信息的发送，信息提供国或地区是日本、中国香港特别行政区和澳大利亚。分类及发送方式与全球航行警告业务完全相同。

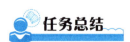

通过本任务的学习，了解了海上安全信息的播发特点和播发设备，了解了海上安全信息的业务类型。

任务二　NAVTEX 系统

任务目标

1. 了解 NAVTEX 系统的组成和业务；
2. 能正确安装 NAVTEX 系统设备；
3. 会操作 NAVTEX 接收机。

任务分析

本任务的最终目的是学会对 NAVTEX 系统进行安装和操作，为了实现这个目的，必须学会 NAVTEX 系统的组成、识读系统图和接线图。为了对设备进行有效操作，必须了解 NAVTEX 播发台的业务特点及 NAVTEX 的电文格式。

一、NAVTEX 系统

NAVTEX 是 Navigational Telex 的缩写，直译为"航行电传"，我国原交通部在 1985 年将其命名为"奈伏泰斯"。NAVTEX 系统是为海上航行的船舶播发航行警告、气象警告、气象预报和其他紧急信息的专用广播系统，是全球航行警告业务的一个组成部分。NAVTEX 系统由陆上 MSI 提供部门、NAVTEX 播发台和船上 NAVTEX 接收机组成。

微课：NAVTEX 系统

NAVTEX 系统的播发频率是 518 kHz、490 kHz 和 4 209.5 kHz。国际 NAVTEX 业务主要针对远洋船舶，使用英语在专用频率 518 kHz 进行播发；国内的 NAVTEX 业务主要针对近海航行的本国船舶，使用本国电报编码在 490 kHz、4 209.5 kHz 或本国主管部门指定的频率上播发。

二、NAVTEX 业务

NAVTEX 业务是指采用 NBDP 技术，在 518 kHz 频率上协调播发航行警告、气象警告、气象预报以及其他紧急海上安全信息的业务，是 GMDSS 的组成部分。它与 EGC 安全通信网业务一起构成 GMDSS 海上安全信息播发系统。

1. NAVTEX 播发台的工作方式

各 NAVTEX 播发台的服务范围以播发台为中心，在半径 400 n mile 以内，因此一个播发台的覆盖范围是有限的。国际海事组织（IMO）将全世界 16 个航行警告区作为 NAVTEX 播发岸台设立的 16 个基本区，由于各 NAVTEX 播发台和接收机都在 518 kHz 频率上工作，为防止 NAVTEX 接收机同时收到两个或两个以上播发台的信号而产生相互干扰，NAVTEX 系统采用了以下两种方法：

（1）同一航行警告区内的各播发台分时工作。每个 NAVTEX 播发台每次工作时间不超过 10 min，以 UTC 时间（Universal Time Coordinated　世界标准时间）00 时 00 分作为起始播发时间，按各台的识别字母 A、B、C…，顺序播发。这样每个小时可有 6 个台播发，将这 6 个台作为一组，共有 4 组。而每个区内最高 24 个台轮流工作一次用时 4 h，那么每台播发间隔为 4 h。第一组的 6 个台在每天的 00 h、04 h、08 h、12 h、16 h、20 h 工作，第二组的 6 个台在每天的 01 h、05 h、09 h、13 h、17 h、21 h 工作，第三组的 6 个台在 02 h、06 h、10 h、14 h、18 h、22 h 工作，第四组的 6 个台在 03 h、07 h、11 h、15 h、19 h、23 h 工作，每组 6 个台按各台的识别字母顺序轮流播发 10 min。

这样，每个航行警告区内在任何时间内最多只有一个播发台在工作，避免了区内各播发台之间相互干扰。分时工作方式见表 5-2。

表 5-2 分时工作方式描述表

发射时间	第一组						第二组						第三组						第四组					
00 04 08 12 16 20	A	B	C	D	E	F	G	H	I	J	K	L	M	N	O	P	Q	R	S	T	U	V	W	X
10 ········ 20 ········ 30 ········ 40 ········ 50 ········ 01 05 09 13 17 21	■	■	■	■	■	■																		
10 ········ 20 ········ 30 ········ 40 ········ 50 ········ 02 06 10 14 18 22							■	■	■	■	■	■												
10 ········ 20 ········ 30 ········ 40 ········ 50 ········ 03 07 11 15 19 23													■	■	■	■	■	■						
10 ········ 20 ········ 30 ········ 40 ········ 50 ········ 04 08 12 16 20 24																			■	■	■	■	■	■

(2) 相邻航行警告区具有相同识别字母的播发台工作。在相邻航行警告业务区内具有相同识别字母的 NAVTEX 播发台最近距离必须保证接收机不会同时处于这两个台的发射范围内。

这样，即使识别字母相同的播发台工作时间、工作频率都相同，但接收机在任何时间及任何位置都只能收到一个播发台发出的信号而不会形成干扰。为达到这一要求，每个航行警告区内各播发台识别字母的分配秩序必须按 IMO 要求分配。NAVTEX 发射台的信号覆盖范围取决于发射机的功率和当地的无线电波传播条件，通常白天最大发射功率为 500 W，晚上降至 150～200 W，范围内可达到所要求的 250～400 n mile 距离。因此，每个发射台的发射机应有合适的发射功率以保证其所在地区的覆盖范围要求，并且其实际范围也不能超出要求，以免相邻区内相同识别字母台之间相互干扰，发射台的发射功率在夜间通常可降低 60%，以不使覆盖范围因在夜间电波传播条件变化而超出要求。

2. NAVTEX 发射台的电报播发规定

(1) 各发射台共用 518 Hz 的频率播发，为了避免干扰，经国际协调，各台在规定的广播时间用英语进行国际 NAVTEX 业务广播。

(2)发射台的广播时间间隔不超过 8 h,且要进行协调,以免相互干扰。

(3)在广播时间内,电文的播发次序与电文收到的次序相反,即后收到的先播发。

(4)销号电文只应播发一遍,已被注销的电文在广播中应不再出现。

(5)航行警告只要仍处于有效期,一般在规定的广播时间内应一直重复播发。

(6)气象预报一般每天播发两次。

(7)气象警告应立即播发,然后在下一个广播时间重播。

(8)搜救通知 NAVTEX 广播不适用于遇险通信。但为了使航海人员警惕和了解遇险情况,最初的遇险电文应使用 B_2 为 D 在 NAVTEX 进行广播,并可用 B_3 B_4 为 00。

(9)现无电文:在无信息播发时,可利用这一时间段确认发信机在规定的广播时间内工作是否正常。

(10)应尽量少用缩略语,若使用缩略语时,应严格按照国际上公认的用法。

(11)发射台广播的电报分三个优先级,以确定一个新的电报首次播发时间,其优先等级顺序是:

1)VITAL:非常重要的信息。在频率未被占用时,发射台收到该等级电文后立即播发;如频率被占用,岸台的操作员立即确定是哪个台在广播,并通过各种方法与该台联系,要求该台停止正在进行的发射,以便立即播出"非常重要"等级的电报。当发射台"非常重要"的电报广播完毕后,工作台可恢复正常广播。

2)IMPORTANT:重要信息。当频率未被占用时,"重要"等级的电报可在下一个可用的广播时间内播发。发射台有监听设施,可确定所用频率是否被占用,另一方面还可监听自己发射信号的质量及格式。

3)ROUTINE:除 VITAL 和 IMPORTANT 外的常规信息。发射台在收到"常规"等级的电报后,在下一个规定的发射时间内播发。

"非常重要"等级和"重要"等级的电报通常都要重播,至少在下一个规定时间内重播。

3. NAVTEX 的电文格式

NAVTEX 中,每个发射台播发 NAVTEX 电文的格式都相同,标准的 NAVTEX 电文如图 5-2 所示。

图 5-2 **NAVTEX 电文格式**

(1)定向信号。定向信号是使接收机与发射台同步,以保证接收的电文格式与发射端一致。每个播发台在起始播发时,至少发射 10 s 的定相信号;当一次播发两份以上的 NAVTEX 电文,两份电文中间所需的定向时间只需 5 s 就足够了。

(2)起始字组 ZCZC。ZCZC 是 NAVTEX 电文发射开始字组,出现 ZCZC 后,表示同步定向信号结束,收发双方已同步。NAVTEX 接收机正确地识别 ZCZC 和技术编码 B_1 B_2 B_3 B_4 后,才能启动打印机。

(3)电文技术编码(B_1 B_2 B_3 B_4)。

B_1:是发信台的识别字符,由字母(A~X)组成。

B_2:是各类电报的分类代码,由字母(A~Z)组成,各字母的含义见表 5-3。

表 5-3 B_2 码及含义

字母	含义	字母	含义
A	航行警告，不可拒收	B	气象警告，不可拒收
C	冰况报告	D	搜救信息，不可拒收
E	气象预报	F	引航业务信息
G	AIS 信息	H	罗兰信息
I	空闲	J	卫导信息
K	其他电子导航报文	L	A 类报文的附加报文，不可拒收（航行警告编号超过 99 号时，B_2 码采用"L"，其后的 $B_3 B_4$ 再从 01 开始编号）
M—U	保留待今后规定	V—Y	特别业务（由 IMO 下属的 NAVTEX 专家小组安排做试验用）
Z	无信息		

$B_3 B_4$：报文的双字符编号。从 01 到 99，满 99 号后该信息种类重新编号，但要避免使用仍然有效的电报编号。00 编号的报文是特别重要的报文，如最初遇险电文，这类电文必须强制接收并打印。

（4）交发电文的时间。它作为独立的一行显示。其格式：日、时、分、月、年，用 UTC 时间表示，用以评估信息的有效性。例如，2005 年 5 月 18 日 12 时 16 分，UTC 显示：181216 UTC May 2005。

（5）信息系列标识和顺序号。信息系列标识为播发台所属区，这里的顺序号不同于 NAVTEX 电文编号 $B_3 B_4$，它是用于鉴别报文来源的。例如，NAVAREA Ⅱ 274。

（6）报文。报文指播发的安全信息的具体内容。

（7）NNNN。表示电文的结束。

NAVTEX 电文实例及说明见表 5-4。

表 5-4 NAVTEX 电文实例与说明

	实例	说明
航行警告电文	ZCZCHA02	"ZCZC"是电文起始符。电文是某 NAVAREA 区，台名代码为"H"的 NAVTEX 电台发送的 A 类（航警）信息，编号"02"
	251559 UTC DEC06	电文交发时间为"2006 年 12 月 25 日，协调世界时 15 时 59 分"
	JAPAN NAVTEX N/W NR 2018/2006	系列识别为"JAPAN NAVTEX N/W（Navigational Warning）"，顺序号为 2006 年第 2018 号
	SETO NAIKAI. SUO NADA. NW OF IWAI SHIMA. CAPSIZED FISHING BOAT：ADRIFT INVICINITY OF 33～48.2 N 131～57.1 E, TOKYO DATUM，AT 251 500 Z DEC.	航警电文大意：在"SETO NAIKAI. SUO NADA. NW OF IWAI SHIMA"处，漂浮一艘倾覆的渔船，位置 33～48.2 N 131～57.1 E，大地坐标基准为东京，时间是 12 月 25 日，协调世界时 15 时 00 分
	CANCEL 2015/06.	取消 2006 年的 2015 航警
	NNNN	结束符

三、NAVTEX 接收机

NAVTEX 系统采用了 NBDP 通信技术，用 CFEC 方式工作；系统中采用了七单元恒比码（4 Y/3 B 码），调制方式采用 FSK 方式，调制速率是 100 波特，移频范围是±85 Hz，中心频率是 1 700 Hz。

微课：NAVTEX 接收机

1. NAVTEX 接收机的组成

海上航行船舶按 GMDSS 设备的配备要求，都安装了 NAVTEX 接收机，自动接收并打印播发海上安全信息。NAVTEX 接收机由 518 kHz 接收机、信息处理器和打印机等组成，518 kHz 接收机是一个固定频率的中频接收机，用于接收海岸电台在 518 kHz 上发射的 NAVTEX 信息，进行放大，并还原出 1 785 Hz 和 1 615 Hz 的 TELEX 信号送到信息处理器。

信息处理器由一个解调器和微处理器组成。解调器负责将频率为 1 785 Hz 和 1 615 Hz 的模拟电传信号转换为微处理器能够处理的数字信号，并将信息送到打印机打印出来。

图 5-3 所示为古野 NX-700 接收机。NX-700A 具有内置打印机，其他功能与 NX-700B 相同。

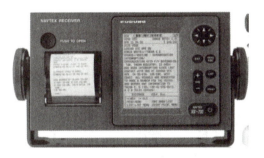 

(a) (b)

图 5-3 古野 NX-700 接收机

(a) NX-700A；(b) NX-700B

2. 对 NAVTEX 接收机工作的规定

(1) 船舶应根据本船航行区域有关的 NAVTEX 电台的业务开放情况，设定 NAVTEX 接收机的 B_1、B_2。

(2) 船舶在开航前至少 8 h 开机值守。

(3) 根据航区和电文种类的需要和变化，重新设定 B_1、B_2 的选择状态。

3. NAVTEX 接收机的特点

(1) 单信道接收机应能在 518 kHz 接收；双信道接收机应能在 518 kHz 和 490 kHz 接收；而三信道接收机应能在 518 kHz、490 kHz 和 4 209.5 kHz 接收。

(2) 可由操作员自主选择发射台及报文种类。

(3) 拒收已正确接收的报文。

(4) 能计算误码率，只有在误码率小于 4% 时方可判定为有效接收。

(5) 能存储 72 h 内已正确接收的报文的技术编码，且在断电 6 h 内不丢失。

(6) 具有自测功能。

4. NAVTEX 接收机的日常维护

相比 MF/HF 组合电台和 VHF 设备，船用 NAVTEX 接收机属于简易型设备。因其体积小，功能单一，使得日常的维护工作相对简单。

(1)经常利用 NAVTEX 接收机的自检功能,对设备进行测试检查,随时了解设备的工作状态。

(2)对老式机,应每日检查打印头和走纸是否正常。适时清洁打印头和更换打印纸。

(3)对双信道或三信道接收机,应测试每个信道的接收效果。

(4)经常检查 NAVTEX 接收机的天线状况。NAVTEX 接收机采用有源天线,检查时应注意安全。

任务实施

技能一　NAVTEX 系统安装

一、NAVTEX 系统图和接线图

1. 系统图

NAVTEX 系统如图 5-4 所示。系统由航行警告接收机、天线、电源、打印机等设备构成。

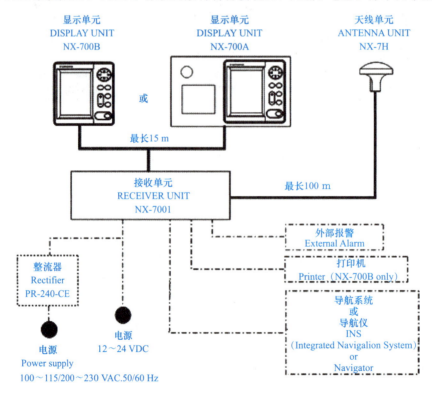

图 5-4　NAVTEX 系统

2. 接线图

NAVTEX 接线图,如图 5-5 所示(以 NX-700B 为例)。

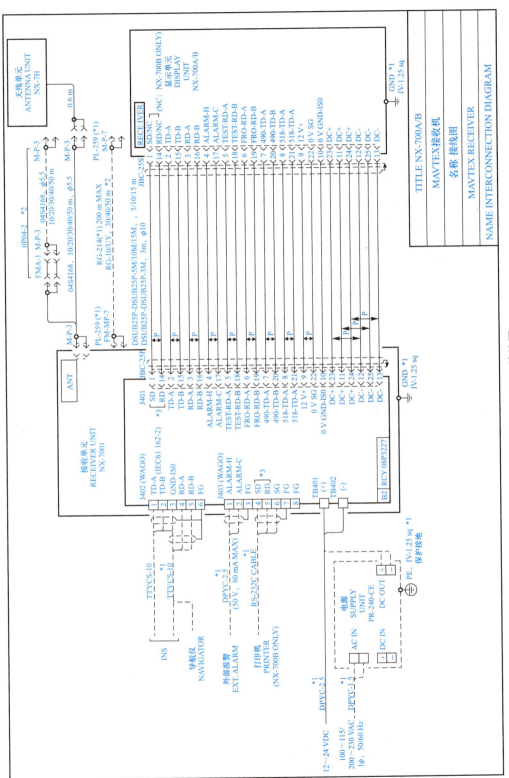

图 5-5 NAVTEX 接线图

二、NAVTEX 系统安装

1. NAVTEX 天线的安装

（1）使用天线金属配件，稳固地安装在天线杆上。

（2）同轴电缆连接器的连接部分要使用自熔胶带和乙烯树脂胶带进行防水处理。

（3）同轴电缆缠绕成环状时，直径要在 200 mm 以上，以免芯线折断，如图 5-6 所示。

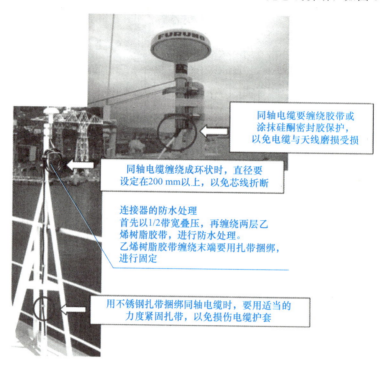

图 5-6　NAVTEX 天线的安装

2. NAVTEX 接收机的安装

NAVTEX 接收机一般安装在驾驶室的海图桌上。接收机后面的接线如图 5-7 所示。

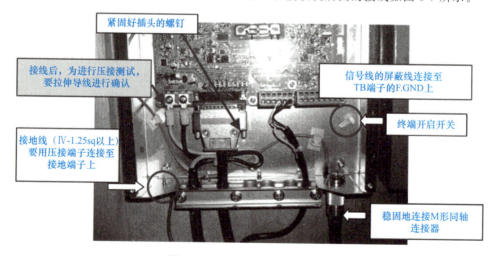

图 5-7　NAVTEX 接收机的接线

技能二 NAVTEX 设备操作

一、NX-700B 接收机面板

NX-700B 接收机面板如图 5-8 所示。

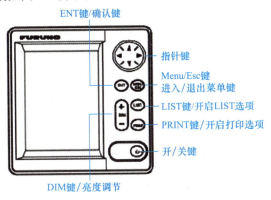

图 5-8 NX-700B 接收机面板

二、NX-700B 接收机面板基本操作

1. 开机

(1)按 键开机,接收机会发出"嘀"声,ROM、RAM 操作检查正确会显示图 5-9 所示屏幕。5 s 后,在默认设置下,所有的信息都在 518 kHz 下显示,如图 5-10 所示。

图 5-9 开机显示界面　　图 5-10 518 kHz 信息显示界面

(2)按[◀]键或[▶]键选择"518 kHz"或"490 kHz"。

2. 关机

按 键关机。

3. 调节亮度

按 键调整亮度"0"(全黑)至"9"(最亮),按[＋]键增加,按[－]键减少亮度。

三、信息处理

1. 选择接收模式

(1)按[Menu/Esc]键,进入主菜单,如图 5-11 所示。

(2)按[▼]键或[▲]键选择"NAVTEX"。

(3)按[Enter]键或[▶]键打开"NAVTEX"菜单,如图 5-12 所示。

(4)按[▼]键或[▲]键选择接收模式,按[Enter]键,适当选择 INS、Auto 或 MANUAL 接收模式,然后按[Enter]键。

(5)按[Menu/Esc]键几次关闭菜单。

图 5-11　主菜单界面

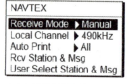
图 5-12　NAVTEX 菜单界面

2. SAR(搜救)信息

(1)当接收到一个 SAR 信息时,发出响声报警,并显示该 SAR 信息,如图 5-13 所示。

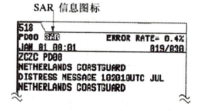

图 5-13　接收到一个 SAR 信息的界面

(2)按开关键以外的任意键静音。

3. 接收其他信息

(1)收到 SAR 信息以外的信息,显示如图 5-14 所示其中之一。

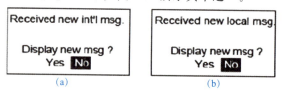
　　　(a)　　　　　　　　　(b)

图 5-14　接收到其他信息的界面

(a)国际信息;(b)本地信息

(2)如直接读取,按[◀]键选择"YES",然后按[ENT]键。

(3)如想以后再读取,选择"NO",然后按[ENT]键关闭窗口。

4. 信息选择与读取

按[▲]键或[▼]键选择一个信息,然后按[ENT]键显示信息内容。按[ENT]键在信息清单和信息明细之间转换,如图 5-15 所示。

5. 选择要显示的信息

信息显示类别:All Messages(全部信息)、Alarm Messages(报警信息)、User Messages(用户信息)、Good Messages(正确信息)、Lock Messages(锁定信息)。

(1)在显示信息菜单或信息明细的情况下,按[LIST]键显示选择清单,如图 5-16 所示。

(2)按[▼]键或[▲]键选择项目:

All Messages:显示所有接收的信息。

Alarm Messages:只显示 SAR/WARNING 信息。

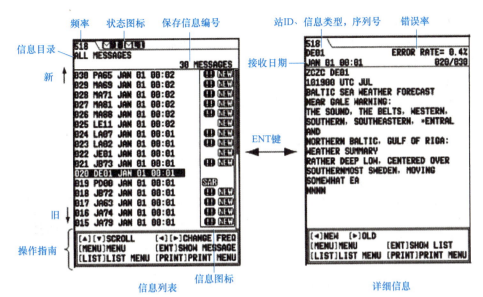

图 5-15 信息选择与读取界面

图 5-16 信息清单

User Messages：显示用户在用户选择接收站及在 NAVTEX 菜单上准备的信息。

Good Message：显示错误率在 4% 以下的信息。

(3) 按[Enter]键关闭窗口。

6. 保护编辑信息

(1) 有如下情况，会自动删除信息。

1) 超过 66 h。

2) 超过 No.200。

(2) 防止信息被删除，有以下操作：

1) 选择防止删除的信息。

2) 按[LIST]键显示列表窗口，如图 5-17 所示。

3) 选择锁定消息"Lock Message"，🔒 符号会显示在被选择的信息后面。

注意：

1) 选择信息然后选择 Unlock Message 解锁。

2) 当解锁的是一个已接收 66 h 或 No.200 以后的信息，会在解锁后立即被删除。

3) 总共可以保护 50 个信息（国际及本地各 50%）。

7. 打印信息

可通过内置（NX-700A）或外接（NX-700B）的打印机自动或手动打印接收的信息。

(1) 打印所有显示的信息。

1) 在显示所有信息下按[Print]键，如图 5-17 所示。

图 5-17 选择打印窗口

2)按[▼]键或[▲]键选择"Print",按[ENT]键打印。

注意:当在打印信息时接收到一个新的信息,该信息不能打印。

(2)打印单个信息。

1)手动打印信息操作。

①按[▼]键或[▲]键在清单中选择所需的信息。

②按[ENT]键显示信息明细。

③按[Print]键,按[▼]键或[▲]键在窗口中选择"Print",按[ENT]键打印。

2)自动打印信息操作。当接收到一个信息时,可立刻打印。

①按[Menu/Esc]键打开主菜单。

②按[▼]键或[▲]键选择"NAVTEX",然后按[ENT]键显示"NAVTEX"菜单。

③按[▼]键或[▲]键选择"自动打印",然后按[ENT]键打开"自动打印"选项,如图5-18所示。

图5-18 "自动打印"选项

④按[▼]键或[▲]键选择所显示的"All""User Select"或"Off"。

All:接收时打印所有信息。

User Select:接收时只打印用户选择的信息。

Off:所有信息都不会自动打印。

⑤按[ENT]键。

⑥按[Menu/Esc]键几次关闭菜单。

3)取消打印。当菜单显示时,不能取消打印。

①当显示信息开启打印窗口时,按[Print]键。

②按[▼]键选择"Cancel Print",然后按[ENT]键。

四、频率选择

1. 选择本地频率

在自动模式及手动模式下,本地频率有490 kHz或4 209.5 kHz。

(1)按[Menu/Esc]键进入主菜单。

(2)按[▼]键或[▲]键选择"NAVTEX",然后按[ENT]键或[▶]键。

(3)选择本地频道,然后按[ENT]键或[▶]键显示所选的本地频率,如图5-19所示。

(4)按[▼]键或[▲]键选择490 kHz或4 209.5 kHz,然后按[ENT]键。

(5)按[Menu/Esc]键几次关闭菜单。

2. 选择显示频率

在信息清单中,可按[◀]键或[▶]键在518 kHz或490(或4 209.5)kHz之间转换,如图5-20所示。

图5-19 选择本地频率界面　　　图5-20 频率选择窗口

各种型号的NAVTEX一般都有自检程序,以NX-700型号为例介绍调试方法:按[Menu]键显示主菜单,通过方向键选择"SERVICE",然后按[Enter]键,选择"TEST",当出现"START TEST"后,选择"开始自检",测试正常显示"OK"。

任务总结

通过本任务的学习，了解了海上安全信息播发系统的功能，了解了播发海上安全信息的设备，学会了 NAVTEX 设备的工作原理和安装与操作过程。

任务三　EGC 系统认识及其通信业务

任务目标

1. 了解 EGC 系统的概念；
2. 了解 EGC 的业务类型及电文格式；
3. 通过 INMARSAT-C 船站，对 EGC 功能进行操作。

微课：EGC 系统认识及其通信业务

任务分析

EGC 系统目前是 INMARSAT-C 船站的一个组成部分，本任务中要学习 EGC 业务类型，会调用并理解 EGC 电文。

一、EGC 系统的概念

EGC 系统是 INMARSAT-C 系统的一个组成部分，是对 NAVTEX 系统的补充。所有具有 EGC 接收功能的 INMARSAT-C 船站或独立的 EGC 接收机，均可接收到安全通信网播发的海上安全信息。

二、EGC 业务

1. EGC 业务类型

EGC 业务是 INMARSAT-C 系统中的信息广播业务，主要有安全网业务（SafetyNet^{SM}）、船队网业务（FleetNet^{SM}）和系统业务（System）三种业务类型。

（1）安全网业务。EGC 的安全网业务主要是使用英文进行海上安全信息的广播，安全网业务播发的海上安全信息如航行警告信息、气象信息、搜救信息、海图更新信息、海盗防范信息等，只能由在 IMO 注册并且信息用于 GMDSS 用途的提供者提供，如海事搜救协调中心、冰况检测与气象管理部门、航道测量部门等。

（2）船队网业务。船队网业务主要播发船队管理和商务信息，如船务管理调度、航运信息、渔业信息等。这种业务属于商业业务，由在地面站注册登记的商务信息提供者，如商业新闻发布机构、船舶运输公司、渔业水产公司、铁路部门及公路长途运输公司等。

（3）系统业务。系统业务是一种受限业务，受 INMARSAT 系统操作程序的控制，只用于地面站或网络协调站播发 INMARSAT 系统相关信息。

2. EGC 电文

EGC 电文的报头分两部分：一部分是地面站收到该信息后加上的解释信息，主要包括信息的流水号、发射该信息的地面站名称、信息的性质（优先权）、信息的大小和地面站接收到该信息的日期和时间；另一部分是信息的正式报头，有主管机关编号、主管机关给岸站的指示，以及如何按专门的地址报头格式来处理电文，正式报头包含 C_1、C_2、C_3、C_4、C_5 5 个"C"码。

"C"码之间还要有一些空格、冒号或其他定义符号,这些定义符号因发往不同的 LES 而异。

"C"码的具体含义如下:

C_1 是优先等级码,只由一位数字组成,具体含义:$C_1=0$ 日常;$C_1=1$ 安全;$C_1=2$ 紧急;$C_1=3$ 遇险。

C_2 是业务类别码,由两位数字组成。

C_3 是地址码,表明电文作用的区域,最多不超过 12 个字母或字符。

C_4 是播发重复码,由两位数字组成,指明重复播发的方式。C_4 分为两类:一类是要求有限的重复次数;另一类是要求在指定的间隔内重复,直到信息提供者要求取消为止。

C_5 是显示码,由两位数字构成,表示发送的电文和打印使用的字符型号。在安全网业务中,C_5 始终为 00,表示输出的字符型号是"国际五号字母"。

EGC 信息提供者应按"报头+C 码+信息"的格式编制电文。

3. EGC 报文处理

所有的 EGC 报文都有一个固定的编号,是按照岸台收到报文的顺序,即采用流水方式编号,该编号是唯一的。对同一岸站发射的报文,若后来的报文编号识别码与以前的相同,EGC 接收机不打印,当接收的报文没有错误时,将报文顺序编号、岸站识别码和报文的业务编号等信息记录下来。

上述信息存于存储器中,以便接收机核对,对同一报文识别符的报文不再打印。若接收的报文识别符超过存储器的存储能力,旧的报文识别符自动溢出。

4. EGC 接收机接收的地址种类信息

EGC 接收机可以接收到的地址种类信息有对所有船的呼叫;INMARSAT 系统报文;组呼(群呼);单台呼叫;区域性呼叫;EGC 系统电文;电子海图的修改。

岸站所发射信息的地址种类、识别码在 EGC 报文的前面,即报头中,它由业务码唯一地址决定,分为区域性呼叫和群呼。安全网业务一般用区域性呼叫的方式,船队网业务一般用群呼。

(1)区域性呼叫。区域性呼叫是对某海域发射电文,该区域限定可以用预先定义的海域,也可以是已划定的海域,例如,NAVAREA 区、WMO 海域或 NAVTEX 覆盖的海域,或者以经纬度表示的海域。

以经纬度表示的绝对地理区域地址是闭合范围,它在报文的报头地址帧中给出,EGC 可识别两种方式表示的闭合海域范围,以矩形表示或以圆形表示,每一种都是以经纬度和其他参数配合使用才能完全限定该范围,一般矩形区域呼叫用于 WMO 气象预报、NAVTEX 重播、航行警告和气象警告等信息播发,圆形区域呼叫用于岸对船遇险报警等。

为了能处理以闭合地理区域表示的海域地址,EGC 接收机必须用当时的船位进行编程,船位可以由人工输入,也可以自动地从外接导航仪注入,当船位超过 4 h 不能更新时,接收机提醒操作员;如果船位超过 12 h 还不能更新,或者由于断电而不知道船位时,所有的区域性呼叫和安全电文都从高于日常通信的优先级别显示或打印出来。

区域性呼叫对于船舶离开限定的地理区域,或者在限定的边界上,都是有效的,允许船舶接收感兴趣的指向另一海域的报文,例如,船舶要航行到下一海域,此时感兴趣的是它所驶向的海域的有关报文。

(2)群呼。群呼的报文有两种:一种是对单台呼叫;另一种是选择某一组电台进行呼叫(群呼)。

任务实施

1. EGC 设置

(1)按[F8]键显示"Setup"菜单,如图 5-21 所示。

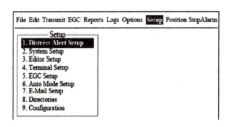

图 5-21 "Setup"菜单

（2）按[5]键显示"EGC Setup"菜单，如图 5-22 所示。

图 5-22 "EGC Setup"菜单

（3）在图 5-23 中选择"Additional Position"项，按[Enter]键打开附加位置输入窗口，输入位置（经纬度），按[Enter]键关闭附加位置输入窗口。

（4）按[↓]键选择"NAVAREA"项，按[Enter]键打开航海区输入窗口，输入附加海区（Ⅰ—XVI，最多 9 个），按[Enter]键关闭航海区输入窗口。

（5）按[↓]键选择航线"Waypoint"（from NAV Equipment），按[Enter]键打开航线选择窗口，选择"ON"，接收广播，按[Enter]键，关闭航线选择窗口。

（6）按[↓]键选择"Station Code"（站台代号），按[Enter]键打开站台输入窗口，输入航线警报站台代号（A～Z）（注意：需是大写字母），按[Enter]键关闭站台代号输入窗口。

（7）按[Esc]键，打开更新窗口，如图 5-23 所示。选"YES"，按[Enter]键确认更新 EGC 设置，按[Esc]键返回。

2. 增加 EGC 频道

EGC 频道表储存了 EGC 频道，已有 4 个频道预先储存进了 INMARSAT-C 船站里，若有新的 EGC 频道可增加进去，增加 EGC 频道方法如下。

（1）按[F8]键显示"Setup"菜单，按[9]键显示"Configuration"项，再按[3]键显示"EGC Channel List"项，如图 5-24 所示。

图 5-23 更新窗口

图 5-24 EGC Channel List 项窗口

（2）用方向键，将光标移到空位处。按[Enter]键，打开 EGC Channel List 输入窗口，如图 5-25 所示，输入 EGC 频道频率代码（8 000～14 000），按[Enter]键关闭窗口。

(3)按[Esc]键,出现图 5-27 所示窗口。选"YES",按[Enter]键确认更改,按[Esc]键返回。

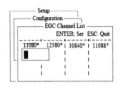 

图 5-25　EGC Channel List 输入窗口　　图 5-26　EGC 频道更新窗口

3. 自动储存 EGC 报文

(1)按[F8]键显示"Setup"菜单,按[6]键显示"Auto Mode Setup"菜单(自动模式设置),如图 5-27 所示。

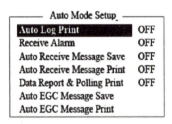

图 5-27　"Auto Mode Setup"菜单

(2)按[↓]键或[↑]键选择"Auto EGC Message Save"项(自动 EGC 报文储存)并按[Enter]键确认,即出现图 5-28 所示窗口。按[↓]键或[↑]键选择报文类型,并按[Enter]键确认,选择"ON"或"OFF",并按[Enter]键关闭窗口。

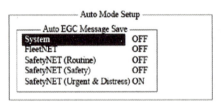

图 5-28　"Auto EGC Message Save"菜单

(3)按[Esc]键 3 次返回。

4. 自动打印 EGC 报文

(1)按[F8]键显示"Setup"菜单;再按[6]键显示"Auto Mode Setup"菜单。
(2)按[↓]键选择"Auto EGC Message Print"菜单,按[Enter]键,如图 5-29 所示。
(3)选择"ON"或"OFF",并按[Enter]键关闭窗口;按[Esc]键 3 次返回。

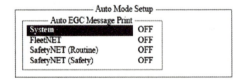

图 5-29　"Auto EGC Message Print"菜单

任务总结

通过本任务的学习，了解了 EGC 系统的功能及业务类型，学会了在 INMARSAT-C 船站上进行 EGC 操作。

任务四　气象传真机系统

任务目标

1. 掌握气象传真机业务、日常维护方法；
2. 能正确安装气象传真机；
3. 会对气象传真机进行操作。

任务分析

本任务的最终目的是学会对气象传真机系统进行安装和操作，为了实现这个目的，必须了解气象传真机系统的组成，能够识读系统图和接线图。为了对设备进行有效操作，必须了解气象传真机的工作原理及业务特点，了解气象传真机的性能参数。

气象传真机不是 GMDSS 强制要求配备的设备，但为了船舶的航行安全，几乎所有的船舶都安装了气象传真机。

目前，船用气象传真机大多为具有独立接收能力的集接收和记录于一体的传真机，结构上主要由接收器和记录装置两部分构成，接收器的工作种类为 F3C，接收频率范围为 72～110 MHz，至少为 3～24 MHz。按最低标准，接收器至少有 6 个预置定点频率。记录装置多为滚筒式热敏纸记录方式。

一、气象传真机工作原理

气象传真机的工作原理是内部的单边带接收机将接收的下边带高频信号进行解调，还原为 1 500 Hz（黑信号）和 2 300 Hz（白信号），然后进行处理，转鼓按照一定的速度旋转（转速与发方相同）。同时，热敏打印头装置在导杆上按照一定的速度左右移动。当收到 1 500 Hz 的黑信号时，传真机的信号处理单元发出命令，使热敏头发热，热敏纸上印出一个黑点；反之，打印头不发热，热敏纸上空出一个白点。打印头按照控制单元的指令从左向右逐点打印，到达右端点，实现自动换行。打印头周而复始地工作，直至一张原稿接收完毕。

微课：气象传真机的工作原理及日常维护

二、气象传真机的性能参数

（1）同步。为使收发机自动同步，传真发送机一般均在发送气象传真图之前先传送遥控信号。遥控信号包括相位信号、开始信号和结束信号。

相位信号在原稿件上表现为边缝上一条宽度为 8 mm 的带有白色间隔的黑带。

开始信号表现为边缝上的一列黑点，当其频率为 675 Hz 时，表示气象传真发射机的线扫描密度为 288；当其频率为 300 Hz 时，表示气象传真发射机的线扫描密度是 576。当气象传真接收机收到此遥控信号时，信息处理单元便启动打印机打印传真图，同时自动设置扫描密度，使之与发射方同步。

结束信号是原稿件左边缝上一列黑点,其频率为 450 Hz。当气象传真接收机接收到此信号时,便得知发方已经发完一幅气象传真图。信息处理单元将会产生控制信号,使打印单元停止打印。

(2)相位信号。相位信号指明气象传真发射机扫描信号的起始位置(相位)。如果接收机打印头的起始位置与发方起始位置同步,则复制出的相位信号印于传真纸的右侧,否则相位信号将位于图的中间某位置使接收到的传真图分成两半,这是相位不同步造成的。调整收、发两端的相位使之完全相同的过程,称为"对相"。常用的对相方法有手动对相和自动对相。手动对相一般是利用机械方式或电子方式,来稍微改变接收机主扫描的频率,使其扫描的起始位置与发端相同,再立即用与发端相同的频率进行同步扫描。

如果收、发双方的转速不同(不同步),接收方也不能收到与发射方完全相同的气象传真图,接收的图像会产生重复、畸变。因此,在接收海岸电台发布的气象传真之前,应正确设置气象传真机的转速。实际工作中,机器根据上面提到的遥控信号自动设置。

为满足高标准的同步要求,在传真机中普遍采用同步电机作为扫描的动力源。为确保获得稳定的扫描速度,必须采用高稳定度的电源为同步电机供电。同步电机转速的高低和稳定与否,关键在于转子的转速和稳定度。转子的工作情况又由旋转磁场来决定,而旋转磁场旋转的速度和稳定度则受供电电源的频率控制。因此,只有由频率稳定的电源来给同步电机供电,才能保证其具有稳定的转速,气象传真机一般有 60 r/min、90 r/min 和 120 r/min 或 240 r/min 的转速。为保证收、发两端严格同步,使接收端具有和发射端相同的扫描速度,在船用气象传真机中,广泛采用了独立的同步源,如采用晶体振荡器、音叉振荡器等作为同步电机的同步源,其频率稳定度可达 5×10^{-6} 量级。

(3)合作系数。除转速和起始相位要求收发同步外,要想接收到不失真的图像,传真接收机还应正确设置合作系数(IOC),也称为线扫描密度。合作系数是指传真图像长宽的比例系数,为了保证国际上传真机信号参数的一致性,国际气象组织(WMO)规定了两种传真机的扫描线密度标准,高密度 IOC=576 和低密度 IOC=288。由于转速与合作系数是密切相关的,实际上对于传真图来说清晰度是一样的,例如,采用 288 的合作系数,转速就采用 60 r/min,唯一的区别在于传送传真图像的速度有快慢。在人工设置时,如果接收方设置的 IOC 不对,接收到的图像会压缩或者拉长,产生失真。实际上,合作系数也是包含在遥控信号中,接收机自动辨别后自动设置。

一般而言,要保证气象传真接收机所接收到的图像信号不失真,应满足同步、同相和相同的合作系数。

图 5-30 所示为日本 FURUNO 公司出品的 FAX-408 型气象传真接收机。

图 5-30　FAX-408 型气象传真接收机

三、气象传真机业务

气象传真机的主要业务是气象传真图业务。世界许多国家的气象部门通过其海岸电台向各大洋区定时发布气象传真图。气象传真图的种类包括海面分析图、高空等压分析图、24/48/72/96 h 气象预报、海浪预报、云层、冰层、潮流及卫星云图等。航海使用的气象传真图大致可以归纳为传真天气图、传真海况图和传真卫星云图三类。

微课:气象传真机业务

1. 播发台

气象传真机主要接收气象传真信息，世界气象组织将世界各地的气象传真广播发射台的位置划分为六个区域：第一区是非洲，第二区是亚洲，第三区是南美洲，第四区是北美洲，第五区是大洋洲，第六区是欧洲。每个区域都有一定数量的播发台。但是，这六个区域的划分没有航行警告区那样严格，气象传真服务也不仅仅是为海上服务的，各气象传真播发台均有固定的播发频率，一般气象传真机中都已经把这些频率存储好，可以按照要求调用，各气象传真播发台定时播发不同区域和不同内容的气象信息，船舶电台要根据航行的区域选择合适的气象信息播发台和信息种类。

英版《无线电信号书》第3卷给出了气象传真发布台的有关资料：气象播发电台的工作频率、发布的传真图种类、区域和发布时间等信息。每个航次开始之前，GMDSS操作员需要根据航次计划，参照现行版《无线电信号表》第3卷制定关于接收海上安全信息的计划，其中一项重要的内容就是气象传真图的接收计划。发布气象传真图的主要海岸电台见表5-5。

表5-5　世界气象传真主要播发台

区域	海岸电台	呼号	国家
非洲	内罗毕 Nairobi 开罗 Cairo 比勒陀利亚 Pretoria 达喀尔 Dakar 圣丹尼斯	SYE SUU ZRO 6VY/6VU HXP/FZS63	肯尼亚 埃及 南非 塞内加尔 留尼汪
亚洲	北京 Beijing 上海 Shanghai 新德里 New Delhi 东京 Tokyo 曼谷 Bangkok 哈巴罗夫斯克 Khabarovsk	BAF BDF2 ATA/ATP/ATU/ATV JMH/JMJ HSW /	中国 中国 印度 日本 泰国 俄罗斯
南美洲	布宜诺斯艾利斯 Buenos Aires 里约热内卢 Rio De Janeiro 巴西利亚 Brasilia 圣地亚哥 Santiago	LRO/LRB PPO/PWZ PPN CCS	阿根廷 巴西 巴西 智利
北美洲	艾斯魁莫尔特 Esquimalt 哈利法克斯 Halifax 旧金山 S Francisco 诺福克 Norfolk	CKN CFH NMC NAM	加拿大 加拿大 美国 美国
西南太平洋	堪培拉 Canberra 达尔文 Darwin 奥克兰 Auckland 珍珠港 Pearl Harbor 檀香山 Honolulu 关岛 Guam	AXM AXI ZKLF NPM KVM70 NPN	澳大利亚 澳大利亚 新西兰 美国 美国 美国

续表

区域	海岸电台	呼号	国家
欧洲	索菲亚 Sofia	IZJ	保加利亚
	罗马 Roma	IMB	意大利
	奥芬巴赫 Offenbach	DCF	德国
	布拉克内尔 Bracknell	GFE/GFA	英国
	马德里 Madrid	EBA	西班牙
	罗塔 Rota	AOK	西班牙
	诺尔彻平 Norrkoping	SMA	瑞典
	安卡拉 Ankara	YMA	土耳其
	莫斯科 Moscow	RBI/RND/RDD/RAB	俄罗斯
	奥斯陆 Oslo	LMO	挪威
	巴黎 Paris	FTE/FTI/FTM/FYA	法国

2. 气象传真图的接收

(1)查阅发射台相关资料。根据航次计划并结合当时船位,在《无线电信号表》第3卷中查询相关海岸电台的名称和相关资料,见表5-6。

在表5-6的"a"中,"Boston"是发射台名称,"NMH"是发射台呼号。表中第二列数字是发射台的工作频率,某些发射台可能会在空白栏目中填写"Summer""Winter"等字样,标明该海岸电台工作季节。对应右侧数字表示"波士顿"电台在每个频率上的工作时间段。有些海岸电台不仅具有文字说明,还会附加地图来进一步标明具体覆盖范围,在这种情况下海岸电台会使用"DIAGRAM:Consult Diagram ××"加以标注,"××"为地图在《无线电信号表》中的页码。当以地图形式具体说明覆盖范围时,一个海岸电台往往在一页地图上标明自己的多项业务,各项业务的范围以蓝色线条标出。

表5-6的"b"和"c"中的数字(有时为大写字母)表示某项业务的代码,例如,表5-6的"b"中的数字"4"表示"波士顿"海岸电台代码为"4"的业务覆盖范围是"65°N 95°W,65°N 10°W,15°N 95°W,15°N 10°W";"b"中,(a)(b)和(c)分别表示墨卡托、兰勃特和极地平面投影,本表中只包含(a),即墨卡托投影方式。"c"为波士顿海岸电台气象传真图广播表,第2栏表示传真图的种类;第3栏为图时:发射传真图的具体时间(UTC时间),时间精确到分,后面括号中的两位数字表示观测的具体时间,可以分别是00Z、06Z、12Z和18Z;第4栏的数字表示发射台扫描器的旋转速度(转/分钟)和合作系数ICO,120/576表示扫描器的旋转速度是120 r/min,合作系数ICO为576。

表5-6 波士顿(Boston)海岸电台气象传真图业务资料

a. 频率和工作时间			
Boston(NMH)(U. S. Coast Guard)			
	4 235		0230-1015
	6 340.5		H24
	9 110		
	12 570		1430-2215
Note: Carrier frequency is 1.9 kHz below the assigned frequency			
DIAGRAM: Consult Diagram XX			

续表

b. 各种气象传真图覆盖范围			
1(a) 52°N 85°W, 52°N 45°W 28°N 85°W, 28°N 45°W	2(a) 65°N 45°W, 65°N 10°W 15°N 45°W, 15°N 10°W	3(a) 65°N 95°W, 65°N 40°W 15°N 95°W, 15°N 40°W	4(a) 65°N 95°W, 65°N 10°W 15°N 95°W, 15°N 10°W
5(a) 55°N 95°W, 55°N 55°W 20°N 95°W, 20°N 55°W	6(a) 60°N 130°W, 60°N 40°W 0°N 130°W, 0°N 40°W		

c. 波士顿海岸电台气象传真图广播时间表			
	传真图的种类	图时	发射台旋转速度/ICO
	Test Pattern	0230, 0745, 1400, 1720, 1900	120/576
1	Preliminary Surface Analysis	1233(00), 0755(06), 1453(12), 2025(18)	
	Schedule: Part 1	0243, 1405	
	Schedule: Part 2	1254, 1420	
	Request for comments	1305, 1433	
5	Satellite Image	0305(00), 1503(12)	
4	500 hPa Analysis	0428(00), 1503(12)	
1	24 hour Surface Prognosis	0805(00), 1905(12)	
	24 hour Wind/Wave Prognosis	0815(00), 1915(12)	
	24 hour 500 hPa Prognosis	0825(00), 1925(12)	
6	Satellite Image	0951(06), 2151(18)	

(2)接收气象传真图注意事项。为了高质量地接收气象传真图,GMDSS操作员需要注意以下事项:

1)确保接收机工作正常,接收机内部安装有足够的打印纸。

2)认真查阅《无线电信号表》,注意发射时间和传真图类型。

3)如果具有自动值守功能,注意校准设备自身的时钟,以便在岸上发送信息之前能够自动转入待机状态。

4)如果设备没有自动值守功能,或者自动值守功能失效,注意在规定时间启动接收机。

5)根据从《无线电信号表》中查阅的资料,正确设置传真机的接收频率、扫描速度和ICO参数。

6)船舶长时间靠港时可以关闭接收机,但是在开航之前必须提前开机,以确保船舶能够接收所有需要的信息。

7)条件允许时,初次使用的海岸电台可提前测试。

8)对于具有自动值守功能的接收机,可能由于信号信噪比过低,接收机在起始接收阶段同步或者启动失败,导致传真图不完整或者接收失败,因此,对于这类接收机,在必要时需要谨慎操作。

9)多数气象传真图的打印为热敏传真纸,库存纸张和接收妥的传真图应该远离热源,注意避光保存。

10)在整个航次,需要在《电台工作日志》中记录所有收到信息的识别代码,有效期内需要在驾驶台保存收妥的传真图。

四、船用气象传真机日常维护

(1)做好接收天线的维护工作,谨防天线出现接点锈蚀、固定装置松动及绝缘性能变差等情况。

(2)注意防止雷击。雷雨天气要慎重使用,若非必需,最好不用,用后不但要及时关掉电源,还应将天线与传真机断开,并予以接地。

(3)所收气象图不清晰时,可进行热敏头的测试,并检查热敏头是否损坏。若有损坏应及时更换。

(4)使用过程中,若发生记录纸卡纸的情况,应关闭设备电源,重新安装记录纸。但要注意,安装好记录纸后,合纸舱盖的动作不宜过猛,以免造成纸舱盖变形,或损坏热敏头。

(5)在记录纸的剩余长度不足 1 m 时,会有明显的标记用来提醒使用者记录纸就快用完了。见此标记后,应及时更换新的记录纸。

(6)适时检查气象传真接收机的自动接收功能。检查手动接收时的扫描同步和对向装置的调整情况。

(7)经常目测检验接收到的气象图是否完整和一致,同时,目测检验每一条线扫描密度的均匀性和它与前一条线的平行度。

任务实施

技能一　气象传真机安装

一、气象传真机的系统图与接线图

图 5-31、图 5-32 所示为某船厂 45 000 t 散货船气象传真机系统图和接线图,实际接线时要结合这两个图。在图 5-32 中,气象传真机的天线安装于罗经甲板;气象传真机安装于驾驶台的海图区,由来自驾控台的交流 220 V 电源供电。

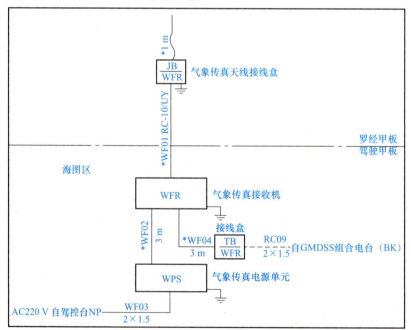

图 5-31　45 000 t 散货船气象传真机系统图

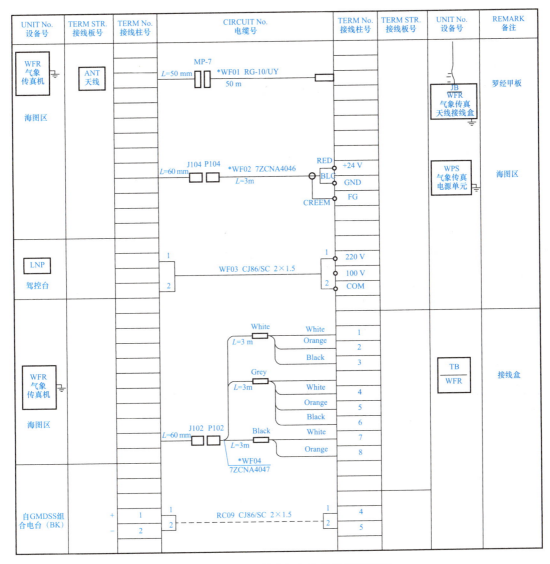

图 5-32　45 000 t 散货船气象传真机接线图

二、气象传真机的安装

气象传真机的安装示意如图 5-33 所示。用 5×25 自攻螺钉（提供），将其安装在桌面或仓壁上。选择安装地点时，应考虑下列几点：

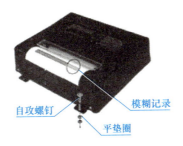

图 5-33　主单元安装示意

(1)务必确保安装表面平整,否则会导致记录模糊。需要调平传真机时,可在传真机与安装表面的适当位置插入平垫圈(随机附送)。

(2)不要将气象传真机安装于太阳直射处,因为热量会在机柜内积聚。

(3)当安装在舱壁时,应确保安装位置足够结实牢固。

(4)安装在振动和冲击最小并且便于操作控制面板的位置。

(5)在气象传真机四周留置足够的空间,以便检修和维护。

(6)安装位置应远离雨淋或水溅区域。

(7)如果气象传真机太靠近磁罗经,则会干扰磁罗经。

三、天线系统的安装

1. 天线的选择

传真接收机的性能好坏直接与天线的安装有关。一般情况下,天线应该越高越好,以免受附近天线、绳索和桅杆的影响。确保天线的安装地点远离发射天线和产生噪声的设备。应该特别注意 MF/HF 无线电设备发射天线,因为它们的感应电流会损坏传真接收机(避免感应的最好方法就是安装前置放大器单元),FAX-408 型气象传真接收机可以安装如下天线:

(1)前置放大单元 FAX-5(选购)加 2.6 m 鞭形天线(选购)。

(2)鞭形天线(6 m,选购)。

(3)长天线(自备)。

如果不使用前置放大单元,需要安装匹配箱。在天线与匹配箱之间连接一根馈线。在同轴电缆上安装一个接头,并在天线与接收机之间连接。所用的同轴电缆为 RG-10/UY 或 RG-12/UY。使用及未使用前置放大器时的安装图如图 5-34 所示。

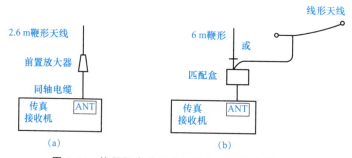

图 5-34 使用及未使用前置放大器时的安装图示
(a)使用前置放大器;(b)未使用前置放大器

2. 鞭形天线或长天线使用特点

(1)既可以使用鞭形天线也可以使用长天线。使用的长天线包括馈线应该为 10 m 或更长。鞭形天线应该为 6 m 或更长。一般来说,鞭形天线适合接收 6 MHz 以上的频率,长天线适合接收 6 MHz 以下的频率。

(2)使用天线切换装置,可以与其他接收机共享天线。

(3)如果安装长天线时灵敏度太低,请使用前置放大器单元。

3. 前置放大器单元 FAX-5 的安装方法

小型船舶可能没有安装长天线的空间。在这种情况下,推荐安装带有 2.6 m 鞭形天线的前置放大器单元。

(1)天线桅杆的高度不应超过 1.5 m,以免在大风中弯曲。

(2)将前置放大器固定在天线桅杆上。

4. 天线系统安装过程

(1)将前置放大器固定在安装地点。
(2)将鞭形天线旋在前置放大器上。
(3)如果天线桅杆是金属材料,在桅杆和前置放大器之间焊接一个接地点(自备)。
(4)用密封胶对连接处和暴露的材料做防水处理。
(5)用同轴电缆直接连接 FAX-408 的接头。注意,电缆长度为 10 m、20 m、30 m、40 m 和 50 m 时使用电缆延长工具。

注意:
(1)可使用数米长的裸铜线天线替代鞭形天线。在这种情况下,在天线与前置放大器之间安装长天线固定装置(随前置放大器一起提供)。
(2)前置放大单元由传真接收机供电。要给前置放大单元供电,将接通主单元 RCV 板的开关 S1。

技能二 系统操作

一、FAX-408 的控制面板

FAX-408 型气象传真机的控制面板如图 5-35 所示,面板按键说明见表 5-7。

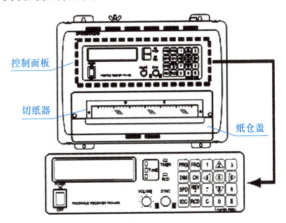

图 5-35 FAX-408 型气象传真机的控制面板

表 5-7 FAX-408 型气象传真机的控制面板按键说明

控制指示	描述
POWER ON/OFF	开关电源
VOLUME	调整接收信号音量和按键的哔哔声

续表

控制指示	描述
SYNC	细调相位信号
PRG	* 启用一个设置模式(与数字键组合使用)。按此键及相应的数字键选择一个设置模式: 1. 选择内置或外接接收机; 2. 设置定时接收功能; 3. 设置睡眠定时; 4. 添加或编辑频道; 5. 设置日期和时间; 6. 设置 ISB 频移; 7. 调整 LCD 对比度; 9. 清空 RAM; * 返回设置模式的第一页
PRQ	* 从频道模式改变到频率模式; * 在频率模式中设置频率
DIM	调整 LCD 亮度和 LED 亮度(5 级可调)
CH	* 从频率模式改变到频道模式 * 在频道模式中设置频道
SPD	选择记录速度
REV·	* 反白记录格式(从白底黑字改变到黑底白字。反之亦然); * 输入频率时插入小数点,输入频道时插入星号; * 选择"+"或"-"
IOC	选择合作系数
RCD	手动记录时启动或停止记录
E	确认设置
C	* 在设置模式中清除数据; * 从设置模式切换到预备模式
△2	频道模式中提升频道,或在频率模式中提升频率
▽	记录时,手动相位调整(向左)。每按一次,记录图像向左移动 5 mm
⑤	显示日期和时间
▷6	记录时,手动相位调整(向右)。每按一次,记录图像向右移动 5 mm
▽8	频道模式中降低频道,或在频率模式中降低频率
0	送纸
□TUNE□	当高于接收频率时,最上面的 LED 亮;当与接收频率相同时,中间的 LED 亮;当低于接收频率时,最下面的 LED 亮
□TIMER	当启用定时模式或睡眠模式时亮

二、FAX-408 的基本操作

1. 电源开关

按[POWER]键开关电源。开启电源时,显示上一次使用的频道。

2. 频道和频率显示

按[CH]键选择频道显示，按[FRQ]键选择频率显示。频道编号以三位数字显示，如图 5-36 所示。

(1)频道设置。在频道显示模式中，按[▲]键或[▼]键选择频道编号。另外，也可在频道显示模式下按[CH]键，然后用数字键输入频道编号。要自动接收频道组中灵敏度最高的频率，可按[REV/●]键在第 3 个数字位置输入星号(*)。

(2)选择所要的频率并微调频率。按[FRQ]键可以手动输入频率。用数字键输入频率，按[REV/●]键输入小数点。可用的频率范围为 2 000.0～24 999.9 kHz。

在频率显示模式中，按[▲]键或[▼]键细调频率，以 0.1 kHz 步进。当调整合适时，中间的 TUNE LED(绿色)亮。如果上面的 LED(红色)亮时按[▲]键，当下面的 LED(红色)亮时按[▼]键。

3. 自动接收

当选择了用于接收的传真站后，系统会进入待机模式，等待来自传真站的开始信号，当收到开始信号时开始记录。

(1)按[CH]键显示频道屏幕，如图 5-37 所示。

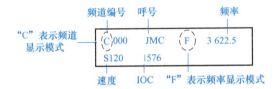

图 5-36　频率显示界面

图 5-37　自动接收时按[CH]键显示频道界面

(2)按[▲]键或[▼]键选择所要的频道，当收到开始信号时，屏幕上显示"Auto START SEARCHING FRAME"(自动开始搜索画面)，同时 RCD LED(橙色)闪烁。开始记录时自动调整速度和 IOC。记录过程中 RCD LED 亮起。

4. 手动接收

(1)按[CH]键显示频道屏幕，按[▲]键或[▼]键选择所要的频道。

(2)按[RCD]键开始接收；显示"MANAUL START SEARCHING FRAME"(手动开始搜索帧)，RCD LED(橙色)闪烁。

(3)如果记录没有开始，再按[RCD]键。记录开始后 RCD LED 停止闪烁并常亮。

5. 停止记录

当收到停止信号后，记录自动停止。也可以用[RCD]键手动停止记录。当记录停止时 RCD LED 熄灭。

6. 传真图像的处理

在记录期间可以调整速度、合作系数 IOC、相位、同步和图像格式。

(1)速度。按[SPD]键显示速度屏幕如图 5-38 所示，按[1]键、[2]键或[3]键选择所需要的正确速度。

(2)IOC。按[IOC]键显示 IOC 屏幕，如图 5-39 所示。按[1]键或[2]键选择适当的 IOC。

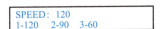

图 5-38　按[SPD]键的界面

图 5-39　按[IOC]键的界面

(3)手动定相。当FAX-408型气象传真机开始记录进行中的广播,或噪声信号阻止定相信号的探测时,记录上会出现一个死区(黑色或白色条纹),这是由相位失配造成的,如图5-40所示。此时,请调整记录位置。

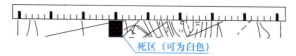

图5-40 相位信号错误时的图像

使用[◀]键或[▶]键调整定相。按[◀]键向左移动,按[▶]键向右移动。每按一下记录会向左(向右)移动约5.0 mm。

(4)同步。如果即使正确选择相位,死区仍偏移一定角度,请使用[SYNC](同步)按钮(旋钮)调整同步以显示垂直的死区。如果图片向左(右)倾斜,请逆(顺)时针转动旋钮,如图5-41所示。

(5)反白模式。多数传真站发射白底黑字的传真图像。但有些站则使用黑底白字格式打印。如果想使用与接收时不同的格式记录传真,按[REV/●]键出现如图5-42所示的屏幕,按[1]键关闭反白模式,按[2]键打开反白模式。

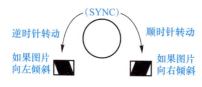

图5-41 调整同步的示意   图5-42 按[REV/●]键的界面

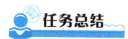 任务总结

通过本任务的学习,了解了气象传真机系统的功能和组成,学会了气象传真机的工作原理和安装与操作过程。

 项目评价

序号	考核点	分值	建议考核方式	考核标准	得分
1	NAVTEX、气象传真机系统图、接线图识读	15	教师评价(50%)+互评(50%)	能正确识读系统图、接线图,识读错误一处扣1分	
2	NAVTEX、气象传真机设备的接线	15	教师评价(50%)+互评(50%)	能正确进行设备接线,接错一处扣2分	
3	NAVTEX、EGC、气象传真机设备操作	15	教师评价(50%)+互评(50%)	能正确进行设备操作,操作错误一次扣3分	
4	项目报告	10	教师评价(100%)	格式标准,内容完整,详细记录项目实施过程并进行归纳总结,一处不合格扣2分	

续表

序号	考核点	分值	建议考核方式	考核标准	得分
5	职业素养	5	教师评价(30%)+自评(20%)+互评(50%)	工作积极主动,遵守工作纪律,遵守安全操作规程,爱惜设备与器材	
6	练习与思考	40	教师评价(100%)	对相关知识点掌握牢固,错一题扣1分	
完成日期			年　月　日	总分	

项目总结

通过本项目的学习,了解了海上安全信息播发系统的系统组成及功能。船舶上能够接收海上安全信息的设备主要包括 NAVTEX、EGC 和气象传真机;学习每一个设备的业务类型及特点,掌握了系统的安装过程和技巧。通过对系统图和接线图的识读,对系统进行了安装,在详细阅读设备操作说明书后,学会了对设备不同业务类型的操作。

练习与思考

1. 在 NAVTEX 系统中,(　　)说法不正确。
   A. 每个 NAVTEX 播发台分时工作
   B. 每个 NAVTEX 播发台采用二重时间分集进行 MSI 广播
   C. 每个 NAVTEX 播发台分别以字母 A~Z 表示,所以最多可以设 26 个台
   D. NAVTEX 区与区之间的播发台的字母首尾相连,以免干扰

2. NAVTEX 岸台播发的时间每次最多为(　　)。
   A. 1 h　　　　B. 10 min　　　　C. 5 min　　　　D. 30 min

3. NAVTEX 接收设备报文识别标志至少存储(　　)h。
   A. 72　　　　B. 30　　　　C. 6　　　　D. 24

4. NAVTEX 系统的每个发射台覆盖范围是(　　)n mile。
   A. 150　　　　B. 200　　　　C. 300　　　　D. 400

5. NAVTEX 发射时间分配,每个航警区域的发射台分(　　)个发射组,每组有(　　)个发射台,每个发射台每(　　)h 分配给(　　)min 发送时间。
   A. 4　4　6　10　　B. 4　6　4　10　　C. 6　4　10　4　　D. 10　4　6　4

6. 海上安全信息(MSI)不包括(　　)。
   A. 航行警告
   B. 船队信息
   C. 气象预报
   D. 有关航行安全的其他紧急安全信息

7. GMDSS 中的 MSI 播发是通过(　　)来进行的。
   A. NAVTEX 系统　　　　　　　B. EGC 系统
   C. 高频电传方式　　　　　　　D. A、B 和 C

8. GMDSS 海上安全信息的播发途径是(　　)。

A. EGC 业务中的 SafetyNet　　　　B. 国际 NAVTEX 业务
C. EGC 业务中的 FleetNet　　　　D. A 和 B

9. 国际 NAVTEX 系统使用的专用频率是（　　）。
A. 500 kHz　　B. 518 kHz　　C. CH16　　D. 4 210 kHz

10. 我国目前的 NAVTEX 播发台分别设在（　　）。
A. 上海、湛江、大连、台北　　　B. 上海、广州、大连、香港
C. 上海、广州、青岛、威海　　　D. 上海、天津、广州、香港

11. NAVTEX 系统 Ⅺ 区的协调国是（　　）。
A. 澳大利亚　　B. 日本　　C. 美国　　D. 英国

12. NAVTEX 电文的 NNNN 表示（　　）。
A. 电文开始　　B. 报类识别　　C. 设备型号　　D. 电文结束

13. NAVTEX 报文 ZCZC 表示（　　）。
A. 同步结束、报文开始
B. 电文种类识别
C. 报文结束
D. 特别重要的电文

14. NAVTEX 系统规定航行警告信息（　　）。
A. 只应播发一遍
B. 只要在有效期内应一直予以播发
C. 只要在有效期内，在规定的广播时间内应一直予以播发
D. 在任何时间都可以播发

15. 国际 NAVTEX 业务播发的语言是（　　）。
A. 法语　　B. 英语　　C. 汉语　　D. 任何语言均可

16. 船舶航行时必须 24 h 开启 NAVTEX 接收设备，是为了防止（　　）。
A. MSI 信息的漏收
B. 丢失已预置的设定状态
C. 打印已收到的信息
D. 丢失对当地气象信息的接收

17. （　　）MSI 信息是定时播发的。
A. 航行警告
B. 气象警告
C. 气象预报
D. A 和 C

18. NAVTEX 报文中，技术编码 B2 为 A 的电文的编号是从（　　）。
A. 00～99
B. 01～99
C. 00 起顺序编号
D. 01 起顺序编号

19. NAVTEX 系统防止各岸台相互干扰的方法有（　　）。
①NAVTEX 系统设 24 个播发岸台，按每台每次 10 min 分时工作；
②各 NAVTEX 播发台覆盖范围不重叠；
③相邻播发区内相同识别字母的播发台的业务覆盖范围不重叠；
④播发台发射功率经常调整，保持其业务覆盖范围不变；
⑤同一区间每个播发台每次工作 10 min，最短间隔 4 h，分时工作；
⑥同一区间每个播发台的业务只覆盖 400 n mile
A. ①②④　　B. ①③④⑤⑥　　C. ①②③⑤⑥　　D. ③⑤⑥

20. 增强群呼叫（EGC）业务主要包括（　　）。
A. 电传业务和电子邮箱业务
B. 电传电文业务和安全通信网业务
C. 安全通信网业务和船队通信网业务

D. 安全通信网业务和电子邮箱业务

21. 下列业务中，（　　）是 EGC 系统开放的业务。
    A. 遇险安全　　　　　　　　　　B. 电话
    C. 电传　　　　　　　　　　　　D. SafetyNET 和 FleetNET

22. EGC 信息是由（　　）以广播的形式播发出去。
    A. NCS　　　　B. LES　　　　C. MES　　　　D. NCC

23. EGC 系统是（　　）。
    A. 以 INMARSAT-B 站为基础的报文广播业务
    B. 以 INMARSAT-C 站为基础的报文广播业务
    C. 以 INMARSAT-F 站为基础的报文广播业务
    D. 以 INMARSAT-M 站为基础的报文广播业务

24. 关于 EGC 报文，以下错误的叙述是（　　）。
    A. EGC 电文编号都是唯一的
    B. 相同 EGC 电文不会重复打印
    C. 相同的 EGC 电文会重复打印
    D. 存储器满时接收到新的电文编码会自动删除旧的电文编码

25. EGC 信息是由（　　）以广播的形式通过海事卫星向用户播发。
    A. NCS　　　　B. LES　　　　C. MES　　　　D. NCC

26. 在航海领域使用的以无线方式传送、以图形方式来表示天气的系统是（　　）。
    A. 气象警告系统　　　　　　　　B. NAVTEX 系统
    C. MSI 系统　　　　　　　　　　D. 气象传真系统

27. （　　）信号指明气象传真发射机扫描信号的起始位置。
    A. 相位　　　　　　　　　　　　B. 转速
    C. 合作系数　　　　　　　　　　D. 扫描速度

28. 关于气象传真播发台的播发频率描述正确的是（　　）。
    A. 518 kHz
    B. 所有的台使用相同的固定频率
    C. 每个播发台都有自己的固定播发频率
    D. 均不正确

29. 气象传真机所接收到的图形歪斜，应该调整（　　）。
    A. SPD　　　　　　　　　　　　B. IOC
    C. PHASE　　　　　　　　　　　D. SYNC

30. 气象传真机所接收到的图形被压缩或拉长的原因是（　　）。
    A. 收发不同相　　　　　　　　　B. 收发不同步
    C. 收发速度不同　　　　　　　　D. 收发合作系数不同

31. 传真接收机接收的图像分成两半，是由于传真发射机与传真接收机（　　）造成的。
    A. "IOC"不同步　　　　　　　　B. "SPD"不同步
    C. "PHASE"不同步　　　　　　　D. 收、发不同步

32. 气象传真播发台的播发频率、发布的传真种类、区域和发布的时间等信息都在（　　）中查询。
    A.《无线电信号书》第 3 卷　　　B.《无线电信号书》第 1 卷
    C.《无线电信号书》第 5 卷　　　D. 均不正确

33. 世界上播发气象传真图的电台基本上按所在的洲划分,共划分为( )个区。
    A. 4　　　　　　B. 5　　　　　　C. 6　　　　　　D. 7
34. 气象传真机执行自检后,将检测设备的( )功能。
    ①设备调相;②打印机;③气象传真接收机;④微处理器;⑤发射机
    A. ②③④⑤　　　B. ①②④⑤　　　C. ①②③⑤　　　D. ①②③④

项目六　船用罗经系统安装与操作

项目描述

罗经是提供方向基准的仪器,船舶用以确定航向和观测物标方位。罗经有磁罗经和陀螺罗经两种,一般船舶都同时装备有磁罗经和陀螺罗经。前者简单可靠;后者使用方便、准确。磁罗经是利用自由支持的磁针在地磁作用下稳定指北的特性而制成的罗经。陀螺罗经是利用陀螺仪的两个基本特性(定轴性和进动性),结合地球自转矢量和重力矢量,借助控制设备和阻尼设备而制成的提供真北基准的一种指向仪器。在这个项目里,要学习两种不同罗经的组成和特点,了解罗经系统的系统图和接线图,熟读设备操作说明书后,并在教师指导下对设备进行操作。

项目分析

首先对磁罗经和陀螺罗经的构成进行了解,掌握罗经系统的功能及系统组成,了解设备的工作原理,了解工作过程,识读系统图和接线图,并对设备进行熟练操作。

相关知识和技能

1. 掌握磁罗经和陀螺罗经的组成和分类;
2. 能正确识读罗经系统的系统图和接线图;
3. 能正确安装罗经系统;
4. 会对磁罗经进行自差校正和对陀螺罗经进行操作。

任务一　船用磁罗经系统安装与操作

任务目标

1. 掌握磁罗经的组成、分类及检查时的注意事项;
2. 识读磁罗经的系统图和接线图;
3. 能正确安装磁罗经,并对其进行正确操作和保养。

任务分析

本任务的最终目的是能够对磁罗经系统进行安装和操作,为了实现这个目的,必须掌握磁罗经系统的组成,能够识读系统图和接线图,并能够对设备维护与保养。

磁罗经是船舶用于指向的仪器之一,它与方位圈配合使用可以提供船舶的航向目标方位及舷角等航海参数。磁罗经具有构造简单、不易损坏、不使用电源、使用方便迅速、可靠性高、维护保养简便等优点。

磁罗经是利用磁针在地磁力作用下能指向磁北的原理制成的一种指向仪器。磁罗经罗盘可看作一根磁针,因地磁北极具有负磁量,地磁南极具有正磁量,在异极相吸的作用下,磁针的北极指向地磁北极,磁针的南极指向地磁南极。

磁罗经具有结构简单、性能可靠且不依赖于外界条件工作的优点,故国际海事组织要求所有的船舶应安装磁罗经且正确校正自差和备有自差表或自差曲线。

一、船用磁罗经的分类

船用磁罗经(图 6-1)按罗经盆内有无液体可分为干罗经和液体磁罗经。干罗经是将罗盘支在轴针上,当船舶摇摆时罗盘稳定性能差,该种罗经已被淘汰。液体磁罗经罗经盆内盛有液体,罗盘浸没在液体中,当船舶摇摆时,因受液体的阻尼作用,罗盘的指向稳定性好,另外,由于液体浮力的作用,可减小轴针与轴帽之间的摩擦力。液体磁罗经性能优良,在船舶上被广泛使用。

图 6-1 船用磁罗经外形

船用磁罗经按用途和安装位置不同可分为以下几类:

(1)标准罗经:安装在驾驶台顶上露天甲板的船首尾线上,具有位置高、视野好,船上磁场影响小,精度高等优点。可借助折光和投影装置将罗经刻度盘和基线投影到驾驶台内,供操舵读取航向用。

(2)操舵罗经:安装在驾驶台内的操舵轮正前方用于操舵。

(3)应急罗经:安装在船尾应急(太平)舵前面的船首尾线上,在舵机失灵时应用应急舵时使用。

(4)艇用罗经:救生艇使用的一种小型液体罗经,其刻度盘涂有荧光剂。有完整的架子油灯,灯油储量能使用 10 h 以上。

二、船用磁罗经系统组成

船用磁罗经系统主要包括罗经盆(Compass Bowl)、罗经柜(Binnacle Stand)、自差校正器(Correctors),如图 6-2 所示。

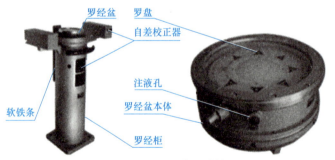

微课:磁罗经系统的组成

图 6-2 磁罗经主要结构

(a)磁罗经;(b)罗经盆

1. 罗经盆

(1)罗经盆本体。非铁磁材料制成,密封存储液体。盆底装有铅块,用以降低罗经盆的重心,使其具有摆性。罗经盆安装在万向平衡环(常平架)上,以便在船体发生倾斜时,罗盘保持水平。

(2)罗盘。罗经指示方向的灵敏部件。其组成主要包括刻度盘、浮室、磁针或磁钢、轴帽。

1)刻度盘:云母等非磁性材料制成,刻有 0°~360°刻度。

2)罗盘中间有呈半球形的水密空气室——浮子或浮室。增加罗盘浮力,减小罗盘轴帽与轴针之间的摩擦力。

3）磁针或环形磁钢：浮室下部。2～3 对磁针 NS 轴线平行于刻度盘 0°～180°轴线排列，并与刻度盘中心对称。

4）轴帽：浮子的中心处，内嵌宝石。轴针尖端镶有铱金，不宜磨损。下端固定在罗经盆内轴针横梁。

（3）液体。

1）作用：减振、阻尼，减小轴针与轴帽之间摩擦力。

2）成分：酒精 45%、蒸馏水 55% 的混合液体，其中酒精的作用为：降低冰点，－26 ℃；其他：高级煤油等。

（4）调节液体热胀冷缩措施。

1）罗经盆分上、下两室，上室充满液体，下室液体上面留有一定空间，上下毛细管连通。

2）罗经盆底部铜皮压成波浪形缩片。

2. 罗经柜

罗经柜由木料、黄铜或铝合金等非磁性材料制成，用来放置罗经盆和自差校正器，如图 6-3 所示。

（1）在罗经柜的顶部有罗经帽，它可以保护罗经盆，使其避免雨淋和阳光照射，以及在夜航中防止照明灯光外露。

（2）在罗经柜的正前方有一竖直圆筒，筒内根据需要放置长短不一消除自差用的佛氏铁或在竖直的长方形盒内放数根消除自差用的软铁条。

（3）在罗经柜左右正横处，有放置象限自差校正器（软铁球或软铁片）的座架，软铁球或软铁片的中心位于罗盘磁针的平面内，并可内外移动。

（4）在罗经柜内，位于罗盘中心正下方安装一根垂直铜管，管内放置消除倾斜自差的垂直磁铁，并由吊链拉动可在管内上下移动。

（5）在罗经柜内还有放置消除半圆自差的水平纵横向磁铁的架子，并保证罗经中心应位于纵横磁铁的垂直平分线上。

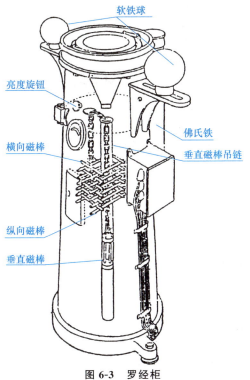

图 6-3　罗经柜

3. 自差校正器

(1) 垂直磁铁：罗经柜内罗盘正下中间垂直放置，可上下移动，用以校正倾斜自差。

(2) 纵横磁铁：罗经柜内正中间水平放置，可上下移动、转动，用以校正硬半圆自差。

(3) 垂直软铁条或佛氏铁：罗经柜外正前方直立盒内，用于校正软（次）半圆自差。

(4) 软铁球或软铁片：罗经柜外左右正横支架上，其中心与罗盘处于同一平面，可左右移动调节，用以校正象限自差。

三、船用磁罗经观测方位的辅助仪器

(1) 方位圈。方位圈如图 6-4(a) 所示，它由铜制作，有两套互相垂直观测方位的装置。其中一套装置由目视照准架和物标照准架组成。在物标照准架的中间有一竖直线，其下部有天体反射镜和棱镜。天体反射镜用来反射天体（如太阳）的影像，而棱镜用来折射罗盘的刻度。目视照准架为中间有细缝隙的竖架。当测者从细缝中看到物标照准线和物标重合时，物标照准架下三棱镜中的罗盘刻度，就是该物标的罗经方位。这套装置既可观测物标方位，又可观测天体方位。

另一套装置由可旋转的凹面镜和允许细缝光线通过的棱镜组成，它专门用来观测太阳的方位。若将凹面镜朝向太阳，使太阳聚成一束的反射光经细缝和棱镜的折射，投影至罗盘上，则光线所照亮的罗盘刻度即为太阳的方位。

(2) 方位仪。方位仪是一种配合罗经用来观测物标方位的仪器，如图 6-4(b) 所示。在方位仪上均有水准仪，在观测方位时，应使气泡位于中央位置，提高观测方位的精度。

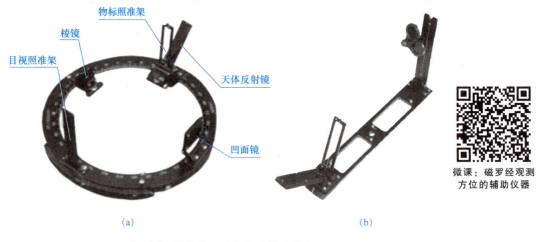

图 6-4 磁罗经观测方位的辅助仪器
(a) 磁罗经方位圈；(b) GFC-180 方位仪

四、船用磁罗经的检查

1. 罗盘灵敏度的检查

通过测定停滞角的办法来检查罗盘的灵敏度。此检查实际上就是检查轴针和轴帽之间的磨损情况，因其会影响罗盘指向的准确性。

检查方法如下：

(1) 条件：船舶固定于码头，船岸机械不工作且自差不大。

(2) 准确记下航向值。

(3) 用小磁铁或铁器将罗盘向左（或右）引偏 2°～3° 后迅速移去。

(4)罗盘恢复平衡后,航向读数与原记下的航向值相差应小于0.2°。
(5)向右(或左)方向做同样的检查。

要求罗盘返回原航向的读数与记下的准确航向值相差应小于0.2°,即停滞角小于0.2°,否则说明轴针的尖端或轴帽磨损严重,须送厂进行修理或更换。

2. 罗盘磁性的检查

磁罗经使用期间,通过检测罗盘的摆动半周期来检查判定罗盘磁性的强弱。

检查方法如下:

(1)将罗经盆搬至岸上无磁性干扰的地方,离地高1m。
(2)转动罗经盆,使首基线对准罗盘0°。
(3)用小磁铁将罗盘向左(或右)引偏40°后迅速移去,罗盘开始摆动。
(4)用秒表测量罗盘0°连续两次通过首基线的时间,即罗盘摆动半周期。
(5)再向右(或左)方向做同样的测量。
(6)将实测半周期值与出厂说明书标准值进行比较,若大,说明罗盘磁性下降大,应进厂充磁。

3. 罗经盆气泡的排除

罗经盆产生气泡的原因:一是罗经盆水密性不好,液体渗出,空气进入罗经盆所致;二是空气从浮室中逸出所致。气泡对观察航向和测定物标方位均会产生误差,因此必须消除。

消除方法如下:

(1)如有少量的气泡,将注液孔朝上,旋出螺钉,稍稍摇动罗经盆,使气泡排除。
(2)如气泡量多,应注入液体排出气泡。注意液体组成成分。

如果形成气泡的原因是罗经盆上盖玻璃垫圈老化失效和罗经盆盖或底部螺栓松动,应及时采取措施;如是盆体水密不严或有破损,应送厂修理或更换。

4. 自差校正器的检查

(1)硬铁校正磁棒。磁棒应无锈,因锈蚀会使磁性衰退;表示极性的红蓝色应与实际相符。
(2)软铁校正器。软铁应不具有磁性,否则起不到消除自差的作用。

检查方法如下:

1)软铁球(片):在航向稳定后,将其靠近罗经柜,间断原位转动,观察罗盘航向是否变化,若变化说明软铁球具有永久磁性。

2)佛氏铁(软铁条):在航向不为磁北和磁南时(航向为磁东或磁西时最好)检查,将其按原位颠倒放置,观察航向是否变化,若变化说明其具有永久磁性。

消除磁性的方法:将其放在地上进行敲击、滚动退磁或淬火退磁,退磁无效时应更换。

任务实施

技能一 船用磁罗经的安装

一、船用磁罗经安装位置的选择

磁罗经剩余自差的大小与罗经在船上安装位置有关,为保证罗经具有良好的指向性能,应正确选择罗经安装位置,商船上的磁罗经无论是标准磁罗经还是操舵磁罗经都应安装在船首尾面内，以使罗经左右两舷的软铁对称，减小罗经的剩余自差。再则标准磁罗经安装在驾驶台的露天甲板上，周围应是开敞的，视线尽可能不被障碍物遮挡，以便于观测方位。罗经安装位置尽可能选择船磁影响小的地方，远离固定或移动的钢铁器件，船舶钢铁设备与罗经的距离应满足磁性材料最小安全距离的要求，任何磁性物体与罗经的最小距离不得小于 1 m。

二、船用罗经的正确安装

在安装罗经时，船应保持正平，在选择好安装标准罗经的地点后，首先用尺量出船首尾线的位置，然后在该位置上装上罗经垫板，并安装上罗经。罗经柜必须与甲板保持垂直，可用铅垂线或罗经柜上的倾斜仪进行测量，若发现罗经柜有倾斜时，可调整罗经柜下方的垫木，使罗经柜垂直。

为使罗经首尾基线处于船首尾面内，可利用船上桅杆、烟囱等位于船首尾面上的建筑物来校准罗经首尾。如图 6-5 所示，在罗经处，当用方位圈对准罗经首基线后，从方位圈照准面观测照准线是否对准桅杆中线，若照准线不与前桅杆中心线重合，可以旋松罗经柜的底脚螺栓，旋转罗经柜，使照准线对准桅杆中心线。也可以用方位圈观测烟囱两边缘相对于罗经尾基线的夹角是否相等，若两夹角相等，则说明罗经的尾基线在船首尾线上。在固定罗经位置过程中，须反复核对罗经首尾基线位置的准确性。

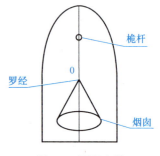

图 6-5　罗经安装

操舵罗经的安装与标准罗经的安装相类似，但操舵罗经只能利用船首方向的目标，如利用船前方的桅杆校核操舵罗经基线是否位于船首尾面内。

船上安装罗经，要求标准罗经和操舵罗经基线的误差角小于 0.5°。

三、船用磁罗经的维护和保养

1. 磁罗经基线的核对

安装磁罗经时，标准罗经应安装在船舶首尾面内，罗经基线应与首尾面重合。磁罗经的基线如果安装不准确，会产生罗经误差。核对标准罗经的基线，通常可利用前桅中心线和烟囱中心线来校对。

2. 气泡的排除

罗经盆中如有气泡，会妨碍罗盘读数，气泡严重时会影响液体对罗盘的平稳支撑，对观察航向和测定物标方位均会产生误差，必须消除。

这里需要注意的是，如果是罗经盆上盖玻璃垫圈老化失效和罗经盆盖或底部螺栓松动，应及时采取措施；如果是盆体水密不严或有破损，应送厂修理或更换。消除气泡的具体方法如下：

排除气泡时，先将罗经盆侧放，并使盆内气泡处于注液孔下，旋下注液孔螺钉，注入罗经液，直到液体溢出为止，然后旋紧注液孔螺钉。对于盆体分为上、下两室的罗经盆，在上室注满液体之后，还应将罗经盆放正，测量下室液面高度。若超出规定高度，应从下室注液孔中放出多余液体，若不够则应添加液体。

3. 检查罗经刻度盘的灵敏度

罗经刻度盘的轴帽和轴针之间的摩擦力必须很小，如果轴帽内的宝石受损或轴针磨损会使刻度盘转动不灵，严重时失去指向性。

检查方法如下：

(1)条件：船舶固定于码头，船岸机械不工作且自差不大。

(2)准确记下船首基线所对罗盘之刻度(罗航向)。
(3)用小磁铁或铁器将罗盘向左(右)引偏 2°~3°后迅速移去。
(4)罗盘恢复平衡后,航向读数与原记下航向值相差应小于 0.2°。
(5)向右(左)方向做同样的检查。

4. 罗盘磁力的检查

磁罗经使用一段时间后,其罗盘磁性会衰退,影响罗盘指向的稳定性。罗盘磁力强弱与罗盘的摆动周期直接相关,可以利用测定罗盘摆动的半周期来确定罗盘磁性的强弱。

检查方法如下:
(1)将罗经盆搬至岸上无磁性干扰的地方,离地高 1 m。
(2)转动罗经盆,使首基线对准罗盘 0°。
(3)用小磁铁将罗盘向左(右)引偏 40°后迅速移去,罗盘开始摆动。
(4)用秒表测量罗盘 0°连续两次通过首基线的时间,即罗盘摆动半周期。
(5)再向右(左)方向做同样的测量。
(6)将实测半周期值与出厂说明书标准值进行比较,若大,说明罗盘磁性下降大,应送厂充磁。

5. 磁罗经自差校正的有关规定

标准罗经的自差值不得大于 3°,操舵罗经的自差值不得大于 5°,否则应予以消除。每年应对磁罗经进行一次校差并重新制定自差表、绘制自差曲线。如果船舶在某一航向上停留一个月以上则应重新校差。

另外,当船上装有大量的铁磁物质,或船体构造有所改变,或修船后,或船舶遭到雷击,发生搁浅、碰撞等改变了原来的船磁时则应对磁罗经重新校差。

6. 磁罗经软铁磁化的检查和永久校正磁棒磁力的检查

软铁球磁化的检查:检查软铁球是否磁化,船首应固定在某一航向上,先松开软铁球下方螺栓,将两只软铁球紧靠磁罗经,待磁罗经稳定后,用手慢慢旋转红球/绿球,观看罗盘度数有无变化。如任一球在转动时罗盘度数有变化,则证明该软铁球已磁化。

佛氏铁磁化的检查:佛氏铁是不带剩磁的软铁棒,用来校正磁罗经前后不对称的垂直软铁杆(如烟囱)引起的自差。检查时,船首最好应固定于东航向或西航向,在此两个航向上佛氏铁磁化产生的影响最大。检查时先记下航向读数,然后将佛氏软铁杆颠倒过来,观测罗盘度数有无变化,如有变化,证明佛氏铁已被磁化。消除磁性的方法:将其放在地上进行敲击、滚动或淬火退磁,退磁无效时应更换。

永久校正磁棒磁性检查:消除自差用的铁磁棒应无锈,生锈会使磁性消退,还应检查新购进的磁棒,其棒上所涂颜色与磁极是否相符。

技能二 磁罗经的方位观察与自差校正

一、磁罗经的方位观察

1. 利用磁罗经观测陆标的方位

首先将方位仪正确安装,手握方位仪上的手柄,保持罗经盆基本水平。转动方位圈,从照门孔通过照准线观测某一陆标,使照门孔、照准线、观测的陆标三者重合(在一条竖线上),并保持罗经盆(方位圈)水平(方位圈上的水准仪气泡位于"中间"位置)。从照准架下的读数窗口中读出物标方位线(窗口中的竖线)所对应的罗盘刻度,就是所测陆标的罗经方位,例如:CB 220.5°。观测(读取)罗经基线所对应的方位圈上的固定刻度,就是所测陆标的相对位置或舷角(例如:RB 40°或 Q 右 40°)。

当所观测的物标相对方位小于180°时,相对方位等于右舷角;当所观测的物标相对方位大于180°时,360°减去180°等于左舷角。

2. 利用磁罗经观测太阳的方位

当太阳高度较低时(一般应低于10°),观测太阳方位的方法与观测路标的方位方法相同。如图 6-6 所示,当太阳高度较高时,使用照准仪观测太阳方位不能保持罗经盆水平,将产生较大的观测误差,应使用反射照准仪观测太阳方位,以提高观测太阳方位的精度。

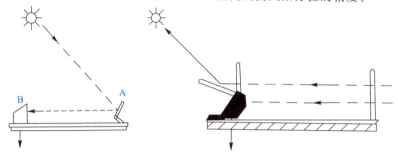

图 6-6　太阳方位法示意

3. 利用磁罗经观测星体的方位

当星体高度较低时(一般应低于10°),观测星体方位的方法与观测路标方位的方法相同。当星体高度较高时,使用照准仪观测星体方位不能保持、保证罗经盆水平,将产生较大的观测误差,应使用照准仪的黑色反射镜观测星体方位,以提高观测方位星体的精度。

二、磁罗经的自差校正

现代运输船舶多为几万吨到几十万吨的大型和超大型钢铁船舶,机械设备也多为钢铁材料,所以船磁很强,可使船上磁罗经产生十几度至几十度的自差。船上的磁罗经若有这么大的自差,再加上磁差,磁罗经的指向误差会达到几十度,且变化复杂。若对磁罗经不进行校正,使用磁罗经确定方向非常不便,稍有疏忽,将危及船舶安全;磁罗经的自差大意味着产生自差的船磁力就大,在某些航向时船磁力将抵消磁罗经的指北力,使磁罗经在一般纬度时也不能指向或指向精度太差而不能使用;观测法求磁罗经自差比较烦琐、费事,一般只求 4 个基点航向和 4 个隅点航向上的自差,其余航向上的自差利用自差公式计算求得。为了保证计算的自差精确到 0.1°,磁罗经在各航向上的最大自差不能超过±3°。鉴于以上原因,磁罗经自差必须进行校正。

1. 磁罗经自差的校正原理

船舶校正磁罗经自差,目前基本采用以大小相等、方向相反的外磁力(校正器磁力)抵消船磁力的方法,即硬铁船磁力用永久磁铁磁力抵消,软铁船磁力用校正软铁产生的感应磁力抵消。

2. 校正自差的一般顺序

鉴于磁罗经的各类自差校正时的相互影响及校差的便利,新造船舶上的磁罗经校差顺序如下:

(1)减小象限自差。

(2) 近似校正次半圆自差。
(3) 校正倾斜自差。
(4) 校正半圆自差。
(5) 校正象限自差。

旧船上的磁罗经都曾经校正过自差，已安放有各类自差校正器，校差顺序如下：
(1) 校正倾斜自差。
(2) 校正半圆自差。
(3) 校正象限自差。

3. 自差校正具体方法

(1) 倾斜自差的校正。倾斜自差主要是由垂直方向的硬铁船磁力 R 产生的，校正倾斜自差是在磁罗经罗盘下方安放垂直磁铁，抵消 R 力。由于 R 力是在船舶倾斜(摇摆)时使磁罗经产生倾斜自差的，因此，抵消 R 力有以下两种方法。

一种方法是比较精确地校正倾斜自差，具体做法是校差时船舶停靠码头，船体正平，船首朝向磁东(或磁西)方向，利用测量垂直磁力的倾差仪，首先测量当地的地磁垂直分力 Z，将倾差仪的测量读数调在 lZ 值，然后将磁罗经盆取下，将倾差仪安放在罗经盆的位置，在罗经柜内安放垂直磁铁并上下调整，使倾差仪的测量磁铁水平，也就是使罗盘在垂直方向所受的磁力 Z' 等于当地的地磁垂直分力 Z 与 l 的乘积时($Z' = lZ$)，R 力就被抵消了。l 为磁罗经的指北力系数，$l = 1 + (a+e)/2$(其中的 a 和 e 为软铁系数)。由于一般商船的 a、e 的符号均为负，因此 $l < 1$。由于 R 力被抵消了，当船舶倾斜或在风浪中摇摆时，船上磁罗经就不会再产生倾斜自差了。

另一种方法是当船在风浪中摇摆时，船上磁罗经罗盘左右抖动不停，这是由于 R 力没有被精确抵消造成的。可通过上下移动罗经柜内已有的垂直磁铁，直到使罗盘停止抖动，然后将垂直磁铁固定。

(2) 半圆自差的校正。半圆自差主要是由水平方向的硬铁船磁力 P、Q 产生的。校正半圆自差多采用爱利法，即在产生最大半圆自差的航向，观测自差，使用相应的校正器校正自差，将 P 力和 Q 力抵消。具体做法是航向为 N(000°)(校差开始可任选一基点航向)，观测得自差 Dev N，在罗经柜内安放横向磁铁(NS 极朝向左右舷方向的磁铁)，将自差 Dev N 校正为零；船转航向为 E(090°)，观测自差 Dev E，在罗经柜内安放纵向磁铁(NS 极朝向船首尾方向的磁铁)，将自差 Dev E 校正为零；船转向为 S(180°)，观测自差 Dev S，调整或增减罗经柜内的横向磁铁，将 Dev S 校正一半(将 Dev S 只校正一半而不是校正为零，是为了去掉为抵消 Q 力由横向磁铁多加的校正磁力，使各航向上的自差最小)；船转向为 W(270°)，观测自差 Dev W，调整或增减纵向磁铁，将自差 Dev W 校正一半(原因同上)。

校正半圆自差时，可按照下列口诀移动罗经柜内的纵向磁铁和横向磁铁。

东东上、西西上、东西下、西东下。

口诀中第一个字"东或西"，是指自差符号即自差是东自差还是西自差；第二个字"东或西"，是指罗经柜内已放置的磁铁的红端(N 极)是朝向"东"还是朝向"西"；第三个字"上或下"，是指将罗经柜内的磁铁往上移动(靠近罗盘)还是往下移动(远离罗盘)。

(3) 象限自差的校正。磁罗经的象限自差主要是由软铁系数 a、e 表示的水平方向的软铁船磁力产生的。象限自差的校正一般采用与校正半圆自差相同的方法，即在产生最大象限自差的航向，观测自差，使用相应的校正器校正自差，将产生这一自差的船磁力抵消。具体做法是航向为 NE(045°)(可任选一隅点航向)，观测自差 Dev NE，安放并调整软铁球(片)，将自差 Dev NE 校正为零；船转向为 SE(135°)或 NW(315°)，观测自差 Dev SE 或 Dev NW，调整软铁球或调整增减软铁片，将自差 Dev SE 或 Dev NW 校正一半(原因与校正半圆自差相同)。校正象限自差时，可按照下列口诀移动软铁球(片)。

一、三象限大，软铁往里靠；一、三象限小，软铁往外移。

二、四象限大，软铁往外移；二、四象限小，软铁往里靠。

口诀中"一、三或二、四"，是指航向所在的象限；"大或小"，是指磁方位比罗方位大还是磁方位比罗方位小，即是东自差还是西自差；"往里靠或往外移"，是指软铁球(片)是靠近罗盘还是远离罗盘。

(4) 恒定自差的处理。对于磁罗经的恒定自差，可根据产生恒定自差的原因分别对待，主要有以下几种情况。

1) 对于 b、d 不等于零产生的恒定自差，应将罗经安装在船首尾线上。

2) 对于求自差时使用的磁差不正确，应使用计算准确的磁差。

3) 对于罗盘磁针轴线与罗盘 0°～180°线不平行产生的恒定自差，更换新罗盘。

4) 对于因使用的方位圈(仪)有误差产生的恒定自差，应使用精确的方位圈(仪)。

5) 对于因罗经基线与船首尾线不重合(或不平行)产生的恒定自差，应调整罗经基线与船首尾重合(或平行)。软铁系数 c 表示的主要是由垂直方向烟囱磁性的软铁船磁力，产生磁罗经的次半圆自差，因其比较小且变化复杂，一般参考同类型船舶，安放佛氏铁进行校正。安放佛氏铁圆铁柱时，应将长柱放在上边，短柱放在下边。

注意：还可以利用太阳方位法测定自差，因篇幅所限，具体方法请查阅相关资料。

4. 计算任意航向的自差和自差表的使用

船上磁罗经的自差经过校正后，其剩余自差一般不大于 $\pm1°$，最大不超过 $\pm3°$，可利用自差公式计算任意航向的自差。

$$\text{Dev} = A + B\sin\phi' + C\cos\phi' + D\sin2\phi' + E\cos2\phi' \tag{6-1}$$

上式中的 A、B、C、D、E 称为磁罗经自差系数，其中 A 称为恒定自差系数，B、C 称为半圆自差系数，D、E 称为象限自差系数，ϕ' 为罗航向[罗经线北段顺时针量到航向线的角度叫罗航向；以磁北极作为航向度量的起点，叫作磁航向，磁罗盘的度数修正了罗差(包括机械误差)所得到的才是磁航向；真航向是按照地理真北为基准的航向，计算方法为当地磁航向减去当地磁差；大圆航向是从起点看终点所在方位的航向]。这五个系数由磁罗经校正自差后，观测四个基点航向的剩余自差 Dev N、Dev E、Dev S、Dev W 和四个隅点航向的剩余自差 Dev NE、Dev SE、Dev SW、Dev NW 计算求得，其计算公式如下：

$$A = (\text{Dev N} + \text{Dev NE} + \text{Dev E} + \text{Dev SE} + \text{Dev S} + \text{Dev SW} + \text{Dev W} + \text{Dev NW})/8$$
$$B = (\text{Dev E} - \text{Dev W})/2$$
$$C = (\text{Dev N} - \text{Dev S})/2$$
$$D = [(\text{Dev NE} + \text{Dev SW}) - (\text{Dev SE} + \text{Dev NW})]/4$$
$$E = [(\text{Dev N} + \text{Dev S}) - (\text{Dev E} + \text{Dev W})]/4 \tag{6-2}$$

A、B、C、D、E 单位为度(°)，有正负之分。计算求得 A、B、C、D、E 五个自差系数后，将其代入自差公式，计算每隔 10° 或 15° 航向的所有自差，绘制成自差表和自差曲线图。计算的 4 个基点和 4 个隅点航向的自差与观测所得这些航向的自差之差应小于 0.5°，否则可能存在观测误差。绘制的自差曲线应是平滑的，不能有明显的凸起或凹进，否则，说明计算或观测的自差有错误，应重新观测计算和绘制自差图表。

磁罗经校差后绘制的磁罗经自差图表(表 6-1)，一般贴在驾驶室，以备查用。驾驶员应经常观测磁罗经自差，将观测的自差与根据船舶当时的航向从自差图表查得的自差进行比较，随时掌握自差情况，保证磁罗经的正常使用。

表 6-1　磁罗经自差表

罗航向	自差	罗航向	自差	罗航向	自差	罗航向	自差
000	−0.3	090	−0.1	180	0.1	270	0.3
015	−0.1	105	−0.3	195	0.4	285	0
030	0.2	120	−0.5	210	0.6	300	−0.2
045	0.4	135	−0.7	225	0.8	315	−0.4
060	0.3	150	−0.6	240	0.7	330	−0.7
075	0.1	165	−0.3	255	0.5	345	−0.6

注：表 6-1 中各列值的单位为度(°)。

5. 自差校正时应注意的事项

(1)应选择好天气、风浪较小时进行。

(2)校差前船上应准备好大比例尺海图、应悬挂的信号旗、备用校正器、方位圈(仪)、防磁表、磁罗经记录簿等物品。

(3)悬挂信号旗。

(4)船上所有设备应处于正常状态。

(5)应有 2 人协同进行。

(6)每一航向上应至少稳定 2 min。

(7)暂时不用的校正器应远离磁罗经。

(8)在罗经柜内安放纵向校正磁铁时，应对称安放并尽量离罗经盆远一点。

(9)校差结束时，应将各校正器的名称、位置、数量等详细记录在磁罗经簿。

三、磁罗经使用注意事项

为了保障船舶航行安全，方便而正确地判断磁罗经的工作状况是否正常，保持磁罗经完好适航，就必须时刻注意磁罗经使用时的注意事项，即在使用磁罗经时应该注意以下几个方面：

(1)使用磁罗经时，不应随身携带铁器，并要检查磁罗经附近有无增减铁器物品，以免影响罗经自差。

(2)读取航向应在罗经的正后方，以提高读数的准确性。在风浪中观测航向，当罗盘左右摆动时应读取其平均值；如果摆动较大，说明倾斜自差没有正确消除。利用罗经观测物标方位，应保持罗经盆水平。

(3)如果船舶在某一航向上航行时间过长，船磁受地磁感应已久，当船舶转向后应经过 5～10 min 才能使用。

(4)罗盘稳定后才能读取航向和测量目标方位。读取航向时应从罗经正后方看船首基线所对刻度盘的读数。

(5)测方位、舷角时应向前轻推方位圈，以免产生随机误差。

(6)船艇上各大型设备平时应放置在正常位置，消除自差用设备不得随意移动。

(7)航行中应经常测定罗经差，经常将驾驶罗经与主磁罗经进行比对航向。

任务总结

通过本任务的学习，了解了磁罗经的组成、功能和特点，了解了设备的组成，学会了对设备进行安装和操作。

在进行设备安装和操作时一定要注意安全,同时要了解各个船级社和造船企业的要求,接线时注意线型的选择和工艺。

任务二 船用陀螺罗经系统安装与操作

任务目标

1. 掌握陀螺罗经的组成、分类及特点;
2. 识读陀螺罗经的系统图和接线图;
3. 能正确安装陀螺罗经,并对其进行正确操作和保养。

任务分析

本任务的最终目的是学会对陀螺罗经系统进行安装和操作,为了实现这个目的,必须掌握陀螺罗经系统的组成,能够识读系统图和接线图,并能够对设备进行维护与保养。

陀螺罗经是利用陀螺仪的定轴性和进动性,结合地球自转矢量和重力矢量,用控制设备和阻尼设备制成以提供真北基准的仪器。陀螺罗经是由主罗经与分罗经、电源变换器、控制箱和操纵箱等附属设备构成。

一、船用陀螺罗经的分类

(1)船用陀螺罗经按对陀螺施加作用力矩的方式可分为机械摆式与电磁控制式两类陀螺罗经。

机械摆式陀螺罗经按产生摆性力矩的方式又可分为用弹性支承的单转子上重式液体连通器式罗经和将陀螺仪重心放在支承中心以下的下重式罗经。电磁控制式陀螺罗经是在两自由度平衡陀螺仪的结构上,设置电磁摆和力矩器组成的电磁控制装置,通过电信号给陀螺施加控制力矩。

微课:陀螺仪的特性

(2)船用陀螺罗经按灵敏部分具有转子的个数,可分为单转子和双转子两大类型。

(3)船用陀螺罗经按结构特征和工作原理可分为安许茨系列、斯伯利系列和阿玛-布朗系列三种系列。

二、船用陀螺罗经的组成

任何一种系列的陀螺罗经,均由主罗经及其附属仪器组成。

主罗经是陀螺罗经的主要部分,具有指示船舶航向的性能;附属装置则是确保主罗经正常工作的必要部件。附属装置包括分罗经、航向记录器、罗经电源(变流机或逆变器)、电源控制装置和报警装置等。

分罗经和航向记录器用于复示主罗经航向的装置。根据分罗经的用途可以分为操舵分罗经和方位分罗经等。前者用于操舵,后者用于测定物标方位。

航向记录器的作用是自动按照时间用记录纸记录船舶航行中的航向,以备查考;另外,可以利用航向记录器,记录罗经自启动至稳定指北的航向曲线,用以检查罗经作减幅摆动的情况,判断罗经是否正常,是否稳定指北;依据阻尼曲线可以测定罗经减幅摆动周期和阻尼因数等技术数据。

罗经电源将船电转换成罗经专用电,电源控制装置和报警装置用以对陀螺罗经进行启动、关闭和监视其工作。

陀螺罗经在电路系统上可以分为电源系统、随动系统、传向系统和附属电路系统。电源系统作用是应罗经要求将船电转换成罗经用电,其转换方式可分为交流变流机系统和直流逆变器系统。随动系统作用是控制随动部分跟踪灵敏部分,将陀螺仪主轴的指向反映到刻度盘上。传向系统的作用是将主罗经的航向传送到分罗经和其他复示器。根据航向发送器和航向接收器的工作原理,可以将传向系统分为交流同步式传向系统和直流步进式传向系统;现代数字陀螺罗经采用了计算机数字技术,可以数字信号形式,通过 RS232 或 RS422 等串口通信,将航向信息传送至数字分罗经或其他数字接收设备(如雷达和 ECDIS)。附属电路系统依据不同型号的陀螺罗经各自配有特定的电路系统,如 Anschfltz4 型罗经配有温度控制报警电路系统,Sperry MK37 型罗经配有速度、纬度误差校正电路系统等。

航行船舶上的陀螺罗经会因船舶运动而产生很多误差,如速度差、冲击误差、摇摆误差、纬度误差等;由于安装原因又有基线误差等。因此,均需采取相应措施加以消除或校正。

三、几种常见陀螺罗经系统

陀螺罗经是根据法国学者 L. 傅科于 1852 年提出的利用陀螺仪作为指向仪器的原理而制造的。德国人安许茨于 1908 年,美国人 E. A. 斯伯利于 1911 年,英国人 S. G. 布朗于 1916 年分别制成以他们的姓氏命名的 3 种不同的陀螺罗经,布朗罗经以后又发展为阿玛-布朗罗经。目前,船上常用的陀螺罗经有安许茨型、斯伯利型、阿玛-布朗型等,现对其进行详细说明。

1. 安许茨标准 22 型罗经

(1)主要特点。

1)接入其他传感器数据,自动或手动校正误差。

2)快速稳定功能,3 h→1 h。

3)数字化同步传向,自动校准分罗经,打印机代替航向记录器。

4)转换装置提供多种数字和模拟信号,提供转向速率。

5)网络连接,多接口、多数据格式输入输出。

6)直流静止逆变器低压直流供电,减小噪声能耗。

7)控制电路集成化,信号传输网络化,设备结构小型化。

(2)配置方式。

1)简化型:主罗经(Master Compass)、分罗经(Repeater Compass)及选购件的快速稳定操作单元(Fast and Stable Operation of Unit)、交直流转换器(AC/DC Converter)和附加输出箱(Additional Output Box)等组件。

2)完整型:主罗经、分罗经、操作单元(Operation Unit)、信号分配器(Signal Distributor)、选购件交直流转换器和多罗经互换器(many Compass Exchanger)等组件。

(3)系统组成。

1)主罗经。主罗经实物图、结构图以及实物接线图如图 6-7 所示(以安许茨标准 22 型为例),包括灵敏部分、随动部分和固定部分。

①灵敏部分——陀螺球(尺寸较小)。

控制力矩:重心下移。

阻尼力矩:液体阻尼器。

球壳:顶电极、底电极和赤道电极,直径为 115 mm。

球内:双转子、无电磁上托线圈、无液态润滑油、抽真空充氢气、转速为 12 000 r/min。

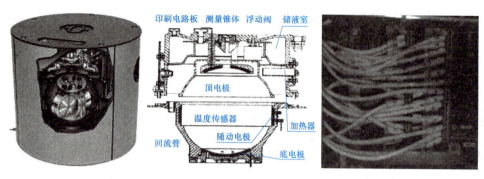

图 6-7　安许茨标准 22 型主罗经实物图、结构图、实物接线图

支承方式：液浮加液压辅助支承，离心水泵代替电磁上托线圈。
离心泵作用如下：
a. 定中心。
b. 辅助支承上托力，代替电磁上托线圈。
②随动部分——随动球组件、减振波纹管摆式连接器、方位齿轮、汇电环等。
作用：确保主罗经中的随动部分在方位上准确地跟踪灵敏部分——陀螺球一起转动。
目的：
a. 消除由于陀螺球相对随动球转动而引起的支承液体与陀螺球之间产生的摩擦力。
b. 保证随动部分方位刻度盘的 0°表示陀螺球主轴的指北端，从而直接读取航向。
随动球组件：随动球、离心水泵、附件等。
随动球：充满液体密封球体。
　　　　上半球：
　　　　　　储液室：蒸馏水，自动补给液体。
　　　　　　筒式加热器：支承液体导流区域内。
　　　　　　透明锥体——顶部：测量液面高度。
　　　　　　印刷电路板——球壳：过温保护装置、离心水泵移相电容、连接导流区域内
　　　　　　　　　　　　　　　的温度传感器。
　　　　　　顶电极：通单相交流电。
　　　　下半球：
　　　　　　底电极：通单相交流电。
　　　　　　两随动电极：对准陀螺球赤道电极。
　　　　　　管状导电率传感器：支撑液体温度上升到 45 ℃时，随动系统自动被主控制器
　　　　　　　　　　　　　　　接通。
　　　　　　离心水泵：导流管连接下半球导流区，循环通路随动球通过四个快速拆卸机
　　　　　　　　　　　构与摆式连接器相连，使随动球在船舶摇摆时保持直立状态。摆
　　　　　　　　　　　式连接器上部装有编码器，经传动皮带轮连接方位随动电动机。
　　　　　　附件：减振波纹管摆式连接器，是性能卓越的三向防振装置。
　　　　　　方位齿轮：与汇电环上托板固连。
　　　　　　汇电环：略。
　　　　　　编码器：将随动球转动的角度变换为数字编码。
③固定部分。固定部分由支承板、罗经箱体等组成，传感器印刷电路板、方位电动机、循环编码器、电风扇安装其上。

2)电路系统。(以安许茨标准22型为例)电路系统实物图如图6-8所示,由电源系统、随动系统、温控系统、信号检测系统等组成,其元器件基本上都安装在电子印制电路板PCB板上。

①电源系统。电源系统由数个稳压电路和(55 V 400 Hz)逆变器组成,主要作用是将船舶电源变换成陀螺罗经系统所需要的各种电源。

稳压电路的作用:将船电变换成电子传感器所需的各种稳定的直流电。

图6-8 安许茨标准22型罗经电路系统实物图

逆变器的作用:将直流24 V船电变换成陀螺球及离心泵所需的单相55 V/400 Hz电源,球内移相电容变换成三相电供陀螺电动机,陀螺电动机额定转速为12 000 r/min。

②随动系统。随动系统方框图如图6-9所示(以安许茨标准22型为例),由随动传感器、放大器、A/D转换器、(CPU)微处理器、随动电动机控制器和随动步进电动机等组成。

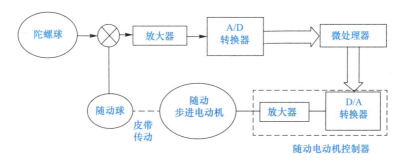

图6-9 安许茨标准22型罗经随动系统方框图

随动传感器:随动电压信号为0.5 VDC/°。

③传向系统。方位齿轮转动带动支承板中央的编码器转盘转动,将随动球转动的角度变换为数字编码,送至微处理器,微处理器计算出船舶航向后,输至数字显示器显示航向,同时通过串行接口送至分配箱,分配箱变换处理后,同时带动5路步进式分罗经和8路同步式分罗经。

④温控系统。温控系统由温度传感器、CPU、温度控制器、加热器、电风扇和过温保护装置等组成,如图6-10所示。其主要作用是使支承液体的温度自动保持在规定的工作范围内,以保持陀螺球位于正常高度。工作温度为50 ℃±1 ℃,实际温度可随时从数字监视器上读出。

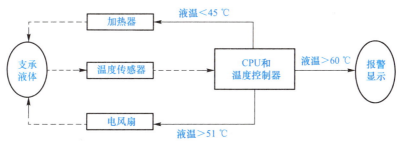

图6-10 安许茨标准22型罗经温控系统方框图

温度控制系统的工作情况如下：

<45 ℃ 加热器工作。

=45 ℃ 随动系统工作，加热器供电电压逐渐下降。

=50 ℃ 加热器停止工作。

=51 ℃ 电风扇工作。

=60 ℃ 数字显示器航向小数点闪烁，此时按下[B38]键显示警告符号C3（具体按钮见后面的面板操作说明，下同）。

=70 ℃ 警告符号变为E9。

≥77 ℃ 温度保护装置自动切断加热器电路。

2. 斯伯利MK37型陀螺罗经

(1)斯伯利MK37型陀螺罗经整套设备由主罗经(Master Compass)、电子控制器(Electronic Control Unit)、速纬误差补偿器(Speed and Latitude Compensator Unit)和发送器(Transmission Unit)等组成。

主罗经：陀螺罗经的主体，具有指示船舶航向的性能。

电子控制器：陀螺罗经的电源装置，它由静止式逆变器及其控制电路组成。

速纬误差补偿器：用来产生速度和纬度误差校正信号，该校正信号输至主罗经，对速度误差和纬度误差进行补偿。

发送器：主要包括传向系统的放大控制电路，用来放大主罗经航向信号并将其传递到各个分罗经。

罗经整机布置如图6-11所示(以MK37E型为例)。

(2)主罗经结构。主罗经主要元件如图6-12所示。

外部：是一个罗经座，它由上盖和壳体组成，盖上有观察窗，用以读取航向。

内部：充满硅油液体，底罩内设有波纹管，用以适应液体随温度变化而产生的膨胀或收缩。另外还有陀螺球、液体连通器、垂直环、叉形随动环、支承板和航向刻度盘等。

图6-11 MK37E型陀螺罗经整机布置

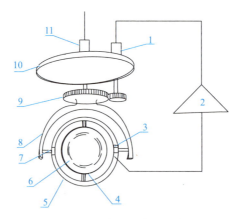

图6-12 主罗经主要元件

1—方位电动机；2—随动放大器；3—随动变压器；4—陀螺球；5—垂直环；
6—陀螺电动机；7—力矩器；8—叉形随动环；9—方位齿轮；10—支撑板；11—同步电动机

主罗经的结构可分为灵敏部分、随动部分和固定部分。

1)灵敏部分(Sensitive Element)。

①陀螺球(Gyrosphere)。

外部：铝质密封球体，是罗经的指北元件，由两个半球和中间环组成。直径为165 mm (6.5 in)，设有8组配重用螺钉固定在球壳表面上，供平衡之用。西侧有一方形凹槽，装有随动变压器的衔铁。

球内：充满氢气，装有陀螺电动机。球内底部有润滑油，用来润滑转子主轴承，电气连接部件装在中间环上。西侧装有两块阻尼重物，用以产生阻尼力矩，保持陀螺球平衡稳定。

②垂直环(Vertical Ring)。圆环形铝合金铸件，装置在叉形随动环内，连同陀螺球可绕水平轴转动，弹簧制动器安装在叉形随动环的下面。

西侧：安装E状随动变压器，与陀螺球西侧凹槽内的衔铁相对应，构成罗经的随动系统的测量元件。

东侧：安装E形力矩器，当速纬校正电路的信号输入到力矩器的控制绕组时，便在陀螺球壳上产生涡流，涡流与磁场相互作用便产生沿垂直轴的力矩，用以补偿速度误差和纬度误差。

顶部：安装电解液水准器，它用来检测陀螺球主轴的倾斜角并产生校平信号，经放大后驱动方位电动机，带动随动环和垂直环转动，对陀螺球施加垂直力矩使陀螺球主轴自动校平。

垂直环和陀螺球之间设有限动片，用以限制陀螺球绕垂直轴转动的角度在±6°之内。

③液体连通器(Liquid Ballistic)。液体连通器由两个互相连通的黄铜瓶组成，呈圆柱形，位于陀螺球的南北两端。瓶内注入部分硅油，液体连通器直接装在垂直环上。当陀螺球绕其水平轴作俯仰运动时，硅油自升高的瓶中通过液体连通管流向下降的瓶中，在下降的瓶中出现多余硅油，其重力产生相对于水平轴作用的控制力矩，将陀螺球引向子午面。

采用的硅油具有较大的黏度，而且连通管口径小，硅油流动周期远大于船舶摇摆周期。因此船舶摇摆惯性力的反应不甚敏感，从而使罗经的摇摆误差得到消减。

2)随动部分(Follow-Up Element)。随动部分如图6-13所示，主要部件为一铝合金叉形随动环，上支承垂直环，并装有方位齿轮。叉形随动环垂直轴的顶端用轴承空套一航向刻度盘。

3)固定部分(Fixed Element)。

①支承板：支承在罗经座的凸缘上，用于悬挂随动部分和灵敏部分，同时还兼作安装托架，在其上安装有方位电动机、齿轮装置、光电式步进发送器、航向余弦解算装置、汇电环与电刷组件和照明灯等。

②罗经座：通过三向防振装置安装在底座上。

(3)电路系统。斯伯利MK37型罗经的电路主要包括

图6-13 罗经随动部分主要构成图

1—垂直环；2—连通管；3—陀螺转子；
4—圆柱形金属瓶；5—空气管；6—陀螺球；
7—叉形随动环

电源系统、随动系统、传向系统、速纬误差校正电路及各种工作方式的控制电路等。MK37E型所有电路系统的全部元器件均安装在控制与发送器内，各种开关、指示灯及保险丝均安装在其面板上。

1)电源系统。采用静止式逆变器(Static Inverter)，将船电变为115 V/400 Hz的单相方波，再经分相电路使其变为陀螺电动机所需的三相交流电，如图6-14所示。

电源系统由整流稳压电路、调谐转换电路及分相电路组成。

整流稳压电路和调谐转换电路构成静止式逆变器。

整流稳压电路的作用：将船舶电源50 V/60 Hz单相交流电经全波整流电路变为25 V±3 V的直流电，再经稳压电路变为恒定的24 V直流电压。

图 6-14 电源系统框图

调谐转换电路：由变压器 T3、开关电路和谐振电路组成。直流电压经调谐转换电路变成 400 Hz 单相交流电。

分相电路的作用：将逆变器输出的单相方波通过移相变为 115 V/400 Hz 三相交流电，向陀螺电动机供电。

2）随动、传向系统。随动、传向系统的作用是确保罗经的随动部分能够跟随灵敏部分一起运动，同时将船舶航向精确地传递到各个分罗经。

3. 阿玛-布朗 10 型陀螺罗经

（1）整机组成。阿玛-布朗 10 型陀螺罗经由主罗经、变流机（Motor and Generator）、开关接线箱（Switch Junction Box）、分配箱（Distribution Box）、分罗经和警报器（Alarm）组成。

主罗经：灵敏部分能够自动找北并稳定指北，刻度盘指示主罗经航向。

变流机：将船电转换为罗经工作电源。

开关接线箱：控制保护变流机和控制分罗经工作。

分配箱：有两个（分配箱 1、分配箱 2），向各分罗经分配主罗经航向信号，可以连接 20 个分罗经。

分罗经：为直流步进式接收机，能够方便地读取船舶航向和测量物标方位。

警报器：作用是当罗经电源发生故障时，以音响和灯光形式报警。

（2）阿玛-布朗 10 型罗经的主罗经。阿玛-布朗 10 型罗经的主罗经由灵敏部分、随动部分和固定部分组成，实物如图 6-15 所示。

1）灵敏部分。灵敏部分的结构如图 6-16 所示，包括单转子陀螺球、浮动平衡环（Gimbal Ring）和扭丝（Torsion Fibre）。

图 6-15 阿玛-布朗 10 型罗经的主罗经实物

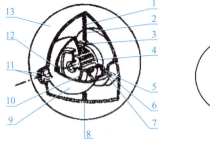
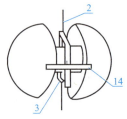

图 6-16 灵敏部分结构图

1—柔软银质导线；2—垂直扭丝；3—浮动平衡环；4—陀螺电动机；5—水平轴；6—水平扭丝；7—柔软银质导线；8—垂直轴；9—陀螺球；10—陀螺转子飞轮；11—陀螺球位置敏感线圈；12—电磁铁；13—贮液缸；14—东边支架

单转子陀螺球：为哑铃状密封金属球体。球壳由南北两个紫铜的空心半球组成，并用短筒连接为一体。球内装有陀螺电动机，转速为 12 000 r/min，动量矩指北。转子直径为 2.2 cm，两端装有直径为 7.6 cm 的飞轮，以增大转子的转动惯量。陀螺球内充入氢气，以利于散热和防锈。

浮动平衡环：陀螺球采用液浮和扭丝组合支承，在陀螺球壳中间位置的凹槽，装有浮动平衡环，其平面与陀螺电动机转子轴相垂直。陀螺球在其东西方向上有两根水平金属扭丝，支承在浮动平衡环与陀螺球东、西边的支架上，构成陀螺球的水平轴。陀螺球与浮动平衡环之间有一定的间隙，容许陀螺球相对于浮动平衡环作小角度的运动而不会触及浮动平衡环。浮动平衡环本身又有上下两根垂直方向的金属扭丝，固定在贮液缸上下内壁上，构成了陀螺球的垂直轴。

水平扭丝：是一种直径约为 0.3 mm 的铍青铜丝，其作用如下：

①作为无摩擦轴承，产生陀螺球的水平轴。

②用于在浮动平衡环内定陀螺球的左右中心位置。

③起水平力矩器的作用。当陀螺球相对于浮动平衡环在倾斜方向上存在角位移时，水平金属扭丝受扭，产生沿水平轴向的扭力矩作用于陀螺球。

垂直扭丝：也是一种直径约为 0.1 mm 的铍青铜丝，其作用如下：

①作为无摩擦轴承，产生陀螺球的垂直轴。

②用于在贮液缸内通过浮动平衡环，内定陀螺球上下的中心位置。

③起垂直力矩器的作用。当陀螺球连同浮动平衡环一起相对于贮液缸在方位上存在角位移时，垂直金属扭丝受扭，产生沿垂直轴向的扭力矩作用于陀螺球。

2）随动部分。随动部分由贮液缸、倾斜平衡环（Tilt Gimbal Ring）、方位随动电动机（Azimuth Motor）、倾斜随动电动机（Tilt Motor）、方位平衡环（Azimuth Gimbal Ring）、刻度盘、汇电环等组成（图 6-17）。

贮液缸：呈灯形，通过其南北轴支承在倾斜平衡环上，可绕南北轴运动。南北轴又可绕东西轴作俯仰运动。同时，贮液缸又与倾斜平衡环、方位平衡环和刻度盘一起绕垂直轴转动。

贮液缸的主要作用：一是支承液体容器，通过支承液体支承灵敏部分；二是跟踪并保持与陀螺球相对位置一致，将陀螺球航向传到刻度盘，便于读取航向；使位于贮液缸西侧的电磁摆，间接检测陀螺球主轴的高度角产生摆信号；启动罗经时使陀螺球主轴近似

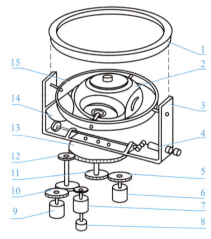

图 6-17 随动部分结构图

1—刻度盘；2—贮液缸；3—方位平衡环；
4—倾斜随动电动机；5—1∶1 同步齿轮；6—航向发送器；
7—方位随动电动机；8—黏性阻尼器；9—余弦解算器；
10—36∶1 同步齿轮；11—可调小齿轮；12—方位齿轮；
13—可调齿侧间隙小齿轮；14—扇形倾斜齿轮；15—倾斜平衡环

指示真北和水平，达到快速启动罗经的目的；三是相对陀螺球在倾斜上和方位上产生角位移，使水平扭丝和垂直扭丝受扭，对陀螺球施加水平力矩和垂直力矩。

倾斜平衡环：由倾斜随动电动机通过倾斜齿轮驱动，带动贮液缸工作。

方位平衡环：由方位随动电动机通过方位齿轮驱动，带动贮液缸工作，同时带动固定在方位平衡环上端的主罗经刻度盘，使刻度盘的"0"始终与陀螺球主轴方向完全一致。在方位平衡环下端的垂直轴装有汇电环，由汇电环上的电刷向随动部分和灵敏部分供电。

3)固定部分。固定部分由罗经箱体、操作面板、航向步进发送器、余弦解算器及电子器件等组成。

罗经箱体：由底座、中部箱体和顶盖组成，其中中部箱体和顶盖在修理时可以拆装。

操作面板：操作面板如图6-18所示。面板上设有主罗经电源开关(Power)、旋转速率旋钮(Slew Rate)、方位按钮(Azimuth)、倾斜按钮(Tilt)、速度旋钮(Speed)、纬度旋钮(Latitude)和照明旋钮(Illumination)。

航向步进发送器：其转子由方位随动电动机通过方位齿轮驱动，信号绕组产生的主罗经航向信号，控制分罗经步进接收机工作，使分罗经复示主罗经航向。

余弦解算器：相当于同步航向发送器，其转子也由方位随动电动机通过方位齿轮驱动，信号绕组产生的航向信号控制速度误差力矩器，产生与航向成余弦规律变化的校正力矩。

电子器件：主要为一块底板和六块插接电路板，分别用来产生稳定的直流电源、放大随动信号、控制随动系统工作、控制电磁摆信号、控制传向系统工作等。

(3)电路系统。电路系统包括电源系统、随动系统、传向系统和几个附属电路。

1)电源系统。电源系统为变流机形式，由三相异步电动机同轴带动一台三相交流发电机组成。电动机可由380 V/50 Hz或440 V/60 Hz的三相船电供电，交流发电机发出26 V/400 Hz的三相交流电，作为罗经的工作电源。变流机由开关接线箱上的变流机开关和箱内的保险丝控制和保护其工作。传向系统所需的DC35 V电源是由船电经变压器变压和整流电路整流后得到的。

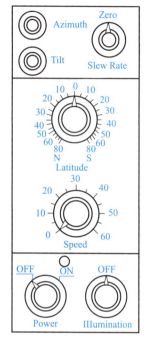

图6-18 操作面板

2)随动系统。随动系统包括倾斜随动系统和方位随动系统。随动系统由电磁铁和陀螺球位置敏感线圈(包括倾斜敏感线圈和方位敏感线圈)、倾斜随动放大器和方位随动放大器、倾斜随动电动机和方位随动电动机等组成。

倾斜敏感线圈：产生倾斜随动信号。

方位敏感线圈：产生方位随动信号。

倾斜随动放大器：放大倾斜随动信号。

方位随动放大器：放大方位随动信号。

倾斜随动电动机：在放大后的倾斜随动信号控制下，使贮液缸南北轴保持与陀螺球主轴相同的倾斜状态(高度角θ相等)。

方位随动电动机：在放大后的方位随动信号控制下，使贮液缸南北轴保持与陀螺球主轴相同的方位状态(方位角α相等)。

倾斜随动系统的随动原理框图和方位随动系统的随动原理框图如图6-19、图6-20所示。

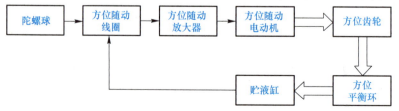

图6-19 方位随动系统的随动原理框图

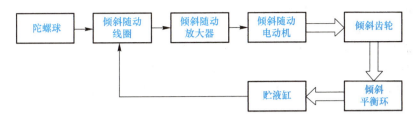

图 6-20 倾斜随动系统的随动原理框图

除随动信号控制随动系统工作,使贮液缸南北轴在倾斜上和方位上保持与陀螺球主轴一致外,控制随动系统工作的还有以下几种:

由电磁摆产生的摆信号:其作用是控制随动系统,使贮液缸在倾斜上和方位上分别产生位移,水平扭丝和垂直扭丝受扭,产生沿陀螺球水平轴向的控制力矩和沿陀螺球垂直轴向的阻尼力矩。

由旋转速率旋钮、方位按钮、倾斜按钮及电路产生的旋转速率信号:其作用是启动罗经时,控制随动系统,通过贮液缸使陀螺球主轴水平和主轴近似指示真北,进行快速启动罗经。

由纬度旋钮及电路产生的纬度误差校正信号:作用是控制倾斜随动系统,使贮液缸在倾斜上产生位移,使水平扭丝受扭,产生沿陀螺球水平轴向的纬度误差校正力矩,消除纬度误差。

由速度旋钮及电路产生的速度误差校正信号:作用是控制方位随动系统,使贮液缸在方位上产生位移,使垂直扭丝受扭,产生沿陀螺球垂直轴向的速度误差校正力矩,消除速度误差。

由有关电路产生的倾斜偏压信号:作用是控制倾斜随动系统,使贮液缸在倾斜上产生位移,使水平扭丝受扭,产生沿陀螺球水平轴向的附加控制力矩,用以补偿陀螺球沿其主轴存在某一固定的不平衡所引起的作用于水平轴向的干扰力矩,以使陀螺球能恰如其分地补偿地球自转角速度垂直分量 ω_2 的影响。

由有关电路产生的温度补偿信号:作用是控制倾斜随动系统,使贮液缸在倾斜上产生位移,使水平扭丝受扭,产生沿陀螺球水平轴向的补偿力矩,消除由于支承液体的温度变化(正常工作时为 25 ℃~85 ℃变化)而使灵敏部分的重心、浮心和中心不重合引起的干扰力矩的影响。

以上各种信号均输入各随动系统的放大器,经放大后控制随动系统工作。

3)传向系统。采用直流步进传向系统,由航向步进发送器(Sted-by-Sted Transmitter),控制电路(Controlling Circuit)和直流步进接收机(D. C. Sted-by-Sted Motor)(分罗经)组成。

航向步进发送器安装在主罗经箱内底板上,其转子由方位随动电动机通过方位齿轮带动旋转,信号绕组产生主罗经航向信号,控制传向系统的控制电路工作,控制电路又再控制分罗经直流步进接收机的工作,使分罗经航向与主罗经航向相等,将主罗经航向传到了分罗经。传向系统的工作原理框图如图 6-21 所示。

图 6-21 传向系统的工作原理框图

4)附属电路。附属电路有稳压电路、压降保护电路和摆信号控制电路等。

稳压电路:由稳压电路板上的电子元件组成。其主要作用有两个:一是为随动系统放大电路提供稳定的 DC40 V 电压;二是为压降保护电路提供 DC55 V 工作电压。

压降保护电路：由压降保护电路板上的电子元件组成。其主要作用是在罗经刚启动时，陀螺电动机转速低，压降保护电路自动控制随动系统不投入工作。大约 10 min 后，陀螺电动机转速正常，压降保护电路便使随动系统自动地投入工作，使罗经自动地找北指北。压降保护电路对罗经起到保护的作用。

摆信号控制电路：用来对输入到倾斜随动系统和方位随动系统的摆信号的大小进行控制。

4. 光纤陀螺罗经

光纤陀螺罗经是由光纤陀螺仪组成的，而光纤陀螺仪的基本工作原理是利用光速的恒定性和所谓的沙格奈克(Sagnac)相移效应而设计生产的。

(1) Sagnac 效应。众所周知，光在介质中具有传递的等速性。利用这一原理，光可用来测距。光波具有反射与折射特性，当波导的尺寸与光波的波长符合一定关系时，光波就能在波导内产生全反射而不会泄出波导外。光导纤维就是根据这一原理拉制的，现已广泛应用于通信领域。通常，被用于通信的光导纤维是相对静止的，如果光导纤维这一媒体相对于光本身有运动，那么，光的传导就会产生类似多普勒效应(见"船用计程仪系统"章节)的现象。由于光具有顺着光导纤维定向传输的能力，如果将光导纤维弯曲成完整的圆弧，让光在这个旋转着的光导纤维中传输，相对于相对静止的光导纤维而言，这就会产生光的提前/迟到现象。显然，提前/迟到量与光导纤维这一媒体转速成正比。如果同时让两束光分别通过两个大小相同，而一个相对静止、一个旋转着的圆周，测量它们到达的时间差，就可以知道转速的大小，通过积分就可知道转动量。如果提供一个精确的始点，就可以知道其转动的绝对值了。事实上，不通过测量与旋转圆周的时间差，而是改用测量两束沿相反方向运动的光到达的时间差。通过分光器将来自光源的光束被合束分束器分成两束光，分别从光纤线圈两端耦合进光纤传感线圈并反向回转。从光纤线圈两端出来的光，再次经过合束分束器而复合，产生干涉。当光纤线圈处于静止状态时，从光纤线圈两端出来的两束光，相位差为零。当光纤线圈以旋转角速度 Ω 旋转时，这两束光产生相位差。这就是 Sagnac 效应，也是光导罗经指向的基本原理。

以半径为 R 的圆周为例(图 6-22)。P 为分光器位置，光从 P 点进入。光从 P 点进入后，沿着相反的旋向沿着圆弧运动。若圆弧本身相对静止，则两束光将同时到达 P 点，时间差为 0。若圆周以 Ω 的角速度顺时针旋转，则逆时针向的光经过的路径为

$$LS = L - I \tag{6-3}$$

式中　L——圆周长，$L = 2\pi R$；

　　　I——光通过时间内的转角，$I = R\phi$。

同理，顺时针向的光经过的路径为

$$LB = L + I \tag{6-4}$$

光程差为

$$\Delta L = LB - LS = 2I = 2R\phi; \tag{6-5}$$

相位差为

$$\Delta \Phi = 2\pi \Delta L / \lambda = 2\pi \cdot 2R\phi/\lambda = 4\pi R\Omega L/(\lambda C) \tag{6-6}$$

式中　λ——波长；

　　　C——光速。

可见，当 R、λ 和 C 确定后，$\Delta\phi$ 将取决于 Ω，即 $\Delta\phi$ 将与 Ω 成正比。

(2) 光纤陀螺罗经。光纤陀螺罗经是基于 Sagnac 效应研制的。由于光纤罗经是基于对角速度的敏感，所以，光纤陀螺罗经不仅能起到传统罗经的指向作用，而且能直接反映旋转的角速度。因此，光纤陀螺罗经又称为光纤陀螺罗经与姿态参考系统。光导纤维绕成的线圈被用作测量地球转速的十分灵敏的速率传感器。一般光纤陀螺罗经除在 Z 轴方向装有敏感元件外，还在 X 轴、

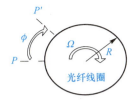

图 6-22 光纤线圈

Y 轴装有敏感元件,它可以测量三轴动态与姿态,通过平面电子感应器,可以反映船舶的横摇、纵摇和转向运动。本书以 C.PLATH 公司研制的 NAVIGAT 2100 光纤陀螺罗经为例进行说明。

C.PLATH 公司研制的 NAVIGAT 2100 光纤陀螺罗经是由感应器、控制及显示器和相关接口电路组成。感应器是光导罗经的主要组成部分,它主要由光感及光电电路组成,按其功能分类,可分为三部分——电源及导航信号处理、平面电子感应器及三轴光导陀螺仪。其中,三轴光导陀螺仪由 X、Y、Z 轴三个独立的陀螺仪组成。根据来自三个陀螺仪的信号和来自平面电子感应仪的信号,经过 Kalman 滤波,就能计算出地球的转动方位,从而得到地球真北方向。由于采用链联式技术设计,光纤陀螺罗经的 X—Y 主平面由电子感应仪产生,光纤陀螺罗经可直接安装在船体上,从而取消了传统陀螺罗经中最繁复的平衡环系统。同时,由于光纤陀螺罗经是基于旋转速率的,启动稳定时间很短,动态精度高且没有北向速度误差,从而大大增加了各类船只的安全性,尤其是当高速船艇在高纬度频繁机动时,更能保证船艇的安全。因此,它尤其适用高速船艇。

任务实施

技能一 船用陀螺罗经的安装

下面以某船厂 45 000 t 罗经系统为例进行详细介绍。

该系统封面页和第 1 页的图纸履历已经省略。图 6-23 所示是该系统图的第 2 页。此页第 1 列为设备序号,第 2 列为后续图纸中对此设备或单元的代号,第 3 列详细说明了系统中的设备或单元名称,第 4 列是设备或单元的数量,第 5 列为设备或单元的规格型号,第 6 列的附注为设备的提供厂家。

图 6-24 所示是图纸的第 3 页,具体说明了主罗经与各分罗经之间的关系和布局。主罗经 GC 安装在驾驶室顶上,方位分罗经 RC 安放在船左右翼,数字分罗经 2RC 安装在船长室、前壁等各种需要的场合,主罗经 GC 通过安装在驾控台里面的罗经控制单元 GCU 将信号传送到了各分罗经、电子海图、雷达、投影磁罗经 ◇、海图桌 GCR、舵机舱中的复示罗经 1RC、经连续信号分配箱 SSDB 等需要的仪器上,来自 GPS 和计程仪的信号同样可以被送至罗经控制单元 GCU,磁罗经的用电电源来自 AC220 V 航行分配板 NP 和 DC24 V 分配电板 LNP 及 1 号充放电板,同时,该配电板还给磁罗经照明控制器 DMC 供电,磁罗经照明控制器 DMC 又与投影磁罗经 ◇ 相连,安装在前壁的 2RC 又与数字分罗经调光器 DIM/GC 相连;通过罗经连续信号分配箱 SSDB 罗经控制单元 GCU 的信号又被送至 AIS、VDR 和卫通 F 站。

罗经系统接线图 COMPASS SYSTEM WIRING DIAGRAM		419-651-002B	共3页 TOTAL SHEETS 3	第2页 SHEET 3
12	NP	AC 220 V航行分配电板	1		上海船研所
11	LNP	DC 24 V分配电板	1		上海船研所
10	DIM/GC	数字分罗经调光器	1	DR-10	TOKYO KEIKI
9	DMC	磁罗经照明控制器	1		TOKYO KEIKI
8	◇	投影磁罗经	1	SH-165A1	TOKYO KEIKI
7	GCR	航向记录器	1	CR-4	TOKYO KEIKI
6	2RC	数字分罗经	1	DP-110	TOKYO KEIKI
5	1RC	复示罗经（带安装架）	1	RP-41-1+MB	TOKYO KEIKI
4	RC	方位分罗经（带支架）	1	RP-41-1+BH	TOKYO KEIKI
3	SSDB	罗经连续信号分配箱	1		TOKYO KEIKI
2	GCU	罗经控制单元	1	TG-8000	TOKYO KEIKI
1	GC	主罗经	1	TG-8000	TOKYO KEIKI
序号 Ser No.	代号 Code No.	名称 Description	数量 Qty	规格型号 Spec Type	附注 Remark

图 6-23　罗经系统图第 2 页

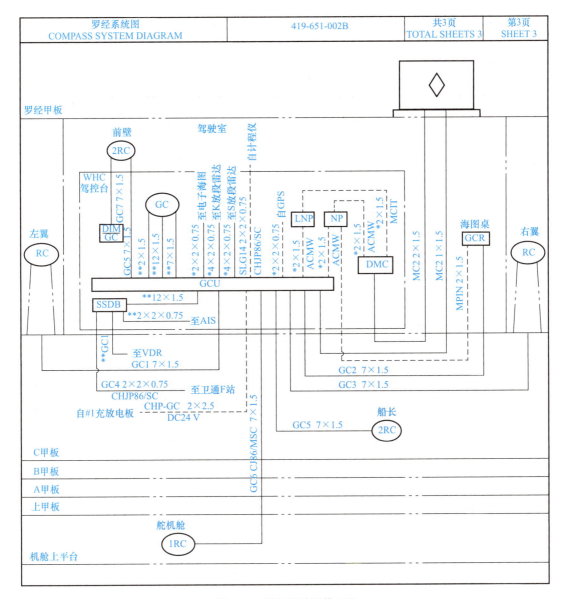

图 6-24 罗经系统图第 3 页

接线图共分为 8 列,第 1 列和第 7 列为要连接的设备的设备号,第 2 列和第 6 列是要连接在一起的设备的接线板号,第 3 列和第 5 列为接线柱号,第 4 列为连接两设备的电缆号,第 8 列为备注。下面对各页接线图作具体说明。

如图 6-25 所示,图纸第 2 页(第一页为封面,略掉),将罗经控制单元 GCU 分别和 1 号放电板 1CHP、方位分罗经 RC、复示罗经 1RC、航向记录器 GCR、驾控台 A220 V 航行分配电板 NP 连接在一起。

从上往下依次:GCU 的 TB31 号接线板的 24A+和 24A-也就是 3 号、4 号接线柱,通过一根 2×2.5[一根 2 芯、横截面面积为 2.5 mm² 的线(CHP-GC CJ86/SC 为电缆型号,会因厂家、船型号不同而异)]连接在 1CHP 的 QF4 接线板的第 2 号、4 号接线柱上,其中 1 号芯接在 TB31 的 3 上,另外一端接在 QF4 的 2 上,2 号芯接在 TB31 的 4 上,另外一端接在 QF4 的 4 上;GCU 的 TB2 号接线板的 ST21、ST22、ST23、ST24、ST25(也就是 62、63、64、65、66 号接线柱)通过一根 7 芯横截面面积为 1.5 mm² 的线连接在 RC 的第 1、2、3、C 号接线柱上,同样也是同一线芯对应连接,所不同的是 4、5 芯同时连接在 C;以下相同,不再多述。值得注意的是第 7 列的 GCR 的 G 接线柱接地;AC1、AC2 接线柱与 NP 的 A4 接线板的第 19 号和第 20 号接线柱用一根 2 芯横截面面积为 1.5 mm² 的线对应连接。

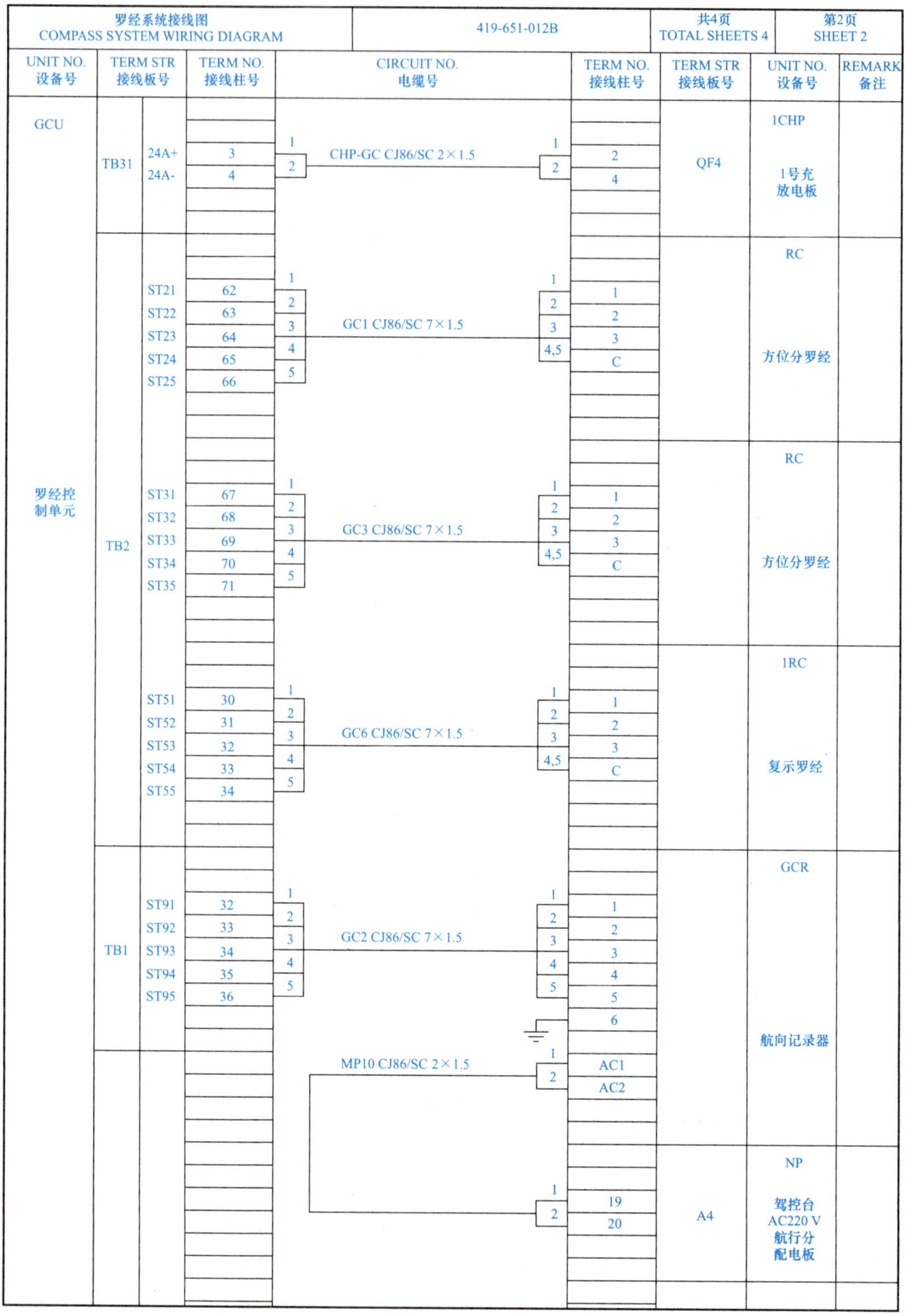

罗经系统接线图 COMPASS SYSTEM WIRING DIAGRAM			419-651-012B			共4页 TOTAL SHEETS 4	第2页 SHEET 2	
UNIT NO. 设备号	TERM STR 接线板号	TERM NO. 接线柱号	CIRCUIT NO. 电缆号		TERM NO. 接线柱号	TERM STR 接线板号	UNIT NO. 设备号	REMARK 备注
GCU	TB31	24A+ 3	CHP-GC CJ86/SC 2×1.5	1 2	2 4	QF4	1CHP 1号充放电板	
罗经控制单元	TB2	ST21 62 ST22 63 ST23 64 ST24 65 ST25 66	GC1 CJ86/SC 7×1.5	1 2 3 4 5	1 2 3 4,5 C		RC 方位分罗经	
		ST31 67 ST32 68 ST33 69 ST34 70 ST35 71	GC3 CJ86/SC 7×1.5	1 2 3 4 5	1 2 3 4,5 C		RC 方位分罗经	
		ST51 30 ST52 31 ST53 32 ST54 33 ST55 34	GC6 CJ86/SC 7×1.5	1 2 3 4 5	1 2 3 4,5 C		1RC 复示罗经	
	TB1	ST91 32 ST92 33 ST93 34 ST94 35 ST95 36	GC2 CJ86/SC 7×1.5	1 2 3 4 5	1 2 3 4 5 6		GCR 航向记录器	
			MP10 CJ86/SC 2×1.5	1 2	AC1 AC2			
				1 2	19 20	A4	NP 驾控台 AC220 V 航行分配电板	

图 6-25 罗经系统接线图第 2 页

如图 6-26 所示,图纸第 3 页连接同第 2 页,不同的是第 7 列设备号为 DIS 的第 1、2 号接线柱的右侧的 LOG2 表示将 1 号、2 号接线柱短路接到 LOG2。

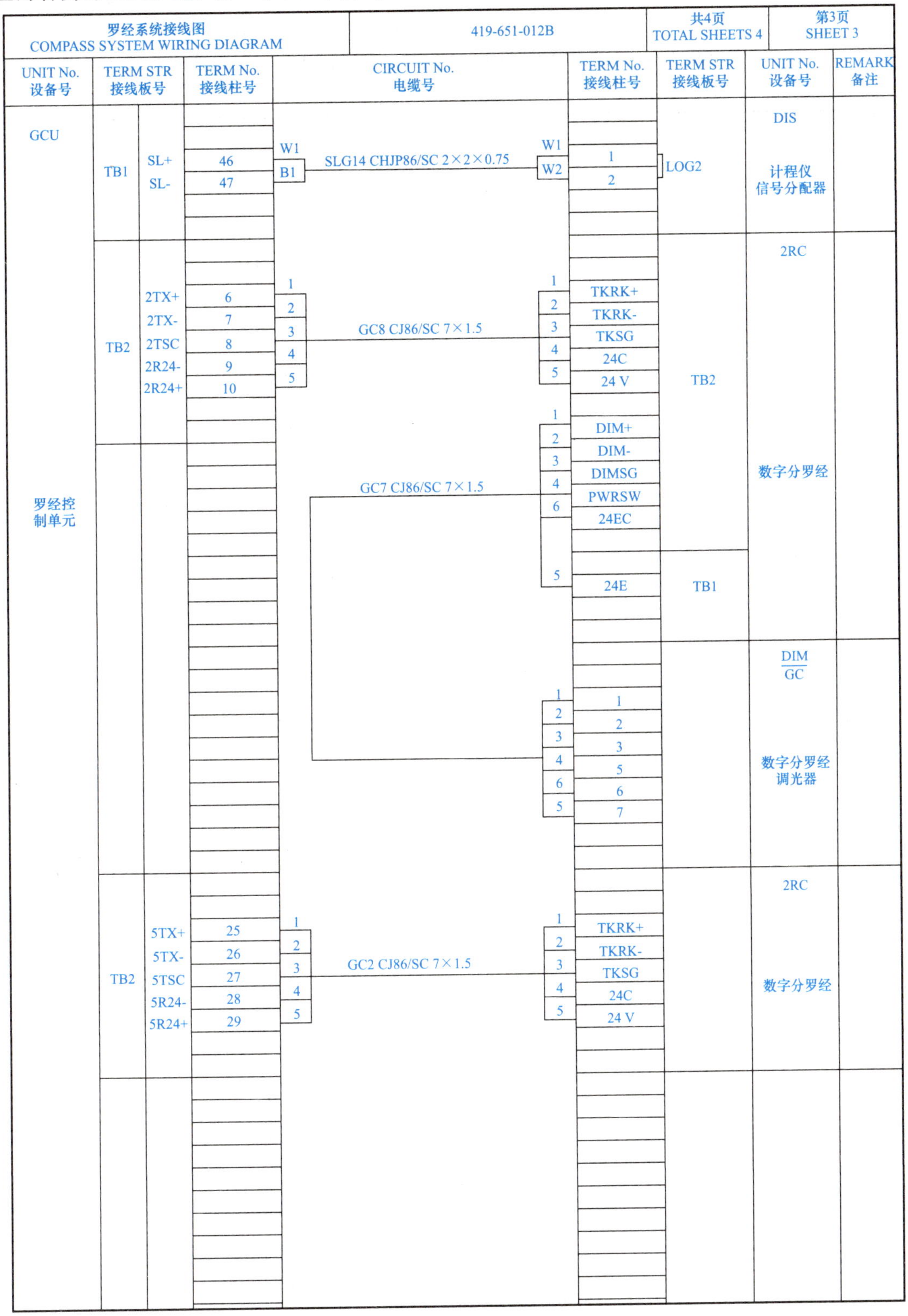

UNIT No. 设备号	TERM STR 接线板号	TERM No. 接线柱号	CIRCUIT No. 电缆号	TERM No. 接线柱号	TERM STR 接线板号	UNIT No. 设备号	REMARK 备注
罗经系统接线图 COMPASS SYSTEM WIRING DIAGRAM			419-651-012B			共4页 TOTAL SHEETS 4	第3页 SHEET 3
GCU	TB1	SL+ SL-	46 47	W1 B1 SLG14 CHJP86/SC 2×2×0.75 W2	W1 W2	1 2	LOG2	DIS 计程仪 信号分配器	
罗经控制单元	TB2	2TX+ 2TX- 2TSC 2R24- 2R24+	6 7 8 9 10	1 2 3 GC8 CJ86/SC 7×1.5 4 5	1 2 3 4 5	TKRK+ TKRK- TKSG 24C 24 V	TB2	2RC 数字分罗经	
				GC7 CJ86/SC 7×1.5	1 2 3 4 6	DIM+ DIM- DIMSG PWRSW 24EC		数字分罗经	
					5	24E	TB1		
					1 2 3 4 6 5	1 2 3 5 6 7		DIM/GC 数字分罗经 调光器	
	TB2	5TX+ 5TX- 5TSC 5R24- 5R24+	25 26 27 28 29	1 2 3 GC2 CJ86/SC 7×1.5 4 5	1 2 3 4 5	TKRK+ TKRK- TKSG 24C 24 V		2RC 数字分罗经	

图 6-26 罗经系统接线图第 3 页

如图 6-27 所示，第 4 页不同之处在于第 7 列设备号为投影磁罗经 ◇ 的接线柱号为 7 的接线，上面的小圆圈表示电缆通过 7 号接线柱屏蔽接地；设备号为 VDR 主单元的接线板号右边箭头表示来自设备罗经连续信号分配箱 SSDB 的 TB40 接线板号的 12 TX＋、12 TX－接线柱的 ＊＊＊GC0 线（设备厂家提供，根据具体的图纸选择）可以接到 CH5⑱ 的任意接线柱上，W1 表示白色线，B1 表示黑色线。

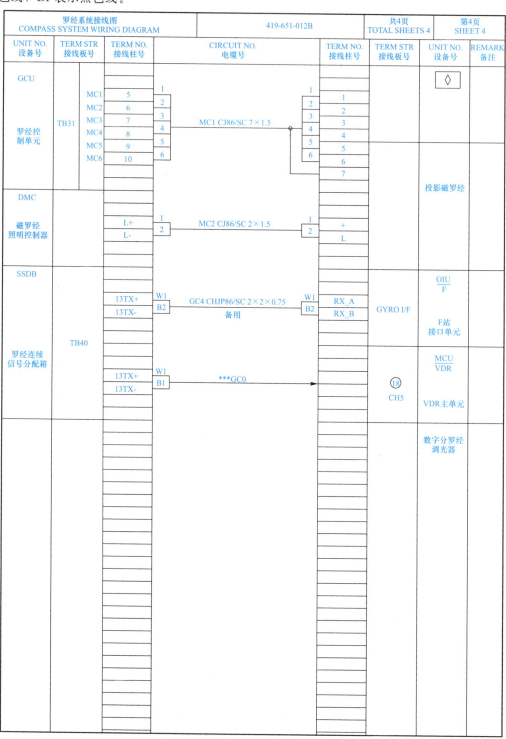

图 6-27 罗经系统接线图第 4 页

技能二　船舶用陀螺罗经的操作

下面分别以安许茨标准 22 型陀螺罗经和斯伯利 MK37 型陀螺罗经为例说明。

一、安许茨标准 22 型陀螺罗经的操作

1. 认识安许茨标准 22 型陀螺罗经的操作面板

安许茨标准 22 型陀螺罗经的操作面板实物如图 6-28 所示。

图 6-28　陀螺罗经操作面板实物

接通电源后，显示屏上显示陀螺罗经的航向信息；若连接多个陀螺罗经则显示选定的陀螺罗经。

操作单元分为数据显示区和 6 个软按键，如图 6-29 所示。

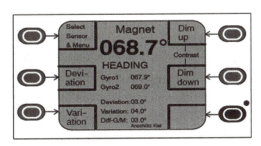

图 6-29　操作单元示意

其中，右下角的数据显示区为报警显示，对应的软按键上面的小点为一个双色发光二极管，当有意外情况发生时，二极管的作用：指示数据传送和闪射红光报警，如图 6-30 所示。

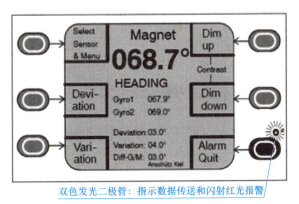

双色发光二极管：指示数据传送和闪射红光报警

图 6-30　操作单元中的二极管

快速稳定操作：通过方位电动机带动随动球转动产生的摩擦力来推动陀螺球向减小方位角的方向转动，直至最小。其摩擦力较小，推动能力有限，故只适用于前次关机和本次启动期间没有改变航向的情况(快速稳定功能可使加热阶段和稳定阶段减小到 1 h)。

如前面所述，因为安许茨标准 22 型陀螺罗经分为简化型和完整型，下面分别对其操作作出说明。

2. 完整型安许茨标准 22 型罗经显示单元的操作

(1)亮度调整如图 6-31(a)所示：Dim up 或 Dim Down。

(2)对比度调整：同时按[Dim Up]键和[Dim Down]键，转换为图 6-31(b)。

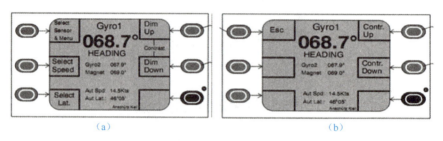

图 6-31　亮度调整和对比度调整

(3)如图 6-32(a)所示，按[Select Sensor & Menu]键选择传感器，按[Set]键确认。

(4)指示灯测试：按住[Lamp Test]键大约 3 s，进入测试状态，底部显示"Lamp Test"发光二极管发光，如图 6-32(b)所示，逐渐增大亮度，同时发声。

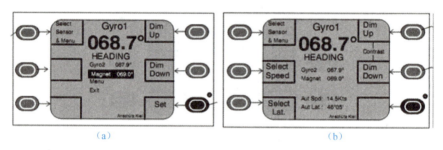

图 6-32　传感器测试操作

(5)航向显示：加热阶段、稳定阶段，如图 6-33 所示。

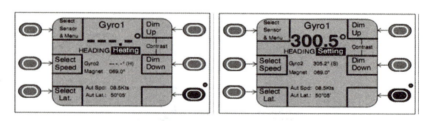

图 6-33　加热阶段、稳定阶段面板显示

(6)速度输入。如图 6-34 所示，按[Select Speed]键选择"Man Spd"，发光二极管黄色光闪烁，按[Up]键或[Down]键改变数值，按[Set]键确认，闪光熄灭。

(7)纬度输入。如图 6-35 所示，按[Select Lat]键选择"Man Lat"，发光二极管黄色光闪烁，按[Up]键或[Down]键改变数值，按[Set]键确认，闪光熄灭（系统接受输入的纬度和速度数值后，按此计算速度误差并消除之）。

图 6-34　速度输入　　　　　　　图 6-35　纬度输入

（8）快速稳定激活操作。启动后，选定航向信息下出现"QS-possible"，必须立即按下[Select Sensor & Menu]键，选择"Menu"项，按[Set]键确认进入下级菜单；按[Select Menu]键，选择"Quick-Settling"项，再按[Set]键激活快速稳定功能；此时，显示"Gyro X QS SET"，选择"Exit"退出。

3. 简化型安许茨标准 22 型陀螺罗经显示单元(选配)的快速稳定操作

快速稳定操作器实物图和示意如图 6-36 所示，启动后，快速稳定按钮闪烁持续 2 min，在此期间按下此钮激活快速启动功能；若 3 min 内没有激活则正常启动。

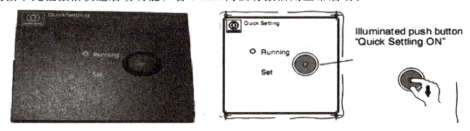

图 6-36　快速稳定操作器实物图和示意

4. 安许茨 22 型陀螺罗经工作状态监测

对于安许茨 22 型陀螺罗经来说有多种信号检测传感器可对罗经的工作状态检测和监测。

如图 6-37 所示，使用切换开关 B37、按键 B38 和 B39，通过数字显示器查阅工作状态及参数、故障信息和告警信息。

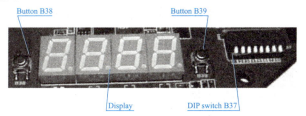

图 6-37　信号检测系统面板

二、斯伯利 MK37 型陀螺罗经的操作

1. 认识斯伯利 MK37 型陀螺罗经的控制面板

斯伯利 MK37 型陀螺罗经的开关按钮及指示装置均安装在控制与发送箱的面板上，如图 6-38 所示。

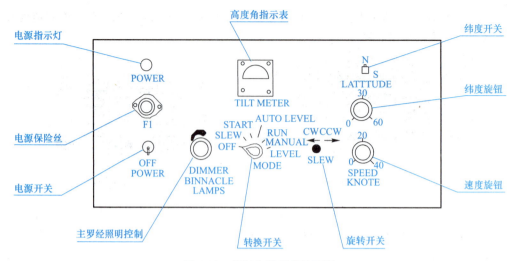

图 6-38　控制与发送箱的面板

各开关按钮及指示装置的作用如下：

高度角指示表——指示陀螺球的倾斜角。

纬度开关——船舶在北（或南）纬时，开关置于 N（或 S）位置。

纬度旋钮——0°～80°，用于校正纬度误差。

速度旋钮——0～40 kn，用于校正速度误差。

旋转开关（弹性手柄）——设有"CW"或"CCW"位置，当转换开关置于"旋转"时，用此开关控制刻度盘顺时针或逆时针旋转；当转换开关置于"手动校平"时，用此开关调整陀螺球的倾斜角。

转换开关，有以下六挡：

OFF——切断：转换开关在断开位置。

SLEW——旋转：容许主罗经刻度盘在陀螺电动机不转时旋转。

START——启动：接通陀螺电动机电源。

AUTO LEVEL——自动校平：自动将陀螺球主轴校平。

RUN——运转：所有的罗经回路处于工作状态。

MANUAL LEVEL——手动校平：适用旋转开关，并观察高度角指示表，进行手动校平。

主罗经照明控制——顺时针或逆时针旋转，控制主罗经照明灯的亮度。

电源开关——接通或切断控制与发送箱电源。

电源保险丝——保护控制与发送箱的输入电路，以免过电流通过。

电源指示灯——灯亮，表明罗经电源正常。

分罗经开关——在机箱内，分别控制各个分罗经电源的通断。

复位开关——在机箱内，熄灭警报指示灯。

警报指示灯——在机箱内，当分罗经电路板的过载保护电路被触发时，警报指示灯亮。

2. 操作斯伯利 MK37 型陀螺罗经

(1)正常启动。当陀螺电机不转动时，可采用以下步骤启动陀螺罗经：

1)检查控制与发送箱上的电源开关，转换开关应位于"切断"(OFF)位置。

2)将控制与发送箱内的各个分罗经开关置于"切断"(OFF)位置。

3)将控制与发送箱上的电源开关置于"接通"(ON)位置。

4)将转换开关置于"旋转"(SLEW)位置,并观察高度角指示表的指示。若指示为(+),用旋转开关使主罗经刻度盘转动至真航向减30°处,若指示为(-),则用旋转开关使主罗经刻度盘转至真航向加30°处。

5)将转换开关置于"启动"(START)位置。等待10 min,让陀螺电动机转速上升达到额定转速。

6)将转换开关置于"自动校平"(AUTO LEVEL)位置。等待30 s,直到罗经刻度盘停住或有微小摆动为止。

7)将转换开关置于"手动校平"(MANUAL LEVEL)位置,拨动旋转开关,使高度角指示表指示(0)附近。

8)将转换开关置于"运转"(RUN)位置。

9)依次将各分罗经的航向与主罗经航向匹配一致后,再将控制与发送器内的各分罗经开关置于"接通"(ON)位置。

10)将N/S纬度开关置于相应的半球位置(北纬N或者南纬S),并将纬度旋钮调整到船舶所在的纬度值上。

11)船舶航行时,将速度旋钮调整到船舶航速值上。

(2)关闭罗经。关闭主罗经必须按下列步骤进行:

1)将转换开关置于"切断"(OFF)位置。

2)将各分罗经开关均置于"切断"(OFF)位置。

3)将电源开关置于"切断"(OFF)位置。

(3)日常的检查。

1)检查控制与发送箱上的纬度旋钮,并将该旋钮调整到船舶所在地的纬度值上。

2)查N/S纬度开关,并将开关置于船舶所在半球位置。

3)检查速度旋钮,并将该旋钮调整到船舶的航速值上。

4)定期检查核对主罗经和分罗经的航向示度。

(4)快速启动。斯伯利MK37E型罗经能够在1 h内稳定在$0.5°\sec\phi$以内,这种快速稳定的启动方式应按下述操作步骤进行:

1)将控制与发送箱的按钮按下列要求放置:

按钮	位置
分罗经开关(A2 S1~A2 S12)	切断(OFF)
电源开关	接通(ON)
转换开关	旋转(SLEW)
速度旋钮	0
纬度开关	N(北纬)或S(南纬)
纬度旋钮	船舶所在地的纬度

2)同正常启动步骤(1)中4)。

3)同正常启动步骤(1)中5)。

4)将转换开关置于"自动校平"位置,观察高度角指示表直到指针在任一方向上的指示数值小于10。

5)将转换开关置于"手动校平"位置,此时,罗经刻度盘将围绕真航向作阻尼减幅摆动。为了增强阻尼减幅的效果,缩短罗经的稳定时间,可采取如下操作步骤:

①若罗经刻度盘指示航向大于船舶真航向,则拨动旋转开关,使高度角指示表指示为-5°~-8°。

②若罗经刻度盘指示航向小于船舶真航向,则拨动旋转开关,使高度指示表指示+5°~+8°。

③观察高度角指示表,连续左右地拨动旋钮开关,使刻度盘航向逐渐逼近船舶真航向。

④当刻度盘指示航向在船舶真航向的1°以内时,拨动旋转开关,应使高度角指示表指示在正常工作时的刻度值上,该刻度值可以从罗经工作记录本中查阅得到。

⑤将转换开关置于"运转"(RUN)位置。

⑥当船舶航行时,应将速度旋钮置于船速值上。

三、陀螺罗经的精准性调校

由于某种因素,引起陀螺罗经主轴在方位上偏离真北方向的罗经主轴与真北方向的夹角,称为陀螺罗经的误差。

陀螺罗经的误差分为两类:一类是由陀螺罗经原理决定的误差,包括纬度误差、速度误差、冲击误差和摇摆误差,称为原理误差;另一类是由安装引起的误差,称基线误差,其大小和符号不变,又称为固定误差。

1. 纬度误差校正

采用垂直轴阻尼的陀螺罗经,其主轴指北端的稳定位置偏离子午面一个角度,有阻尼重物的液体连通器罗经和电磁控制式罗经主轴偏离稳定位置的方位角见式(6-7)。由公式可以看出,对于结构参数已经确定的陀螺罗经,其偏离稳定位置方位角的大小仅与纬度ϕ的正切成正比,故称为纬度误差。

$$\left.\begin{array}{l} \alpha_{\gamma\phi} = -\dfrac{M_D}{M}\tan\phi \\ \alpha_{\gamma\phi} = \dfrac{K_Z}{K_Y}\tan\phi \end{array}\right\} \tag{6-7}$$

消除纬度误差的方法有内补偿法和外补偿法两种。

(1)外补偿法是利用机械解算装置求出纬度误差的数值和符号,移动主罗经的基线,从而在罗经的示度中消除该误差。采用外补偿法时,陀螺罗经主轴在方位上的稳定位置不变,即仍偏离子午面一个角度。

(2)内补偿法是利用电气解算装置求出与纬度误差的数值和符号相对应的电信号,输至力矩器,给陀螺仪施加补偿力矩,使罗经主轴和稳定位置回到子午面内,从根本上消除纬度误差。

现代陀螺罗经,通常将纬度误差校正机构与速度误差校正机构有机结合成一体,组成速度纬度误差校正器,将两个误差同时消除。

2. 速度误差校正

(1)速度误差的定义。速度误差是指船舶作恒速恒向航行时,陀螺罗经主轴的稳定位置,与船速为零时陀螺罗经主轴的稳定位置,两者在方位上的夹角,用$\alpha_{\gamma v}$表示。经推导

$$\alpha_{\gamma v} = \dfrac{v\cos C}{R_e\omega_e\cos\phi + v\sin C} \tag{6-8}$$

由于$v\sin C$与$R_e\omega_e\cos\phi$相比很小,可略去不计,因此,式(6-8)可简化为

$$\alpha_{\gamma v} = v\cos C/(R_e\omega_e\cos\phi) \tag{6-9}$$

上式精度基本满足海上航行要求,但对于航行在高纬度区的船舶来讲,由于$R_e\omega_e\cos\phi$随纬度增高速度减小,因而$v\sin C$的影响就不能忽略,此时应用式(6-8)计算速度误差。

(2)速度误差的消除。

1)外补偿法。主罗经上设置一套机械解算装置,即速度误差机械校正器,采用人工输入速

度 v 和纬度 ϕ，由罗经自动输入航向 C，通过机械模拟解算装置移动罗经的基线，从罗经示度中消除速度误差，而陀螺罗经主轴的指向仍为航速为 v 时主轴的指向。

误差校正器应根据航速航向的变化加以调节，当纬度变化大 $5°$ 或航速变化大于 $5K_n$ 时，均须进行重新调整，停航 1 h 以上，应调整至"0"。

2)内补偿法。现代陀螺罗经常用内补偿法消除速度误差。内补偿法通常采用人工输入航速 v 和纬度 ϕ，由罗经自动输入航向 C，通过速度误差校正电路，将校正信号输至力矩器，由力矩器给陀螺罗经施加补偿力矩，使主轴位于子午面内，从根本上消除速度误差。

3)查表法。有些机械摆式罗经，为了简化机构，不设速度误差校正器，而用速度误差表来代替，驾驶员可根据本船航速、航向和所在纬度从速度误差表中查取速度误差值和符号，然后按下式计算真航向：

$$真航向＝罗经航向±速度误差$$

3. 冲击误差校正

(1)冲击误差的定义。船舶作机动航行(变速或变航向航行)时，有加速度产生，它使陀螺罗经受到惯性力的作用因而对罗经施加了一个惯性力矩，引起罗经主轴偏离其稳定位置而形成误差。因为船舶作机动运动的持续时间通常较罗经摆动周期短暂得多，机动时出现的惯性力相当于一个冲击，所以该误差称为冲击误差。机动航行期间，罗经控制设备受到惯性力的作用产生的冲击误差，称为第一类冲击误差。机动航行期间，罗经阻尼设备受到惯性力的作用产生的冲击误差，称为第二类冲击误差。

(2)冲击误差的消除。

1)第一类冲击误差的消除：如果陀螺罗经的结构参数可调，则可调节结构参数使其在任何纬度上等幅摆动周期为 84.4 min，该罗经将不存在第一类冲击误差；若其结构参数不可调，第一类冲击误差将出现，但当机动终了时，其误差的大小和符号均作周期性变化并消失。

2)第二类冲击误差的消除：在机动过程中关闭阻尼器。但即使不关闭阻尼器，约 1 h 后第二类冲击误差也可自行消失。鉴于第二类冲击误差的符号与第一类冲击误差相反，即惯性力同时作用在重力设备和阻尼设备上，可使主轴的冲击位移减小，故在低于设计纬度上，对第二类冲击误差不予校正反而能使合成冲击误差减小。只有在高于设计纬度上，才应对第二类冲击误差进行校正。

4. 摇摆误差校正

(1)摇摆误差的定义。船舶在风浪中摇摆时，会有周期性的加速度出现，陀螺罗经就受到惯性力的作用，使罗经示度出现误差，这种误差称为摇摆误差。理论分析，摇摆误差随纬度的升高而增大，当波浪方向与南北线和东西线成 $45°$ 时，摇摆误差为最大。

(2)克服摇摆误差的方法。

1)安许茨系列罗经采用陀螺球内装两个转子的方法，使陀螺球除有南北方向的动量矩外，还有东西方向的动量矩，但其方向相反，矢量和为零，这样使陀螺球在南北轴和东西轴都有稳定性，可以认为它不随船舶的摇摆而摇摆，有效地消减了摇摆误差。

2)斯伯利系列罗经中，液体连通器内盛有部分黏性液体，当主轴绕水平轴摇摆时，液体三通器内南北流动，约落后于主轴摇摆 1/4 周期，从而大大减小了摇摆误差。

3)阿玛-布朗系列罗经中，采用强阻尼摆，即把阻尼摆的摆锤置放在高黏度的硅油中；锤在硅油中的运动呈强阻尼而不随船舶摇摆，对消减摇摆误差效果很好。

5. 基线误差校正

(1)基线误差的产生。陀螺罗经安装在船舶上，其主罗经和分罗经都设有读取航向的基准线，称为基线。安装罗经时，应使基线与船首尾线平行，否则会产生基线误差。由于基线误差的大小和符号不随时间和航向等因素而改变，因此，基线误差属于固定误差。主罗经的基线误差会反映到各个分罗经上，在利用方位分罗经读取航向和测定物标方位时，必然存在着基线误差。

（2）基线误差的测定及消除。一般在船舶的罗经稳定后，船舶停泊或航行时，测取岸标或天体的罗经方位，然后根据岸标或天体的真方位计算陀螺罗经差：

$$陀螺罗经差＝真方位－罗经方位$$

当基线误差的值大于±0.5°时，应予以消除。

经过多次测定，发现陀螺罗经误差的大小和符号基本不变，则可认为此误差为基线误差，必须用移动基线予以消除，在校正主罗经的基线误差之前，应先消除分罗经的基线误差使分罗经的基线与船首尾线平行。之后在船舶靠码头并在主罗经工作稳定后，移动主罗经座的基线来消除主罗经的基线误差。

任务总结

通过本任务的学习，了解了陀螺罗经的组成、功能和分类，了解了设备的组成，学会对设备进行安装和操作。

在进行设备安装和操作时一定要注意安全，同时要了解各个船级社和造船企业的要求，接线时注意线型的选择和工艺。

项目评价

序号	考核点	分值	建议考核方式	考核标准	得分
1	陀螺罗经、磁罗经系统图、接线图识读	15	教师评价(50%)＋互评(50%)	能正确识读系统图、接线图，识读错误一处扣1分	
2	陀螺罗经、磁罗经接线	15	教师评价(50%)＋互评(50%)	能正确进行设备接线，接错一处扣2分	
3	陀螺罗经、磁罗经操作	15	教师评价(50%)＋互评(50%)	能正确进行设备操作，操作错误一次扣3分	
4	项目报告	10	教师评价(100%)	格式标准，内容完整，详细记录项目实施过程并进行归纳总结，一处不合格扣2分	
5	职业素养	5	教师评价(30%)＋自评(20%)＋互评(50%)	工作积极主动，遵守工作纪律，遵守安全操作规程，爱惜设备与器材	
6	练习与思考	40	教师评价(100%)	对相关知识点掌握牢固，错一题扣1分	
完成日期			年　月　日	总分	

项目总结

通过本项目的学习,了解了船用罗经系统的组成及功能,船用罗经系统主要包括磁罗经和陀螺罗经;学习了各个系统的组成,掌握了系统的安装过程和技巧,通过对系统图和接线图的识读,对系统进行了安装,在详细阅读设备操作说明书后,学会了对设备不同业务类型的操作。

练习与思考

1. 船用磁罗经按罗经盆内有无液体可分为干罗经和(　　)。
   A. 普通罗经　　B. 液体磁罗经　　C. 简单磁罗经　　D. 水罗经
2. 操舵罗经安装位置和用途是(　　)。
   A. 安装在驾驶台顶上露天甲板的船首尾线上,位置高,视野好,船上磁场影响小,精度高等,可借助折光和投影装置将罗经刻度盘和基线投影到驾驶台内,供操舵读取航向用
   B. 安装在驾驶台内的操舵轮正前方用于操舵
   C. 安装在船尾应急(太平)舵前面的船首尾线上,在舵机失灵时应用应急舵时使用
   D. 救生艇使用的一种小型液体罗经,其刻度盘涂有荧光剂
3. 磁罗经的工作原理是(　　)。
   A. 利用自由支持的磁针在地磁作用下稳定指北的特性而制成的罗经
   B. 利用陀螺仪的两个基本特性即定轴性和进动性制成的
   C. 结合地球自转矢量和重力矢量制成的
   D. 借助控制设备和阻尼设备而制成的提供真北基准的一种指向仪器
4. 磁罗经系统主要由(　　)组成。
   A. 罗经柜　　B. 罗经盆　　C. 自差校正器　　D. 以上都是
5. 船用磁罗经罗经盆液体的成分是(　　)。
   A. 酒精45%、蒸馏水55%的混合液体
   B. 酒精50%、蒸馏水40%的混合液体
   C. 特种煤油
   D. 汽油
6. 船用磁罗经需要做到的检查有(　　)。
   ①罗盘灵敏度的检查;②罗盘磁性的检查;③罗经盆气泡的排除;④自差校正器的检查;⑤指向检查
   A. ①②③④　　B. ①③④　　C. ①②③⑤　　D. ①②③④⑤
7. 磁罗经自差校正方法有(　　)。
   ①倾斜自差的校正;②半圆自差的校正;③象限自差的校正;④太阳方位法测定
   A. ①②④　　B. ①③④　　C. ①②③　　D. ①②③④
8. 罗盘磁针轴线与罗盘0°~180°线不平行产生的恒定自差应当(　　)。
   A. 将罗经安装在船首尾线上
   B. 更换新罗盘
   C. 使用精确的方位圈
   D. 调整罗经基线与船首尾重合(或平行)

9. 船用陀螺罗经按灵敏部分具有转子的个数可分为(　　)。
   A. 机械摆式罗经与电磁控制式陀螺罗经
   B. 安许茨系列、斯伯利系列和阿玛-布朗系列罗经
   C. 单转子罗经和双转子罗经
   D. 单转子罗经和多转子罗经

10. 航向记录器的作用是(　　)。
    ①自动按照时间用记录纸记录船舶航行中的航向,以备查考;②记录罗经自启动至稳定指北的航向曲线,用以检查罗经作减幅摆动的情况,判断罗经是否正常,是否稳定指北;③对陀螺罗经进行启动、关闭和监视其工作;④操舵
    A. ①②　　　　B. ①③④　　　　C. ①②③　　　　D. ①②③④

11. 下列说法错误的是(　　)。
    A. 罗经是提供方向基准的仪器,船舶用以确定航向和观测物标方位
    B. 罗经有磁罗经和陀螺罗经两种,一般船舶都同时装备有磁罗经和陀螺罗经
    C. 船用陀螺罗经按罗经盆内有无液体可分为干陀螺罗经和液体陀螺罗经
    D. 按对陀螺施加作用力矩的方式可分为机械摆式与电磁控制式两类陀螺罗经

12. 下列说法正确的是(　　)。
    ①任何一种系列的陀螺罗经,均由主罗经及其附属仪器组成;②主罗经是陀螺罗经的主要部分,具有指示船舶航向的性能;③附属装置是确保主罗经正常工作的必要部件;④附属装置包括分罗经、航向记录器、罗经电源(变流机或逆变器)、电源控制装置和报警装置等
    A. ①②④　　　　B. ①③④　　　　C. ①②③　　　　D. ①②③④

项目七　船用回声测深仪系统安装与操作

📋 项目描述

为了确保船舶的安全,有时需要测量船舶所在的水域是否有足够的安全水深或通过水深来确定船舶的位置。回声测深仪(Echo Sounder)就是现在船舶普遍使用的利用超声波在水中恒速传播、直线传播和反射传播的特性测量水深的仪器。系统的安装要参照系统的系统图和接线图,还要满足造船企业和船级社及船东的要求。熟读设备操作说明书后,在教师指导下对设备进行操作。

📋 项目分析

对系统的构成进行了解,掌握回声测深原理及系统的功能及系统组成,了解设备的工作原理,识读系统图和接线图,并对设备进行熟练操作。

🧰 相关知识和技能

1. 能正确识读船用回声测深仪系统的系统图和接线图;
2. 能正确安装船用回声测深仪系统;
3. 会对船用回声测深仪系统进行操作。

任务一　回声测深原理

🧰 任务目标

1. 了解水声学相关知识;
2. 掌握回声测深原理。

📋 任务分析

回声探测设备是最早的一类水下声学仪器,这种设备得到了广泛的应用。所有这样的设备都有一个共同的特点:它们都利用一组发射换能器在水下发射声波,使声波沿海水介质传播,直到碰到目标后再被反射回来,反射回来的声波被接收换能器接收,然后由声呐员或计算机处理收到的信号,进而确定目标的参数和类型。为了更好地了解回声测深仪系统,就要掌握水声的相关知识及回声测深原理。

一、水声学有关知识

在任何弹性介质中放一个振动的物体,其周围的介质将受影响而产生压力的变化,这种压力的变化使介质的质点发生振动,质点振动将由邻近的质点开始逐个地传递至远处的质点。这种质点振动的传播就是声波(Acoustic Wave)。振动的物体叫作声源(Acoustic Source)。每秒钟内质点振动的次数叫作声波的频率 f，处在同一振动状态的两个相邻质点间的距离叫作声波的波长 λ，每秒钟声波传播的距离叫作声波的传播速度 C。显然，它们三者之间的关系应为 $C=\lambda f$。

声波分三个频率段：20 Hz 以下的声波称为次声波（Infrasonic Wave）；20 Hz～20 kHz 称为可闻声波（Voiced Wave）；20 kHz 以上的称为超声波（Ultrasonic）。其中，超声波因为频率高、抗干扰性好，被水声仪器广泛利用；同时，声波还有在同一种均匀理想介质中恒速传播、直线传播，在两种不同的介质面反射、折射或散射传播等特点。超声波在水中的传播速度如下：

我国采用的计算公式：$C=1\ 450+4.06t-0.036\ 6t^2+1.137(\sigma-35)+\cdots$

国际威尔逊计算公式：$C=1\ 449.2+4.623t-0.054\ 6t^2+1.391(\sigma-35)+\cdots$

式中 t 为水的温度；σ 为水的含盐度；在公式的省略项中还含有水的静压力的因素。在回声测深仪测深原理中，超声波在水中的传播速度取值为 1 500 m/s。影响超声波在水中传播速度的因素如下：

水温每增加 1 ℃，声速约增加 3.3 m/s；

含盐度每增加 1‰，声速约增加 1.2 m/s；

水深每增加 100 m，声速约增加 3.3 m/s。

其中，水深的变化引起的静压力和温度的变化所造成的声速变化值几乎相互抵消。三个因素中，水温的变化对声速的影响最大，需要进行"补偿"。超声波在水中传播时的能量损耗包括吸收损耗和扩散损耗。海洋生物、海水运动、船舶本身等产生的海洋噪声干扰有海水对超声波多次反射形成的混响干扰。

二、回声测深原理

在船底安装发射超声波的换能器（Transducer）A 和接收反射回波的换能器 B，如图 7-1 所示。

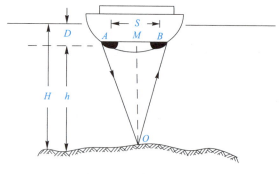

图 7-1 回声测深原理

回声测深仪的测深原理公式为

水深：$$H=D+h$$

式中 h——船底到海底的垂直距离；

D——船舶吃水。

$$h=MO=\sqrt{(AO)^2-(AM)^2}=\sqrt{\left(\frac{1}{2}Ct\right)^2-\left(\frac{1}{2}S\right)^2} \tag{7-1}$$

若使 $S\to 0$，则 $\dfrac{S}{2}=0$，那么

$$h=\sqrt{\left(\frac{1}{2}Ct\right)^2}=\frac{1}{2}Ct=750t \tag{7-2}$$

测深原理：将超声波在水中的传播速度 C 作为已知恒速，换能器基线 S 看作零，通过测量

超声波往返海底的时间 t，计算求得水深 h。

原理缺陷：水深精度将受到超声波在水中传播速度 C 变化的影响和换能器基线 S 不为零的影响。

任务总结

通过本任务的学习，了解了水声的相关知识，掌握了回声测深原理。

任务二　回声测深仪系统

任务目标

1. 掌握回声测深仪结构组成及各部分的作用；
2. 能正确安装船用回声测深仪系统；
3. 会操作船用回声测深仪。

微课：回声测深仪系统

任务分析

本任务的最终目的是学会对回声测深仪系统进行安装和操作，为了实现这个目的，必须掌握测深仪系统的组成，能识读系统图和接线图并对设备进行正确操作。

一、回声测深仪结构组成及作用

回声测深仪包括显示系统（Display System）、发射系统（Transmitting System）和接收系统（Receiving System）几部分，实物图及接线图（以 FE-700 为例）如图 7-2 所示，各部分作用如下。

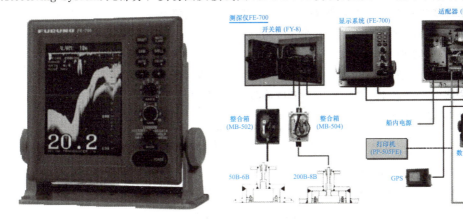

图 7-2　回声测深仪实物图、接线图

显示系统：脉冲产生器以一定的时间间隔产生触发脉冲，控制计时器开始计时和控制发射系统。

发射系统：产生具有一定功率和宽度的电脉冲，推动发射换能器工作。

触发脉冲：机械触发器、电磁触发器、光电触发器和数字触发器。其中，光电触发器使用较多，数字触发器比较先进。

接收系统：将来自接收换能器的海底回波信号，经放大处理后，控制测量显示系统计算出所发射的超声波脉冲往返船底与海底之间的时间 t，并按测深原理公式计算出船底到海底的水深（垂直距离），以一定的方式显示。

1. 显示器(Display Unit)

(1)任务：控制和协调整机的工作；测定超声波自发射之时至经海底反射回波被接收之时所经历的时间间隔，并将其换算为深度加以显示。

(2)显示方式：闪光式(转盘式)、记录式、数字式、指示式。

闪光式显示比较直观、易读取，不能保留水深数据，且存在零点误差和时间电动机转速变化引起的测量误差。

记录式显示方式可记录水深数据，较不直观易读，存在记录零点误差和时间电动机转速变化引起的测量误差。

数字式显示方式较先进，直观易读且可打印出来，不存在显示零点误差，也不采用时间电机计时。

指示式显示方式特点是利用仪表指针指示水深。

2. 换能器(Transducer)

换能器是一种电、声能量相互转换的装置。它按作用不同可分为发射换能器和接收换能器；按工作原理不同分为磁致伸缩换能器和电致伸缩换能器；按制造材料不同分为压电陶瓷材料(如钛酸钡、锆钛酸铅等)换能器和铁磁材料(如镍、镍铁合金等)换能器。

3. 电源系统

电源系统的作用是采用变压器、逆变器或变流机将船电转换为回声测深仪的工作电源。

4. 回声测深仪的工作过程

回声测深仪的工作过程如图 7-3 所示。

(1)显示器中的脉冲触发器以脉冲重复频率产生触发脉冲，控制计时器计时和发射系统工作。

(2)发射系统产生具有一定功率和宽度的电脉冲送到发射换能器。

(3)发射换能器将电脉冲转换为超声波脉冲向海底发射，经海底反射回来的超声波回波被接收换能器所接收，并转换为电信号送到接收系统。

(4)接收系统将来自接收换能器的回波信号放大处理后送到显示器。

(5)显示器的计时装置计算超声波脉冲的传播时间 t 并转换为水深 h，以一定的方式显示。

(6)电源系统供给各部分所需要的工作电源。

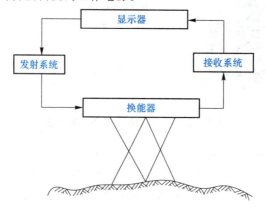

图 7-3　回声测深仪工作原理

二、识读船舶测深仪系统图和接线图

下面以某船厂 45 000 t 回声测深仪系统为例进行详细介绍。

回声测深仪系统的封面页和第 2 页已经省略。第 2 页同上一章的第 2 页一样，第 1 列为后续图纸中对此设备或单元的代号，第 2 列详细说明了系统中的设备或单元名称，第 3 列是设备或单元的数量，第 4 列为设备或单元的规格型号，第 5 列的附注为设备的提供厂家。

图 7-4 所示为图纸的第 3 页，给出了测深仪接线箱 $\frac{PR}{ECH}$ 与其他系统之间的关系。通过安装于水手长储藏室的测深仪匹配盒 $\frac{MB}{ECH}$，来自测深仪换能器 $\frac{TD}{ECH}$（位于甲板下）的信号被送到测深仪接线箱 $\frac{PR}{ECH}$；测深仪接线箱 $\frac{PR}{ECH}$ 由来自驾控台 LNP 的 DC24 V 和来自驾控台 NP 的 AC220 V 电源供电；来自 GPS 信号分配盒的信号也被送入测深仪接线箱 $\frac{PR}{ECH}$；通过测深仪接线箱 $\frac{PR}{ECH}$ 信号被送到测深仪显示单元 $\frac{DU}{ECH}$、测深仪信号分配盒 $\frac{OTB}{ECH}$ 及测深仪打印机 $\frac{PR}{ECH}$；通过测深仪信号分配盒 $\frac{OTB}{ECH}$ 信号又被送至电子海图、航行数据记录仪。

接线图说明：如图 7-5 所示，第 2 页大部分同前一章，这里不再赘述，所不同的是第 1 列的设备号为 $\frac{IB}{ECH}$ 与第 7 列的设备号为 $\frac{DU}{ECH}$ 的连接线为厂家提供的 *ECH-01，其中与 $\frac{DU}{ECH}$ 连接时是将所有的芯线连接在 $\frac{DU}{ECH}$ 的 CONTROL 接线板的 J1 端子上，另外一端则分为两路分别接在 J7 的最后一个接线柱上和 J8 的最上面一个接线柱上；而 *ECH-02 则所有的线都接在两侧设备的同一个接线柱上；*ECH-08 右端的第③、②、⑤号端子分别接在设备号为测深仪接线箱 $\frac{IB}{ECH}$ 的 J13 接线板的 232 C-OUT、232 C-IN、232 C-GND 即第 3 号、4 号、5 号接线柱上，左端同时接在测深仪打印机 $\frac{PR}{ECH}$ 的 SERIAL 接线板的任意一个相同接线柱上。

如图 7-6 所示，第 3 页需要说明的是第一个接线，从上往下数的第一个接线，电缆号为 ECH-04 CHJPFP86/SC 2×2×1.5，这是 2 根 2 芯横截面面积为 1.5 mm^2 的电缆线，它的右端的第一根线的黑白两根芯线即 W1、B1 接在测深仪接线箱 J12 接线板的 PRIMARY TD 即 1 号接线柱上，第二根线的黑白两根芯线即 W2、B2 接在测深仪接线箱 J12 接线板的 PRIMARY TD 即 3 号接线柱上，同时，这两根线又连出一根屏蔽线短路接在 J12 接线板的 SHIELD 即 2 号接线柱上。

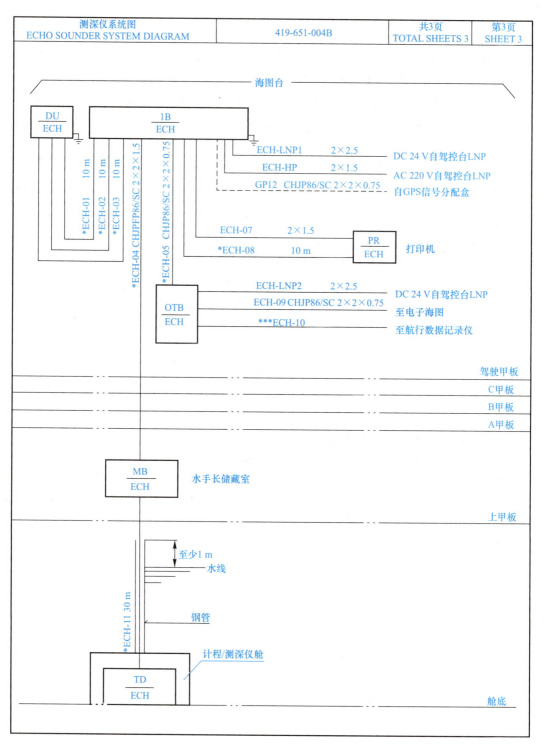

图 7-4 测深仪系统图第 3 页

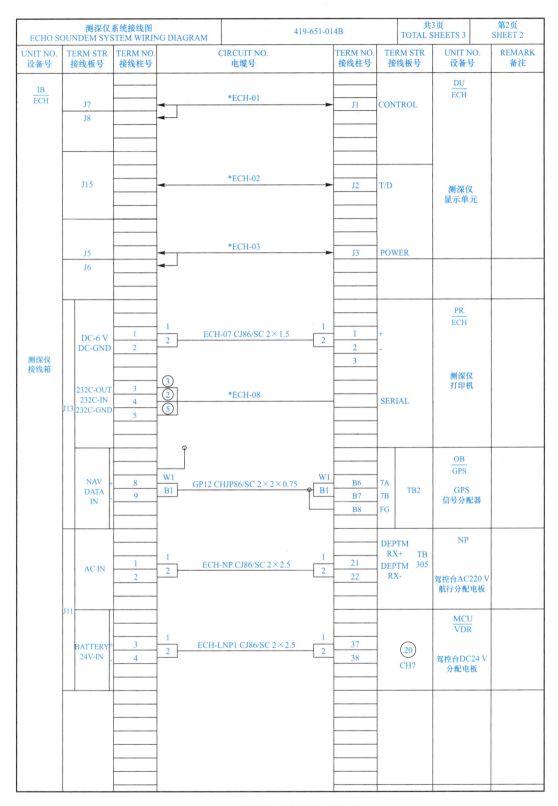

图 7-5 测深仪系统接线图第 2 页

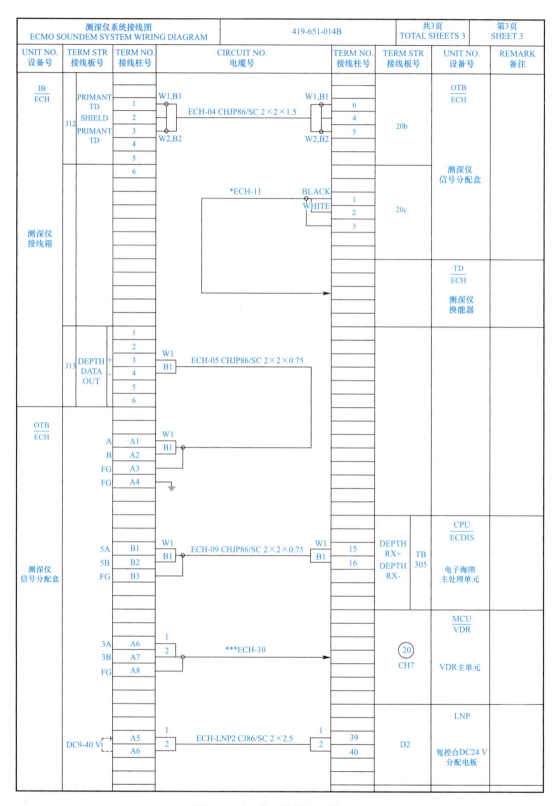

图 7-6 测深仪系统接线图第 3 页

任务实施

技能一　回声测深仪的安装

一、换能器的安装

换能器安装注意事项如下：

安装在船底龙骨左边或右边，距离船首 1/2～1/3 船长处。表面必须水平，误差不得超过 1°。换能器表面应保持清洁，不得涂油漆，清洁时不得有任何损伤。必须保持良好的水密性，否则将不能工作。

换能器的安装步骤如下。

1. 测深仪船底固定式换能器罐的安装

在安装换能器之前必须先安装换能器罐，下面就对船底固定式换能器罐的安装步骤作出说明。

（1）船首船尾、左右舷在水平状态下安装换能器罐。
（2）罐面和船底板下面要呈平面状态。
（3）事先剥掉罐上的涂饰，然后进行焊接。
（4）在焊接罐时会产生高温，应事先将橡胶垫、密封垫和换能器等移走。
（5）必须安上换能器法兰盘，以免焊接热变形。
（6）换能器面上不能进行涂饰。
（7）确实拧紧电缆塞栓，"B"的尺寸为 7.0～7.5 mm。但注意不要紧固过度，以免导致换能器电缆的损伤。

2. 测深仪换能器的安装

船底固定式罐安装好后，接下来就是换能器本身的安装，安装如图 7-7 和图 7-8 所示，具体安装要点和注意事项已经在相应图上的相应位置标明。

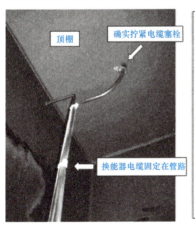

图 7-7　换能器的安装

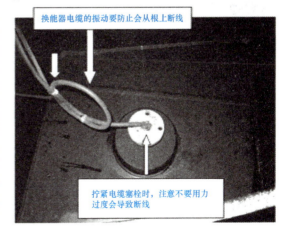

图 7-8　换能器安装注意事项

3. 换能器面施工涂装的保护

换能器安装好以后要在其面上涂上保护层，具体的填涂和注意事项如图 7-9 所示。

· 203 ·

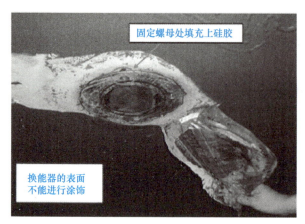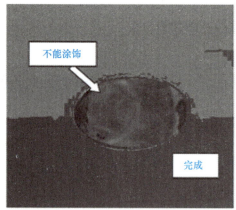

图 7-9 换能器面施工涂装的保护图

二、匹配盒的安装

接线注意不要出现错误。来自换能器的电缆要在适当的长度切断。具体安装要点如图 7-10 中描述。

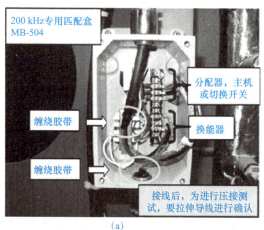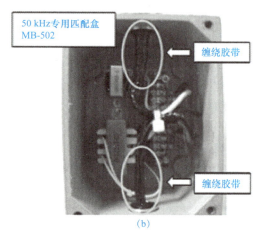

(a)   (b)

图 7-10 匹配盒的安装图

(a)FE-700 匹配盒的安装-1；(b)FE-700 匹配盒的安装-2

技能二 回声测深仪的操作

以导航回声测深仪 FE-700 为例进行操作指导说明。

一、熟悉回声测深仪 FE-700 的操作面板

导航回声测深仪 FE-700 的操作面板如图 7-11 所示。

各个键的功能如下：

[DRAFT]键——调节吃水深度；

[MUTE ALARM]键——设置报警声响的开关；

[DIM]键——调节面板的亮度；

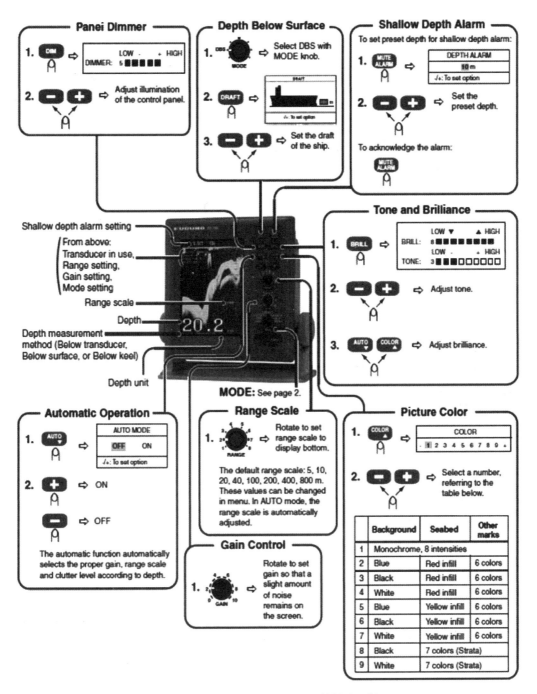

图 7-11 导航回声测深仪 FE-700 的操作面板图

[BRILL]键——调节屏幕的亮度;

[AUTO]键——自动模式的关闭或是开启;

[COLOR]键——选择屏幕颜色;

[∧][∨]键——用来选择菜单;

[-][+]键——用以设置值、菜单状态和分页选择;

[Range]旋钮——选择显示范围;

[Gain]旋钮——调节增益；

[MODE]旋钮——选择显示模式；

[POWER]键——打开/关闭电源。

二、操作面板功能键

1. 开/关机

(1)按下[POWER]键，设备自动进行自测试。出现如下显示：

..........ROM： OK.......

.........DARM： OK.......

.........SARM： OK.......

.....BATTERY： OK.......

PROGRAM No. 0 252 297 002

(2)使用[MODE]键选择一个理想的模式(具体模式如后所述)。

(3)按下[POWER]键关机，如要再开，至少等待 5 s。

注意：当无位置信号接近时，屏幕上将提示"EPFS"ERROR(Electronic Position-Fixing System)，GPS 信号错误。

2. 屏幕亮度调整

按下[BRILL]键，使用[＋]键或[－]键调节屏幕的对比度，使用[∧][∨]键调节屏幕的亮度，此过程必须在按下[BRILL]键后 10 s 内完成。

3. 面板亮度调整

按下[DIM]键，使用[＋]键或[－]键调节到满意的亮度。

4. 模式选择

在模式菜单中有五种模式和两种显示可供选择，分别是 NAV、DBS、HISTORY、LOGBOOK、OS DATA(模式)，HELP 和 MENU(显示)。

(1)NAV 模式。选择此模式，将在屏幕的下面显示出船底到水底的深度。

(2)DBS 模式。选择此模式，还应该使用[DRAFT]键输入本船的吃水深度，在屏幕上所显示出的深度是水面与水底间的深度。

注意：在浅水中勿使用此模式，避免搁浅。

(3)HISTORY 模式。这种模式提供了轮廓和分页显示。轮廓显示可显示出前 24 h 走过的深度轮廓，可使用[＋]或[－]进行浏览，在它的右边同时可分页地显示最近 5 min 内的深度记录。两边显示的深度刻度是一样的，若不一样，就会提示超出范围。

(4)LOGBOOK 模式。此模式可以以表格的形式显示出时间、深度、本船位置信息。航行记录时间间隔可选 5 s、1 min、2 min。最多可以记录 60 页，其中每页可以有 12 条记录，共 720 条记录。按[＋]键或[－]键进行翻页操作。

(5)OS DATA(可选数据)模式。这种模式可以分为两种数据显示格式。第一种可以左边以数字形式显示出本船的位置、航向、速度(来自 GPS)、时间和深度，右边以图像的形式显示出当前深度记录。第二种只以数字显示时间和深度。一般默认的格式为第一种。另外，此模式还可以根据需要选择大字体或小字体，选择方法是使用[∨]键或[∧]键选择要放大的项目，再使用[＋]键进行放大，使用[－]键进行缩小。

(6)HELP 显示。选择"HELP"时，如果按下右边相应的键，即在屏幕的下边可显示出此键的功能。

(7) MENU 显示。此功能用于系统设置的改变,一般安装后禁止使用此功能。

5. 量程调节

如果不是选择自动操作模式,当深度没能恰好地显示在屏幕上时,应该正确地调节好量程(RANGE),直到深度显示在屏幕中心位置附近。

6. 增益调节

如果不是选择自动操作模式,当屏幕上有干扰斑点时,可以通过调节增益(GAIN),直到干扰去除。

7. 自动操作模式选择

按下[AUTO]键,使用[+]键或[−]键便可进行选择开始自动操作(ON)和关闭自动操作(OFF)了。在自动操作模式里,量程和增益将自动选择。

注意:无论什么时候改变量程或是增益时,自动模式将被关闭。

8. 图像颜色选择

按下[COLOR]键,可使用[+]键或[−]键来选择数字,每个数字代表不同的颜色,当选中某种颜色时,所显示出的深度图和背景的颜色也将变成所选的颜色。各个数字所代表的颜色见表 7-1(其中 1 为默认的设置)。

表 7-1　数字与颜色对应表

数字	背景色	深度图颜色	其他标注色
1	单色,分八种灰度		
2	蓝色	红色	六种颜色
3	黑色	红色	六种颜色
4	白色	红色	六种颜色
5	蓝色	黄色	六种颜色
6	黑色	黄色	六种颜色
7	白色	黄色	六种颜色
8	黑色	七种颜色	
9	白色	七种颜色	

9. 搁浅报警

当水深低于预设值时,就会发警报声响。默认的深度是 2 m。需要调整时按下面步骤:

(1) 按下[MUTE ALARM]键,即可显示出报警深度的数值。

(2) 使用[+]键或[−]键调整所需要的数值。

(3) 当调好后即可以在屏幕的上方看到,并且出现一条深度警报线。

(4) 当出现警报声时,可以按下[MUTE ALARM]键以消除。

注意:如设置为负值,此功能即不起作用。

10. 吃水设置

当选择"DBS"模式时,一定要设置本船的吃水深度。设置步骤如下:

(1) 按下[MODE]键,再选择"DBS"模式。

(2) 再按下[DRAFT]键即可显示出要设置的数值。

(3) 使用[+]键或[−]键即可把本船吃水的数值输入。

注意:要在 10 s 内设置完,否则窗口自动消失。

任务总结

通过本任务的学习,了解了船用回声测深仪的功能和特点,了解了系统的组成,能够对设备进行安装和操作。

在进行设备安装和操作时一定要注意安全,同时要了解各个船级社和造船企业的要求,接线时注意线型的选择和工艺。

项目评价

序号	考核点	分值	建议考核方式	考核标准	得分
1	回声测深仪系统图、接线图识读	15	教师评价(50%)+互评(50%)	能正确识读系统图、接线图,识读错误一处扣1分	
2	回声测深仪接线	15	教师评价(50%)+互评(50%)	能正确进行设备接线,接错一处扣2分	
3	回声测深仪操作	15	教师评价(50%)+互评(50%)	能正确进行设备操作,操作错误一次扣3分	
4	项目报告	10	教师评价(100%)	格式标准,内容完整,详细记录项目实施过程并进行归纳总结,一处不合格扣2分	
5	职业素养	5	教师评价(30%)+自评(20%)+互评(50%)	工作积极主动,遵守工作纪律,遵守安全操作规程,爱惜设备与器材	
6	练习与思考	40	教师评价(100%)	对相关知识点掌握牢固,错一题扣1分	
完成日期			年 月 日	总分	

项目总结

通过本项目的学习,了解船用回声测深仪系统的组成及功能,掌握回声测深仪工作原理、系统的安装过程和技巧。通过对系统图和接线图的识读,对系统进行了安装,在详细阅读设备操作说明书后,学会了对设备的操作。

练习与思考

1. 超声波在水中的传播速度,我国采用的计算公式下面正确的是(　　)。
   A. $[C=1\,450+4.06t-0.036\,6t^2+1.137(\sigma-35)+\cdots]$
   B. $[C=1\,449+4.06t-0.036\,6t^2+1.137(\sigma-35)+\cdots]$
   C. $[C=1\,448+4.06t-0.036\,6t^2+1.137(\sigma-35)+\cdots]$
   D. $[C=1\,447+4.06t-0.036\,6t^2+1.137(\sigma-35)+\cdots]$

2. 超声波在水中的传播速度取值为( )m/s。
   A. 1 500　　　　B. 1 000　　　　C. 800　　　　D. 500
3. 以下不包括回声测深仪原理的是( )。
   A. 显示系统　　　　　　　　B. 发射系统
   C. 接收系统调节吃水深度　　D. 反馈系统
4. 各个键的功能正确的是( )。
   A. [DRAFT]键——调节屏幕的亮度
   B. [MUTE ALARM]键——设置报警声响的开关
   C. [DIM]键——调节显示器的亮度
   D. [BRILL]键——调节吃水深度
5. 下面对船底固定式换能器罐的安装步骤描述错误的是( )。
   A. 船首船尾、左右舷在水平状态下安装换能器罐
   B. 罐面和船底板下面要呈平面状态
   C. 事先剥掉罐上的涂饰,然后进行焊接
   D. 在焊接罐时会产生高温,所以根本不用事先将橡胶垫、密封垫和换能器等移走
6. [COLOR]键的功能是( )。
   A. 调节面板的亮度　　　　B. 调节屏幕的亮度
   C. 自动模式的关闭或是开启　　D. 选择屏幕颜色
7. [POWER]键的功能是( )。
   A. 关闭电源　　　　　　　B. 调节屏幕的亮度
   C. 自动模式的关闭或是开启　　D. 调节显示器的亮度
8. 下列不属于显示器的显示方式的是( )。
   A. 闪光式(转盘式)　B. 记录式　　C. 数字式　　D. 触摸式
9. 回声测深仪的测深原理公式是( )。
   A. $H=D+h$
   B. $C=1\ 450+4.06t-0.036\ 6t^2+1.137(\sigma-35)+\cdots$
   C. $C=\lambda f$
   D. $H=Dh$
10. 电源系统的作用正确的是( )。
    A. 采用变压器、逆变器或变流机将船电转换为回声测深仪的工作电源
    B. 电源系统是一种电、声能量相互转换装置
    C. 电源系统产生具有一定功率和宽度的电脉冲送到发射换能器
    D. 电源系统脉冲产生器以一定的时间间隔产生触发脉冲,控制计时器开始计时和控制发射
11. 20 Hz 以下的声波称为( )。
    A. 次声波　　B. 超声波　　C. 电磁波　　D. 可闻声波
12. 20 Hz~20 kHz 的声波称为( )。
    A. 可闻声波　　B. 次声波　　C. 超声波　　D 电磁波
13. 20 kHz 以上的声波称为( )。
    A. 超声波　　B. 电磁波　　C. 次声波　　D. 可闻声波
14. 回声测深仪包括( )、发射系统和接收系统几部分。
    A. 显示系统　　B. 天线系统　　C. 换能系统　　D. 调制系统

项目八　船用计程仪系统安装与操作

📋 项目描述

船用计程仪(Ship Log)是用来测量船舶运动速度和累计船舶航程的仪器,是现代船舶上重要的航海仪器之一。它不但为推算船位提供精确的航速数据,还将航速信息输入ARPA、电子海图、综合导航仪等航海仪器。计程仪不但能够测量船舶前进后退的速度,还能够测量船舶横向运动速度,非常有利于大型船舶的操纵。

📋 项目分析

对项目的构成进行了解,掌握船用计程仪系统的功能及系统组成,了解设备的工作原理,识读系统图和接线图,并对设备进行熟练操作。

🧰 相关知识和技能

1. 能正确识读船用计程仪系统的系统图和接线图;
2. 能正确安装船用计程仪系统;
3. 会对船用计程仪进行操作。

任务一　计程仪的工作原理

🧰 任务目标

1. 了解电磁计程仪的工作原理及组成;
2. 了解相关计程仪原理及组成。

📋 任务分析

在20世纪40年代人们根据伯努利定理,利用船舶航行时水流的动压力与船舶吃水的静压力之差,求解压力差与速度平方成正比的关系而得出船舶的航行速度,使用此原理制造的计程仪称为水压式计程仪。20世纪60年代出现了利用电磁感应原理设计的电磁计程仪。水压和电磁计程仪所测定的航速均为船舶相对于水流的速度(相对速度)。20世纪70年代先后出现了利用声波在载体与接收体之间有相对运动时产生的多普勒效应而设计的多普勒计程仪,和利用相关技术处理回波信息和相关函数的声相关计程仪。这两种计程仪均可测定船舶相对于地(海底)的速度(绝对速度)。本任务中就要了解这两种计程仪的工作原理。

一、电磁计程仪的基本工作原理

电磁计程仪(Electromegnatic Log)是应用电磁感应原理测量船舶瞬时速度和累计航程的一种

相对计程仪（Relative Log），一般由传感器（Electromagnetic Rodmeter）、放大器（Amplifier）和指示器（Indicator）等组成，如图 8-1 所示。

图 8-1　电磁计程仪组成框图

微课：电磁计程仪的基本工作原理

1. 传感器

传感器是根据电磁感应原理，将非电量的船舶速度变换为与船速成正比的电信号。常用传感器分为平面式和导杆式两种，平面式装在船底并与船底齐平。导杆式是在一根圆柱形导杆的底部安装传感器，并借助一套升降机构，使用时升出船底。传感器内部是倒"山"字形铁芯及其绕组，以产生磁场。其底部表面装有一对电极用来检测感应电势的大小，如图 8-2 所示。

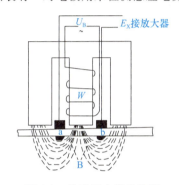

图 8-2　传感器内部结构图

当船舶在水中航行时，水流即以船速相反方向流过船底，两电极之间的海水流动就相当于无数根导线切割传感器磁场的磁力线，于是两个电极之间便产生感应电动势 E_g，即

$$E_g = B_\sim LV \times 10^{-8} \text{(V)} \tag{8-1}$$

式中　$B_\sim$——交流磁感应强度；

　　　L——两电极间的距离；

　　　V——水流速度，即船相对于水的速度。

实际测速时，传感器常受到外界杂散磁场的干扰作用，使其测量精度下降。干扰信号分为两种：一种为 90°干扰信号，它与激磁电流的相位相差 90°，当 90°干扰信号达到一定程度后，会引起计程仪放大器饱和，以致不能正常工作。为此，在计程仪放大器中专门设置 90°干扰信号抑制电路，用来消除 90°干扰信号的影响。另一种是 0°干扰信号，它与激磁电流的相位相同，当船在静水中且船速为零时，传感器仍有微弱的电压信号输出，产生零点误差。为此需进行零点调整以消除 0°干扰信号。

2. 放大器

放大器的任务是将来自传感器微弱的航速信号进行放大，并经相敏整流、干扰信号抑制后，输出一个与航速成正比的直流信号，送至航速表指示相应的航速。其特点是为使放大器线性和稳定性良好，加入较深的总体负反馈，国产计程仪的负反馈电路由霍尔乘法器和航速调节器构成。另外，在放大器中还设置了自校电路，产生自校信号，用以检测计程仪的工作性能。

3. 指示器

指示器是指示船速和航程的显示装置。航程显示常有数码显示和机械数字计数两种方式。另外，指示器具有 200 p/n mile 航速脉冲标准输出接口，可以将航速信息输至其他航海仪器。

二、多普勒计程仪的基本工作原理

多普勒计程仪(Doppler Log)是应用多普勒效应[波在波源移向观察者时接收频率变高,而在波源远离观察者时接收频率变低,是为纪念奥地利物理学家及数学家克里斯琴·约翰·多普勒(Christian Johann Doppler)而命名的]进行测速和累计航程的一种水声导航仪器,其优点是测速精度高,测速极限达 0.01 kn;浅水时,可测量船相对海底的速度,称为绝对计程仪(深水时,测量船相对水层的速度,称为相对计程仪);除可测前进、后退的速度外,还可测量船舶横移的速度。因此,多普勒计程仪在大型船舶的安全航行、安全靠离码头和锚泊中得到了广泛的应用。

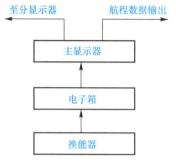

图 8-3 多普勒计程仪组成框图

多普勒计程仪一般由换能器、电子箱(Transmitting and Receiving Unit)和主显示器等组成,如图 8-3 所示。

1. 换能器

换能器的功能是发射和接收超声波脉冲,其材料常为锆钛酸铅压电陶瓷晶体。为了消除船舶上下颠簸和纵向摇摆引起的垂直方向运动速度所产生的测速误差,目前多普勒计程仪已普遍采用双波束系统,即发射两个前后对称的超声波波束,一个朝船首方向,另一个朝船尾方向,并以相同的发射俯角同时向海底发射和接收。双波束多普勒频移公式为

$$\Delta f = \frac{4 f_0 v \cos\theta}{C} \tag{8-2}$$

式中　f_0——换能器发射频率;

　　　v——船速;

　　　θ——波束发射俯角,即声波束发射方向和船舶速度方向之间的夹角,一般取 60°;

　　　C——声波在海水中的传播速度,一般取 1 500 m/s,由于海水的温度、含盐量等不同,所以声波在海水中的传播速度并不是常量,这是影响多普勒测速精度的一个主要因素。

微课:多谱勒计程仪的基本工作原理

上述的双波束系统又称一元多普勒计程仪(Monogenesis Doppler Log),它能测量船舶纵向速度并累计航程。第二种类型是四波束系统,即换能器能向前后左右的四个方向发射波束,称为二元多普勒计程仪(Dual Doppler Log),它除测量纵向速度外,还能测量横向速度,如图 8-4 所示。第三种类型是六波束系统,即除在船首部装置四波束的换能器外,还在船尾部安装一对向左右方向发射波束的换能器,称为三元多普勒计程仪(Ternary Doppler Log)。其既能测量船舶纵向速度,又能测量船首和船尾的横向速度。

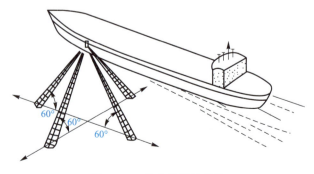

图 8-4 二元多普勒计程仪

2. 电子箱

电子箱内装有发射系统、接收系统和计算电路。其功能是控制发射系统，使其产生足够功率的电信号，激励换能器向海底发射超声波。接收系统接收回波信号，并确保其不受干扰。计算电路是将多普勒频移信号变换为航速信号输至主显示器。现在电子箱内电路的上述功能主要由微处理机 CPU 及其外围电路来完成。

3. 主显示器

主显示器是用来显示船舶速度和航程及操纵控制整机工作，一般主显示器由电源板、接线板、显示微处理机和液晶显示组件板等组成。同时，备有航速输出接口，将航速信息输至其他航海仪器。也可由主显示器将航速等信息输至分显示器显示。

三、声相关计程仪的基本工作原理

声相关计程仪（Acoustic Correlation）是应用相关技术处理水声信息来测量船舶航速并累计航程的另一种水声导航仪器。它的特点是采用垂直向发射和接收超声波信号，对回波信号的幅度包络进行相关信息处理求得航速；其测量精度不受声波在海水中传播速度变化的影响，即不受海水温度和盐度等因素变化的影响；在浅水中，可测量船相对于海底的速度，为绝对计程仪；由于是垂直发射，可兼作测深仪等。

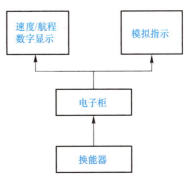

图 8-5 声相关计程仪组成框图

声相关计程仪一般由换能器（Transducer）、电子柜（Electronic Unit）和显示器组成，如图 8-5 所示。三个换能器在船底沿纵向等间距安装，中间一个为发射换能器，前后两个为接收换能器。垂直向海底发射的超声波，经海底（浅水）或者水层（深水）反射后的回波（图 8-6）经相关处理后，求得延时 τ，则航速可由下式得出

$$v = \frac{1}{2} \cdot \frac{s}{\tau} \tag{8-3}$$

式中　s——两接收换能器的间距；
　　　v——航速；
　　　τ——延时。

微课：声相关计程仪的基本工作原理

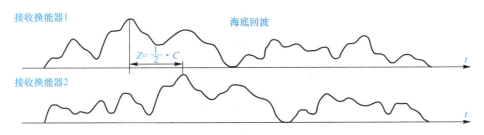

图 8-6 接收换能器接收到的海底回波

由于 s 为定值，应用相关技术测出接收信号的延时，便可求得航速。将航速对时间求积分，可得到航程。电子柜担负发射、接收和信号处理及输出，由微处理机控制。显示器可分为两种，即数字显示和模拟显示，前者可显示航速和航程，而后者以指针指示航速值。

任务总结

通过本任务的学习，了解了各种类型计程仪的组成及工作原理。

任务二　计程仪系统

任务目标

1. 了解 DS-80 型多普勒计程仪系统的组成；
2. 能正确识读船用计程仪系统的系统图和接线图；
3. 能正确安装船用计程仪系统；
4. 会对船用计程仪进行操作。

任务分析

利用发射的声波和接收的水底反射波之间的多普勒频移测量船舶相对于水底的航速和累计航程。这种计程仪准确性好，灵敏度高，可测纵向速度和横向速度，但价格较高。它主要用于巨型船舶在狭水道航行、进出港、靠离码头时提供船舶纵向运动和横向运动的精确数据。多普勒计程仪受作用深度限制，超过数百米时，只能利用水层中的水团质点作反射层，变成对水计程仪。本任务中，首先了解 DS-80 型多普勒计程仪系统组成，然后识读系统图和接线图，并对设备进行正确操作。

一、DS-80 型多普勒计程仪系统组成

DS-80 型多普勒计程仪是日本 FURUNO 研制生产的多普勒式计程仪。设备主要由显示单元(DS-800)、终端盒(DS-802)、分配盒(DS-801)、接线盒(DS-630)、收发单元(DS-810)、传感器(DS-820)等部分组成，显示单元外形如图 8-7 所示，DS-80 型多普勒计程仪的系统组成如图 8-8 所示。

微课：多谱勒计程仪的系统组成

图 8-7　DS-80 型多普勒计程仪显示单元外形

其中主要组成单元的作用如下：

显示单元的功能：操纵控制整机工作并显示测量结果，包括船舶前进/后退速度、船首左/右横移速度、累计的航程、船舶龙骨下水深等数据。

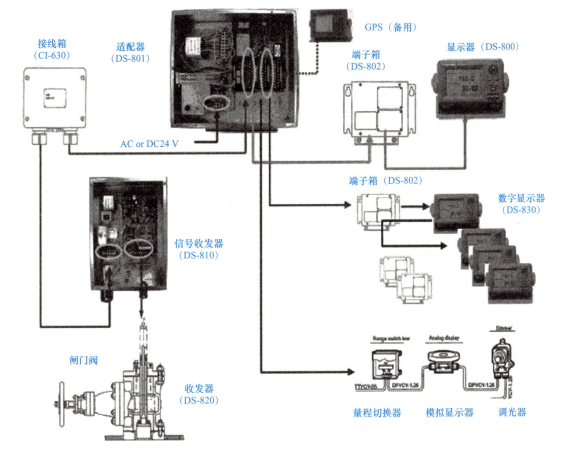

图 8-8　DS-80 型多普勒计程仪系统组成

收发单元的作用：产生电振荡脉冲，激励换能器向海底发射超声波，同时接收换能器的回波信号进行放大和变换为电信号送至处理器。

其主要技术指标如下：

输入电压：115/230 VAC；速度范围：−10.0～40.0 kn；距离范围：0～999，999.99 n mile；模式：Water Tracking；测速精度：−0.1～+0.1 kn；航程精度：−0.5%～+0.5%。

二、识读船舶计程仪系统图

下面以某船厂 45 000 t 船舶计程仪系统为例进行详细介绍。

封面页与第 2 页已经省略，第 2 页表述内容同第一章。

图 8-9 所示是图纸的第 3 页，给出了计程仪信号分配器 DIS 与其他系统之间的关系。通过计程仪信号处理单元 LTU 安装在舱顶上的换能器 LTD 的信号被送到位于驾驶室海图区计程仪信号分配器 DIS，通过 DIS，信号被送到位于甲板下机舱集控室中机舱集控台上的计程仪数字分显 DI、航行数字记录仪 VDR、雷达、自动识别系统 AIS、电子海图、位于船长室的计程仪数字分显 DI、自动舵、陀螺罗经、计程仪主显示单元 LDU、前壁计程仪数字分显 DI；DIS 的供电电源 AC220 V 来自驾控台 NP，DC24 V 来自驾控台 LNP；另外，通过前壁 DI 信号可控制安装于驾控台的计程仪调光开关 DIM。

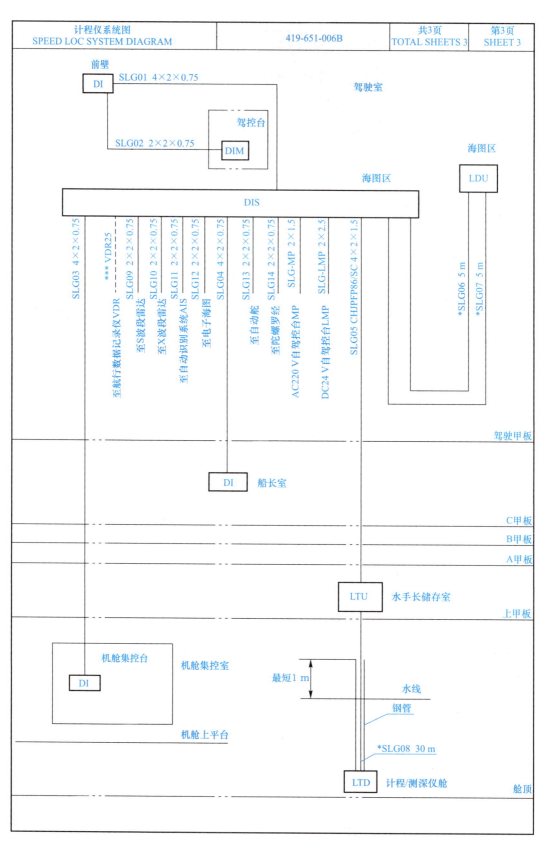

图 8-9 计程仪系统图第 3 页

接线图说明：如图 8-10 所示，第 2 页大部分接线同前，值得注意的是从上往下数第一根线，即电缆号为 SLG01 CHJP86/SC 4×2×0.75 的线左端与相应接线柱接好后 5 号、6 号接线柱又短路接到 DATA 接线柱上，7 号、8 号接线柱又短路接到 CLOCK 接线柱上，1 号、2 号接线柱又短路接到 DC 12 V 1 N 接线柱上，3 号、4 号接线柱又短路接到 DIMMER 接线柱上；最下面一根线，即电缆号为 SLG04 CHJP86/SC 4×2×0.75 的两端各芯线的标号表示芯线的颜色，具体如下：WHT（白色）、GRY（灰色）、BLU（蓝色）、BRN（棕色）、YEL（黄色）、GRN（绿色）、RED（红色）。

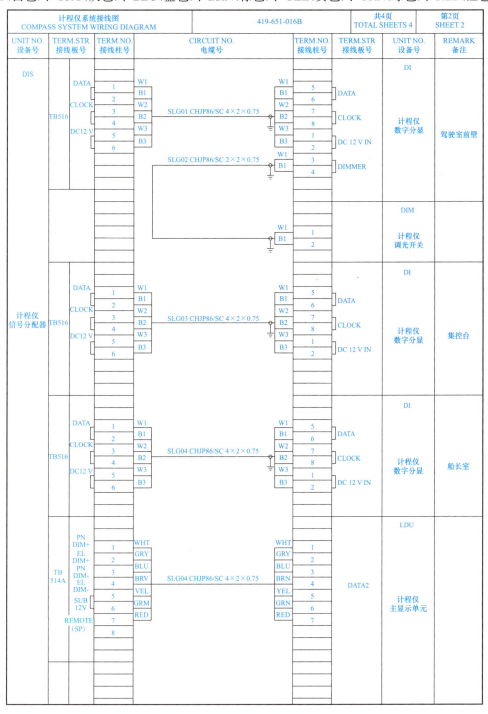

图 8-10　计程仪系统接线图第 2 页

如图 8-11 所示，第 3 页需要说明的是从上往下数的第 2 根线，即电缆号为 SLG05 CHJP86/SC 4×2×1.5 的两端的椭圆形 ⌬ 表示屏蔽线的意思，其余同前。

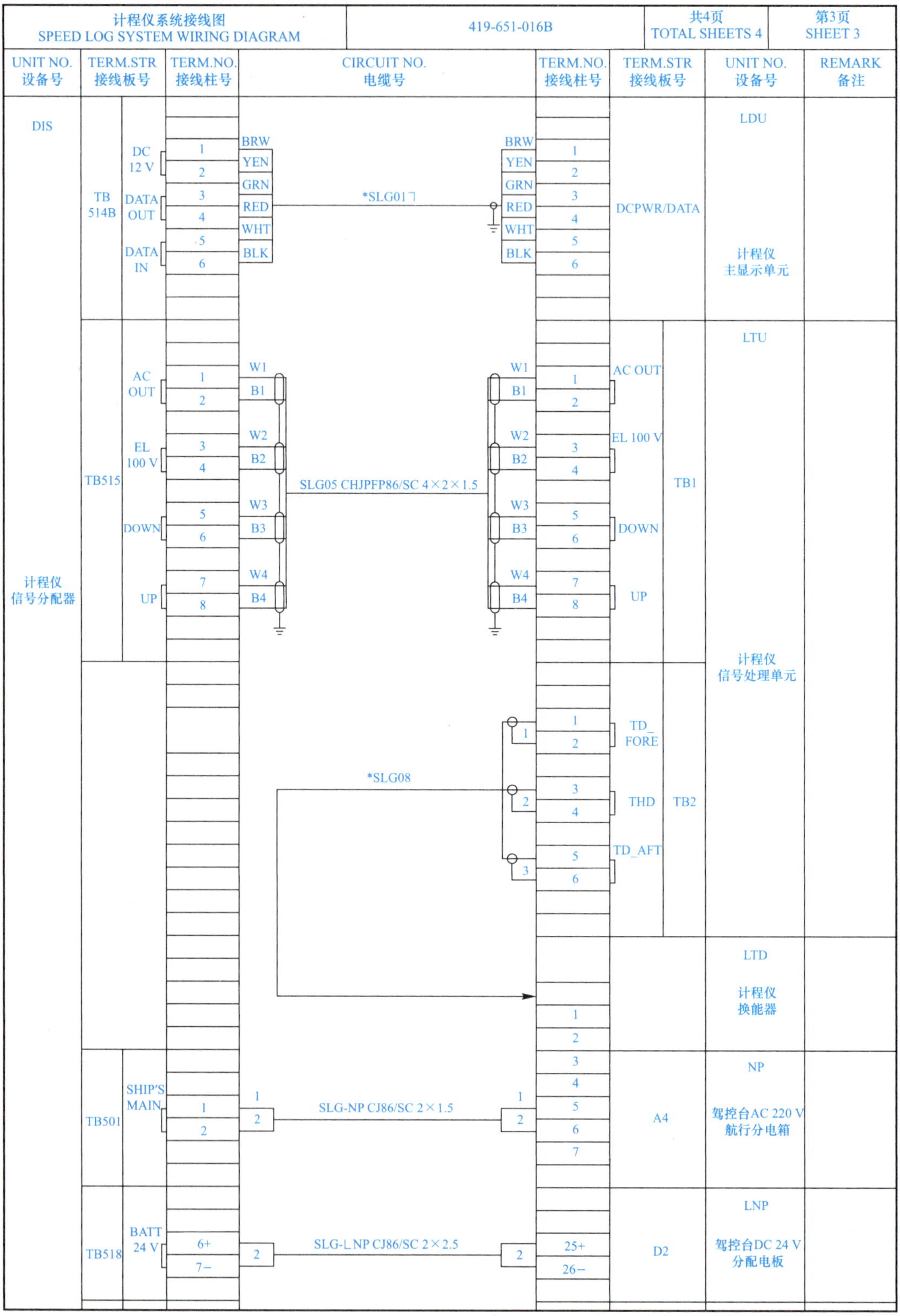

UNIT NO. 设备号	TERM.STR 接线板号	TERM.NO. 接线柱号	CIRCUIT NO. 电缆号	TERM.NO. 接线柱号	TERM.STR 接线板号	UNIT NO. 设备号	REMARK 备注
DIS	TB 514B	DC 12 V: 1 BRW, 2 YEN, 3 GRN DATA OUT: 3 RED, 4 WHT DATA IN: 5, 6 BLK	*SLG01	1 BRW, 2 YEN, 3 GRN, 4 RED, 4 WHT, 5, 6 BLK	DCPWR/DATA	LDU 计程仪 主显示单元	
计程仪 信号分配器	TB515	AC OUT: 1 W1, 2 B1 EL 100 V: 3 W2, 4 B2 DOWN: 5 W3, 6 B3 UP: 7 W4, 8 B4	SLG05 CHJPFP86/SC 4×2×1.5	1 W1, 2 B1 3 W2, 4 B2 5 W3, 6 B3 7 W4, 8 B4	AC OUT EL 100 V DOWN UP	TB1	LTU 计程仪 信号处理单元	
			*SLG08	1, 2 3, 4 5, 6	TD_FORE THD TD_AFT	TB2		
				1, 2, 3, 4, 5, 6, 7	A4	NP 驾控台 AC 220 V 航行分电箱	LTD 计程仪 换能器
	TB501	SHIP'S MAIN: 1, 2	SLG-NP CJ86/SC 2×1.5	1, 2			
	TB518	BATT 24 V: 6+, 7−	SLG-LNP CJ86/SC 2×2.5	25+, 26−	D2	LNP 驾控台 DC 24 V 分配电板	

图 8-11　计程仪系统接线图第 3 页

如图 8-12 所示，第 4 页需要说明的是电缆号为 SLG11 CHJP86/SC 2×2×0.75 的第二根线下面写着备用，这是一根备用线。

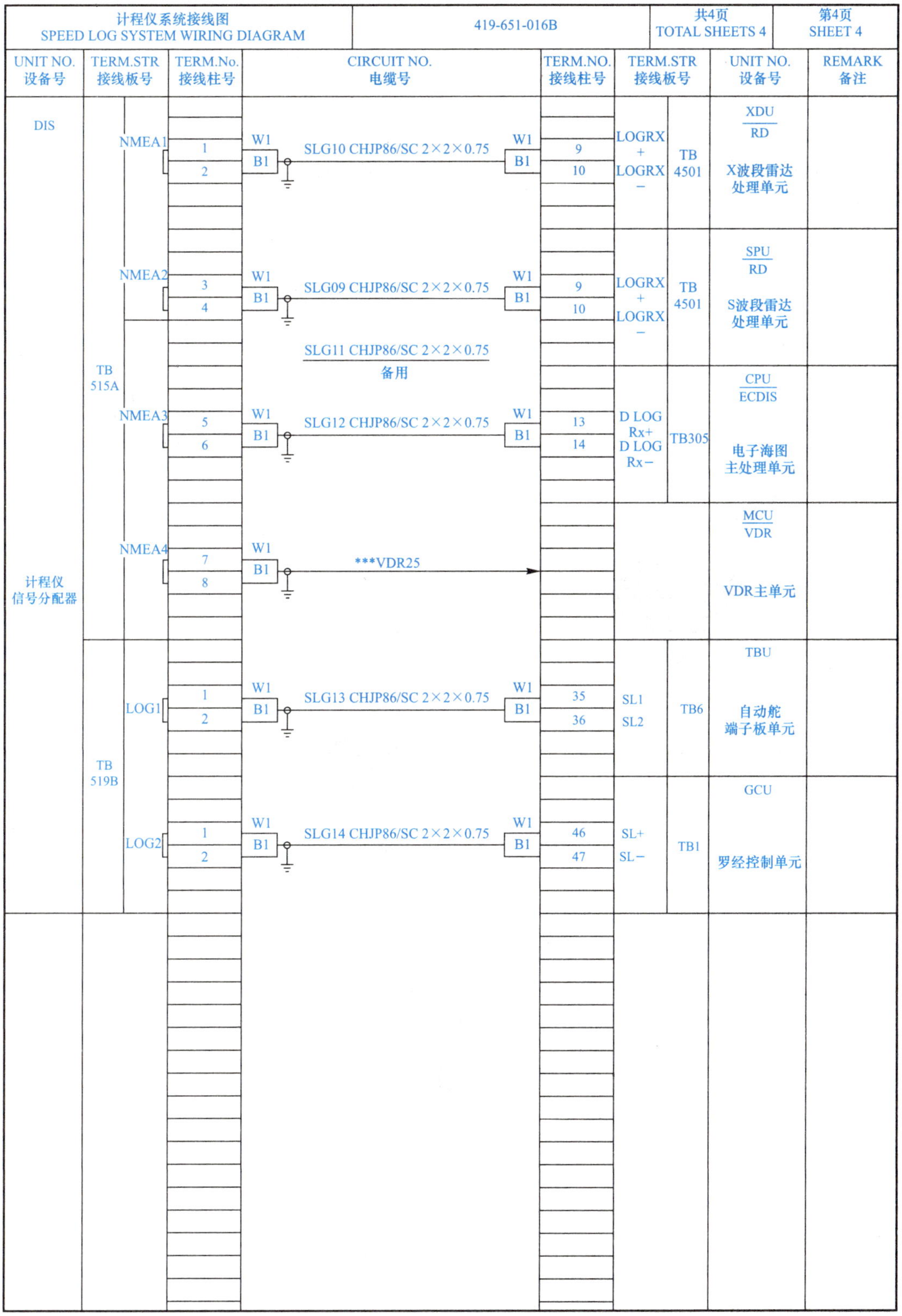

UNIT NO. 设备号	TERM.STR 接线板号	TERM.No. 接线柱号	CIRCUIT NO. 电缆号		TERM.No. 接线柱号	TERM.STR 接线板号	UNIT NO. 设备号	REMARK 备注
计程仪系统接线图 SPEED LOG SYSTEM WIRING DIAGRAM			419-651-016B				共4页 TOTAL SHEETS 4	第4页 SHEET 4
DIS	TB 515A	NMEA1: 1, 2	W1 B1	SLG10 CHJP86/SC 2×2×0.75	W1 B1	9, 10	LOGRX+ LOGRX−	TB 4501	XDU/RD X波段雷达处理单元
		NMEA2: 3, 4	W1 B1	SLG09 CHJP86/SC 2×2×0.75	W1 B1	9, 10	LOGRX+ LOGRX−	TB 4501	SPU/RD S波段雷达处理单元
				SLG11 CHJP86/SC 2×2×0.75 备用					CPU/ECDIS
		NMEA3: 5, 6	W1 B1	SLG12 CHJP86/SC 2×2×0.75	W1 B1	13, 14	D LOG Rx+ D LOG Rx−	TB305	电子海图主处理单元
计程仪信号分配器		NMEA4: 7, 8	W1 B1	***VDR25 →					MCU/VDR VDR主单元
	TB 519B	LOG1: 1, 2	W1 B1	SLG13 CHJP86/SC 2×2×0.75	W1 B1	35, 36	SL1 SL2	TB6	TBU 自动舵端子板单元
		LOG2: 1, 2	W1 B1	SLG14 CHJP86/SC 2×2×0.75	W1 B1	46, 47	SL+ SL−	TB1	GCU 罗经控制单元

图 8-12 计程仪系统接线图第 4 页

任务实施

技能一　船用计程仪的安装

在安装 DS-80 型多普勒计程仪之前，必须先进行换能器罐的安装，之后才能进行换能器本身的安装，换能器罐共分为船底固定式罐和闸阀式船底罐两种，针对不同的罐有不同的安装方法和步骤。

一、DS-80 型换能器的安装

1. 换能器的组装

换能器的组装要点如图 8-13 所示。

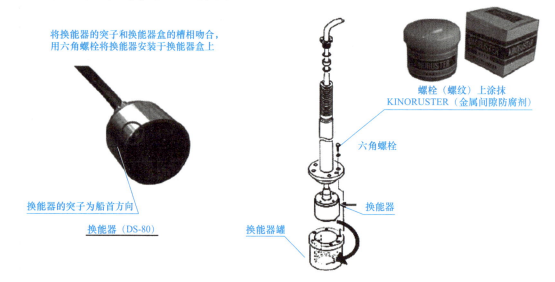

图 8-13　换能器的组装要点

2. 换能器和船底固定式罐的安装

船底固定式罐的安装如图 8-14 所示，基本安装要点已经在图上标明。

图 8-14　船底固定式罐的安装要点

换能器和船底固定式罐的安装如图 8-15 所示，安装要点已经在图上标明。

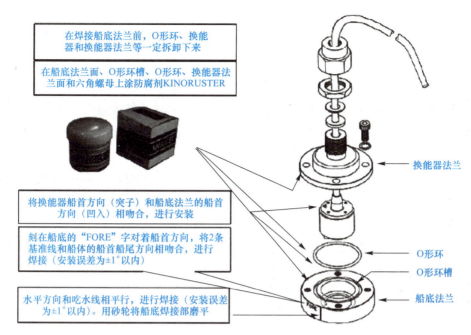

图 8-15 换能器和船底固定式罐的安装要点

3. 换能器和闸阀式船底罐的安装

DS-80 的闸阀式罐的安装要点如图 8-16 所示。

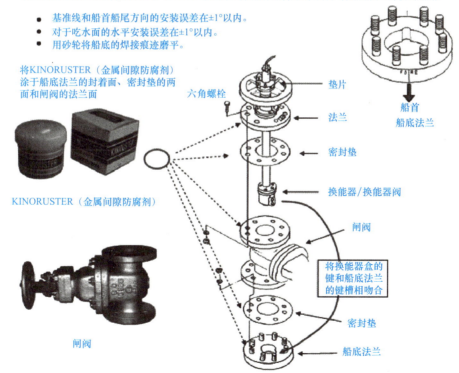

图 8-16 换能器和闸阀式船底罐的安装要点

二、DS-80 收发机的安装

接线注意不要出现错误。电缆的屏蔽层应缠绕在线卡上，确保接触良好，起到接地的作用，具体注意事项如图 8-17 所示。

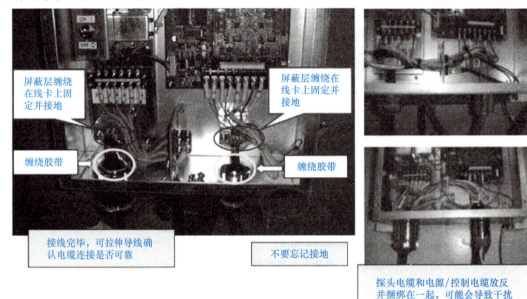

图 8-17　DS-80 收发机安装要点

技能二　船用计程仪的操作

下面以 DS-80 多普勒计程仪为例，介绍船用计程仪的操作。

一、熟悉 DS-80 的显示面板

[PWR]——电源开关：打开或关闭电源。

[MENU]——主菜单键：按下此键进入主菜单。

[ENT]——选择（输入）确认。

[DISP]——显示模式选择，第一种模式有对水速度和累计时间内向前行进的距离；第二种模式只有对水速度。

[DIM]——面板亮度调节，先按[DIM]键，再按左、右光标键即可调节面板亮度，按[ENT]键即可完成面板亮度调节。

[*]——对比度调节：先按[*]键，再按左、右光标键即可调节对比度，按[ENT]键即完成对比度的调节。

[△][▽]——光标键，上、下移动光标。

二、主菜单的操作

按下[MENU]键进入主菜单，有四项选择，如图 8-18 所示，其选项可由上、下光标键选择，然后按[ENT]键确认进入。

```
                MENU
        ─────────────────────
        DISTANCE RUN DISPLAY
        DEMO
        SYSTEM MENU
```

图 8-18　主菜单

"DISTANCE RUN DISPLAY"表示距离选择方式。进入以后有三种选择方式，如图 8-19 所示。

```
        DISTANCE RUN DISPLAY
        ─────────────────────
        DATA DSPLAY
               CONTACT CLOSURE
        RESET          OFF
        SET            000
```

图 8-19　距离选择方式

(1)"DATA DSPLAY"为数据显示；"CONTACT COLSURE"表示输出的距离信号为触点式，200/n mile 个脉冲。

(2)"RESET"表示可复位距离至"0"，重新累计行程。

(3)"SET"表示任意输入一个起始距离数值，以此数值为基础累计行程。

菜单功能中其他选项"DEMO""SYSTEM MENU"及"SYSTEM MENU2"主要设计为维修人员自测用，一般不要随意改动，防止数据误差。

任务总结

通过本任务的学习，了解了船用计程仪的功能和特点，了解了系统的组成，能够对设备进行安装和操作。

在进行设备安装和操作时一定要注意安全，同时要了解各个船级社和造船企业的要求，接线时注意线型的选择和工艺。

项目评价

序号	考核点	分值	建议考核方式	考核标准	得分
1	船用计程仪系统图、接线图识读	15	教师评价(50%)+互评(50%)	能正确识读系统图、接线图，识读错误一处扣1分	
2	船用计程仪接线	15	教师评价(50%)+互评(50%)	能正确进行设备接线，接错一处扣2分	
3	船用计程仪操作	15	教师评价(50%)+互评(50%)	能正确进行设备操作，操作错误一次扣3分	

续表

序号	考核点	分值	建议考核方式	考核标准	得分
4	项目报告	10	教师评价(100%)	格式标准，内容完整，详细记录项目实施过程并进行归纳总结，一处不合格扣2分	
5	职业素养	5	教师评价(30%)＋自评(20%)＋互评(50%)	工作积极主动，遵守工作纪律、遵守安全操作规程，爱惜设备与器材	
6	练习与思考	40	教师评价(100%)	对相关知识点掌握牢固，错一题扣1分	
完成日期			年　　月　　日	总分	

项目总结

通过本项目的学习，了解了船用计程仪的系统组成及功能，掌握了船用计程仪工作原理、系统的安装过程和技巧。通过对系统图和接线图的识读，对系统进行了安装，在详细阅读设备操作说明书后，学会了对设备的操作。

练习与思考

1. 电磁计程仪的组成不包括(　　)。
   A. 传感器　　　B. 显示器　　　C. 放大器　　　D. 指示器
2. 电磁计程仪的传感器是以(　　)为根据。
   A. 红外线感应原理　B. 声控感应原理　C. 电磁感应原理　D. 热感应原理
3. 指示器是指示船速和(　　)的显示装置。
   A. 航程　　　　B. 航向　　　　C. 航道　　　　D. 航线
4. 多普勒计程仪的优点是(　　)。
   A. 接收准确　　B. 显示精确　　C. 测速精度高　D. 抗干扰能力强
5. (　　)不属于多普勒计程仪。
   A. 二波束系统　B. 四波束系统　C. 六波束系统　D. 八波束系统
6. 电子箱的作用是(　　)。
   A. 控制显示系统　B. 控制发射系统　C. 控制传感系统　D. 控制接收系统
7. 声相关计程仪的组成不包括(　　)。
   A. 放大器　　　B. 换能器　　　C. 电子柜　　　D. 显示器
8. DS-80型多普勒计程仪系统的输入电压为(　　)。
   A. 50/200 VAC　B. 90/220 VAC　C. 115/230 VAC　D. 120/230 VAC
9. 安装换能器时，突子的方向应是(　　)。
   A. 船首　　　　B. 船尾　　　　C. 船左侧　　　D. 船右侧
10. 有关换能器和闸阀式错误的选项是(　　)。
    A. 基准线和船首船尾方向的安装误差在±1°以内
    B. 对于吃水面的水平安装误差在±1°以内

C. 用砂轮将船底的焊接痕迹磨平

D. 换能器盒的键不用和船底法兰的键相吻合

11. DS-80 型多普勒计程仪的显示面板第二种显示模式(　　)。

    A. 对水速度和累计时间内向前行进的距离

    B. 只有对水速度

    C. 只有累计时间内航行距离

    D. 船的航行方向

12. 关于三元多普勒计程仪的功能描述正确的是(　　)。

    A. 它能测量纵向速度并累计航程

    B. 除可以测量纵向速度外，还能测量横向速度

    C. 既能测量船舶纵向速度，又能测量船首和船尾的横向速度

    D. 可以测量航行方向并累计航程

项目九　船用雷达与自动雷达标绘仪系统安装与操作

项目描述

雷达（Radio Detection and Ranging, RADAR），装载于船舶上的雷达称为船舶导航雷达（Shipborne Navigation Radar），也称为民用航海雷达（Civil Marine Radar, CMR），简称航海雷达或船用雷达。船用雷达能够及时发现远距离的弱、小目标，显示船只、障碍物、导航目标及海岸线等相对本船的位置，精确测量本船相对目标的距离和方位，确定船舶位置，避免船舶碰撞，引导船舶安全航行。自动雷达标绘仪（Automatic Radar Plotting Aid, ARPA）是指一种能自动跟踪、计算和显示选定物标回波并能预测避让结果的雷达系统，由ARPA单元和雷达组成。ARPA单元对人工或自动录取的目标和陀螺罗经、计程仪等传感器提供的信息进行分析、处理，给出并显示目标的航向、航速、方位、目标与本船的距离、最近会遇距离和到最近会遇距离的时间等各种数据，以及视觉和声响报警。驾驶员可根据ARPA提供的人工和自动试操船功能决定所需的避让措施。

项目分析

船舶在航行的时候，可以在显示器上观察到周边的岸线、桥梁、浮标及船舶等物体，并可以得出障碍物距离本船的距离，对于夜间和雾天行船起到一定的避碰作用。本项目要求学习雷达测距、测方位原理和雷达系统，同时进一步了解自动雷达标绘仪的原理和功能，并学会对设备进行安装和操作。

相关知识和技能

1. 了解雷达测距测方位的基本原理；
2. 掌握雷达系统组成，能正确识读雷达系统的系统图和接线图；
3. 能正确安装雷达系统和基本操作；
4. 了解自动雷达标绘仪系统组成和分类。

任务一　船用雷达系统安装与操作

任务目标

1. 了解雷达测距、测方位的基本原理；
2. 掌握雷达系统组成，能正确识读雷达系统的系统图和接线图。
3. 能正确安装雷达系统和基本操作。

任务分析

本任务的最终目的是能够对雷达系统进行安装和操作。为了实现这个目的，必须了解雷达系统的组成，能够识读系统图和接线图。为了对设备进行有效操作，还要了解雷达测距和测方位原理。

一、雷达测距、测方位的基本原理

雷达通过发射微波脉冲探测目标和测量目标参数，习惯上称雷达发射的电磁波为雷达波。微波具有似光性，在地球表面近似以光速直线传播，遇到物体后，雷达波被反射。在雷达工作环境中，能够反射雷达波的物体，如岸线、岛屿、船舶、浮标、海浪、雨雪、云雾等，统称为目标。这些目标的雷达反射波被雷达天线接收，称为目标回波。回波经过接收系统处理，调制屏幕亮度，最终在显示器上显示为加强亮点，回波距离和方位的测量都是在显示器上完成的。

1. 雷达测距原理

微波在自由空间以匀速直线传播，遇到目标时会发生反射，如图9-1所示。

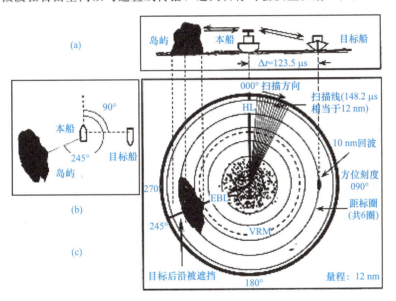

微课：雷达测距测方位的基本原理

图9-1 雷达测距测方位的基本原理
(a)海面态势；(b)海图示意；(c)雷达屏幕

船用雷达采用脉冲发射体制，记录下雷达发射脉冲往返于雷达天线与目标之间的时间 Δt，如果 $C=3\times 10^8$ m/s 为电磁波在自由空间的传播速度，则目标离开本船的距离 R 为

$$R=\frac{1}{2}C\Delta t \tag{9-1}$$

在雷达设备中，发射机、接收机和显示器的工作是在触发脉冲的控制下同步进行的。图9-1所示是量程为12 n mile的雷达屏幕，屏幕的中心点即扫描起始点，代表了本船的位置。反射物体显示在荧光屏上（回波），根据显示器距离标志就可以测量出反射物体到船舶的距离。在触发脉冲的控制协调下，发射机发射探测脉冲，接收机同时开始接收，稍加延时之后，电子从扫描起始点起向屏幕边缘运动，在荧光屏上形成一条径向扫描线。扫描线形成的时间148.2 μs对应为电磁波在空间往返12 n mile的时间跨度，于是距离本船10 n mile的目标船也对应地显示在屏

幕10 n mile的位置点上。

2. 雷达测方位原理

雷达通过天线的不停旋转，瞬间定向发射与接收电磁波脉冲，电磁波脉冲回波的方向就是反射物体的方向。在雷达显示器上有表示方向的方位圈（固定方位圈或罗经方位圈），荧光屏上反射物体回波所对应的方位圈刻度就是该物标的方位。

雷达天线为定向扫描天线，在水平面的波束宽度只有1°左右，天线在空间作水平360°连续扫描。在某一个特定时刻，天线的指向是确定的，仅向这个方向发射和接收电磁波。也就是说，天线收到的每一个回波，都确定地对应着天线周围空间的某一个方位。

在雷达设备中，天线转动的瞬时指向通过方位扫描系统准确地传递给显示器，雷达接收机也同时将回波信息送到显示器，所以，雷达显示器在记录某个回波位置信息的同时，也记录了该回波的方位信息。

3. 雷达图像简介

图9-1所示的雷达显示器为早期的平面位置显示器（PPI），现代雷达已采用平面光栅显示器，但雷达回波图像区域与PPI的形式相同。下面对雷达图像加以说明。

雷达显示系统将雷达传感器探测到的本船周围目标以平面位置图像（极坐标系）显示在屏幕上。图9-1(a)所示为海面态势示意图，本船周围有一岛屿，另有一目标船与本船相向行驶。图9-1(b)所示为海平面俯视图，可以看出本船航向000°，目标船正航行在本船右舷，本船左舷后约245°处有一岛屿。图9-1(c)所示为雷达屏幕，扫描中心（起始点）为本船参考位置，又称为统一公共基准点（Consistent Common Reference Point，CCRP）。作为综合驾驶台系统（Integrated Bridge System，IBS）中的重要组成部分，雷达测量目标所得到的数据如距离、方位、相对航向和航速、本船与目标船的最近会遇距离（Distance to the Closest Point of Approach，CPA）和航行到最近会遇距离所需时间（Time to the Closest Point of Approach，TCPA）等，都必须参考CCRP。这个位置点在传统的雷达上通常对应为雷达天线辐射器的位置。

最新性能标准要求CCRP可由驾驶员根据需要设置，建议通常设置在船舶驾驶位置。图9-1所示雷达量程为12 n mile，即在雷达屏幕上显示了以本船为中心，以12 n mile为半径本船周围海域的雷达回波。在雷达屏幕上，HL（Heading Line）称为船首线，其方向由本船发送艏向装置（THD）或陀螺罗经驱动，指示船首方向。发自于扫描起始点的径向线称为扫描线。扫描线沿屏幕顺时针匀速转动，转动周期与雷达天线在空间的转动周期一致。屏幕上等间距的同心圆称为固定距标圈（Range Ring，RR），每圈间隔2 n mile，用来估算目标的距离。与固定距标圈同心的虚线圆是活动距标圈（Variable Range Marker，VRM），它可以由操作者随意调整半径，借助数据读出窗口的指示测量目标的准确距离。称为电子方位线（Electronic Bearing Line，EBL）可以通过面板操作，控制其屏幕的指向，借助数据读出窗口的指示或屏幕边缘显示的方位刻度，测量目标的方位。很多雷达将VRM/EBL联动，称为电子距离方位线（Electronic Range/Bearing Line，ERBL），可以通过一次性操作同时测量目标的距离和方位。

采用平面光栅显示器的现代雷达屏幕如图9-2所示，FURUNO（日本古野）FAR-2 XX7系列屏幕方框和标记图如图9-3所示。雷达回波图像区域仍然采用图9-1(c)的形式，用来显示回波图像和导航避碰关键图形信息。在雷达图像周围的功能区域，还有很多操作菜单、传感器信息及与雷达目标和操作有关的各种数据、警示信息和帮助信息等，用来设置和操作雷达，帮助操作者精确读取雷达目标数据。屏幕上除显示岛屿、岸线、导航标志、船舶等对船舶导航避碰、安全航行有用的各种回波外，还无法避免地显示出各种驾驶员不希望看到的回波，如海浪干扰、雨雪干扰、同频干扰、云雾回波、噪声、假回波等。一个专业的雷达观测者，应能够在杂波干扰和各种复杂屏幕背景中分辨出有用回波。

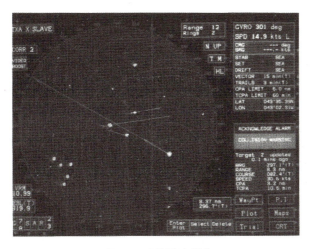

图 9-2 现代雷达屏幕

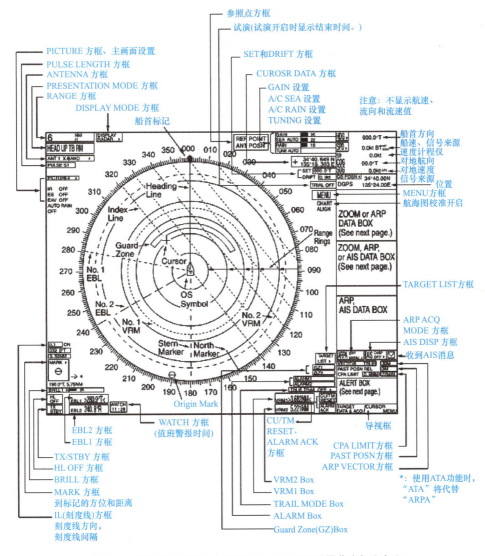

图 9-3 FURUNO(日本古野)FAR-2 XX7 系列屏幕方框和标记

二、雷达系统介绍

按照 SOLAS 公约的要求,所有 300 总吨及以上的船舶和不论尺度大小的客船必须安装一台 X 波段雷达;所有 3 000 总吨及以上的船舶,除满足以上要求外,还应配置一台 S 波段雷达,或(如果主管机关认为合适)第二台 X 波段雷达,并具备目标自动跟踪功能;所有 10 000 总吨及以上的船舶,应配备两台(至少一台为 X 波段)雷达,其中至少一台应具备目标自动标绘和试操船功能,或 ARPA(Automatic Radar Plotting Aid)功能,可自动标绘至少 20 个目标,用于船舶避碰行动。

微课:雷达系统

现代雷达系统主要包括天线单元(Antenna Unit)、收发单元(Transceiver Unit)、显示单元(Monitor Unit)、处理单元(Processor Unit)、电源单元(Power Supply Unit)和操纵单元(Control Unit)等。基本雷达系统原理框图如图 9-4 所示。

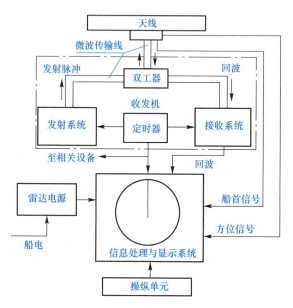

图 9-4 基本雷达系统原理框图

收发机和天线两者合在一起俗称为"雷达头"。信息处理与显示系统也称"雷达终端"。根据分装形式不同,雷达设备可分为桅下型(俗称三单元)雷达和桅上型(俗称两单元)雷达。桅下型雷达主体被分装为天线、收发机和显示器三个箱体,一般天线安装在主桅或雷达桅上,显示器安装在驾驶台,收发机则安装在海图室或驾驶台附近的设备舱室里。如果收发机与天线底座合为一体,装在桅上,这样的分装形式就称为桅上型雷达。桅下型雷达便于维护保养,多安装在大型船舶上,一般发射功率较大,而中小型船舶通常采用发射功率较低的桅上配置,设备成本较低,但不便于维护保养。

1. 收发单元

图 9-4 中的定时器、发射系统、双工器和接收系统构成了雷达收发机。

(1)定时器。定时器或定时电路又称为触发脉冲产生器或触发电路,是协调雷达系统的基准定时电路单元。

(2)发射系统。在触发脉冲的控制下,发射系统产生具有一定宽度和幅度的大功率射频矩形脉冲,通过微波传输线送到天线,向空间辐射。雷达发射系统框图如图 9-5 所示。

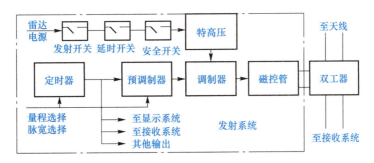

图 9-5 雷达发射系统框图

1)预调制器在触发脉冲的作用下,产生具有一定宽度的预调制脉冲,控制调制器工作。预调制脉冲的幅值与调制器的类型有关,通常为几百伏至 1 000 V。

2)调制器产生具有一定宽度的高幅值矩形调制脉冲,控制磁控管的发射。调制脉冲的宽度受雷达面板上量程和/或脉冲宽度选择旋钮控制,以满足操作者对目标探测距离、回波强度、距离分辨率等观测指标的要求。调制脉冲幅值越高,要求特高压越高。发射功率也越大,一般幅值为 10~18 kV。

3)磁控管是一种用来产生大功率微波的电真空器件,如图 9-6 所示。它实质上是一个置于恒定磁场中的二极管。管内电子在相互垂直的恒定磁场和恒定电场的控制下,与高频电磁场发生相互作用,将从恒定电场中获得的能量转变成微波能量,从而达到产生微波能量的目的。用于船用雷达的磁控管为多腔脉冲波磁控管。不同型号的磁控管外观差别很大,S 波段 MG5 223 磁控管外观如图 9-6(a)所示,其内部结构示意如图 9-6(b)所示。磁控管由管芯和场强高达数千高斯的永久磁铁组成,管芯与磁铁牢固合为一体。管芯内部保持高度真空状态,结构包括阴极、阳极和能量输出器等三部分。

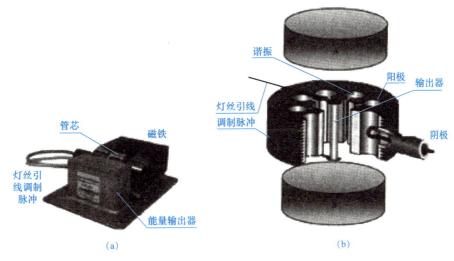

图 9-6 磁控管

(a)磁控管外观;(b)磁控管结构

雷达的工作波段由磁控管振荡器产生的微波振荡的频率决定。雷达工作波段有 S 波段和 X 波段两个,它们的基本参数见表 9-1。在晴天条件下,X 波段和 S 波段雷达在性能上不会产生显著差别。不过,在暴雨天气下,S 波段雷达的探测能力优于 X 波段雷达。

表 9-1 雷达工作波段

波段名称	波长范围/cm	频率范围/GHz
S(或 10 cm)	10.39～9.70	2.9～3.1
X(或 3 cm)	3.23～3.16	9.3～9.5

(3)双工器。双工器又称为收发开关,目前主要采用铁氧体环流器。雷达采用收发共用天线,发射的大功率脉冲如果漏进接收系统,就会烧坏接收系统前端电路。发射系统工作时,双工器使天线只与发射系统连接;发射结束后,双工器自动断开天线与发射系统的连接,恢复天线与接收系统的连接,实现天线的收发共用。显然,双工器阻止发射脉冲进入接收系统,保护了接收电路。

(4)接收系统。雷达接收系统采用超外差接收技术,主要由微波集成放大与变频器(MIC)、中频放大器、检波器、视频放大器和改善接收效果的辅助控制电路,如增益控制、海浪抑制、通频带转换电路等组成,如图 9-7 所示。

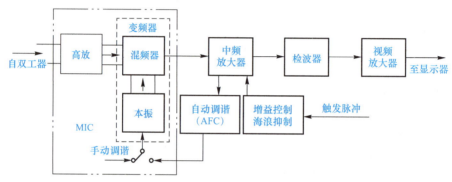

图 9-7 雷达接收系统框图

2. 天线与微波传输单元

雷达微波传输及天线系统由微波天线及传输系统、双工器、方位编码器及驱动马达与动力传动装置等组成,如图 9-8(a)所示。图 9-8(b)中的发射性能监视器和回波箱是选配件,称为雷达性能监视器,用于监测雷达设备的健康状况。

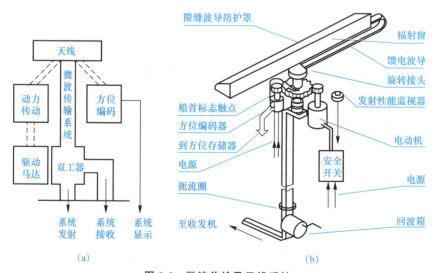

图 9-8 微波传输及天线系统

(a)系统组成方框图;(b)系统结构示意

(1) 微波传输系统。在雷达收发机与天线之间传递微波信号的电路系统称为微波传输系统。不同波段雷达的微波传输系统也不同。3 cm 波段雷达一般采用波导管及波导元件传输微波，而 10 cm 波段雷达多采用同轴电缆及相关元件作为微波传输系统，也有少数 10 cm 波段雷达，天线与收发机位置较近，使用波导传输雷达波。桅上型雷达安装时不需要微波传输线连接。

1) 波导管及波导元件。波导管简称为波导，是由黄铜或紫铜拉制的，内壁光洁程度很高的矩形空心管。微波的波长决定了波导截面的尺寸，波长越长，波导管尺寸越大。3 cm 雷达波导管尺寸为 23 mm×10 mm，10 cm 波导管尺寸为 72 mm×34 mm。波导管及波导元件如图 9-9 所示。为了方便雷达安装，波导管需要加工成各种长度，并配有各种弯头、旋转、扭曲等。

图 9-9(a)~(e) 所示为各种形状的波导管。其中宽边弯头、窄边弯头和扭波导可以改变波导走向，任意弯曲的软波导可以调整收发机与硬波导之间的位置差，防止安装后设备连接扭力过大。

图 9-9(f) 所示为扼流接头。为了安装的需要，波导管的两端都设有连接法兰，法兰盘上开设了四个固定螺栓孔，每段波导管两端的法兰结构也是不同的，一边为平面，称为平面法兰或平面接头；另一边结构特殊，设有两个凹槽，称为扼流法兰或扼流接头。较浅的外槽用于安装水密橡胶圈，以保持波导管连接后的水密性和气密性。内槽的深度和槽到波导管宽边中点的距离是一样的，大约为 $\lambda/4$（λ 为波长）。在波导连接时，这个结构可以防止微波泄漏引起打火，称为扼流槽。安装时，应将平面接头朝向天线，扼流接头朝向收发机连接，使得连接端头虽然没有物理面接触，却能够保持微波电气的连续性。

图 9-9(g) 所示为旋转接头，目的是使天线转动的部分与固定的部分保持电气连续性。旋转接头需要在雷达出厂前安装调整就位，不得随意拆卸。

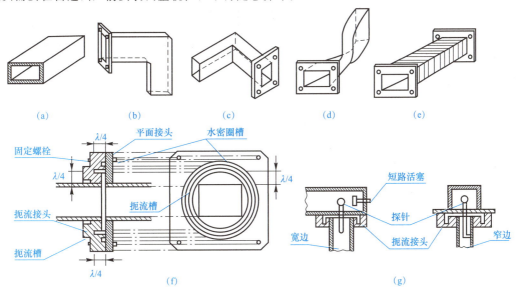

图 9-9　波导管及波导元件
(a)波导截面；(b)宽边弯头；(c)窄边弯头；
(d)扭波导；(e)软波导；(f)扼流接头；(g)旋转接头

2) 同轴电缆。同轴电缆结构如图 9-10 所示，由同轴的内、外导体组成。内导体是一根细铜管，外导体是一根蛇形管，内、外导体之间有低微波损耗的绝缘材料作支撑，最外层包有防护绝缘橡皮材料。同轴电缆内外导体的直径或电缆的尺寸都有严格要求。与波导管相比，传输相同波长的微波时，同轴电缆体积较小，安装方便。但同轴电缆的传输损耗稍大，功率容限较低。同轴电缆只用于 10 cm 波段雷达。

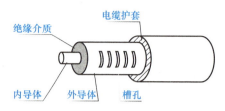

图 9-10 同轴电缆结构

(2)雷达天线。雷达采用定向扫描天线,天线转速通常为 20~25 r/min,适用于普通商业航行的船舶。转速高于 40 r/min 的称为高转速天线,适用速度超过 20 kn 或上层建筑高大的快速船舶。图 9-11 所示为雷达普遍采用的隙缝波导天线,它由隙缝波导辐射器、扇形滤波喇叭、吸收负载和天线面罩等组成。隙缝波导辐射器是将窄边按照一定尺寸和精度连续开设倾斜槽口的一段矩形波导,隙缝间隔约为 λ/2。雷达发射波从天线一端馈入隙缝波导辐射器,通过隙缝向空间辐射,辐射的波束与天线和喇叭口尺寸有关,波导越长,隙缝越多,喇叭口越宽大,天线的辐射波束就越窄,方向性也就越好。在隙缝波导辐射器的另外一端有吸收负载匹配吸收剩余的微波能量,避免反射造成二次辐射。喇叭口还设有垂直极化滤波器,保证辐射出去的微波是水平极化方式。整个天线的结构被密封在天线面罩内,保持水密和气密性,起到防护作用。雷达天线单元的实物如图 9-11(c)所示。

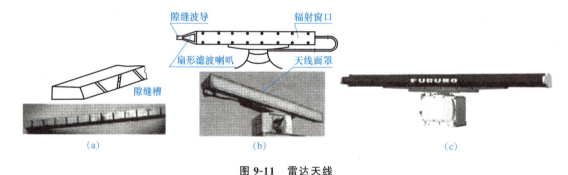

图 9-11 雷达天线
(a)隙缝波导辐射器;(b)天线结构与封装;(c)雷达天线实物

(3)方位编码器。方位扫描系统由天线基座中的方位编码器和显示器中的方位信号存储器及其相关电路组成。雷达采用编码器将天线的方位基准信号(船首方位信号)和瞬时天线角位置信号量化为分辨率高于 0.1°的数字信息,传送到信息处理与显示系统并记录在相应的方位存储单元中。方位扫描系统按照显示的要求,从存储器中读出记录的数据,驱动扫描线按照天线探测到目标的原始方位准确显示回波位置,在雷达屏幕上再现天线周围空间目标的方位关系。通过测量目标相对于船首线的夹角,得到目标的方位数据。

(4)驱动电动机与动力传动装置。驱动电动机一般由船电供电,雷达天线通常与雷达发射开关联动运转。性能标准要求电动机的驱动能力应能够使雷达天线在相对风速 100 km 时正常工作。雷达天线基座上一般设有安全开关,当有人员在天线附近维护作业时,可以切断电源,防止意外启动雷达。

为保证天线转动平稳,驱动马达的转速一般为 1 000~3 000 r/min,通过由皮带轮和/或齿轮机构组成的动力传动装置降速,带动天线以额定转速匀速转动。应每年定期检查皮带的附着力和更换防冻润滑油,做好维护保养,保证传动装置工作正常。

3. 显示与处理单元

接收系统输出的视频回波信号在信息处理与显示系统中被进一步处理,去除各种干扰,并合并各种刻度测量信号和人工视频信息，最终显示在显示器上。雷达操作者利用刻度信号能够精确地测量回波方位和距离，获得需要的避碰和导航信息。雷达显示器和处理器的实物如图 9-12 所示。

图 9-12　雷达显示器和处理器的实物

(a)雷达显示器；(b)雷达处理器

4. 电源单元

为了避免由于船电的波动而影响雷达稳定而可靠地工作，雷达都设计有独立的电源系统，将船电转变为雷达需要的电源向雷达供电。雷达电源的输出电压通常为 100～300 V，频率一般为 400 Hz～2 kHz，称为中频电源。采用中频电源，能够有效隔离船电电网干扰，向雷达输出稳定可靠电源，缩小雷达内部电源相关元件尺寸，从而减小雷达设备体积和质量。目前雷达电源均采用电源变换的方式，直接将船电变换为中频电源，供雷达工作。通常称

图 9-13　雷达电源实物

这种形式的电源为逆变器，它工作稳定可靠，输出精度高，体积轻巧，故障率较低，维护方便。雷达电源实物如图 9-13 所示。

5. 操纵单元

常见的雷达操纵面板有两种形式：一种是全键盘式(Full-Keyboard Type)，另一种是轨迹球式(Trackball Type)，如图 9-14 所示。全键盘式通过按键和轨迹球的组合控制能够实现合理有序的控制。组织良好的菜单能确保所有的操作均可以通过轨迹球进行；轨迹球式可作为全键盘式的替代装置或作为附加的一个远程操纵装置。

(a)　　　　　　　　　　　　　　　　(b)

图 9-14　雷达操纵单元

(a)全键盘式(Full-Keyboard Type)；(b)轨迹球式(Trackball Type)

三、识读雷达系统图

雷达生产厂家在设备安装说明书中给出了设备清单和系统图。下面就是日本古野关于雷达的设备清单，表 9-2 和表 9-3 是吉野 S 波段雷达系统标准配备清单，图 9-15 所示是 X 波段雷达系统图，图 9-16 所示是 S 波段雷达系统图。图 9-17 所示是黑箱型的系统配置图。

从下列的图表中可以看出除天线和收发单元外，X 波段雷达系统与 S 波段雷达系统完全相同。

造船企业根据船东的要求、船级社的要求及各种标准和规范，参照雷达生产厂家的设备说明书，经过再设计形成船厂技术人员和施工人员便于识读的雷达系统图，以某船 TX 波段雷达系统为例，如图 9-18 所示。

图 9-19 所示和图 9-20 所示分别是 X 波段雷达 FAR-2817/2827 两单元实物连接图和 X 波段雷达 FAR-2827 W 三单元实物连接图。S 波段的雷达因与其非常相似，未画出。

图表中前面未提到的主要英文释义如下：

Installation Materials　安装材料　　　　　　　Coaxial Cable　同轴电缆
Accessories　附件，配件　　　　　　　　　　Spare Parts　备件，备用零件
Performance Monitor　性能监视器　　　　　　Waveguide　波导
Transformer Unit　变压器单元　　　　　　　　Standard　标准的，常规的
Option（指 Optional Equipment）附加设备，可选配置
Dockyard Supply　造船厂提供　　　　　　　　Switching HUB　交换集线器
Track Control Unit　轨迹控制单元；监测跟踪单元

表 9-2　古野 X 波段雷达系统标准设备清单

Standard Supply(For FAR-2827 W)

名称	型号	呼号	数量	说明
Antenna Unit	XN20AF-RSB103	—	1	24 rpm. 2 000 mm W/CP09-19101
	XN24AF-RSB103	—	1	24 rpm. 2 400 mm W/CP09-19101
Transceiver Unit	RTR-081	—	1	25 kW. X-band
Monitor Unit	MU-231CR		1	
Processor Unit	RPU-013	—	1	
Power Supply Unit	PSU-011		1	Russian flag vessel only
Control Unit	RCU-014		1	Standard type
	RCU-015			Trackball type
Installation Materials	CP03-25700	000-080-435	1	For 15 m signal cable. RW-9600
	CP03-25710	000-080-436		For 30 m signal cable. RW-9600
	CP03-25730	000-082-191		For 40 m signal cable. RW-9600
	CP03-25720	000-080-437		For 50 m signal cable. RW-9600
	CP03-27502	000-540-140	1	For antenna unit
	CP03-25800	000-080-434	1	For monitor unit
	CP03-27501	000-540-200	1	For transceiver unit
	CP03-25602	000-535-940	1	For processor unit(AC sell)

续表

名称	型号	呼号	数量	说明
Rectangular waveguide installation materials	CP03-16400	000-086-743	1	
Rectangular guide installation materials	CP03-16410	000-086-744	1	20 m. W/CP03-16411
	CP03-16420	000-086-745		30 m. W/CP03-16411
	CP03-16430	000-086-746		50 m. W/CP03-16411
Accessories	FP03-09810	008-536-010	1	For monitor unit
	FP03-09850	008-535-610	1	For RCU-014
	FP03-09800	008-535-690		For RCU-015
Spare Parts	SP03-12501	008-485-360	1	For antenna unit
	SP03-14401	008-536-990		For monitor unit(AC spec)
	SP03-14404	008-535-910		For processor unit 100 VAC sel
	SP03-14405	008-535-920		For processor unit 220 VAC sel

表 9-3 古野 S 波段雷达系统标准设备清单

Standard Supply(For FAR-2837 W)

名称	型号	呼号	数量	说明
Antenna Unit	SN30AF-RSB104	—	1	21 r/min. 3 000 mm
	SN30AF-RSB105	—		26 r/min. 3 000 mm
	SN36AF-RSB104	—		21 r/min. 3 600 mm
	SN36AF-RSB105	—		26 r/min. 3 600 mm
Transceiver Unit	RTR-082	—	1	30 kW. S-band
Monitor Unit	MU-231CR	—	1	AC spec only
Processor Unit	RPU-013	—	1	
Power Supply Unit	PSU-011	—	1	Russian flag vessel only
Control Unit	RCU-014	—	1	Standard type
	RCU-015			Trackball type
Installation Materials	CP03-25800	000-080-434	1	For monitor unit
	CP03-25602	000-535-940	1	For processor unit(AC sell)
	CP03-27601	000-540-570	1	For transceiver unit
	CP03-25700	000-080-435	1	For 15 m signal cable. RW-9600
	CP03-25710	000-080-436		For 30 m signal cable. RW-9600
	CP03-25730	000-062-191		For 40 m signal cable. RW-9600
	CP03-25720	000-080-437		For 50 m signal cable. RW-9600
	CP03-27602	000-540-520	1	For antenna unit
Coaxial Cable Installation Materials	CP03-16900	000-086-352	1	Coax Cable LHPX-20DASSY(L=20)(20 m). Converter PA-5600. CP03-13948
	CP03-16910	000-086-326		Coax Cable LHPX-20DASSY(L=30)(30 m). Converter PA-5600. CP03-13948

续表

名称	型号	呼号	数量	说明
Accessories	FP03-09810	008-536-010	1	For monitor unit
	FP03-09850	008-535-610	1	For RCU-014
	FP03-09860	008-535-690		For RCU-015
	FP03-10101	008-538-730		For antenna unit
Spare Parts	SP03-14404	008-535-910	1	For processor unit 100 VAC sel
	SP03-14405	008-535-920		For processor unit 220 VAC sel
	SP03-14401	008-536-990	1	For monitor unit(AC spec)

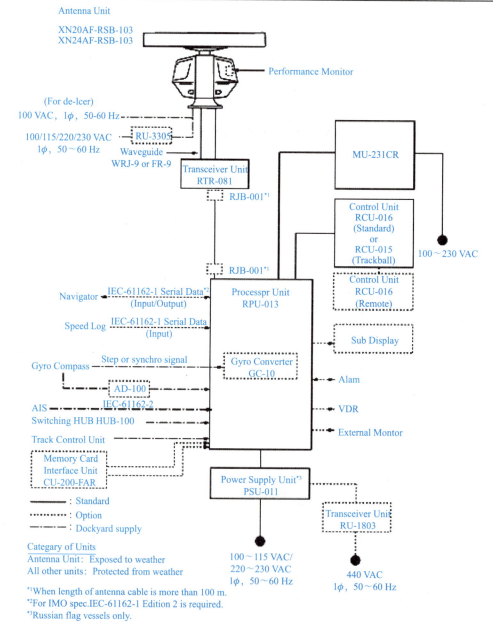

图 9-15　X 波段雷达系统图(英文)

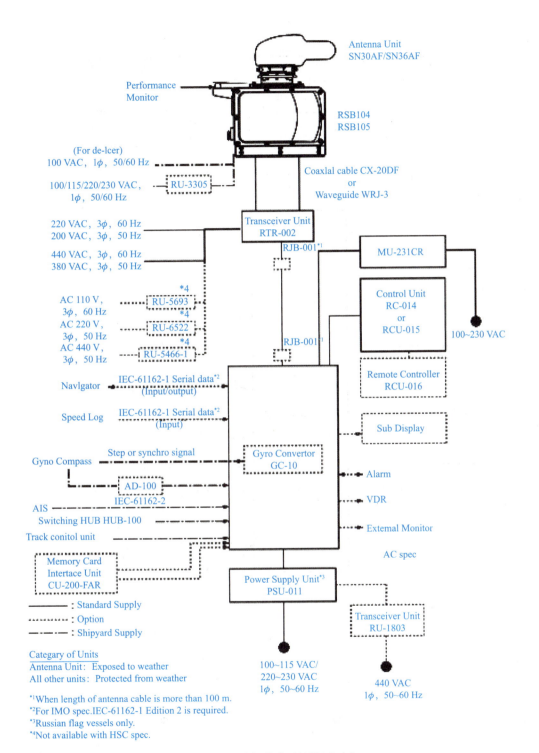

图 9-16 S 波段雷达系统图（英文）

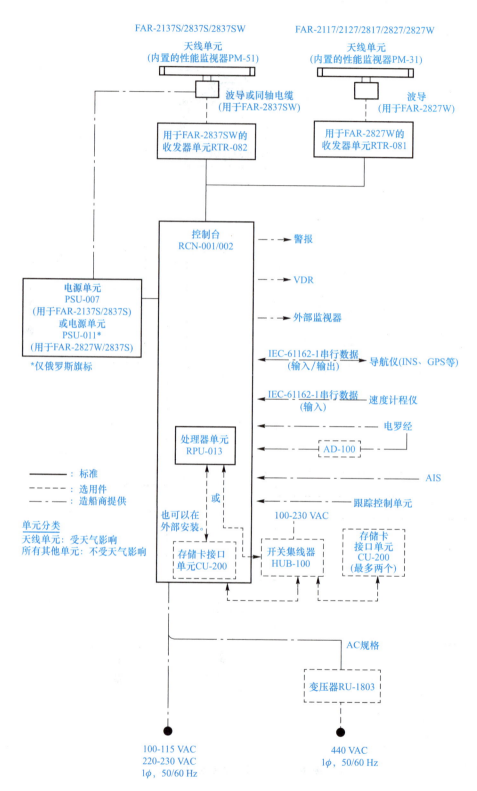

图 9-17 黑箱型系统配置图

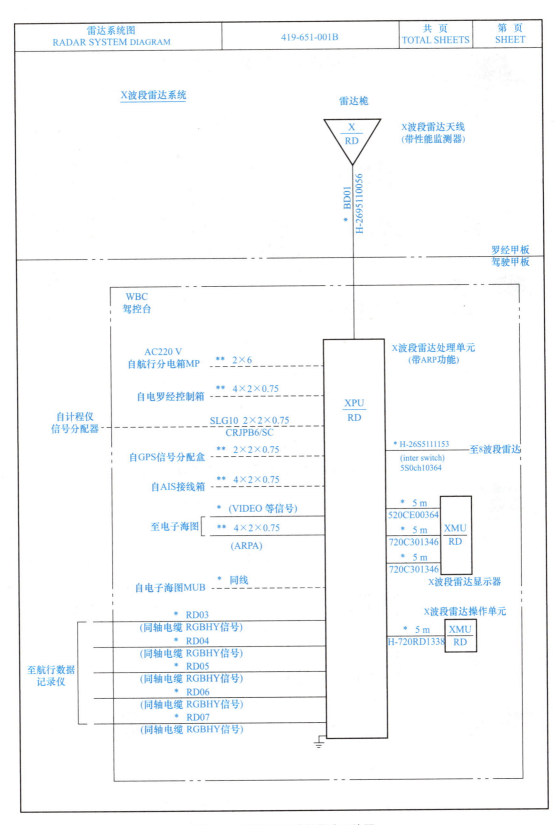

图 9-18 某船厂 X 波段雷达系统图

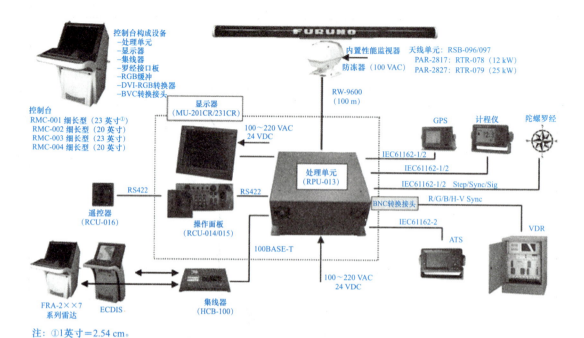

图 9-19　X 波段雷达 FAR-2817/2827 两单元实物连接图

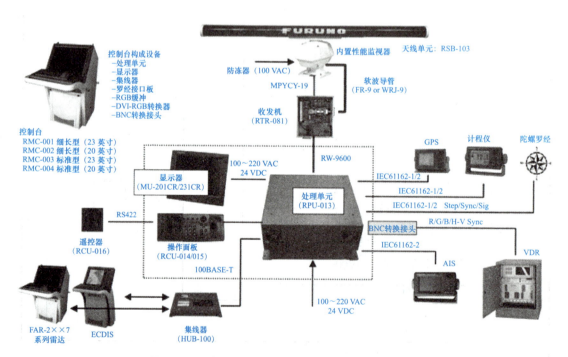

图 9-20　X 波段雷达 FAR-2827 W 三单元实物连接图

任务实施

技能一 雷达的安装

一、雷达天线的安装

1. 雷达天线的安装位置选择

正确的天线位置对保证雷达系统性能至关重要。雷达天线位置要远离烟囱,避免高热和有腐蚀作用的不良环境,尽量安装在与船舶龙骨正上方的驾驶室顶桅或独立的雷达桅之上。雷达天线的选位应考虑周围建筑物的反射干扰和其他发射机的电磁干扰,考虑建筑物遮挡、阴影扇形与探测距离、设备吊装的方便等因素。

(1) 电磁干扰。考虑到雷达天线与其他设备天线不互相构成电磁干扰,天线的位置应满足:

1) 雷达天线与无线电发射和接收天线保持安全距离。

2) 雷达天线辐射窗的最低沿应高于安装平台安全护栏 0.5 m 以上。

3) 两部雷达天线之间的仰角应大于 20°,垂直距离应不小于 1 m,如图 9-21 所示。

4) 为避免影响磁罗经精度,应确保天线安装满足磁安全距离。

双雷达天线安装的实物如图 9-22 所示。

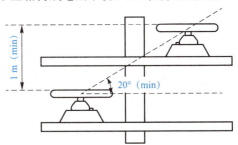

图 9-21 双雷达天线的位置示意

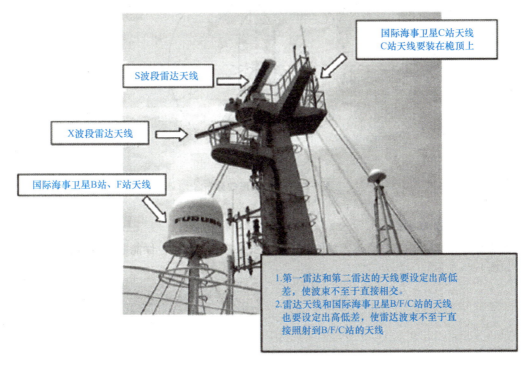

图 9-22 双雷达天线安装实物

(2) 与船舶建筑物的相对位置。

1) 雷达天线位置应远离可能引起反射的建筑物。

2) 雷达天线的转动应不受周围物件的影响。

(3) 观测视野。雷达天线应避免被烟囱和桅杆等遮挡,不使船首方向和右舷出现阴影扇形区域,尽量减小建筑物遮挡角,尽量避免产生假回波。雷达天线的高度应高于前方桅杆,且与前桅顶连线的夹角不小于4°,兼顾观察远距离目标和减小最小作用距离。

1) 雷达天线高度。雷达天线的高度应能够使雷达有最好的目标视野。无论船舶载货情况和吃水差大小,从雷达天线位置到船首的视线触及海面处,其水平距离不应该超过500 m或两倍船长的较小者,如图9-23所示。

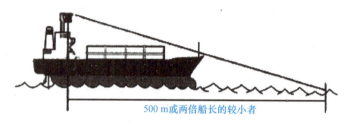

图9-23 雷达天线高度的确定

2) 雷达视野。雷达天线的位置应保证阴影扇形区最小,而且不应出现在从正前方到左右舷正横后22.5°的范围内,如图9-24所示。在余下的扇区内,不应出现大于5°的独立的或整体之和大于20°的阴影扇形。需要注意的是,两个间隔小于3°的阴影扇形应视为一个阴影扇形。

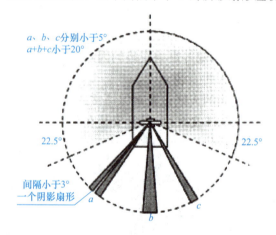

图9-24 阴影扇形的分布

2. 性能监视器的安装

性能监视器(PM)内置在雷达天线的外盖内。安装雷达天线时,性能监视器不要朝向船首方向,如图9-25所示。

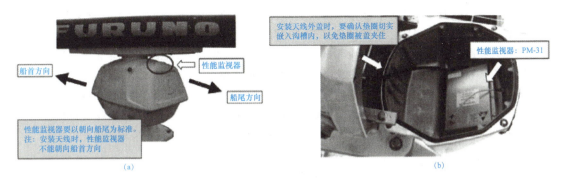

图 9-25 性能监视器的安装
(a)性能监视器的朝向；(b)垫圈的嵌入

3. 天线基座等其他设施的安装

天线旋转平面与主甲天线基座安装时应保证天线旋转平面与主甲板平行，如有前方标志，则标志线应在船首线±5°以内。天线基座的安装钢板和天线基座的接触面要加有保护措施，以防止不同金属之间电化学腐蚀，并使用抗腐蚀的螺栓、螺母、垫片等。使用的螺栓应与安装孔相符，螺栓由下向上装配，螺母在上，拧紧后加装备母，以免松动。

天线周围除应有足够的供天线旋转的空间外，还应有供安装和维修工作必需的平台和不低于 0.9 m 的保护栏杆。

雷达天线安装时的几个细节如图 9-26 所示。

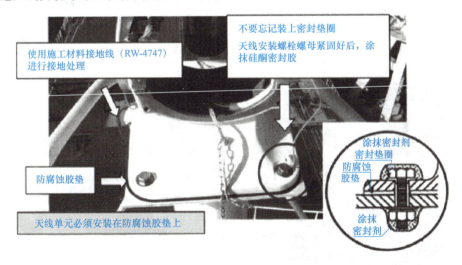

图 9-26 雷达天线安装时的几个细节

二、收发机(Transceiver Unit)的安装

收发机通常安装在驾驶台附近通风良好的设备间、海图室或驾驶台内，尽可能安装在天线的正下方，安装位置高度及周围空间要便于维修。

(1)桅下型雷达。为保证波导管与收发机出口端妥善连接，必须精确测量收发机与天线之间所用的波导管长度。波导管宜成直线走向并尽可能短，有效长度最大不超过 25 m，弯波导管不宜超过 5 个。波导管走向应始终保持扼流圈法兰朝向收发机，尽量避免使用软波导。收发机出口和天线入口端的波导面应分别加专用的隔水薄膜。舱室外的波导,应加装波导支架及防护罩,以免受外力而造成机械损伤。波导的连接应采用厂家提供的专用波导螺栓、螺母,波导连接处要使用密封胶圈,并经气密试验和泄能试验合格后涂漆保护处理。电缆和波导穿过舱壁或甲板时,应加护套和规定的防火填料,防止损伤并确保甲板水密。

对于 S 波段雷达的微波同轴电缆的弯曲程度(最小半径),必须符合产品标准的规定。

图 9-27 所示是 X 波段雷达收发机的安装实例,图 9-28 所示为 S 波段雷达收发机的安装实例,图 9-29 所示组装 S 波段雷达同轴连接器和波导管转接器示意。

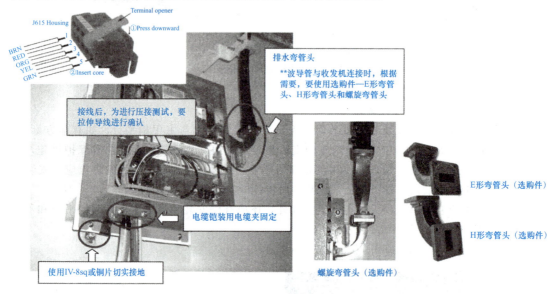

图 9-27　X 波段雷达收发机的安装实例(波导管)

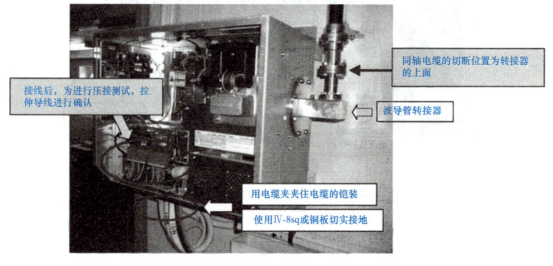

图 9-28　S 波段雷达收发机的安装实例(同轴电缆)

图 9-29　组装 S 波段雷达同轴连接器和波导管转接器

(2)桅上型雷达。桅上型雷达收发机与天线的连接应采用制造商提供电缆,标配电缆长度通常为 25 m 左右,也可以订购使用 30 m 或 50 m 的加长线缆,但不可随意加长或剪短改变其长度。

三、显示单元(Monitor Unit)的安装

显示单元的安装有两种方法:在控制台面板上嵌入式安装和使用选配件进行台式安装。

显示器装在驾驶室内无强电磁辐射、远离热源和干燥的地方,周围尽可能留有足够的空间,以便维修。台式安装的显示器应配置硬木底基座,用合适的螺栓固定,基座高度应考虑电缆引入的方便和弯曲度。显示器的朝向应使观察雷达图缘者面向船首,有能够容纳两位观察者同时观察的站立空间,便于观察操作和不影响瞭望。主雷达显示器应安装在驾驶台右舷一侧。

关于显示单元、控制单元和处理器单元的安装与 ECDIS 有许多相似之处,具体安装方法请读者参阅厂家安装说明书。

四、识读设备厂家雷达系统接线图(FAR－2827 W)

图 9-30 所示为 FURUNO FAR-2827 W 雷达系统接线图,与之配套的是 FAR-2837 SW 雷达系统接线图。两者绝大部分相同。请读者参阅厂家安装说明书。

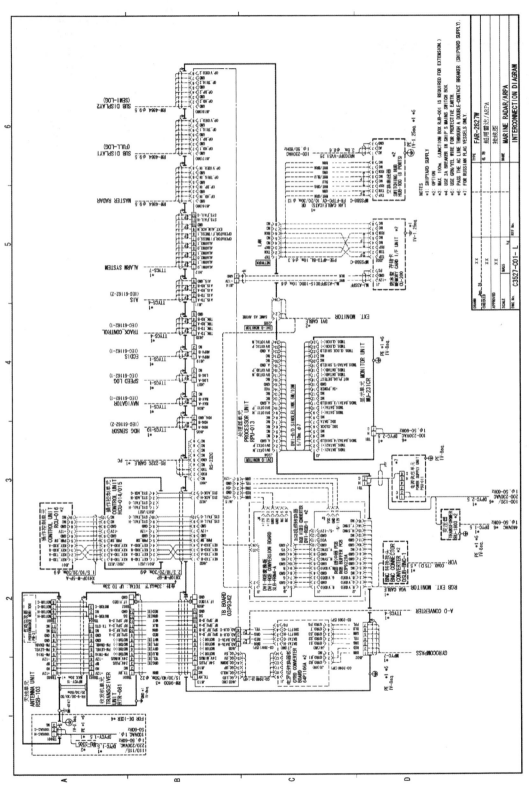

图 9-30 雷达系统接线图

技能二 雷达的操作

一、打开电源(Turning on the Power)

(1)POWER 开关(⏻)位于控制单元的左上角。打开 POWER 开关护盖,按动开关开启雷达系统。

1)打开电源后大约 30 s 内,屏幕上会显示方位刻度和数字计时器。计时器将倒计时 3 min 的预热时间。磁控管(即发射管)将在这段时间内预热,以备发射。当计时器数到"0:00"时,屏幕中间会显示"ST-BY"(待机),表示雷达随时可以发射脉冲。

2)在待机状态下,不显示标记、距离圈、地图、图表等;并且取消 ARP 和清除 AIS 显示。

3)在预热和待机条件下,以 1 h 和 0.1 h 计算的"ON TIME"和"TX TIME"出现在屏幕中央。

(2)再次按开关可关闭雷达。

(3)要避免关闭电源后立即打开电源。重新开启电源前,应等待几秒,以确保启动正确。

二、开启发射器(Transmitter On)

开启电源,磁控管预热之后,"ST-BY"出现在屏幕中央,表示雷达准备发射雷达脉冲。可以在完全键盘上按[STBY/TX]键发射,或者转动跟踪球在显示屏左下角处选择"TX STBY",然后按左按钮(跟踪球上)。屏幕右下角导视框左边的标签由"TX"变成"STBY",如图 9-31 所示。

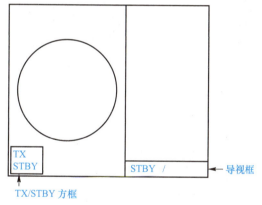

图 9-31 开启发射器

最初,雷达会沿用先前使用的量程和脉冲长度。而其他设置(例如亮度水平、VRM、BBL 和菜单选项的选择)也会使用先前的设置。

[STBY/TX]键(或"TX STBY"方框)在雷达的 STBY(待机)和 TRANSMIT(发射)状态之间来回切换。在待机状态中,天线停转;在发射状态中,天线转动。磁控管会随时间推移逐渐老化,导致输出功率降低。建议在雷达闲置时将其设置为待机,以延长使用寿命。

如果雷达刚刚使用过且发射管(磁控管)依然温热,可以直接将雷达切换到 TRANSMIT(发射)状态而无须进行 3 min 的预热。如果由于操作失误或类似原因导致[POWER]开关关闭,应该在断电后的 10 s 之内打开 POWER 开关以快速地重新启动雷达。

三、熟悉控制单元(Control Unit)

控制单元 RCU-014(完全键盘)和控制单元 RCU-015(掌上控制,即轨迹球控制)如图 9-32 和图 9-33 所示。控制说明见表 9-4。

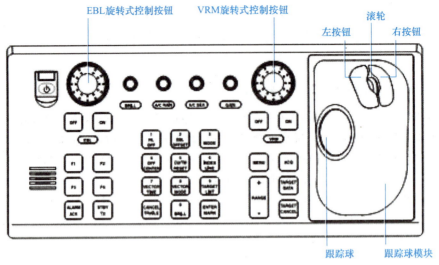

图 9-32　控制单元 RCU-014(完全键盘)

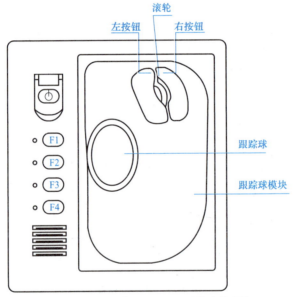

图 9-33　控制单元 RCU-015(掌上控制)

表 9-4　控制说明

控制按钮	说明
控制单元 RCU-014(完全键盘)	
POWER	开启和关闭系统
EBL 和 VRM 旋转式控制按钮	分别调整 EBL 和 VRM
EBL ON，EBL OFF	分别开启和关闭 EBL
F1～F4	执行快捷分配的菜单
ALARMACK	消除声音警报
STBY TX	在待机和发射之间切换
BRILL	调整显示亮度
A/C RAIN	抑制雨滴杂波

续表

控制按钮	说明
A/C SEA	抑制海浪杂波
GAIN	调整雷达接收器的灵敏度
HL OFF	按下时暂时清除舷线
EBL OFFSET	启用、禁用 EBL 偏移。在菜单操作中，在北南及东西之间切换极性
MODE	选择显示模式
OFF CENTER	移动本船位置
CU/TM RESET	·将本船位置移动到船尾方向半径的 75% 外 ·在航向向上和真运动模式中，将舷线重置为 0°
INDEX LINE	开启和关闭刻度线
VECTOR TIME	选择向量时间(长度)
VECTOR MODE	选择向量模式，相对或真
TARGET LIST	显示 ARP 目标列表
CANCEL TRAILS	取消全部目标轨迹。在菜单操作中该控制按钮消除数据行
ENTER MARK	输入标记，终止键盘输入
VRM ON，VRM OFF	分别开启和关闭 VRM
MENU	打开和关闭 MAIN(主)菜单；关闭其他菜单
ACQ	·操纵跟踪球选择目标后，探测 ARP 目标 ·操纵跟踪球选择目标后，将休眠中的 AIS 目标更改成激活的目标
RANGE	选择雷达距离
TARGET DATA	显示使用跟踪球选择的 ARP 或 AIS 目标的目标数据
TARGET CANCEL	取消跟踪使用跟踪球的 ARP、AIS 或参照目标
控制单元	
POWER	开启和关闭系统
F1～F4	执行快捷分配的菜单

四、使用主菜单(Main Menu)

从完全键盘或者操纵跟踪球，可以进入主菜单(注：后面的操作讲解中只给出使用跟踪球的菜单操作步骤)。

1. 操纵键盘的主菜单操作

(1)按［MENU］键。主菜单显示在屏幕右边的文本区域，如图 9-34 所示。

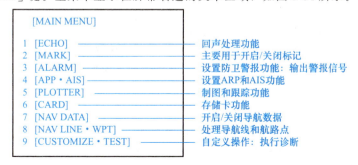

图 9-34 主菜单

(2)按想要打开的菜单对应的数字键。例如，按[2]键打开 MARK(标记)菜单，如图 9-35 所示。

```
[MARK]

1  BACK
2  OWN SHIP MARK
   OFF/ON
3  STERN MARK
   OFF/ON
4  INDEX LINE BEARING *1
   REL/TRUE
5  INDEX LINE*2
   1/2/3/6
6  INDEX LINE MODE*3
   VERTICAL/HORIZONTAL
7  [BARGE MARK]
8  EBL OFFSET BASE
   STAB GND/STAB HDG/
   STAB NORTH
9  [EBL，VRM，CURSOR SET]*4
0  RING
   OFF/ON
```

图 9-35 "MARK"菜单

其中：
*1 类型 W 显示 INDEX LINE1(刻度线 1)。与 INDEX LINE(刻度线)选择相同。
*2 类型 W 显示 INDEX LINE2(刻度线 2)。与 INDEX LINE(刻度线)选择相同。
*3 当 INDEX LINE(刻度线)设置不为"1"时出现。
   在 IMO 或类型 A 时不显示。
*4 在 IMO 和类型 A 时显示。
  9 EBL CURSOR BEARING(REL/TRUE)

(3)按想要设置的项目对应的数字键。
(4)连续按步骤(3)中的同一数字键，选择合适的选项，然后按[Enter MARK](输入标记)键确认选择。
(5)按[MENU]键关闭菜单。

2. 操纵跟踪球的主菜单操作

(1)转动跟踪球，在屏幕右边选择"MENU"(菜单)。右下角的导视框(参阅图 9-36 关于位置的例图)现在显示"DISP MAIN MENU"(显示主菜单)。
(2)按左按钮显示主菜单。与图 9-34 相同。
(3)转动滚轮选择想要打开的菜单，然后按滚轮或左按钮。例如，选择"MARK"(标记)菜单，然后按滚轮或左按钮。与图 9-35 相同。
(4)转动滚轮，选择所需项目，然后按滚轮或左按钮。
(5)转动滚轮，选择所需项目，然后按滚轮或左按钮确认选择。
(6)按右按钮关闭菜单(根据所使用的菜单，可能需要多次按下按钮)。

五、使用屏幕方框进行的操作(Operation Using the On-Screen Boxes)

用跟踪球选择合适的屏幕方框，并操纵跟踪球模块，选择项目和选项，这样只操纵跟踪球便可完成全部雷达功能(屏幕方框的全部位置请参阅前面图 9-3)。
屏幕方框分两种：功能选择和带弹出菜单的功能选择。后者的屏幕方框右侧有"▶"，类似下面的"MARK"(标记)方框。

要使用屏幕方框操纵雷达,步骤如下:

(1)转动跟踪球,将跟踪球标记放置在所需方框内。

注意:跟踪球标记根据位置改变其配置。在有效显示区域外时为箭头标记(↖),在有效显示区域内时为光标(+),如图9-36所示。

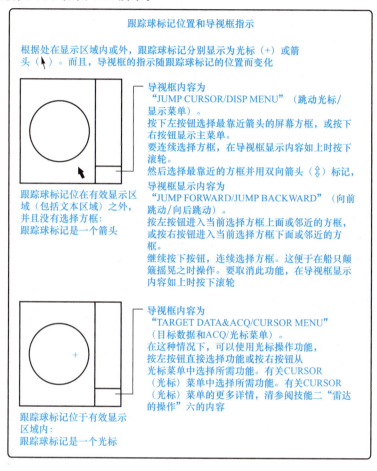

图9-36　跟踪球标记位置和导视框指示

例如,选择左下角的"MARK"(标记)方框,如图9-37所示。

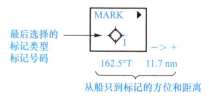

图9-37　"MARK"方框

正确选择方框时,方框颜色从绿色变成黄色(默认颜色),右下角的导视框显示操作导视。操作导视显示左、右按钮的功能,并用一斜线将信息隔开。例如,对于MARK(标记)方框,操作导视为"MARK SELECT/MARK MENU"(标记选择/标记菜单)。此时,可以按左按钮选择一个标记或者按右按钮打开"MARK"(标记)菜单,如图9-38所示。

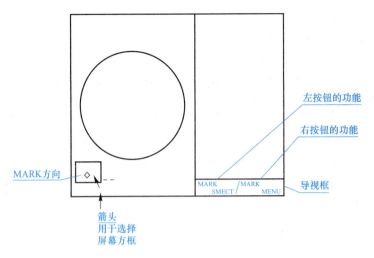

图 9-38 导视框范例("MARK"方框导视)

(2)按左按钮(或根据方框转动滚轮),直到所需选项显示在方框内。注意:当转动滚轮选择一个屏幕方框的选项时,方框和其内容变成红色。这只是表示所选的设置和当前活动的设置不相同。要更改设置,按滚轮或左按钮即可。如果操纵滚轮后30 s内既没有按滚轮也没有按左按钮,将自动恢复先前的设置。

(3)"MARK"(标记)方框的弹出菜单是"MARK"(标记)菜单。要打开菜单,按右按钮。菜单出现在屏幕右边的文本区域,如图9-35所示。

(4)转动滚轮,选择所需项目,然后按滚轮或左按钮。所选项目最初以反白显示,按滚轮或左按钮时,更改为正常颜色并被圈住。

(5)转动滚轮,选择所需选项,然后按下滚轮或左按钮。所选选项最初以反白显示,按滚轮或左按钮时,更改为正常颜色并被圈住。

(6)按右按钮关闭菜单(对于有些菜单,必须按几次右按钮才能关闭菜单)。

注意:任何菜单都可以从完全键盘或使用跟踪球进行操作,在控制单元 RCU-014 中还可以将完全键盘与跟踪球结合使用。

六、使用光标菜单(Cursor Menu)

对于要求使用光标的功能,如 EBL 偏移和缩放,可以应用一种在有效显示区域内使用光标的方法,直接从导视框或者从 CURSOR(光标)菜单激活功能。下面介绍从"CURSOR"(光标)菜单中选择和光标相关的功能的步骤(以后只给出从导视框选择功能的步骤)。

(1)转动跟踪球将光标置于有效显示区域之内。

(2)转动滚轮在导视框内显示"TARGET DATA & ACQ/CURSOR MENU"(目标数据和 ACQ/光标菜单)。

(3)按右按钮显示"CURSOR"(光标)菜单,如图9-39所示,光标菜单项目说明见表9-5。

(4)转动滚轮,选择"2",然后按滚轮或左按钮确认选择。

(5)转动滚轮,选择所需功能,然后按滚轮或左按钮确认选择。

注意:对于从键盘进行的操作,可以按[2]键按照从上到下的顺序选择一个功能或者按[8]键以相反的顺序选择。

*不适用于IMO类型。

图 9-39 光标菜单

(6)导视框显示"XX/EXIT"(XX/退出)(XX=所选功能)。转动跟踪球,将光标放在所需位置。
(7)按左按钮,执行在步骤(5)中选择的功能。
(8)要退出所选功能,在导视框显示"XX/EXIT"(XX/退出)时按右按钮[XX=步骤(5)所选的功能]。

表 9-5　光标菜单项目说明

Cursor Menu(光标菜单)项目	说明
TARGET DATA&ACQ	ARP:探测 ARP 目标,显示所选 ARP 目标的数据。 AIS:激活休眠中的 AIS 目标;显示所选 AIS 目标的数据
TARGET CANCEL	ARP:取消跟踪所选的 ARP 目标 AIS:休眠所选的 AIS 目标
ARP TGT DATA&ACQ	探测所选回波作为 ARP 目标
TARGET TRACK ON	打开 ARP 目标跟踪(类型 A、B、C 和 W)
TARGET TRACK OFF	关闭 ARP 目标跟踪(类型 A、B、C 和 W)
REF MARK	为目标相关的速度输入记下参照标记
EBL OFFSET	偏移 EBL 测量两个目标之间的距离和方位
OFF CENTER	从屏幕中央切换到所选位置
ZOOM	缩放所选的位置
MARK DELETE	删除所选标记(测绘仪标记、原点标记或航路标记)
CHART ALIGN	将航海图和雷达画面对齐

七、调整监视器亮度(Monitor Brilliance)

整个屏幕的亮度应根据照明条件进行调整。应该首先调整监视器亮度,然后在"BRILL"(亮度)菜单上调整相对亮度级别。

1. 操纵键盘(By Keyboard)

在控制单元上操纵[BRILL]键控制按钮调节亮度。顺时针转动增加亮度;逆时针转动降低亮度。查看"BRILL"(亮度)方框了解当前亮度级别,如图 9-40 所示。

2. 操纵跟踪球(By Krackball)

(1)转动跟踪球,将箭头放置在屏幕左下角的亮度级别指示框中的亮度级别指示符上。

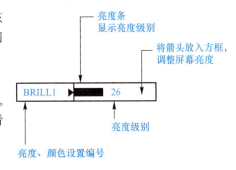

图 9-40　亮度级别指示符

(2)向下转动滚轮可增加亮度,向上转动可降低亮度。亮度条的长度随滚轮的操作增加或减少。

注意:如果使用控制单元 RCU-015(掌上控制),接通电源时屏幕上无显示内容,或雷达处于待机状态时,按住除电源开关以外的任意键 4 s 自动设置为中等显示亮度。

八、用陀螺罗经校准船首方向(Aligning Heading with Gyrocompass)

与陀螺罗经连接时,船首方向显示在屏幕的右边。打开雷达后,按以下步骤调整屏幕上的 GYRO 读数,使之与陀螺罗经读数相符。正确设置初始船首方向后,通常无须重新设置。如果 GYRO 读数看上去错误或者陀螺罗经警报响起,请按以下步骤处理。请注意,FURUNO SC-60/120 并不要求校准雷达。

(1)转动跟踪球,将箭头置于显示屏右上角的"HDG"框内。

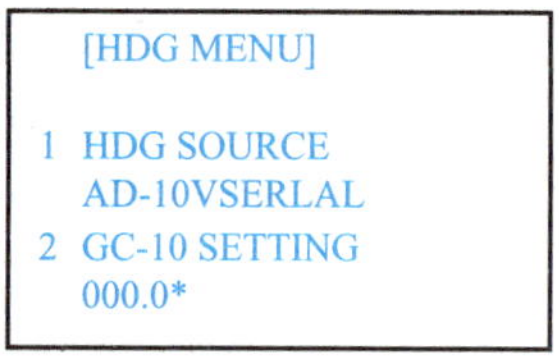

(2)按右按钮打开"HDG"菜单,如图9-41所示。

(3)向下转动滚轮,选择"GC-10 SETTING"(GC-10 设置),然后按下滚轮或左按钮。

注意:如果选择的船首方向源不合适,在"HDG SOURCE"(HDG 源)处更改,以与船首方向源相匹配。

```
[HDG MENU]
1 HDG SOURCE
  AD-10VSERLAL
2 GC-10 SETTING
  000.0*
```

图 9-41　HDG 菜单

(4)转动滚轮设置船首方向。(对于键盘输入,使用数字键。)

(5)按下滚轮,完成操作。

(6)按右按钮关闭菜单。

九、选择显示模式(Presentation Modes)

1. 雷达显示模式说明

本雷达具有以下显示模式:

(1)相对运动(Relative Motion,RM)。

船首向上(Head-Up):不稳定。

船首向上真方位(Head-Up TB):船首向上,并以罗经稳定方位刻度(真方位),方位刻度随罗经读数旋转。

航向向上(Course-Up):在选择航向向上时相对船只方向的罗经稳定。

真北向上(North-Up):罗经稳定,并参照真北方向。

船尾向上(Stern-Up):雷达图像旋转 180°。图解和相对方位和真方位也旋转 180°。

(2)真运动(True Motion,TM)。

真北向上(North-Up):以罗经和速度输入值稳定地面或海面。

船尾向上(Stern-Up):同相对运动。

下面对以上的显示模式进行详细说明:

(1)船首向上模式(Head-Up Mode)。船首向上模式显示屏中连接本船与显示屏顶部的线条表示本船船首方向。目标尖头信号显示为彩色,在所测距离上其方向相对于本船船首方向。方位刻度上的短线是真北标记,表示船首方向传感器真北方向,如图9-42所示。船首方向传感器输入出错时,真北标记将消失,读数显示为＊＊＊＊°,屏幕右下角显示红色消息"HDG SIG MISSING"(HDG 信号丢失)。

(2)航向向上模式(Course-Up Mode)。航向向上模式为方位角稳定显示。屏幕上连接屏幕中心与屏幕顶部的线条表示本船预定航向(选择该模式之前的本船船首方向)。目标尖头信号显示为彩色,在所测量的距离上其方向相对于预定航向。该信号始终位于"0"度位置。船首线随船只偏航及航向变化而移动。该模式有助于避免航向改变时画面出现曳尾重影的情况,如图9-43所示。

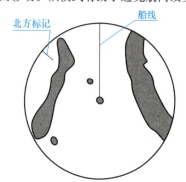

图 9-42　船首向上模式

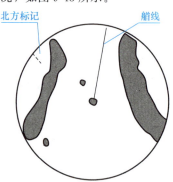

图 9-43　航向向上模式

(3)船首向上 TB(真方位)模式[Head-Up TB(True Bearing)Mode]。雷达回波的显示方式与船首向上模式中相同。与正常船首向上显示的不同之处在于方位刻度的方向。方位刻度处于船首方向传感器稳定状态。也就是说，它会随船首方向传感器信号转动，帮助快速查看本船的船首方向。当雷达与陀螺罗经船首方向传感器连接时，可以使用这个模式。如果陀螺罗经船首方向传感器出现故障，方位刻度将返回到船首向上模式状态。

(4)真北向上模式(North-Up Mode)。在真北向上模式中，目标尖头信号显示为彩色，在所测量的距离上其真(船首方向感应器)方向相对于本船，真北方位始终位于屏幕顶部。艏线方向随船只船首方向而改变，如图 9-44 所示。要求船首方向信号。罗经出现故障时，显示模式变为船首向上，真北标记消失。同时，HDG 读数显示为 ＊＊＊＊°，并且在屏幕的右下角显示红色消息"HDG SIG MISSING"(HDG 信号丢失)。

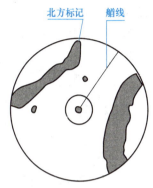

图 9-44　真北向上模式

(5)船尾向上模式(Stern-Up Mode)。将船首向上模式画面、相对方位和真方位以及显示图解转动 180°，便是船尾向上模式，如图 9-45 所示。备份时，该模式对双雷达的拖船上很有帮助；一个雷达显示船首向上，另一个雷达显示船尾向上。要启用船尾向上模式，在"OPERATION"(操作)菜单上打开"STERN-UP"(船尾向上)。船尾向上无法用于 IMO 或 A 型雷达。

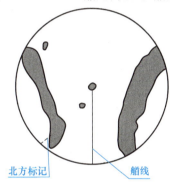

图 9-45　船尾向上模式

(6)真运动模式。本船及其他移动物体按其真实航向和航速移动。在地面稳定真运动模式中，全部固定目标(如陆地)显示为静止回波。在无流向和流速输入的海面稳定真运动模式中，陆地可以在屏幕上移动，如图 9-46 所示。

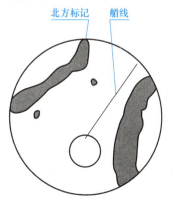

图 9-46　真运动模式

注意：真运动不适用于 72 n mile(仅非 IMO 型)或 96 n mile 量程。如果 COG 和 SOG(两者均对地)不能使用 TM 模式，参照潮汐表输入流向(潮汐方向)和流速(潮汐速度)。当本船到达屏幕半径 50%处时，本船位置会沿着与船艏线延伸方向相反的方向自动复位到另一侧半径的 75%处。可以按下 [CU/TM RESET]键，手动恢复本船符号，或转动跟踪球在显示器右下角选择“CU/TM RESET”方框并按下左按钮。船首方向传感器出现故障时，显示模式变为船首向上，真北标记消失。另外，HDG 读数显示为 ＊＊＊．＊°，屏幕右下角显示红色的消息“HDG SIG MISSING”(HDG 信号丢失)，如图 9-47 所示。

(a)　　(b)　　(c)

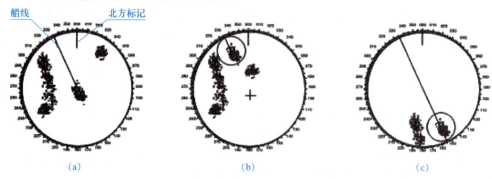

图 9-47　在真运动模式下自动复位本船标记

(a)选定真运动；(b)本船已到达显示屏半径 75%的位置；(c)本船自动复位到半径 75%的位置

2. 选择显示模式

(1)操纵键盘。连续按 [MODE](模式)键选择所需的显示模式。“DISPLAY MODE”(显示模式)方框显示当前显示模式，如图 9-48 所示。

HEAD UP RM*

* = 其他模式：
STERN-UP, HEAD UP TB RM, COURSE UP RM, NORTH UP RM, NORTH UP TM

图 9-48　“DISPLAY MODE”方框

(2)操纵跟踪球。

1)转动跟踪球，将箭头置于屏幕左上角的“DISPLAY MODE”(显示模式)方框内，如图 9-48 所示。

2)按左按钮选择所需模式。

注意：陀螺罗经信号丢失。当陀螺罗经信号丢失时，“HEADING SET ”(设置船首方向)呈红色出现在陀螺罗经读数处，显示模式自动变成船首向上，全部 ARP 和 AIS 目标及地图或航海图被清除。恢复罗经信号后，用 [MODE](模式)键或 PRESENTATION MODE(显示模式)方框选择显示模式。

十、启用性能监视器(Performance Monitor)

性能监视器是安装 300 GT 船只雷达必需的设备，国际航海要求安装性能更好的性能监视器。可以使用才下两种装置：

X 波段雷达：PM-31(9410 ± 45 MHz)；

S 波段雷达：PM-51(3050 ± 30 MHz)。

性能监视器包含在天线装置中。* FAR-2157 或 FAR-2167DS 均未配备性能监视器。

1. 开启、关闭性能监视器

(1)转动跟踪球，选择“MENU”(菜单)方框，然后按下左按钮。

(2)转动滚轮，选择菜单中的“ECHO”(回波)后进入如图 9-49 所示，然后按下滚轮或左按钮。

```
[ECHO]
1 BACK
2 2ND ECHO REJ
  OFF/ON
3 TUNE INITIALIZE
4 PM*1
  OFF/ON
5 SART
  OFF/ON
6 WIPER
  OFF/1/2
7 ECHO AREA*2       *1 不适用   FAR-2157/2167DS
  CIRCLE/WIDE/ALL   *2 不适用   IMO 或类型 A
```

图 9-49　ECHO 菜单

(3) 转动滚轮，选择"PM"，然后按下滚轮或左按钮。

(4) 根据需要，转动滚轮选择"OFF"或"ON"，然后按下滚轮或左按钮。

(5) 按两次右按钮关闭菜单。

当性能监视器处于活动状态时，"PM"出现在显示屏上。

2. 检查雷达性能

(1) 雷达自动设置如下：

距离(Range)：24 n mile(24 nm)；

波长(Pulselength)：长(Long)；

阴影区(Shadow Sector)：关闭(Off)；

STC：关闭(Off)；

RAIN：关闭(Off)；

回波伸展(Echo Stretch)：关闭(Off)；

回波平均(Echo Average)：关闭(Off)；

视频对比度(Video Contrast)：2-B；

调谐(Tune)：自动(Auto)；

增益(Gain)：初始设置(在安装时用 PM GAIN ADJ 设置)[Initial Setting(as Set with PM GAIN ADJ at Installation)]。

(2) 打开性能监视器。量程自动设置为 24 n mile。雷达屏幕显示一条或两条弧。如果雷达发射器和接收器的工作状态与监视器启动时的初始状态一样良好，将有 13.5～18.5 n mile 的内心弧出现。性能监视器可以在发射器和接收器中观察到共计 10 dB 的损耗，见表 9-6。

表 9-6　性能监视器开启下的雷达状态

显示	雷达状态
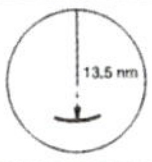 (13.5 nm 弧图)	发射器：正常 接收器：正常
 (18.5 nm 弧图)	发射器和接收器： 10 dB 损耗 回波不可见
注：弧的长度可以根据安装环境的不同而出现差异。判断出现在本船后 90°范围内回波的强度以确认雷达是否正常工作。	

(3) 查看结果后，关闭性能监视器。

十一、在雷达显示屏上显示 SART 标记(Showing SART Marks on the Radar Display)

任何距离大约为 8 n mile 的 X 波段(3 cm)雷达脉冲均可触发搜救雷达应答器(SART)。每个接收到的雷达脉冲都会使其发射一个应答脉冲,此脉冲会在完整的雷达频段反复扫描。询问时,它会首先快速扫描(0.4 μs)整个波段,然后开始以较慢速度(7.5 μs)回扫该波段,并返回至起始频率。该过程反复执行 12 次。在每次扫描过程中的某些点,SART 频率会与位于雷达接收器通频内的应答脉冲频率相匹配。如果 SART 在距离内,则 12 次慢速扫描过程中的每个匹配频率都将在雷达显示屏上产生一个应答点,并显示一条由 12 个等距(大约 0.64 n mile)点组成的线,如图 9-50 所示。

当雷达与 SART 的距离减小为大约 1 n mile 时,雷达显示屏也会显示快速扫描过程中所生成的 12 个应答点。这些额外应答点(也是等距的,为 0.64 n mile)散布在原始的 12 个点所组成的线周围。它们比原始点稍微微弱并小一些。

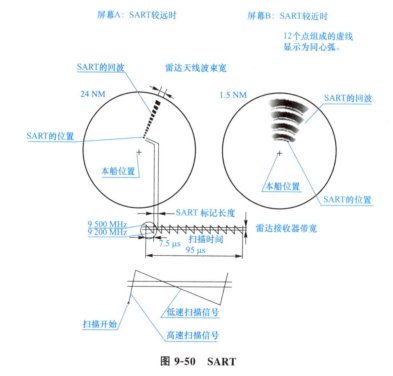

图 9-50　SART

该雷达配备为 SART 探测对雷达实行最优化设置的功能。这项功能可以自动调谐雷达接收器,使其偏离最佳调谐状态。这会消除或削弱所有正常雷达回波,但由于 SART 应答信号是扫描整个 9 GHz 频段,因此 SART 标记不会消除。当雷达接近 SART,SART 标记会扩大为大弧,使大部分的屏幕变得模糊。

要进行 SART 探测设置,须执行下列步骤:
(1)转动跟踪球,选择"MENU"(菜单)方框,然后按下滚轮或左按钮。
(2)转动滚轮,选择"ECHO"(回波),然后按下滚轮或左按钮。如前面性能监视器部分的图 9-49 所示。
(3)转动滚轮,选择"SART",然后按下滚轮或左按钮确认选择。
(4)转动滚轮,选择"ON"(开),然后按下滚轮或左按钮确认选择。

SART 打开后,按照以下说明设置雷达功能:

距离:12 n mile;

脉冲长度:长;

回波伸展:关闭;

噪讯抑制器:关闭;

回波平均:关闭;

干扰抑制器:关闭;

性能监视器:关闭;

A/C RAIN:关闭。

(5)按两次右按钮关闭菜单。此功能开启时,"SART"出现在显示屏底部。当不再进行 SART 探测时,请确认关闭 SART 功能。

十二、ARPA 操作(ARP OPERATION)

自动雷达标绘仪(Automatic Radar Plotting Aids,ARPA)能人工或自动捕捉(录取)目标,自动跟踪和随时显示被录取的目标的方位、距离、真航向、真航速、CPA 和 TCPA。当操作者设定最小最近会遇距离(MINCPA)和到最小最近会遇距离的时间(MINTCPA)(报警界限)后,如果计算机判断目标的 CPA≤MINCPA 和 TCPA≤MINTCPA 同时成立,ARPA 就会自动以视觉和听觉效果发出报警,提醒驾驶员采取避让措施,并且还可以根据试操船(试改向和/或试改速)的结果采取避让措施。

微课:自动雷达标绘仪 ARPA 基本组成及标绘碰撞流程

1. ARP 控制按钮

(1)键盘。ARP 使用的按键如图 9-51 所示。

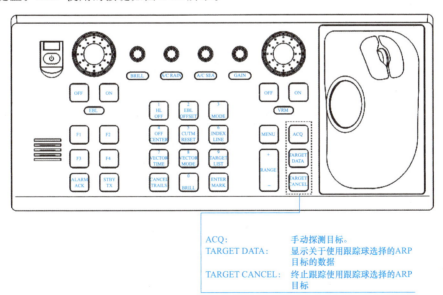

图 9-51 ARP 使用的按键在键盘上的位置

(2)跟踪球。当光标位于有效显示区域内时,可以通过转动滚轮访问 ARP 功能或从 CURSOR(光标)菜单中选择合适的 ARP 功能。

转动滚轮在导视框内显示下列指示符,以访问相应的 ARP 功能:

ARP TARGET DATA&ACQ:手动探测目标,或显示通过光标选择的 ARP 目标数据。

TARGET CANCEL：取消跟踪通过光标选择的 ARP 目标。

2. 激活、关闭 ARP

(1)转动跟踪球，将箭头置于屏幕右边的"ARP ACQ MODE"方框内，(注意当使用"ATA"功能时，"ATA"将代替"ARPA")，如图 9-52 所示。

图 9-52 "ARPA ACQ MODE"方框

(2)按左按钮显示"OFF""MAN"或"AUTO MAN"（根据需要）。

3. ARP 符号和 ARP 符号属性

该设备使用的符号符合 IEC 60872-1，见表 9-7。

表 9-7 ARP 主要符号

项目	符号	状态	备注
自动探测目标	 ⌐¬ ⌊_⌋	初始阶段	在跟踪状态稳定前，回波由虚线方框圈住，表示正在探测的目标
	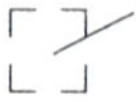 ⌐¬⁄ ⌊_⌋	—	探测后天线为 20~60 次扫描（向量仍然不可靠）
	 ○⁄	稳定跟踪	带向量的实线圆表示跟踪状态稳定（探测后 60 次扫描）
	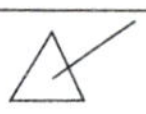 △⁄ （闪烁）	CPA 警报	测绘符号变为闪烁的等边三角形，表示预计目标将进入 CPA（最接近点）或 TCPA（抵达最接近点时间）
	 △⁄	CPA 警报确认	确认 CPA/TCPA 警报后，闪烁停止
	 ◇⁄ （闪烁）	丢失的目标	闪烁的菱形符号表示丢失目标。两个等边三角形组成一个菱形。确认丢失目标警报后，闪烁停止
手动探测目标	 ⌐¬ ⌊_⌋	初始阶段	为手动探测目标选定的标绘符号显示为粗线条
	 ○⁄	—	探测后天线 20~60 次扫描（对于 HSC 为 3 次扫描）的粗体虚线方框
	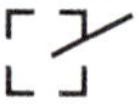 ○⁄	稳定跟踪	用粗体实线圆表示的手动测绘符号（探测后 60 次扫描）
	 △⁄ （闪烁）	CPA 警报 （碰撞航向）	如果预计目标将进入预设的 CPA 或 TCPA，测绘符号变为闪烁的等边三角形
	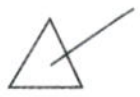 △⁄	—	确认 CPA/TCPA 警报后，闪烁停止
	◇⁄ （闪烁）	丢失的目标	闪烁的菱形符号表示丢失目标。两个等边三角形组成一个菱形。确认丢失目标警报后，闪烁停止
警戒区	 ▽ （闪烁）	目标经过操作员设置的警戒区	如果目标进入警戒区，测绘符号变为顶点向下的等边三角形，与向量一起闪烁
被选择以读取数据的目标	□	在选定的目标上	目标数据（距离、方位、航向、速度、CPA 和 TCPA）
参照目标	⌐¬R ⌊_⌋ 扫描 60 次内变为 ○R	在参照目标上	用于计算本船的地面和稳定对地速度（参照回波的速度）

关于 ARP 的操作还有很多，限于篇幅，其余的 ARP 操作请读者参照厂家设备操作说明书。

十三、AIS 操作(AIS OPERATION)

自动识别系统(AIS)是一种助航系统,能识别船只、协助追踪目标、简化信息交流、提供其他辅助信息以避免碰撞发生。有关 AIS 的具体内容请参照项目十一。此处仅介绍在雷达上对 AIS 的最基本操作。

1. AIS 控制按钮

(1)键盘。AIS 使用的按键如图 9-53 所示。

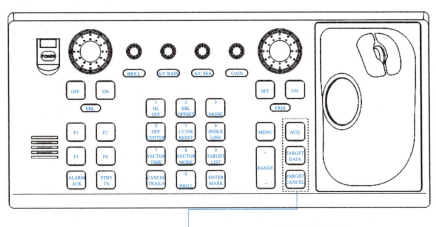

ACQ: 启用选择的AIS目标
TARGET DATA: 显示关于使用跟踪球选择的AIS目标的数据
TARGET CANCEL: 停用选择的AIS目标

图 9-53 AIS 使用的按键在键盘上的位置

(2)跟踪球。当光标在有效显示区域内时,可以通过转动滚轮访问 AIS 功能或从"CURSOR"(光标)菜单中选择合适的 AIS 功能。转动滚轮在导视框内显示下列指示符从而访问相应的 AIS 功能:

TARGET DATA & ACQ(目标数据和 ACQ):启用选择的 AIS 目标;显示使用跟踪球选择的 AIS 目标数据。

TARGET CANCEL(目标取消):休眠选择的 AIS 目标。

```
[ARP·AIS]
1 BACK
2 GUARD ZONE STAB
  STAB HDG/STAB NORTH
3 GUARD POLYGON
  OFF/STAB GND/
  STAB HDG/STAB NORTH
4 [TRIAL MANEUVER]
5 [ARP SYMBOL]
6 [AIS SYMBOL]
7 [FUSION]
8 AIS FUNCTION
  OFF/ON
9 AIS LOST ALARM
  ACTIVATED TARGET/
  ALL TARGET/
  RANGE
  0 nm
```

图 9-54 "ARP·AIS"菜单

2. 启用/禁用 AIS

(1)转动跟踪球,选择位于屏幕右边的"MENU"(菜单)方框,然后按左按钮。

(2)转动滚轮,选择菜单中的"ARP·AIS",然后按下滚轮或左按钮,如图 9-54 所示。

(3)转动滚轮,选择"AIS FUNCTION"(AIS 功能),然后按下滚轮或左按钮。

(4)转动滚轮,选择"OFF"或"ON",然后按下滚轮或左按钮。

(5)按两次右按钮关闭菜单。

当启用 AIS 功能时,"AIS"出现在屏幕的右下角。

3. 打开/关闭 AIS 显示

(1)转动跟踪球,在屏幕右边选择"AIS DISP"方框,如图 9-55 所示。

(2)按左按钮显示相应的"AIS ON"或"AIS OFF"。

ON(打开):从 AIS 雷达应答器接收的全部目标和符号一起显示。

OFF(关闭):所有 AIS 符号消失。

图 9-55 "AIS DISP"方框

当开启 AIS 时,AIS 目标标有合适的 AIS 符号,如图 9-56 所示。

启用的目标　　高于预设值的ROT　　危险目标　　丢失的目标　　被选择用于数据显示的目标

图 9-56 AIS 符号

注意:关闭 AIS 功能时,设备继续处理 AIS 目标。AIS 再次打开时,立即显示符号;在船首向上模式中,当船首方向改变时,AIS 符号在屏幕刷新后被暂时清除;在没有接收 AIS 数据时,"RECEIVE"(接收)消息出现在文本窗口中,检查 AIS 应答器。

4. ARP 和 AIS 目标的融合

在雷达屏幕上通常用两种符号显示配备 AIS 的船只。这是因为尽管雷达按照 PPI 原理(相对于本船雷达天线的距离和方位)探测到相同的船只,AIS 船只的位置通过该船上的 GPS 导航仪来测量。要避免对于相同的物理目标出现两种目标符号,必须使用"融合"功能。如果来自 AIS 的目标数据和雷达测绘功能的目标数据可用,并且符合融合的标准,只显示启用的 AIS 目标符号。

(1)确认"ARP ACQ MODE"方框显示"AUTO"或"AUTO MANU"。

(2)转动跟踪球,选择"MENU"(菜单)方框,然后按下左按钮。

(3)转动滚轮,选择"ARP·AIS",然后按下左按钮。

(4)转动滚轮,选择"FUSION"(融合),然后按下左按钮,如图 9-57 所示。

(5)转动滚轮,选择"FUSION TARGET"(融合目标),然后按下滚轮。

(6)转动滚轮,选择"ON"(开),然后按滚轮。

(7)输入下面的信息,每次输入数据后按下滚轮或〔MARK Enter〕键。此信息用来确定要转换的 ARP 目标。

GAP:AIS 目标和 ARP 目标之间的距离(设置范围:0.000～0.999 n mile)。

RANGE(距离):输入从本船到 AIS 目标和 ARP 目标之间的距离差(设置范围:0.000～0.999 n mile)。

```
[FUSION]
1 BACK
2 FUSION TARGET
  OFF/ON
3 GAP
  0.000NM
4 RANGE
  0.000NM
5 BEARING
  00.0°
6 SPEED
  0.0KT
7 COURSE
  0.0°
```

图 9-57 FUSION 菜单

BEARING(方位):输入从本船到 AIS 目标和 ARP 目标之间的方位差(设置范围:0.0～9.9°)。

SPEED(航速):输入 AIS 目标和 ARP 目标之间的速度差(设置范围:0.0～9.9 kn)。

COURSE(航向):输入 AIS 目标和 ARP 目标之间的航向差(设置范围:0.0～9.9°)。

(8)按三次右按钮关闭菜单。

满足融合标准时,ARP 符号将被清除,只显示 AIS 符号。另外,"ARPA FUSION"在转换时出现在显示屏右下角,ARP 目标号出现在 AIS 符号旁。如果 ARP 目标除航向外满足所有的标准,其速度小于 1 kn,它便可转换为 AIS 目标。

任务总结

通过本任务的学习，了解了雷达测距和测方位原理，掌握了雷达系统的组成，并能对雷达系统进行安装和操作。

任务二　自动雷达标绘仪(ARPA)系统安装与操作

任务目标

1. 了解 ARPA 的由来；
2. 掌握 ARPA 系统的组成、绘图原理和分类。

任务分析

ARPA 能人工或自动捕捉目标，捕获后自动跟踪目标并以矢量形式在显示器屏幕上显示目标的航向和航速，在船舶避碰领域有很广泛的应用，本任务中要学习 ARPA 系统的特点、组成和分类。

ARPA 是针对普通船用雷达在船舶避碰应用存在的局限性来设计、制定系统的构成和性能的。比如，加强回波的杂波处理能力、提高目标的检测能力，采用高亮度显示，提高图像显示质量，解决可靠识别目标问题；必须掌握目标显示位置，并且直接显示目标的航向、航速数据及预测目标未来动向及历史航迹，使得观测者从屏幕看清本船及周围目标船的真实动态，是否存在碰撞危险，为了便于直观判断碰撞危险性，必须给出本船和周围船舶的碰撞参数：本船到最接近点的距离和目标船到达最接近点的时间，必须将原始信息数据化，以便供电子计算机处理，也只有采用电子计算机才能实现处理、计算及标绘的自动化。由此可见，ARPA 的核心是电子计算机，它与相应的处理、运算软件实现自动标绘，而处理、运算的条件是传感器，因此，ARPA 系统可由各传感器和 ARPA 本身构成，如图 9-58 所示。

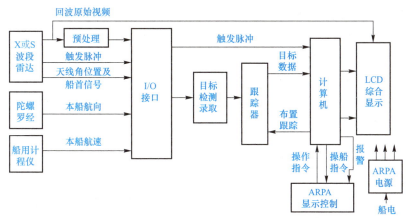

图 9-58　基本 ARPA 系统的组成框图

为 ARPA 系统提供各种传感信息的设备包括：

1. X 或 S 波段雷达

X 或 S 波段雷达为 ARPA 提供触发脉冲，使 ARPA 计算机、显示器和雷达保持时间上的严格同步；目标回波视频，经转换（A/D 处理）和杂波处理，降低噪声并变换成计算机可接收的目标回波数字信号；天线方位信号与船首信号，经接口处理后，为目标检测、录取、跟踪、显示环节提供目标图像的方位信息和船首标志。

2. 陀螺罗经

陀螺罗经提供本船的航向信号。

3. 船用计程仪

船舶计程仪提供本船航速信号，有本船对水速度和对地速度，分别用于水面船舶相对运动和真运动显示。另外，ARPA 系统外存储器（如磁带、磁盘、光盘及大容量移动硬盘、U 盘等）为 ARPA 提供港口视频地图、重要水域或全域电子海图。

一、ARPA 系统的组成及各部分作用

1. 预处理器

预处理器对雷达目标回波原始视频进行杂波处理，尽可能降低噪声电平。原始视频也可以送到显示器，以显示回波的原始视频图像，在 ARPA 进行检修时，可用作判断故障是在 ARPA 处理环节还是雷达原始视频信号部分出了问题。预处理的对象还包括陀螺罗经、船用计程仪等。

2. 输入/输出(I/O)接口

I/O 接口将各种传感模拟信号变换成计算机可接收的数字信号。

3. 目标检测和数据录取

目标检测是对经预处理后的目标回波数字信号进行自动检测，将多次积累存储的回波信号对扫描周期 T_A 或扫掠周期进行相关处理，如果满足存在发现目标的判定条件，就会输出发现目标的数字信号，如果不满足，就判定为无目标。

目标录取即用人工或自动方式将已经检测到的目标位置数据送入跟踪器。

4. 跟踪器

跟踪器是运用 $\alpha-\beta$ 跟踪滤波器，对已经被录取的目标进行自动跟踪，并建立各目标的运动轨迹，为各种参数的自动计算打好基础。现已出现比 $\alpha-\beta$ 滤波效果更好的 $\alpha-\beta-\gamma$ 滤波器，可适应进行等加速直线运动的目标。

5. 电子计算机

电子计算机是 ARPA 的核心，内含主处理器、存储器(RAM、ROM)、接口控制台、键盘、终端显示器及电源等硬件和软件，构成一个完整的计算机应用系统，用于控制人工/自动录取、自动跟踪、自动计算目标船的航行参数和碰撞参数，自动判断有无碰撞危险，进行各种报警，完成各种自动计算、判断、报警与自动标绘功能。

6. ARPA 显示器

ARPA 显示器是 ARPA 的显示终端，目前常用光栅扫描 PPI 综合信息显示器，显示的信息包括目标回波数字或原始视频，本船及目标运动矢量、图形、字符及本船、目标船的航行与碰撞数据。显示数字回波视频需要经过坐标转换及视频数字化处理。传统 APPA 显示器采用 CRT，现常用 LCD。

7. ARPA 控制台

控制键盘是 ARPA 专用的，控制台上有操纵杆(Joystick)或跟踪球(Trackball)及其他按键和按钮，将操作指令信息送入电子计算机。控制台也接收来自电子计算机的各种报警信息及安全避让操船指令。

8. ARPA 电源

ARPA 电源将雷达中频电变换成 ARPA 计算及其他电路所需要的各种电源。

由图 9-59 可见，通过 I/O 接口将各种传感器和 ARPA 构成一个基本 ARPA 系统。若将雷达和 ARPA 作为整体看，并视雷达为主体，则 ARPA 可看成一种带电子计算机的高级雷达分显示器。若将 ARPA 视为主体，则雷达可看成 ARPA 的一个传感器。

9. ARPA 系统自动标绘碰撞流程

在图 9-59 中，ARPA 系统硬件构成基础上，还必须考虑如何利用电子计算机完成各种计算及自动标绘任务，这就需要编制 ARPA 系统自动标绘避碰的程序。该程序的编制应基于 ARPA 系统自动标绘避碰流程图，如图 9-59 所示。由图可见，将经过预处理后的目标回波原始视频及本船航向和航速送入 I/O 接口进行 A/D 转换后，由电子计算机自动完成对目标回波数字视频信号（数字航向、航速）进行自动检测、自动（或人工）录取、自动跟踪、自动计算和危险判断。当判为危险目标船时，系统将发出声/光自动报警。本船在实施避让操船前，可先运用试操船功能，即模拟改向或变速（按避碰规则进行），当报警解除时，表示已获得试操船结果，即找到了安全航向或安全航速。然后，正式实施避让机动，即改向或变速。

上述所有处理信息运行、处理及在需要时调出并在显示屏上显示，还需要一个系统统一的显示控制子系统进行有序的控制。

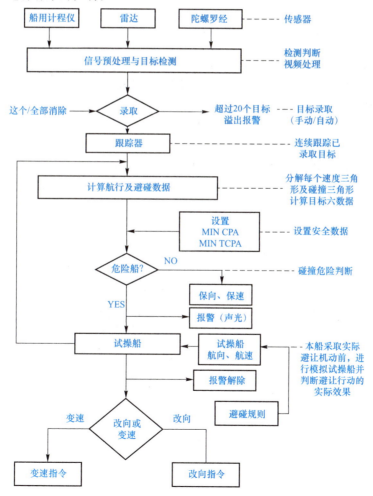

图 9-59 ARPA 系统自动标绘避碰流程

二、ARPA 系统的分类及特点

（1）按 ARPA 结构不同可以分为分立式 ARPA 系统和组合式 ARPA 系统。

1）分立式 ARPA 系统。系统组成如图 9-60 所示。其特点是雷达显示器与 ARPA 显示器各自独立、连接而成，驾驶员可随时将 ARPA 图像与雷达显示的图像进行对照比较与分析；但设备多、价格高。这种组合方式常见于船舶原有雷达，再增加 ARPA 的情况。图 9-61 中，"ARPA"部分将综合显示和数据处理与数据显示分开，是早期构成方案。

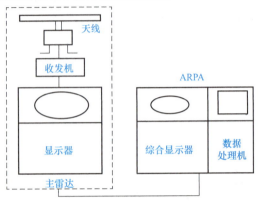

图 9-60 分立式 ARPA 系统

2）组合式 ARPA 系统。组合式 ARPA 系统如图 9-61(a)所示，新型台式 ARPA 如图 9-61(b)所示。由图 9-61 可见，雷达与 ARPA 显示器合二为一，设备少，价格较低，为目前大多数 ARPA 所采用，其中由于数据处理单元内存量和速度的显著提高，使显示结构大为简化。其特点是屏幕显示信息量大、数据开窗显示。一旦这种组成方式的综合显示器出现故障，雷达图像也就无法看到。

凡新造船舶或船舶大修后更新时，均选用雷达与 ARPA 显示器合二为一的方案。在国内，一些企业为尽早实现 ARPA 国产化，在外购或自制雷达天线及收发机基础上，采用较高配置的电子计算机或工控机，成功开发了 ARPA 设备，并已取得船检认可，装船使用。

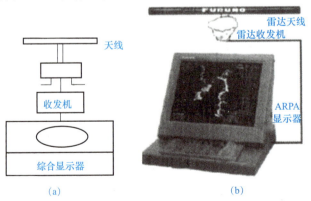

图 9-61 组合式 ARPA 系统

(a)组合式 ARPA 系统；(b)新型台式 ARPA

（2）按目标显示姿势不同可分为矢量型 ARPA 系统和 PAD 型 ARPA 系统。

1）矢量型 ARPA 系统。用矢量表示被跟踪目标的动态，矢量始端表示目标现位置；矢量方向表示目标运动(真运动或相对运动)航向;矢量长度表示在调定矢地时间内目标的航程;矢量末端表示预测的目标或本船的到达点。矢量型显示动态是目前绝大多数所采用的。

2)PAD型ARPA系统。用目标动态矢量前方的六边形表示目标船与本船预测的(碰撞)危险区PAD(Predicted Area of Danger)。其特点是避碰应用直观、简便,但屏上出现多目标多PAD时,综合显示较混乱,目前应用有限。

任务总结

通过本任务的学习,了解了ARPA系统的由来、组成、功能和分类,熟悉目前船舶上的所有组合式ARPA。通过学习掌握了ARPA设备进行正确操作的方法。

项目评价

序号	考核点	分值	建议考核方式	考核标准	得分
1	雷达系统图、接线图识读	15	教师评价(50%)+互评(50%)	能正确识读系统图、接线图,识读错误一处扣1分	
2	雷达系统接线	15	教师评价(50%)+互评(50%)	能正确进行设备接线,接错一处扣2分	
3	雷达操作	15	教师评价(50%)+互评(50%)	能正确进行设备操作,操作错误一次扣3分	
4	项目报告	10	教师评价(100%)	格式标准,内容完整,详细记录项目实施过程并进行归纳总结,一处不合格扣2分	
5	职业素养	5	教师评价(30%)+自评(20%)+互评(50%)	工作积极主动,遵守工作纪律,遵守安全操作规程,爱惜设备与器材	
6	练习与思考	40	教师评价(100%)	对相关知识点掌握牢固,错一题扣1分	
	完成日期		年 月 日	总分	

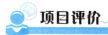

项目总结

通过本项目的学习,了解了雷达系统、ARPA系统的系统组成及功能,掌握了雷达测距、距方位原理、系统的安装过程和技巧;通过对系统图和接线图的识读,对系统进行了安装,在详细阅读设备操作说明书后,能够对设备不同业务类型的操作。

练习与思考

1. 雷达通过发射(   )探测目标和测量目标参数。
   A. 无线电波   B. 微波脉冲   C. 电磁波   D. 高频波
2. 雷达屏幕的中心点即扫描起始点,代表了(   )的位置。
   A. 目标船   B. 障碍物   C. 本船   D. 码头

3. 雷达天线为定向扫描天线，在水平面的波束宽度只有（　　）°左右。
   A. 1　　　　　　B. 2　　　　　　C. 5　　　　　　D. 10
4. 按照SOLAS公约的要求，所有（　　）总吨及以上的船舶和不论尺度大小的客船必须安装一台X波段雷达。
   A. 300　　　　　B. 500　　　　　C. 1 000　　　　D. 10 000
5. 现代雷达系统主要包括（　　）。
   ①天线单元；②收发单元；③显示单元；④处理单元；⑤电源单元；⑥操纵单元
   A. ①②③④⑤⑥　B. ①②③④⑤　　C. ①②③④⑥　　D. ①②③④
6. 在雷达收发机与天线之间传递微波信号的电路系统称为（　　）。
   A. 传输系统　　　B. 信号传输系统　C. 电波传输系统　D. 微波传输系统
7. 微波的波长决定了波导管截面的尺寸，波长越长，波导管尺寸（　　）。
   A. 不变　　　　　B. 越小　　　　　C. 越大
8. 雷达天线转速通常为（　　）r/min，适用于普通商业航行的船舶。
   A. 10～15　　　　B. 20～25　　　　C. 30～35　　　　D. 40～55
9. 雷达使用的电源与船电的关系是（　　）。
   A. 使用船电　　　　　　　　　　　B. 将船电转变为雷达需要的电源
   C. 使用独立发电电源　　　　　　　D. 以上都不对
10. 常见的雷达操纵面板有两种形式：一种是全键盘式；另一种是（　　）。
    A. 轨迹球式　　　B. 旋钮式　　　　C. 按键式　　　　D. 计算机操控式
11. 为ARPA系统提供各种传感信息的设备包括（　　）。
    ①X或S波段雷达；②陀螺罗经；③船舶计程仪；④AIS
    A. ①②③④　　　B. ①②③　　　　C. ②③④　　　　D. ①③④

项目十　GPS 卫星导航系统

项目描述

船上装载的最常见的全球定位系统是美国的 GPS(Global Positioning System)。GPS 为船舶提供全天候、高精度、连续、近于实时的三维定位与导航。美国军方和高端用户使用 P 码定位，精度可达 1 m。民船使用 CA 码定位，精度为 20～30 m。目前应用广泛的是差分 GPS，即 DGPS(Differential GPS)，它可以将 CA 码接收机的定位精度提高到米级、亚米级甚至是厘米级。

项目分析

了解常见卫星导航系统及其构成，掌握卫星导航系统的功能；了解 GPS 的工作原理，识读系统图和接线图，并对设备进行熟练操作。

相关知识和技能

1. 了解几种常见卫星导航系统；
2. 掌握 GPS 系统组成；
3. 能正确识读全球定位系统的系统图和接线图；
4. 能正确安装船舶全球定位系统；
5. 会对 GPS 接收机进行操作。

任务一　常见卫星导航系统

任务目标

1. 了解几种常见卫星导航系统；
2. 掌握 GPS 系统组成。

任务分析

本任务的最终目的是了解目前世界上最常见的几种卫星导航系统，了解不同卫星导航系统的组成和覆盖范围。

一、美国 GPS

GPS 是 NAVSTAR Global Positioning System 的简称，即导航卫星全球定位系统。其主要作用是二维定位及二维测速或三维定位及三维测速等。GPS 具有全球、全天候、实时、高精度定位功能，单机定位精度为 10 m，采用差分定位，精度可达厘米级和毫米级的优点；但不能在水下定位；受人为因素影响大。

GPS由空间系统(导航卫星)、地面控制系统(地面站)和用户(GPS导航仪)三部分组成。

1. 导航卫星

(1)组成：21颗工作卫星和3颗备用卫星。每颗重约845 kg，圆柱形，直径约1.5 m，工作寿命为5～7年。

(2)轨道：6条圆形轨道，每条轨道上均匀分布4颗卫星，如图10-1所示。轨道高度为20 183 km，轨道与天赤道(将地球的赤道面无限延伸后和天球相交的大圆圈)交角为55°。卫星绕地球飞行一周需要约12 h(约合720 min)。在地球上任何地点、任何时刻都可以至少看到5颗卫星(最多11颗)，其中至少有4颗卫星仰角大于7.5°。在地球上观测每颗卫星的时间约为1 h，卫星每天通过地球上同一上空的时间约提前4 min。

 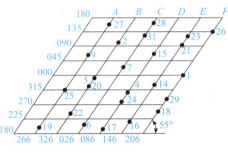

微课：美国卫星导航定位系统 GPS

图 10-1　GPS 卫星轨道示意

(3)卫星作用：接收来自地面站的信息(此信息包括卫星编号、卫星星历、环境情况、时间飘移量、电离层延迟改正等)，向用户发送导航电文(导航信息)。

(4)导航电文发射：频率$L_1=1\ 575.42$ MHz，$L_2=1\ 227.60$ MHz。以连续编码脉冲信号的形式发射，编码信号为二进制伪随机噪声码，分为CA码(Clear Acquisition)和P码(Precision)两种。CA码为粗码，速率为1.023 MHz，周期为1 ms，周期短、速率低，比较容易捕捉。P码为精码，速率为10.23 MHz，周期约为7 d，周期长、速率高，不容易捕捉。

(5)导航电文内容：卫星状态、卫星星历、电离层传播修正参数、卫星时钟偏差修正参数和时间等。

(6)GPS时间：GPS卫星时间系统采用的时间基准，以主控站的高精度原子钟作为时间基准。

2. 地面站

一份完整的历书分布在25帧里，时间为12.5 min，因此，GPS导航仪收集一份完整的卫星历书需要12.5 min。当GPS导航仪初次开机时，至少需要12.5 min后才能具有卫星预报功能。

GPS的地面站分为主控站、监测站(跟踪站)和注入站。

(1)主控站：一个，在美国科罗拉多州的斯普林斯综合航天中心。作用：控制所有地面站的工作；产生GPS的标准时间信号；编制卫星星历、轨道参数、电离层延时改正、更新卫星等。

(2)监测站：5个，分别在科罗拉多的斯普林斯、太平洋的夏威夷、马绍尔群岛的夸贾林岛、印度洋的迪戈加西亚岛、南大西洋的阿森松岛。作用：跟踪每一颗卫星，收集卫星数据，送到主控站。

(3)注入站：4个，美国的科德角、南大西洋的阿森松岛、太平洋的夸贾林岛和印度洋的迪戈加西亚岛。作用：每隔8 h向每颗卫星注入一次新的导航信息。

3. GPS 导航仪

按功能 GPS 导航仪可分为 Z 型导航仪、Y 型导航仪和 X 型导航仪。Z 型导航仪，只能接收 CA 码信号，适用于速度较慢的民用船舶；Y 型导航仪，接收 CA 码和 P 码信号，适用于航空和军用船舶；X 型导航仪，接收 CA 码和 P 码信号，适用于军用飞机和船舶。

二、中国北斗卫星导航系统

中国北斗卫星导航系统（英文名称：BeiDou Navigation Satellite System，简称 BDS）是中国正在实施的自主发展、独立运行的全球卫星导航系统，也是继 GPS、GLONASS 之后的第三个成熟的卫星导航系统。北斗卫星导航系统（BDS）和美国 GPS、俄罗斯 GLONASS、欧盟 GALILEO，是联合国卫星导航委员会已认定的供应商。

微课：中国北斗导航系统

北斗卫星导航系统（以下简称北斗系统）致力于向全球用户提供高质量的定位、导航和授时服务，包括开放服务和授权服务两种方式。开放服务是向全球免费提供全天候、全天时、高精度的定位、导航和授时服务的国家重要空间基础设施，定位精度 10 m，测速精度 0.2 m/s，授时精度 10 ns。授权服务是为有高精度、高可靠卫星导航需求的用户，提供定位、测速、授时和通信服务以及系统完好性信息。

2020 年 7 月 31 日上午，北斗三号全球卫星导航系统正式开通。目前全球范围内已经有 137 个国家与北斗卫星导航系统签下了合作协议。随着全球组网的成功，北斗系统未来的国际应用空间将会不断扩展。

随着北斗系统建设和服务能力的发展，相关产品已广泛应用于交通运输、海洋渔业、水文监测、气象预报、测绘地理信息、森林防火、通信系统、电力调度、救灾减灾、应急搜救等领域，逐步渗透到人类社会生产和人们生活的方方面面，为全球经济和社会发展注入新的活力。

北斗卫星导航系统由空间段、地面段和用户段三部分组成。系统建成后，空间段包括 5 颗静止轨道卫星和 30 颗非静止轨道卫星，地面段包括主控站、注入站和监测站等若干个地面站，用户段包括北斗用户终端以及与其他卫星导航系统兼容的终端。

1. 北斗空间星座

空间星座由 5 颗地球静止轨道（GEO）卫星、27 颗中圆地球轨道（MEO）卫星和 3 颗倾斜地球同步轨道（IGSO）卫星组成。GEO 卫星轨道高度 35 786 km，分别定点于东经 58.75°、80°、110.5°、140°和 160°；MEO 卫星轨道高度 21 528 km，轨道倾角 55°；IGSO 卫星轨道高度 35 786 km，轨道倾角 55°。

组成北斗星座的 3 种卫星是有区别的：地球静止轨道卫星具备有源、无源、短报文通信 3 种服务功能，而中圆轨道卫星和倾斜地球同步轨道卫星只具有无源定位、导航和授时功能。星座中由于有了地球静止轨道卫星，才保证了有源定位、导航和授时服务，以及短报文通信和位置报告功能。

2. 北斗坐标系统

北斗系统采用 2000 中国大地坐标系（CGCS2000）。CGCS2000 大地坐标系的定义如下：

原点位于地球质心；Z 轴指向国际地球自转服务组织（IERS）定义的参考极（IRP）方向；X 轴为 IERS 定义的参考子午面（IRM）与通过原点且同 Z 轴正交的赤道面的交线；Y 轴与 Z、X 轴构成右手直角坐标系。

3. 北斗时间系统

北斗系统的时间基准为北斗时（BDT）。BDT 采用国际单位制（SI）秒为基本单位连续累计，不闰秒，起始历元为 2006 年 1 月 1 日协调世界时(UTC)00 时 00 分 00 秒，采用周和周内秒计数。BDT 通过 UTC(NTSC)与国际 UTC 建立联系，BDT 与 UTC 的偏差保持在 100 ns 以内(模 1 秒)。BDT 与 UTC 之间的闰秒信息在导航电文中播报。

4. 北斗信号规范

B1 信号由 I、Q 两个支路的"测距码+导航电文"正交调制在载波上构成。B1I(公开服务信号)信号的标称载波频率为 1561.098 MHz。卫星发射信号采用正交相移键控(QPSK)调制。卫星发射信号为右旋圆极化(RHCP)。

当卫星仰角大于 5°，在地球表面附近的接收机右旋圆极化天线为 0 dB 增益时，卫星发射的导航信号到达接收机天线输出端的 I 支路最小保证电平为 -163 dBW。信号复用方式为码分多址(CDMA)。

5. 北斗导航电文

根据速率和结构不同，导航电文分为 D1 导航电文和 D2 导航电文。D1 导航电文速率为 50 bps，并调制有速率为 1 kbps 的二次编码，内容包含基本导航信息(本卫星基本导航信息、全部卫星历书信息、与其他系统时间同步信息)；D2 导航电文速率为 500 bps，内容包含基本导航信息和增强服务信息(北斗系统的差分及完好性信息和格网点电离层信息)。

MEO/IGSO 卫星的 B1I 信号播发 D1 导航电文，GEO 卫星的 B1I 信号播发 D2 导航电文。

6. 北斗系统的发展历程

中国高度重视北斗系统建设发展，自 20 世纪 80 年代开始探索适合国情的卫星导航系统发展道路，形成了"三步走"发展战略：2000 年年底，建成北斗一号系统，向中国提供服务；2012 年年底，建成北斗二号系统，向亚太地区提供服务；2020 年，建成北斗三号系统，向全球提供服务。

第一步，建设北斗一号系统。1994 年，启动北斗一号系统工程建设；2000 年，发射 2 颗地球静止轨道卫星，建成系统并投入使用，采用有源定位体制，为中国用户提供定位、授时、广域差分和短报文通信服务；2003 年发射第 3 颗地球静止轨道卫星，进一步增强系统性能。

第二步，建设北斗二号系统。2004 年，启动北斗二号系统工程建设；2012 年年底，完成 14 颗卫星(5 颗地球静止轨道卫星、5 颗倾斜地球同步轨道卫星和 4 颗中圆地球轨道卫星)发射组网。北斗二号系统在兼容北斗一号系统技术体制基础上，增加无源定位体制，为亚太地区用户提供定位、测速、授时和短报文通信服务。

第三步，建设北斗三号系统。2009 年，启动北斗三号系统建设；2018 年年底，完成 19 颗卫星发射组网，完成基本系统建设，向全球提供服务；计划 2020 年年底前，完成 30 颗卫星发射组网，全面建成北斗三号系统。北斗三号系统继承北斗有源服务和无源服务两种技术体制，能够为全球用户提供基本导航(定位、测速、授时)、全球短报文通信、国际搜救服务，中国及周边地区用户还可享有区域短报文通信、星基增强、精密单点定位等服务。

截至 2019 年 9 月，北斗卫星导航系统在轨卫星已达 39 颗。从 2017 年年底开始，北斗三号系统建设进入了超高密度发射阶段。北斗系统正式向全球提供 RNSS 服务(卫星无线电导航业务，英文全称 Radio Navigation Satellite System，缩写 RNSS，由用户接收卫星无线电导航信号，自主完成至少 4 颗卫星的距离测量，进行用户位置、速度及航行参数计算)，在轨卫星共 39 颗。

2020 年 6 月 23 日，北斗三号最后一颗全球组网卫星在西昌卫星发射中心点火升空。6 月 23 日 9 时 43 分，我国在西昌卫星发射中心用长征三号乙运载火箭，成功发射北斗系统第 50 颗导航卫星，暨北斗三号最后一颗全球组网卫星，至此北斗三号全球卫星导航系统星座部署比原计划提前半年全面完成。2020年7月31日北斗三号全球卫星导航系统正式开通。

2035年，中国将建设完善更加泛在、更加融合、更加智能的综合时空体系，进一步提升时空信息服务能力，为人类走得更深、更远做出中国贡献。

目前，国内近10万艘出海渔船上，安装了北斗导航，它不仅可以为船只导航，还可以通过北斗独有的短报文技术，报告船只位置。短报文是北斗导航系统的一个特色。北斗的短报文每条可发送120个汉字。通过GPS，用户只能知道"自己在哪"。但是通过北斗，用户还能让别人知道"自己在哪"。北斗正式运行后，短报文通信的服务功能将覆盖中国大陆及周边地区。

卫星导航系统是全球性公共资源，多系统兼容与互操作已成为发展趋势。中国始终秉持和践行"中国的北斗，世界的北斗"的发展理念，服务"一带一路"建设发展，积极推进北斗系统国际合作。与其他卫星导航系统携手，与各个国家、地区和国际组织一起，共同推动全球卫星导航事业发展，让北斗系统更好地服务全球、造福人类。

三、俄罗斯GLONASS

GLONASS（格洛纳斯）是Global Navigation Satellite System的缩写，是苏联于1978年开始研制的卫星导航系统。该系统由空间卫星网、地面站和用户三部分组成。

微课：俄罗斯格洛纳斯卫星导航系统

1. 卫星网

格洛纳星由中轨道的24颗卫星组成，分布于3个圆形轨道面上，轨道高度19 100 km，倾角64.8°，卫星运行周期11 h 50 min。格洛纳斯系统使用频分多址（FDMA）的方式，每颗格洛纳斯卫星广播两种信号，L1和L2信号。具体地说，频率分别为$L1=1\,602+0.5625 \cdot k$(MHz)和$L2=1\,246+0.4375 \cdot k$(MHz)，其中k为1～24，为每颗卫星的频率编号，同一颗卫星满足$L1/L2=9/7$。GLONASS使用前苏联地心坐标系（PE-90）。在时间标准上GLONASS则与莫斯科标准时相关联。已经于2011年1月1日在全球正式运行。

GLONASS系统空间卫星组成为24颗MEO卫星，平均分布在3个轨道面上。截至2018年6月21日，GLONASS系统在轨卫星26颗，其中24颗GLONASS-M处于运行状态、1颗退役卫星用于主开发商测试、1颗GLONASS-K进行飞行参数测试。GLONASS-K卫星播发的码分多址（Code Division Multiple Access，CDMA）信号被捕获，使得GLONASS的信号编码方式实现从频分多址（Frequency Division Multiple Access，FDMA）到CDMA的重大改变。俄罗斯联邦航天局2013年1月12日发布《俄罗斯2013—2020年空间活动》的文件，宣布至2020年还将建造并发射13颗GLONASS-M卫星以及22颗GLONASS-K卫星。预计2025年发射GLONASS-KM卫星。

2. 地面支持系统

地面支持系统由系统控制中心、中央同步器、遥测遥控站（含激光跟踪站）和外场导航控制设备组成。地面支持系统的功能由苏联境内的许多场地来完成。随着苏联的解体，GLONASS系统由俄罗斯航天局管理，地面支持段已经减少到只有俄罗斯境内的场地了，系统控制中心和中央同步处理器位于莫斯科，遥测遥控站位于圣彼得堡、捷尔诺波尔、埃尼谢斯克和共青城。

地面监测站和增强站位于俄罗斯境内46个、邻国8个、南极3个、巴西1个，2014年2月，俄罗斯联邦航天局计划未来在全球36个国家布建50个地面站系统，当年境外建设地面站7个，并于2014年5月通过了在越南和尼加拉瓜建设GLONASS卫星导航系统地面站协议。在全球各地建立地面站将提高GLONASS系统的精确度，有助于提升其市场竞争力和全球份额。目前GLONASS的全球定位精度约为5 m，而俄罗斯境内在增强系统的辅助下精度可达0.5 m，随着GLONASS现代化的进程，预计未来2～3年，其定位精度与GPS相当。

3. 用户设备

GLONASS用户设备(接收机)能接收卫星发射的导航信号,并测量其伪距和伪距变化率,同时从卫星信号中提取并处理导航电文。接收机处理器对上述数据进行处理并计算出用户所在的位置、速度和时间信息。GLONASS系统提供军用和民用两种服务。

四、欧洲伽利略卫星导航系统

伽利略卫星导航系统(Galileo Satellite Navigation System),是由欧盟研制和建立的全球卫星导航定位系统,该计划于1999年2月由欧洲委员会公布,欧洲委员会和欧空局共同负责。

微课:欧洲伽利略卫星导航系统

1. 卫星

伽利略卫星导航系统由30颗卫星组成,其中27颗工作卫星、3颗备份卫星。卫星分布在3个中地球轨道(MEO)上,轨道高度为23 616 km,轨道倾角为56°。每个轨道上部署9颗工作卫星和1颗备份卫星,某颗工作卫星失效后,备份卫星将迅速进入工作位置,替代其工作,而失效卫星将被转移到高于正常轨道300 km的轨道上。

2. 地面系统

伽利略卫星导航系统的地面系统部分主要由2个位于欧洲的伽利略控制中心(GCC)和20个分布全球的伽利略敏感器站(GSS)组成,另外,有用于进行控制中心与卫星之间数据交换的分布全球的5个S波段上行站和10个C波段上行站。控制中心与敏感器站之间通过冗余通信网络相连。

3. 用户端

用户端主要就是用户接收机及其等同产品,伽利略导航系统考虑将与GPS、GLONASS的导航信号一起组成复合型卫星导航系统,因此,用户接收机将是多用途、兼容性接收机。

4. 服务

伽利略卫星导航系统按不同用户层次分为免费服务和有偿服务两种级别。免费服务包括提供L1频率基本公共服务,预计定位精度为10 m;有偿服务包括提供附加的L2或L3信号,可为民航等用户提供高可靠性、完好性和高精度的信号服务。

任务总结

通过本任务的学习,我们了解了几种世界上常见的卫星导航系统、各个系统的组成和特点,每个国家的卫星导航系统都在随着科技的进步和社会需求不断更新和完善,请查看相关资料了解更新的关于卫星导航系统的相关知识。

任务二 GPS系统

任务目标

1. 掌握GPS系统组成;
2. 能正确识读全球定位系统的系统图和接线图;
3. 能正确安装船舶全球定位系统;
4. 会对GPS接收机进行操作。

任务分析

本任务的最终目的是了解GPS系统的组成，学会识读全球定位系统的系统图和接线图，并会对设备进行正确安装和操作。

一、GPS系统的组成

GPS系统主要包括DGPS显示单元（图10-2）、DGPS天线单元（图10-3）、DGPS信号分配器（图10-4）、打印机、电源等。

微课：GPS系统介绍

图10-2　DGPS显示单元（GP-150 Display Unit）

(a)　　　　　　　　(b)　　　　　　　(c)

微课：GPS导航定位基本原理

图10-3　DGPS天线单元（DGPS Antenna）

(a)GPA-017S；(b)GPA-018S；(c)GPA-019S

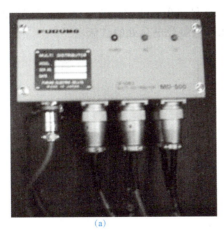 

(a)　　　　　　　　　　　　(b)

图10-4　DGPS信号分配器（DGPS Distribution）

(a)Distributor MD-500；(b)Multi-Distributor IF-2300

二、识读船舶全球定位系统图

1. GPS 系统设备清单

FURUNO GP-150 标配（Standards）清单见表 10-1。

表 10-1　GPS 系统标配清单

名称	型号	数量	说明
天线单元 （Antenna Unit）	GPA-017S	1	
	GPA-018S		
	GPA-019S		适用 DGPS（For DGPS）
显示单元 （Display Unit）	GP-150-E-N	1	无航标（Without Beacon RX）
	GP-150-E-A		带航标（With Beacon RX）
安装材料 （Installation Materials）	CP20-01900	1 套（1set）	带天线（With Antenna Cable）
	CP20-01950		无天线（Without Antenna Cable）
附件 （Accessories）	FP20-01100	1 套（1set）	—
备用部分 （Spare Parts）	SP20-00500	1 套（1set）	—

2. 全球定位仪系统图识读

下面以某船厂 30 万吨全球定位仪系统为例进行介绍。

封面页和第 2 页的图纸履历已经省略。图 10-5 所示是该系统图的第 3 页。此页第 2 列详细说明了系统中的设备或单元名称，第 1 列为后续图纸中对此设备或单元的代号，第 3 列是设备或单元的数量，第 4 列为设备或单元的规格型号，第 5 列的附注为设备的提供厂家。

图 10-6 所示是图纸的第 5 页，给出了 DGPS 与其他系统之间的关系。通过安装在驾控台里面的 DGPS NMEA 信号分配器把位置信号传到 S 波段雷达、X 波段雷达、陀螺罗经系统、自动识别系统、测深仪、航行数据记录仪和无线电组合电台。

图 10-7 所示是图纸的第 4 页，具体说明了该系统内部各单元之间的关系。该船安装了两个 DGPS 显示单元：一台嵌装在驾控台上；一台为台式放置在海图桌上。每个显示单元配置一副天线，安装在罗经甲板上，接收到的信号除在显示单元上显示外，还通过信号分配器传送到其他系统。电源来自驾控台的航行分电箱和无线电组合电台处的直流电。

	全球定位仪系统图 GPS SYSTEM DIAGRAM		416-653-001		共5页 TOTAL SHEETS 5	第3页 SHEET 3
17						
16						
15						
14						
13						
12						
11						
10						
9	◎		接线盒 JUNCTION BOX	1	JXS401 AC220 V 10 A IP56	××电气设备 有限公司 ×× ELECTRIC
8	TB		接线排 CONNECTION TERMINAL（IN BCC）	1		
7	PU1 DGPS	PU2 DGPS	电源装置 POWER SUPPLY UNIT			
6	PRT DGPS		DGPS 打印机 DGPS PRINTER UNIT	1	P&E G5	
5	DB DGPS		DGPS NMEA 信号分配器 DGPS NMEA DISTRIBUTOR	1	RZ-255	
4	2DGPS		2号DGPS显示单元（嵌入式安装） NO.2 DGPS DISPLAY UNIT（FLUSH MOUNTING）	1	GP-150	设备厂成套 提供 SUPPLIED BY FURUNO
3	1DGPS		1号DGPS显示单元（台式安装） NO.1 DGPS DISPLAY UNIT（DESK MOUNTING）	1	GP-150	
2	W13		2号DGPS天线及接收机 NO.2 ANTENNA WITH DGPS RECEIVER	1	GPA-0.18S	
1	W12		1号DGPS天线及接收机 NO.1 ANTENNA WITH DGPS RECEIVER	1	GPA-0.18S	
序号 Ser NO.	代号 Code NO.		名称 Description	数量 Qty	规格型号 Spec Type	附注 Remark

图 10-5　全球定位系统图中的设备或单元

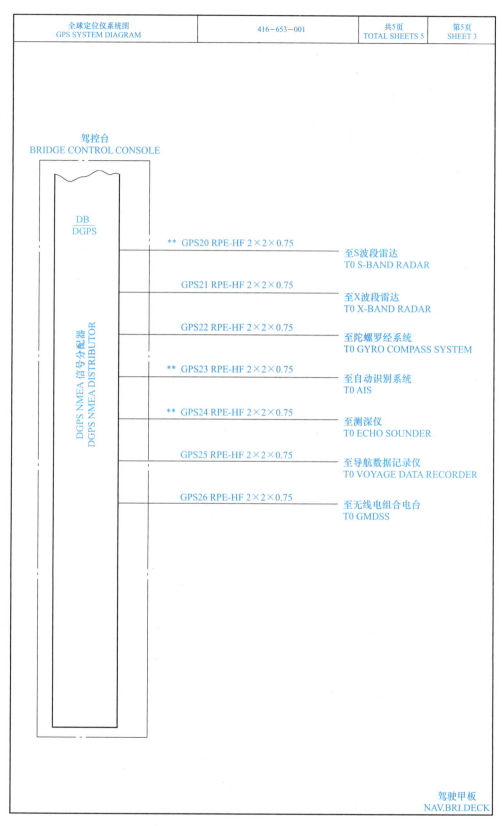

图 10-6　全球定位系统图中的信号分配

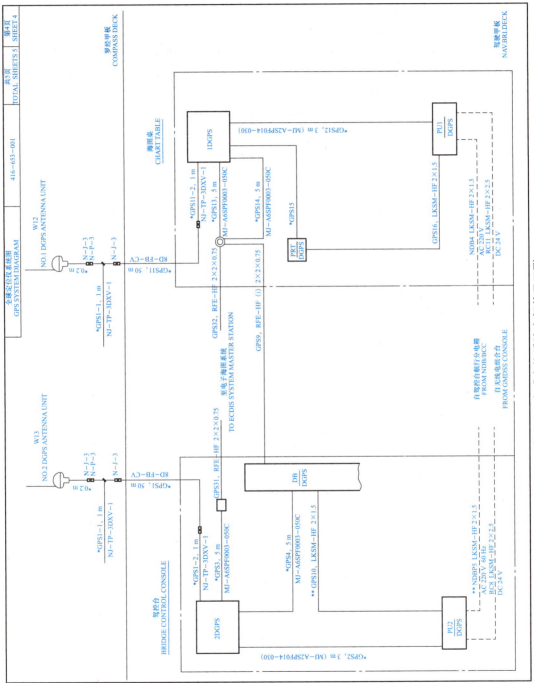

图10-7 全球定位系统内部单元互联

技能一　GPS 的安装

一、GPS 天线的安装

现在新造船上一般来说都安装有两台 GPS。由于 GPS 的船位等信号输出到船上的很多设备，并且是很重要的信号，所以往往有 GPS 信号输出切换。出于安全考虑，如两台 GPS 的天线之间距离很远，在 GPS 船位信号切换时会导致在雷达、AIS、电子海图等仪器上有较大的偏差，存在不安全因素。故建议将两台 GPS 的天线安装在附近。

GPS 天线安装应避免被大桅、卫星通信天线等阻挡，不要安装在雷达垂直波束之内，与 VHF 等鞭形天线的距离应大于 1 m，与中、高频发射天线的距离应大于 4 m，与卫星通信天线的距离应大于 5 m。GPS 天线接头处应包扎好，防潮、防漏水。天线高频电缆应尽可能短并远离其他发射天线，勿与其他导线混在一起。

GPS 天线安装主要注意事项如下：
(1) 使用天线金属配件，稳固地安装在天线杆上。
(2) 同轴电缆插头的连接部分要使用自熔胶带和乙烯树脂胶带进行防水处理。
(3) 同轴电缆缠绕成环状时，直径要设定在 200 mm 以上，以免芯线折断。
(4) 为降低干扰和提高灵敏度，带鞭形天线的 GPS 天线(GPA-18/018S)必须接地。

GPS 的 GPA-18/018S 天线安装图解如图 10-8 和图 10-9 所示，具体的胶带缠绕方法、防水处理方法及连接器的装配方法等要按照厂家的安装手册进行。

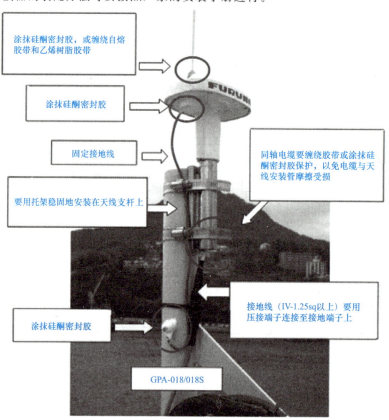

图 10-8　GPS 天线安装图解(一)

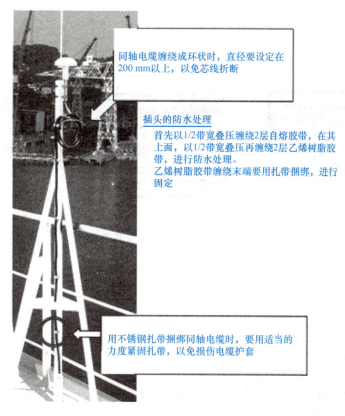

图 10-9　GPS 天线安装图解(二)

二、GPS 显示单元的安装

1. 安装注意事项

GPS 显示单元根据船东和设计的基本要求可以台式放置，也可以嵌入安装，但无论怎样安装都应符合下列基本条件：

(1)安装时要远离排气管道和通风孔。
(2)安装位置要通风良好。
(3)安装场所的振动要尽量小。
(4)远离产生电磁场的设备，如电动机、发电机等。
(5)留出足够的维护保养空间，电缆要有足够的松弛度以便进行维修。

2. 安装方式和步骤

GPS 显示单元可以安装在桌面上(TABLE TOP Mounting)，也可以安装在船舱顶板上(OVERHEAD Mounting)，还可以采用嵌入式安装(FLUSH Mounting)。安装方式如图 10-10 所示。

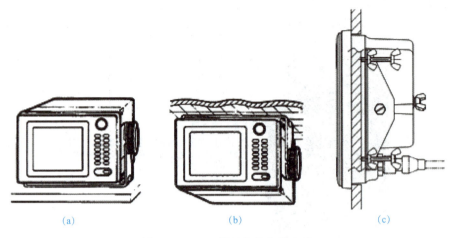

图 10-10 GPS 显示单元安装方式
(a)安装在桌面上(TABLE TOP)；(b)安装在船舱顶板上(OVERHEAD)；(c)嵌入式安装(FLUSH)

当嵌入式安装时需要选用配件：F 型(Flush Mount Kit F，Type：OP20-25，Code No. 004-393-280)或 S 型(Flush Mount Kit S，Type：OP20-24，Code No.：004-393-000)。嵌入式安装具体步骤如下：
(1)在安装位置准备一个安装孔，尺寸：242(W)mm×152(H)mm。
(2)将显示单元插入孔中。
(3)用两个六角螺栓(M6×12)和两个弹簧垫圈将安装金属板与显示单元连接在一起。
(4)将翼形螺母拧到翼形螺栓上。
(5)拧紧翼形螺栓固定显示单元，然后拧紧螺母。

3. 显示单元的电缆连接

显示单元的电缆连接如图 10-11 所示。说明如下：
(1)接地导线应是 1.25 sq(注：mm^2)或更大并尽可能短。
(2)DATA1、DATA2、DATA3 接口用来连接外部设备，如自动驾驶仪、远程显示器、导航设备等。具体连接方法如图 10-11 所示。
(3)DATA4 接口用来连接 NMEA 设备、PC 或者 DGPS 无线电信标接收机，接法如图 10-12 所示。
(4)部分英文含义如下：

Antenna Unit　天线单元　　　　　　　Rear of Display Unit　显示单元的后部
Ground terminal　接地端子　　　　　　External equipment　外部设备
Flat washer　平垫圈　　　　　　　　　Spring washer　弹性垫圈
Crimp-on lug　接线垫片，卷曲耳柄　　　Wing bolt　蝶形螺栓，翼形螺栓

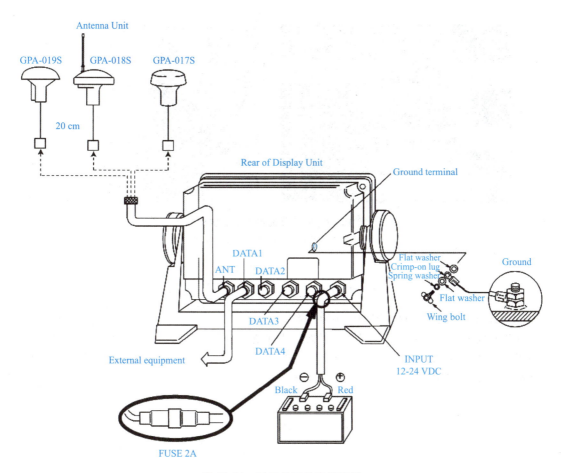

图 10-11 显示单元的电缆连接

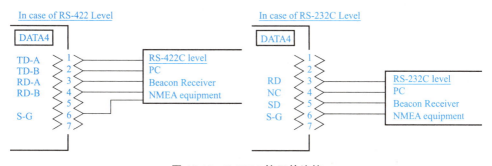

图 10-12 DATA4 接口的连接

三、GPS NMEA 信号分配器的安装

信号分配器种类较多，常见的信号分配器安装情况如图 10-13 所示。安装时要按照设备说明书进行。

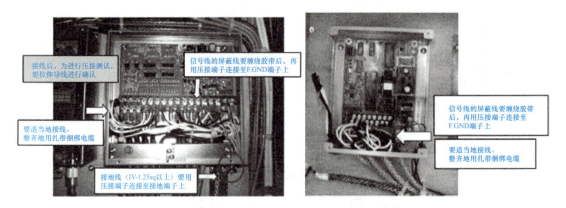

图 10-13 信号分配器的安装实例
(a)MD-550 的安装；(b)IF-2300 的安装

四、识读全球定位系统接线图(GP-150)

GPS 设备厂家的系统接线图如图 10-14 所示。

在进行施工之前造船厂设计部门应根据建造规范、船东的要求、设备或系统的安装手册等详细设计出系统接线图。某造船厂全球定位系统的接线图如图 10-15 所示，封面和设备说明页已省略(注：图中符号解释请参见前三个项目)。

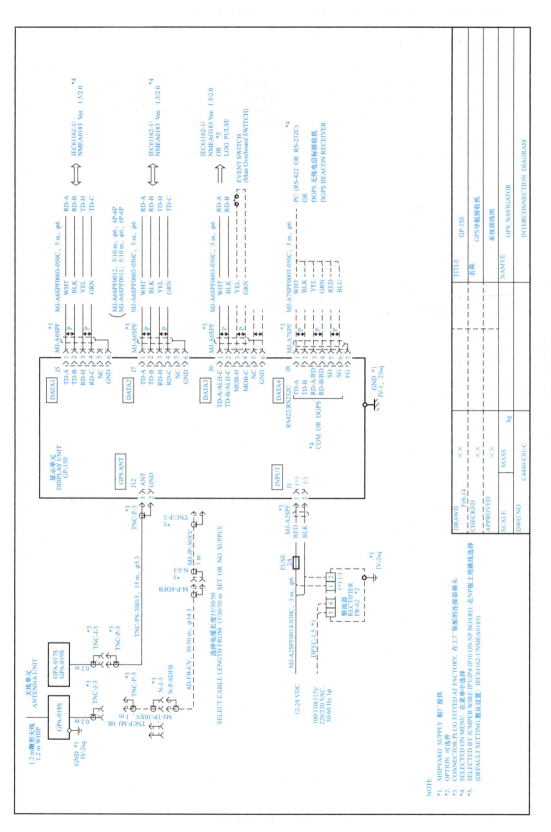

图10-14 GPS设备厂家的系统接线图

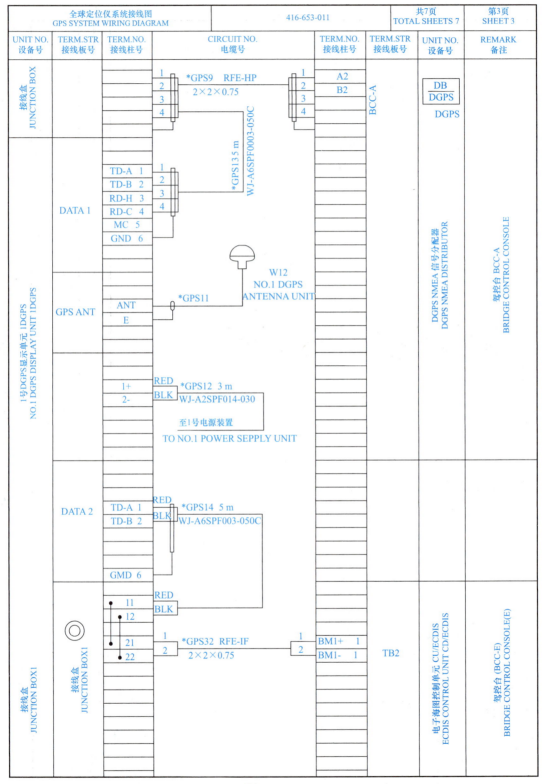

图 10-15 全球定位系统接线图

(a)第 3 页

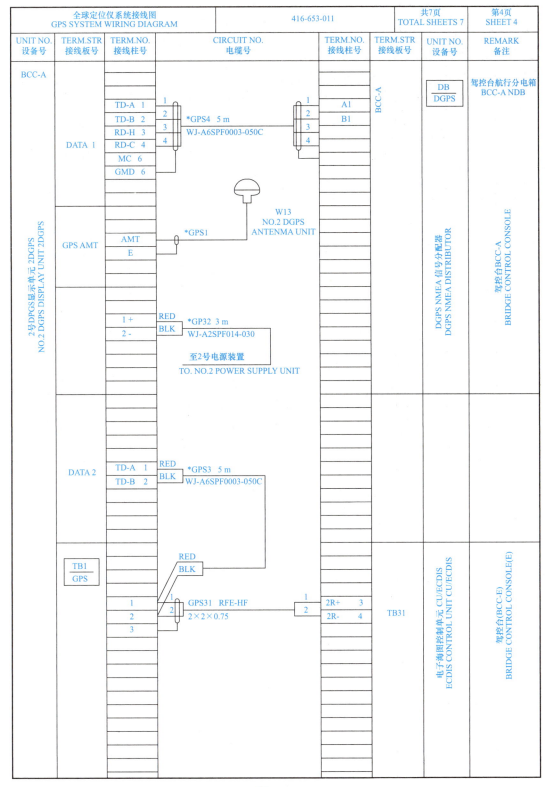

(b)

图 10-15 全球定位系统接线图(续)

(b)第 4 页

UNIT NO. 设备号	TERM.STR 接线板号	TERM.NO. 接线柱号	CIRCUIT NO. 电缆号	TERM.NO. 接线柱号	TERM.STR 接线板号	UNIT NO. 设备号	REMARK 备注
全球定位仪系统接线图 GPS SYSTEM WIRING DIAGRAM			416-653-011			共7页 TOTAL SHEETS 7	第5页 SHEET 5
1号电源装置 PU1/DGPS NO.1 POWER SUPPLY UNIT PU1/DGPS		1 2	**NDB4 LKSM-HF 2×1.5 AC 220 V	1 2		R S	BK4	驾控台航行分电箱 BCC-A NDB
		1 2	RC11 LKSM-HF 2×2.5 DC24 V 自无线电组合台 FROM GMDSS COMSOLE BCC				
2号电源装置 PU2/DGPS NO.2 POWER SUPPLY UNIT PU1/DGPS		1 2	**NDES LKSM-HF 2×1.5 AC 220 V 60 Hz	1 2		R T	BK5	驾控台航行分电箱 BCC-A NDB
		1 2	RC8 LKSM-HF 2×2.5 DC24 V 自无线电组合台 FROM GMDSS COMSOLE BCC			DB/DGPS	DPGS NMEA信号分配器 DGPS NMEA DISTRIBUTOR	驾控台 BCC-A BRIDGE CONTROL CONSOLE
	B7 A7		**GPS10 LKSM-HF 2×1.5	1 2		1 0 V 2 24 V		
1号显示单元 1DGPS NO.1 DGPS DISPLAY UNIT 1DGPS	DATA 4	TD-A 1 TD-B 2 BD-B 3 BD-C 4 MC 5 GNB 6	1 2 3 4 *GPS15 5 m WJ-A6SPF0003-050C	1 2 3 4		DPGS打印机 PRT/DGPS DGPS PRINTER UNIT PRT/DGPS	海图桌 CHART TABLE
			GPS16 LKSM-HF 2×1.5 至1号电源装置 TO NO.1 POWER SUPPLY UNIT				

(c)

图 10-15 全球定位系统接线图(续)

(c) 第5页

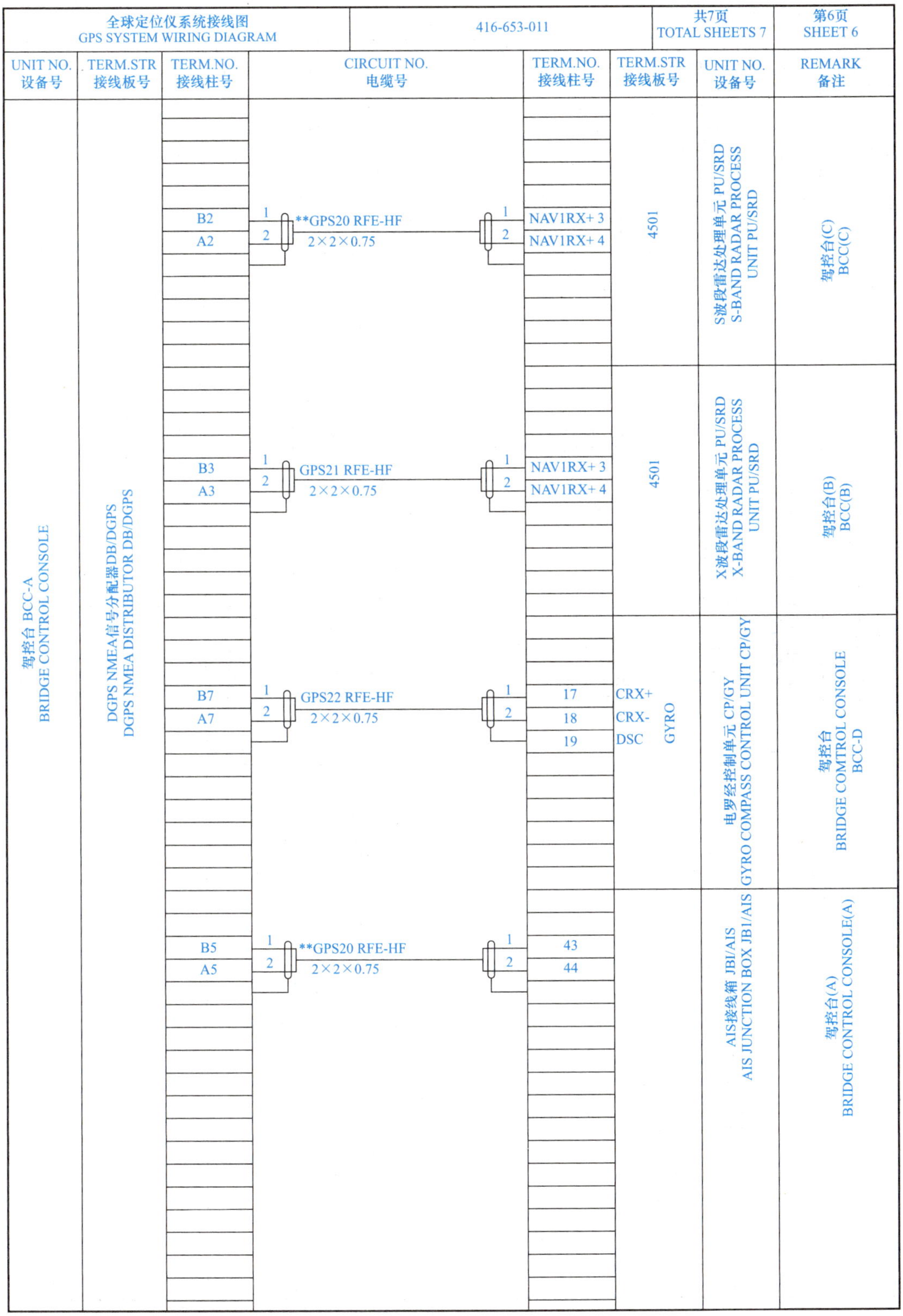

UNIT NO. 设备号	TERM.STR 接线板号	TERM.NO. 接线柱号	CIRCUIT NO. 电缆号	TERM.NO. 接线柱号	TERM.STR 接线板号	UNIT NO. 设备号	REMARK 备注
全球定位仪系统接线图 GPS SYSTEM WIRING DIAGRAM				416-653-011		共7页 TOTAL SHEETS 7	第6页 SHEET 6
驾控台 BCC-A BRIDGE CONTROL CONSOLE	DGPS NMEA信号分配器 DB/DGPS DGPS NMEA DISTRIBUTOR DB/DGPS	B2 A2	**GPS20 RFE-HF 2×2×0.75	NAV1RX+ 3 NAV1RX+ 4	4501	S波段雷达处理单元 PU/SRD S-BAND RADAR PROCESS UNIT PU/SRD	驾控台(C) BCC(C)
		B3 A3	GPS21 RFE-HF 2×2×0.75	NAV1RX+ 3 NAV1RX+ 4	4501	X波段雷达处理单元 PU/SRD X-BAND RADAR PROCESS UNIT PU/SRD	驾控台(B) BCC(B)
		B7 A7	GPS22 RFE-HF 2×2×0.75	17 CRX+ 18 CRX− 19 DSC	GYRO	电罗经控制单元 CP/GY GYRO COMPASS CONTROL UNIT CP/GY	驾控台 BRIDGE COMTROL CONSOLE BCC-D
		B5 A5	**GPS20 RFE-HF 2×2×0.75	43 44		AIS接线箱 JBI/AIS AIS JUNCTION BOX JBI/AIS	驾控台(A) BRIDGE CONTROL CONSOLE(A)

(d)

图 10-15 全球定位系统接线图(续)

(d)第 6 页

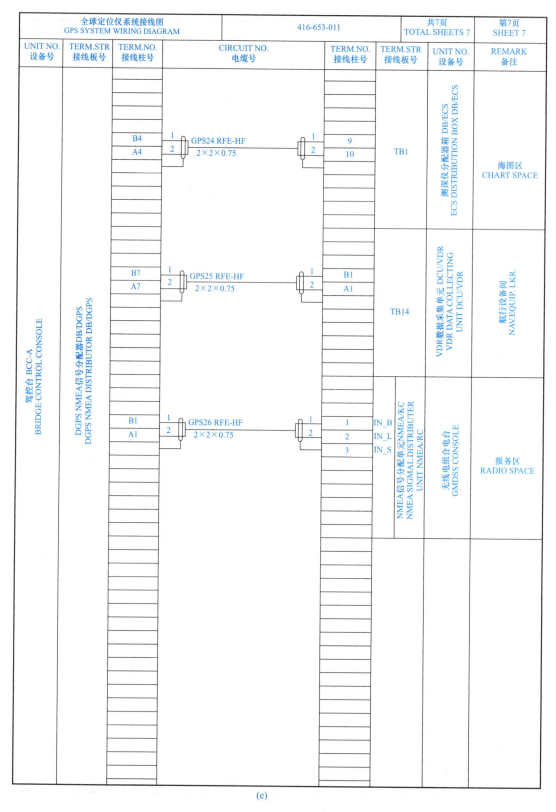

图 10-15　全球定位系统接线图(续)

(e)第 7 页

五、初始化设置

1. 熟悉控制面板

图 10-16 所示是 GPS-150 的控制面板，简单说明如下：

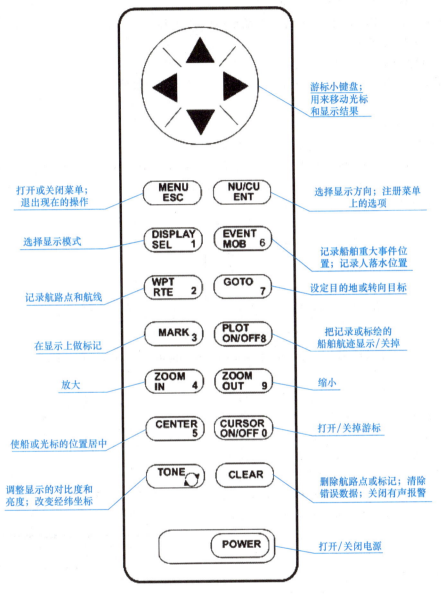

图 10-16　GPS-150 控制面板

最上面是游标小键盘，用来移动光标和显示结果。
MENU ESC：打开或关闭菜单；退出现在的操作。
NU/CU ENT：选择显示方向；注册菜单上的选项。
DISPLAY SEL：选择显示模式。
WPT RTE：记录航路点和航线。
MARK：在显示上做标记。

ZOOM IN：放大。
CENTER：使船或光标的位置居中。
TONE：调整显示的对比度和亮度；改变经纬坐标。
EVENT MOB：记录船舶重大事件位置；记录人落水位置。
GOTO：设定目的地或转向目标。
PLOT ON/OFF：把记录或标绘的船舶航迹显示/关掉。
ZOOM OUT：缩小。
CURSOR ON/OFF：打开/关掉游标。
CLEAR：删除航路点和标记；清除错误数据；关闭有声报警。
POWER：打开/关闭电源。

2. 初始化操作

(1)检查设备操作运行情况(Checking Operation)。首先打开电源，设备启动后，出现如图 10-17 所示画面，按[MENU ESC]键，再按[8]键和[1]键，确认程序存储器(PROGRAM MEMORY)、静态存储器(SRAM)、内置电池(Internal Battery)、GPS 和无线电信标(BEACON)都是正常完好的。

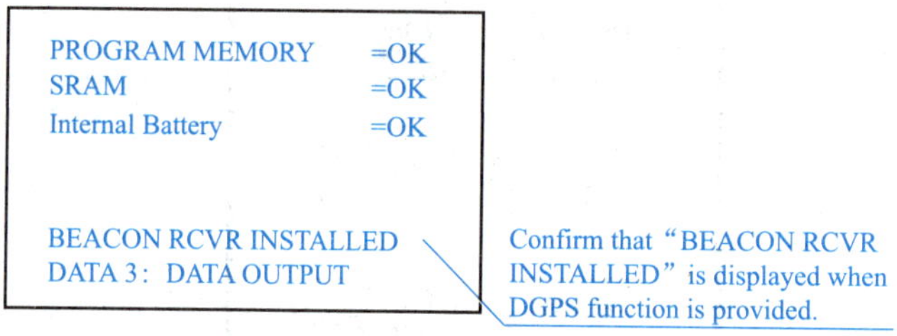

```
PROGRAM MEMORY      =OK
SRAM                =OK
Internal Battery    =OK


BEACON RCVR INSTALLED
DATA 3: DATA OUTPUT
```

Confirm that "BEACON RCVR INSTALLED" is displayed when DGPS function is provided.

图 10-17　设备启动中的自检显示(Self-test display at equipment start up)

(2)DGPS 设置(DGPS Setup)。DGPS 设置模式有自动和手动两种，默认模式为手动。GPS-150 能自动选择最合适的基准台(或称为基站)(Reference Station)。如果在自动模式(Automatic Mode)下确定 DGPS 的位置超过 5 min，就转为手动模式(Manual Mode)。当外部无线电信标接收机(External Beacon Receiver)没有基准台选择的自动功能时，使用手动模式。

对于两种模式的讲解用英文进行。图 10-18 所示是 DGPS 设置菜单。

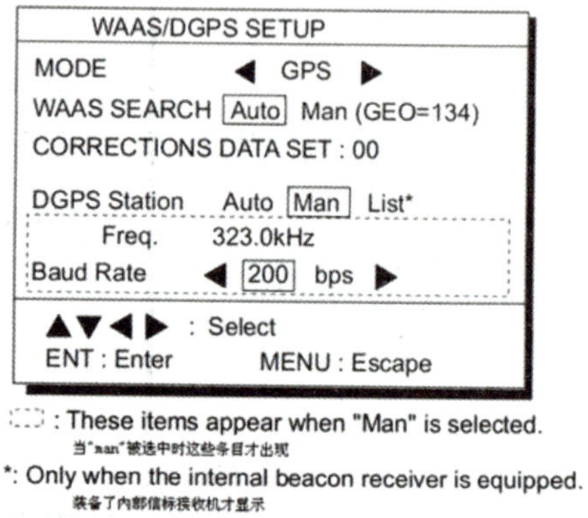

1)自动设置(Automatic DGPS Setup)。

①按下 MENU ESC，9 和 7 显示 WAAS/DGPS SETUP 菜单。

```
WAAS/DGPS SETUP
MODE            ◄ GPS ►
WAAS SEARCH  Auto  Man (GEO=134)
CORRECTIONS DATA SET : 00
DGPS Station   Auto  Man  List*
     Freq.    323.0kHz
     Baud Rate  ◄ 200 ► bps

▲▼◄► : Select
ENT : Enter      MENU : Escape

┈┈ : These items appear when "Man" is selected.
       当"man"被选中时这些条目才出现
*: Only when the internal beacon receiver is equipped.
   装备了内部信标接收机才显示
```

图 10-18　DGPS 设置菜单(DGPS Setup Menu)

②按[▲]或[▼]键，选择"MODE"功能，再按[◄]键，选择"INT BEACON"(整体无线电信标)。

③按[▲]或[▼]键，选择"DGPS Station"(DGPS 站)。

④按[◄]键，选择"Auto"(自动)。

⑤按[NU/CU ENT]键。

⑥按[MENU ESC]键。

2)手动设置(Manual DGPS Setup)

①按[MENU ESC],[9]和[7]键显示"WAAS/DGPS SETUP"菜单。

②按[▲]或[▼]键,选择"MODE"功能,再按[◀]键,选择"INT BEACON"。

③按[▲]或[▼]键,选择"Ref. Station"(参考站)。

④按[◀]键,选择"Man"(人工)。

⑤按[▼]键,选择"Freq"(频率)。

⑥输入频率,频率范围为283.5～325.0 kHz。

⑦按[NU/CU ENT]键,显示"Baud Rate"(波特率)。

⑧按[◀]或[▶]键选择波特率,可选择的波特率为"25""50""100"或"200"。

⑨按[MENU ESC]键。

(3)DGPS操作检查,如图10-19所示。

①按[MENU ESC]和[7]键。

②按↻几次显示如下界面。

图10-19 DGPS操作检查

部分英文含义解释如下:

最上面的U表示时间为协调世界时UTC,若为J即日本标准时间JST,若为S为船时Ship's time。

D3D表示差分GPS三维定位(常见的定位方式英文缩写有2D二维定位;3D三维定位;D2D差分GPS二维定位;D3D差分GPS三维定位;W2D广域二维定位;W3D广域三维定位)。

INTEGRITY STATUS:完整的状态。

Signal Strength:信号强度。

Signal to Noise Ratio:信噪比。

Reception Band Width:接收带宽。

Interference:干涉,干扰。

Malfunction:失灵,发生故障。

(4)输入/输出设置(Input/Output Setting)。要逐一对数据格式和数据输出的有效性、可行性进行检查。

输出数据格式为 IEC 61 162-1 and NMEA 0 183 Ver. 1.5/2.0。

输入数据格式为 NMEA 0 183 Ver. 1.5/2.0。

限于篇幅就不对输入输出数据设置过程进行说明，请阅读厂家提供的安装说明书和相关信号传输协议。

技能二　GPS 的操作

GP-150 型 GPS 接收机具有标绘、导航、报警、计算、定位等功能，限于篇幅只介绍以下几种基本操作。

一、开机和关机

第一次开机需要花费 90 s 时间，下一次开机只需花费 12 s 时间就可以定位，并且当下一次开机时就会显示上一次开机的模式。

开机方法：按［POWER］键开机。

第一项是 PROGRAM MEMORY 测试；第二项是 SRAM 测试；第三项是 INTERNAL BATTERY 测试。测试完成后就会出现"BEACON RCVR INSTALLED"，接着就会进入下一个画面，如图 10-20 所示。

图 10-20　开机的过程

注：N—北纬，E—东经(若 S—南纬，W—西经)，BRG—本船到达航路点的方位，
COG—对地航向，RNG—本船到达航路点的距离，SOG—对地航速。

开机 12 s 后就会有位置显示在显示器上，如果找不到位置就会出现"NO FIX"；如果出现 PDOP 就是 3D 模式；如果出现 HDOP 就是 2D 模式；如果出现"DOP"就表示不能定位。如果卫星信号正常接收就会出现表 10-2 所示状态指示。

表 10-2　卫星信号正常接收状态指示

Equipment Setting	GPS Receiver State Indication
2D	2D(Normal)
3D	3D(Normal)
Differential 2D	D2D(Normal)
Differential 3D	D3D(Normal)
WAAS 2D	W2D(Normal)
WAAS 3D	W2D(Normal)

关机方法：再一次按［POWER］键。

二、调整显示器的对比度和亮度

按［TONE］键，显示如图 10-21 所示画面。

调整对比度：按［◀］和［▶］键，对比度的调整有 0～31 级。

调整亮度：按［▼］和［▲］键，亮度的调整有(0～4)级。

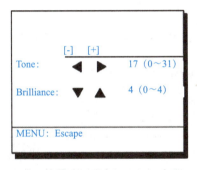

图 10-21　对比度和亮度调整画面

三、选择显示模式

按［DISPLAY SEL］键，显示如图 10-22 所示画面。

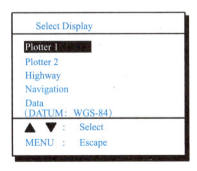

图 10-22　选择显示模式

按下［DISPLAY SEL］键后，允许在 15 s 内再按［▲］和［▼］键选择显示模式。

Plotter 1(标绘 1)显示模式如图 10-23 所示。

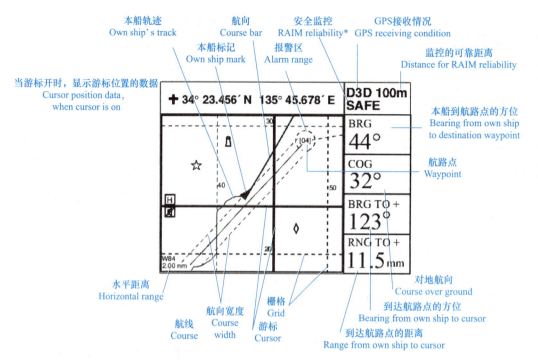

图 10-23　Plotter 1(标绘 1)显示模式

Plotter 2(标绘 2)显示模式如图 10-24 所示。

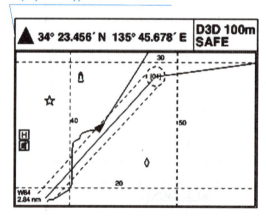

图 10-24　Plotter 2(标绘 2)显示模式

Highway(航路)显示模式如图 10-25 所示。

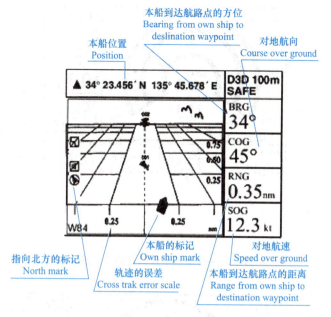

图 10-25 Highway(航路)显示模式

导航(Navigation)显示模式有没连接自动操舵仪的导航显示模式、连接自动操舵仪的自动导航显示模式和连接自动操舵仪的非自动导航显示模式三种情况，如图 10-26～图 10-28 所示。

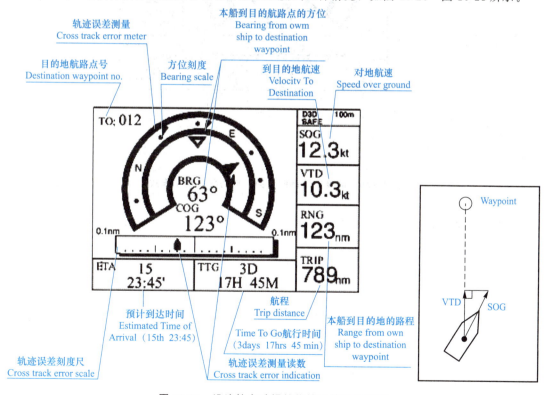

图 10-26 没连接自动操舵仪的导航显示模式

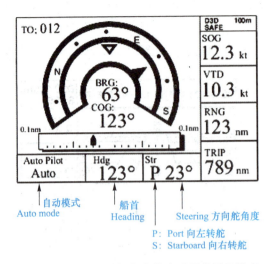

图 10-27　连接自动操舵仪的自动导航显示模式

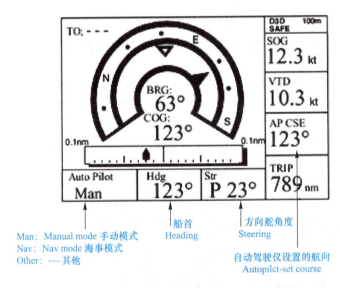

图 10-28　连接自动操舵仪的非自动导航显示模式

数据显示模式(Data display mode)，如图 10-29 所示。

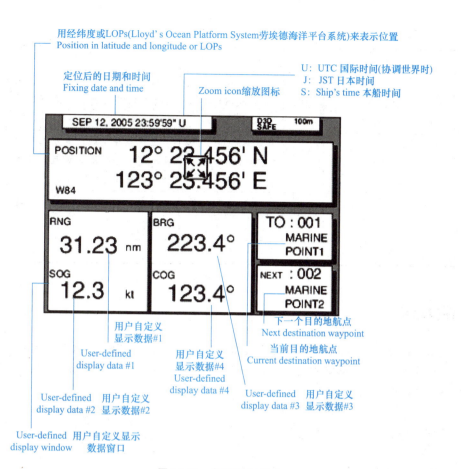

图 10-29 数据显示模式

任务总结

通过本任务的学习，了解了 GPS 系统的组成和工作原理，掌握了识读系统图和接线图，并能对设备进行正确安装和操作。

项目评价

序号	考核点	分值	建议考核方式	考核标准	得分
1	GPS 系统图、接线图识读	15	教师评价（50%）+互评（50%）	能正确识读系统图、接线图，识读错误一处扣 1 分	
2	GPS 接线	15	教师评价（50%）+互评（50%）	能正确进行设备接线，接错一处扣 2 分	
3	GPS 操作	15	教师评价（50%）+互评（50%）	能正确进行设备操作，操作错误一次扣 3 分	

续表

序号	考核点	分值	建议考核方式	考核标准	得分
4	项目报告	10	教师评价(100%)	格式标准，内容完整，详细记录项目实施过程并进行归纳总结，一处不合格扣2分	
5	职业素养	5	教师评价(30%)+自评(20%)+互评(50%)	工作积极主动，遵守工作纪律，遵守安全操作规程，爱惜设备与器材	
6	练习与思考	40	教师评价(100%)	对相关知识点掌握牢固，错一题扣1分	
完成日期			年　月　日	总分	

项目总结

通过本项目的学习，了解了GPS系统组成及功能，掌握了GPS工作原理、系统的安装过程和技巧。通过对系统图和接线图的识读，对系统进行了安装，在详细阅读设备操作说明书后，能够对设备进行操作。

练习与思考

1. GPS系统为船舶提供(　　)的三维定位与导航。
   A. 全天候、高精度、连续、近于实时　　B. 全天候、低精度、连续、远于实时
   C. 全天候、高精度、间歇、近于实时　　D. 全天候、低精度、连续、近于实时
2. 美国军方和高端用户使用P码定位，精度可达(　　)m，民船使用CA码定位，精度为(　　)。
   A. 1，20～30　　　　　　　　　　　B. 1，30～40
   C. 1，10～20　　　　　　　　　　　D. 2，20～30
3. 北斗导航电文根据(　　)不同，导航电文分为D1导航电文和D2导航电文。
   A. 速度和时间　　B. 结构和组织　　C. 速率和结构　　D. 内容和结构
4. 在北斗导航系统的发展历程中，其系统的建设分"三步走"，即(　　)。
   A. 先建立全球网络，再实施区域服务，最后建立试验系统
   B. 先实施区域服务，再建立全球网络，最后建立试验系统
   C. 先建立试验系统，再实施区域服务，最后建立全球网络
   D. 先实施区域服务，再建立全球网络，最后建立网络系统
5. GLONASS是Global Navigation Satellite System的缩写，是苏联于(　　)开始研制的卫星导航系统。
   A. 1978年　　B. 1988年　　C. 1977年　　D. 1987年
6. GPS显示单元根据船东和设计的基本要求可以台式放置，也可嵌入安装，但无论怎样都应符合下列(　　)基本条件。
   ①安装时要远离排气管道和通风孔；②安装位置要通风良好；③安装场所的振动要尽量

小；④远离产生电磁场的设备，如电动机、发电机等；⑤留出足够的维护保养空间，电缆要有足够的松弛度以便进行维修

  A. ①②③   B. ①②③④   C. ①③⑤   D. ①②③④⑤

7. 在初始化 GPS 操作时，检查设备操作运行情况(Checking Operation)应首先打开电源，设备启动后，出现如图 10-17 所示画面，按[MENU ESC]键，再按[8]键和[1]键，确认（　　）都是正常完好的

  A. 程序存储器(PROGRAM MEMORY)、静态存储器(SRAM)、内置电池(Internal Battery)、GPS 和无线电信标(BEACON)

  B. 程序存储器(PROGRAM MEMORY)、静态存储器(SRAM)

  C. 内置电池(Internal Battery)、GPS 和无线电信标(BEACON)

  D. 程序存储器(PROGRAM MEMORY)、动态存储器(SRAM)、内置电池(Internal Battery)、GPS 和有线电信标(BEACON)

8. GPS 第一次开机需要花费（　　）s 时间，下次开机只需花费（　　）s 时间就可以定位，并且当下一次开机时就会显示上一次开机的模式。

  A. 90 12   B. 80 12   C. 90 3   D. 70 15

9. GP-150 型 GPS 接收机开机方法：按[POWER]键开机。第一项是（　　）测试；第二项是（　　）测试；第三项是（　　）测试；测试安然无恙完成后就会出现"EACON RCVR INSTALLED"。

  A. PROGRAM MEMORY INTERNAL BATTERY SRAM

  B. PROGRAM MEMORY SRAM INTERNAL BATTERY

  C. SRAM PROGRAM MEMORY INTERNAL BATTERY

  D. INTERNAL BATTERY SRAM PROGRAM MEMORY

10. GPS 导航卫星的组成：（　　）颗工作卫星和（　　）颗备用卫星。每颗重约（　　）kg，圆柱形，直径约 1.5 m，工作寿命为 5～7 年。

  A. 22，2，845   B. 21，3，854   C. 21，3，845   D. 22，2，854

11. 北斗系统的时间基准为北斗时(BDT)。BDT 采用国际单位制（　　）为基本单位连续累计，不闰秒，起始历元为 2006 年 1 月 1 日协调世界时(UTC)00 时 00 分 00 秒。

  A. 秒   B. 时   C. 分   D. 刻

12. 中国北斗系统（　　）年完成试验。

  A. 2000   B. 2003   C. 2001   D. 2001

13. 俄罗斯 GLONASS 的接收机处理器对各种数据进行处理并计算出用户所在的（　　）信息，GLONASS 系统提供军用和民用两种服务。

  A. 位置、速度和时间   B. 速率、地点和时间

  C. 时长、速度和地点   D. 位置、速度和时长

14. 伽利略卫星导航系统(Galileo Satellite Navigation System)，是由（　　）研制和建立的全球卫星导航定位系统。

  A. 中国   B. 北约   C. 欧盟   D. 欧洲

15. 伽利略卫星导航系统考虑将与 GPS、GLONASS 的导航信号一起组成（　　）卫星导航系统，因此用户接收机将是（　　）接收机。

  A. 单一型 多用途、兼容性   B. 单一型 无用途、单一性

  C. 复合型 无用途、兼容性   D. 复合型 多用途、兼容性

16. GPS 由（　　）三部分组成的。

A. 空间系统、空间控制系统、用户
B. 导航卫星、天空站、用户
C. 导航卫星、地面控制系统、天空控制系统
D. 空间系统、地面控制系统、用户

17. 卫星的作用是（　　）。
A. 接收来自地面站的信息，向用户发送导航电文
B. 接收来自天空站的信息，向用户发送导航电文
C. 接收来自天空站的信息，向用户发送特殊电文
D. 接收来自地面站的信息，向用户发送特殊电文

18. GPS的地面站分为（　　）、监测站（跟踪站）和注入站。
A. 副控站　　　　B. 主控站　　　　C. 控制站　　　　D. 操控站

19. 组成中国北斗星座的3种卫星是有区别的：地球静止轨道卫星具备（　　）通信3种服务功能，而中圆轨道卫星和倾斜地球同步轨道卫星只具有无源定位、导航和授时功能。星座中由于有了地球静止轨道卫星，才保证了（　　）功能。
A. 有源、无源、短报文　有源定位、导航和授时服务，以及短报文通信和位置报告
B. 无源、短报文　有源定位、导航和授时服务，以及短报文通信和位置报告
C. 有源、无源、短报文　有源定位、导航和授时服务，以及短报文通信
D. 无源、短报文　短报文通信和位置报告

项目十一　船舶自动识别系统（AIS）的安装与操作

项目描述

船舶自动识别系统（Automatic Identification System，AIS）是一种助航系统。它工作在甚高频（Very High Frequency，VHF，30～300 MHz）频段，采用时分多址（Time Division Multiple Access，TDMA）技术，具有自动广播和接收船舶信息，实现识别船只、协助追踪目标、简化信息交流和提供其他辅助信息以避免碰撞发生的功能。目前，船舶自动识别系统已发展为通用自动识别系统（Universal Automatic Identification System，UAIS）。

项目分析

了解 AIS 发送的信息和工作模式，掌握 AIS 系统的功能及系统组成，能够识读系统图和接线图，并能对 AIS 进行熟练操作。

相关知识和技能

1. 掌握 AIS 发送的信息和工作模式；
2. 掌握 AIS 系统组成；
3. 能正确识读 AIS 的系统图和接线图；
4. 能对 AIS 进行正确安装和操作。

任务一　AIS 的基本知识

任务目标

1. 掌握 AIS 发送的信息；
2. 了解 AISR 的工作模式。

任务分析

本任务的最终目的是掌握 AIS 所发送的各种信息，以及设备的工作模式。

一、AIS 的基本情况

船舶自动识别系统（AIS），由岸基（基站）设施和船载设备共同组成，是一种新型的集网络技术、现代通信技术、计算机技术、电子信息显示技术为一体的数字助航系统和设备。船舶自动识别系统（AIS）诞生于 20 世纪 90 年代，由舰船、飞机的敌我识别器发展而成。AIS 系统配合全球定位系统（GPS）将船位、船速、改变航向率及航向等船舶动态结合船名、呼号、吃水及危险货物等船舶静态资料由甚高频（VHF）向附近水域船舶及岸台广播，使邻近船舶及岸台能及时掌握附近海面所有船舶的动、静态资讯，得以立刻互相通话协调，采取必要避让行动，有效保障船舶航行安全。

根据国际海事组织对国际航行船舶必须限期安装 AIS 系统的要求，我国交通部海事局于 2003 年提出构建全国 AIS 骨干网、实现海区重点水域及能源大港 AIS 信号覆盖的建设目标。其中，北方海区岸基设施由天津海事局负责建设。北方海区 AIS 岸基网络系统建设分为"渤海湾 AIS 一期岸基网络系统工程""北方海区 AIS 一期岸基网络系统工程"和"北方海区 AIS 二期岸基网络系统工程"三个阶段。

2004 年 1 月，渤海湾 AIS 一期岸基网络系统工程开工建设，烟台辖区 AIS 中心及成山头、崆峒岛两个基站于 2004 年 11 月建成并投入使用，实现了 AIS 信号基本覆盖烟台至大连航线和成山头附近水域。北方海区 AIS 一期岸基网络系统工程中如海阳、团岛、日照 3 座基站和青岛辖区 AIS 中心于 2005 在年底调试运行成功。同期，烟台辖区的北长山、潍坊两座基站也调试运行成功。

至 2005 在年底，烟台航标处建成辖区 AIS 中心及 4 座 AIS 基站。青岛航标处建成辖区 AIS 中心及 3 座 AIS 基站。目前，AIS 已发展成通用自动识别系统（UAIS）。

二、船舶发送的 AIS 信息

船舶发送的 AIS 信息包括固定的或静态信息、动态信息、航次相关的信息、与安全相关的短电文四种。不同类型的信息，AIS 在船舶航行过程中发送和接收信息如图 11-1 所示。

微课：船舶发送的 AIS 信息

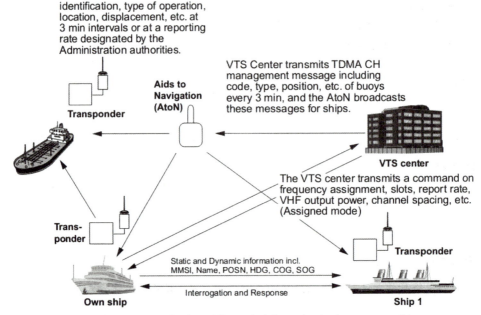

图 11-1　AIS 发送和接收信息

AtoN—航标；VTS center—船舶交通管理中心；Transponder—转发器，发射机应答器

1. 固定的或静态信息

在安装时输入 AIS 单元的静态信息包括 MMSI、呼号和船名、IMO 序号、船长和船宽、船舶类型和龙骨以上高度等。只有当船舶改变其名称、呼号或者从一种船型转换成另一种船型等情况发生时，信息才需要改变。这种信息每相隔 6 min 广播一次。

2. 动态信息

动态信息一般通过连接至 AIS 的船舶传感器自动地予以更新，动态信息包括高精度的船位、定位时间(UTC)、对地航向(COG)、对地航速(SOG)、船首向、由当班驾驶员输入和更新的航行状态等。这种信息将按照"报告速率"规定的速率予以更新。

3. 航次相关的信息

这是根据需要人工输入和更新的与航次有关的信息，其中包括船舶吃水、有害货物及种类、目的港及预计到达时间、航行计划及转向点和船员等。这种信息也是每相隔 6 min 广播一次。

4. 与安全相关的短电文

与安全相关的短电文是固定或自由格式的文本电文，标注有具体的目的地址(注意：以 MMSI 为地址)或者是区域内所有船舶。它们的内容与安全有关，例如，看见的冰山或移位的浮标等。

撰写该电文时，应尽可能精练，系统允许每个电文多达 158 个字符，但越短的电文越容易找到空闲的时隙以便及早地发射。同时，这些电文并不要求规范一致，可以保持灵活的格式。航行中，操作人员应确保显示和接收到与安全相关的短电文，且能根据需要及时地发送与安全相关的短电文。

与安全相关的短电文仅仅是播发海上安全信息(MSI)的辅助手段。虽然不应低估它们的重要性，但是这种与安全相关短电文的使用不能替代全球海上遇险和安全系统(GMDSS)的任何义务和要求。

三、AIS 的工作模式

1. 自主连续模式(Autonomous and Continuous)

自主连续模式为系统缺省工作状态，适用所有海区。在此模式下，AIS 设备按照 TDMA 协议自行确定广播时隙，并解决与其他台站在发射时间安排上的冲突，并以系统设定的信息更新报告间隔，自动和连续地播发本船信息。

2. 分配模式(Assigned)

分配模式也称为指定模式，是负责交通监控的主管机关在实施交通控制区域内指定 AIS 采用的一种工作模式，一般通过主管机关的 AIS 基站覆盖实现。在主管机关指定区域内的 AIS 设备运行的信道、收发模式、带宽、发射功率、时隙、信息更新报告间隔等都服从主管机关分配。但如果自主连续模式要求的报告更新间隔高于分配模式的要求时，A 类 AIS 移动设备则采用自主连续工作模式。

3. 轮询模式(Polled)

轮询模式也称为查询模式或控制模式，是指 AIS 设备在收到其他船舶或管理机关询问后，在与询问台相同的信道上单独响应询问的工作方式。该模式使得交通监控水域的主管机关可通过 AIS 基站随时查询和更新所关心船舶的信息，提高这些船舶的信息更新报告间隔。它有助于提高搜救过程中通过 AIS 设备进行信息交换的效率。该模式也用于进行网络测试或软件服务等工作。

通过本任务的学习，了解了船舶 AIS 设备所发送的信息和工作模式。

任务二　AIS 系统介绍

任务目标

1. 掌握 AIS 的系统组成；
2. 识读 AIS 系统图和接线图；
3. 能正确对设备进行安装和操作。

微课：AIS 系统

任务分析

本任务的最终目的是能够对 AIS 系统进行安装和操作，为了实现这个目的，必须掌握 AIS 系统的组成，能够识读系统图和接线图，并能对设备进行正确安装和操作。

一、FURUNO FA-150 UAIS 系统配置

FURUNO FA-150 UAIS 系统由 VHF 和 GPS 组合天线（VHF and GPS Antennas）（或两种天线合二为一）、应答器单元（a Transponder Unit）、监视器单元（a Monitor Unit）与其他几个相关单元组成。应答器单元包含一个 VHF 发射机（a VHF Transmitter）、处于两个平行 VHF 频道的两台 TDMA 接收器（two TDMA Receivers on two Parallel VHF Channels）、70 信道 DSC 接收机（a DSC Channel 70 Receiver）、接口（Interface）、通信处理器（Communication Processor）和内置的 GPS 接收机（Internal GPS Receiver）（图 11-2）。内置 GPS 是一个 12 信道具有差分功能的一体式接收机，为系统同步提供 UTC 参考时间，以消除多用户之间的冲突。当外部 GPS 失效时也可提供位置（Position）、COG 和 SOG。

(a)　　　　　　　　　　(b)　　　　　　　　　　(c)

图 11-2　AIS 主要单元的实物

(a)监视器单元；(b)GPS 和 VHF 组合天线；(c)应答器单元

1. 标准配置清单

FURUNO FA-150 UAIS 标准配置清单见表 11-1。

表 11-1　FURUNO FA-150 UAIS 标准配置清单

No.	名称	类型	呼号	数量	说明
1	UAIS Transponder	FA-1501	—	1	
2	Monitor Unit	FA-1502	—	1	
3	GPS Antenna	GSC-001	—	1	Select one
	GPS Antenna	GPA-017S	—		
	GPS/VHF Combined Antenna	GVA-100	—		
4	Installation Materials	MJ-A10SPF0012-050	000-150-216	1	Cable for FA-1501
		CP24-00501	005-955-550		For FA-1501
		CP24-00400	000-041-980	1	For FA-1502 CP14-06001&Cable MJ-A3PF0013-035
		CP24-00101	005-950-730	1	For DB-1
		CP24-00141	005-952-330	1	For GVA-100
		CP24-00502	005-955-560	1	For GPA-017S/GSC-001
5	Accessories	FP14-02801	004-366-960	1	For-FA-1502
6	Spare Parts	SP24-00101	*	1	For FA-1502

注意：船厂一般还选配电源模块（AC-DC Power Supply）PR-240。

2. FURUNO FA-150 UAIS 自身配置连接

FURUNO FA-150 UAIS 自身配置连接图如图 11-3 所示。

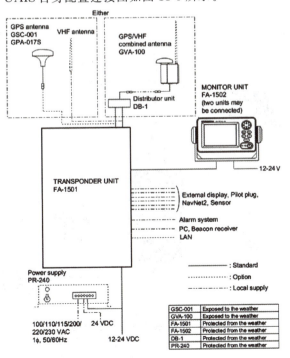

图 11-3　FURUNO FA-150 UAIS 自身配置连接图

二、识读 AIS 系统图

图 11-4(a)所示为 AIS 设备厂家的系统图,图 11-4(b)所示为 AIS 系统实物连接图。可以看出应答器是系统的控制中心,图中的天线单元为二选一。AIS 与船舶上的多种导航设备互联,其信息可以在雷达、电子海图上显示出来。

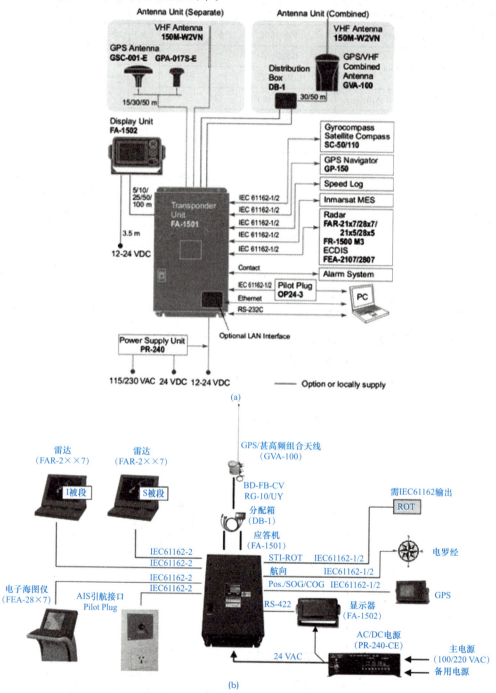

图 11-4　AIS 系统图及实物连接图
(a)AIS 设备厂家系统图；(b)AIS 系统实物连接图

任务实施

技能一　AIS 的安装

一、天线单元(Antenna Units)的安装

1. 分立天线的安装

(1) AIS GPS 天线安装。安装位置如图 11-5 所示。

1) 安装位置不要处于雷达波束内。因为雷达波束将妨碍或阻止 GPS 卫星信号的接收。

2) 在卫星视野内不应有障碍物。例如，桅杆等障碍物会妨碍信号接收或延长信号采集时间。

3) 天线应尽量安装在高处，以避免障碍物的遮挡和水溅(当水结冰时能中断接收 GPS 卫星信号)。

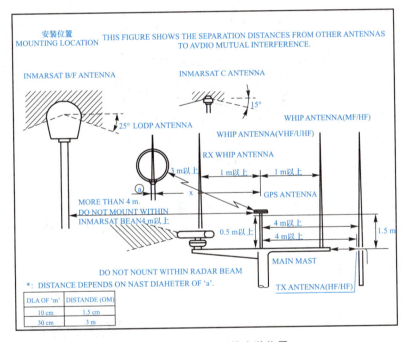

图 11-5　AIS GPS 天线安装位置

(2) AIS VHF 天线安装。

1) AIS VHF 天线应安装在较高的位置，从水平方向上 0.5 m 范围内没有导电的建筑物，不要靠近垂直障碍物，360°都可见地平线。

2) AIS VHF 天线的安装位置要远离高功率源的干扰，如雷达和其他无线电发射天线，至少距离发射波束 3 m。

3) 在同一平面上不应该有其他天线。AIS VHF 天线应直接安装在船舶主 VHF 的上方或下方，没有水平间距，垂直间距最小为 2.8 m，如图 11-6 所示。如果它与其他天线在同一平面上，间距应至少为 10 m，如图 11-7 所示。

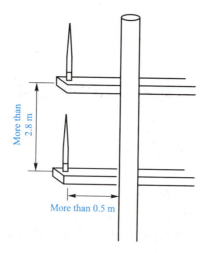

图 11-6 垂直间距

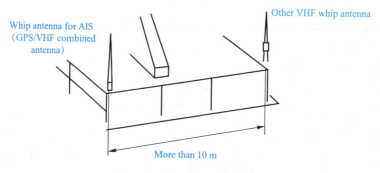

图 11-7 水平间距

2. GPS/VHF 组合天线(Combined Antenna)的安装

安装注意事项如前面所述。GPS/VHF 组合天线总体安装如图 11-8(a)所示,实物安装图如图 11-8(b)所示。具体安装步骤请查阅厂家安装说明书。

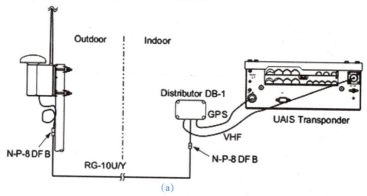

图 11-8 GPS/VHF 组合天线安装

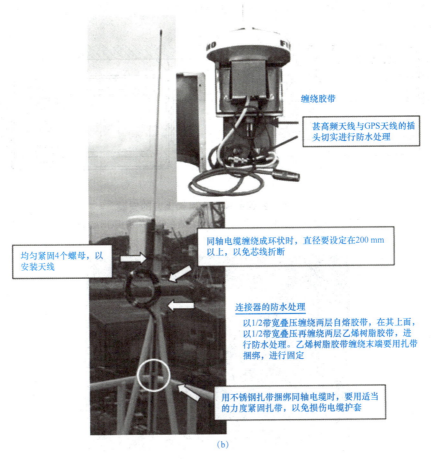

(b)

图 11-8　GPS/VHF 组合天线安装（续）

(a)GPS/VHF 组合天线安装概貌；(b)GPS/VHF 组合天线安装实物

二、监控显示单元(Monitor Unit)的安装

监控显示单元可以直接安装在桌面上方，也可嵌入安装在面板上。它可以安装在海图桌上，也可安装在操舵仪附近。

1. 安装注意事项

(1)避免阳光直射。

(2)温度和湿度要适中且稳定(工作温度范围：$-15\ ℃\sim +55\ ℃$)。

(3)远离排气管和通风口。

(4)安装位置应通风良好。

(5)安装位置的冲击和振动要尽量小。

(6)远离产生电磁场的设备，如电动机、发电机等。

(7)为了便于维护和检修，在单元的侧面和后部要留出足够的空间，安装电缆要留有余量。

(8)不要离磁罗经太近以防影响磁罗经。参照以下距离：标准罗经(standard Compass)0.45 m，操舵罗经(steering Compass)0.3 m。

2. 安装方法

(1)桌面上方安装(desktop Mounting)。在桌面上方安装有两种形式：直接安装在桌面上(tabletop)、安装在船舱的顶板(overhead)。安装形式如图 11-9 所示,显示器后面的实物接线图如图 11-10 所示。

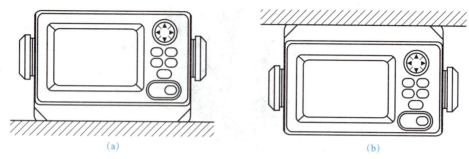

图 11-9 监视器单元在桌面上方的安装
(a)直接安装在桌面上(tabletop);(b)安装在船舱的顶板(overhead)

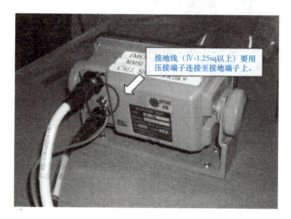

图 11-10 显示器后面的实物接线图

安装步骤如下:
1)用 4 个自攻螺钉(5×20)拧紧挂钩。
2)用两个旋钮将监视器拧紧固定到挂钩上。
安装尺寸如图 11-11 所示。
(2)嵌入式安装(Flush Mounting)。嵌入式安装有 F 型和 S 型两种类型的配套元件。
1)F 型嵌入式安装。图 11-12 所示为 F 型的安装尺寸,安装步骤如下:
①在安装位置开孔,尺寸 183 mm(W)×92 mm(H)。
②将装饰面板(Cosmetic Panel)(20-016-1051)用两个六角头螺栓(Hex Head Bolts)(M6×12)和两个弹簧垫圈(Spring Washers)(M6)安装在监视器上。
③用 4 个自攻螺钉(Self-tapping Screws)(5×20)将监视器固定在安装位置。
2)S 型嵌入式安装。图 11-13 所示为 S 型的安装尺寸,安装步骤如下:
①在安装位置开孔,尺寸 167 mm(W)×92 mm(H)。
②将监视器嵌入孔中。
③用两个六角螺栓(M6×12)和两个弹簧垫圈(M6)将两块安装板(Fixing Plates)连接到监视器上。
④用 4 个翼型螺栓(Wing Bolts)(M4×30)与四个翼型螺母(Wing Nuts)(M4)将监视器固定拧紧。

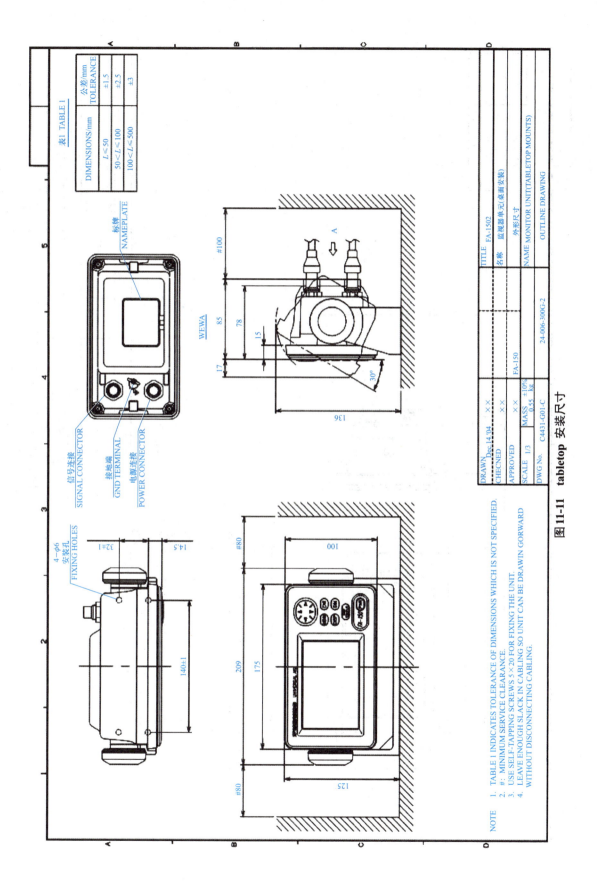

图 11-11 tabletop 安装尺寸

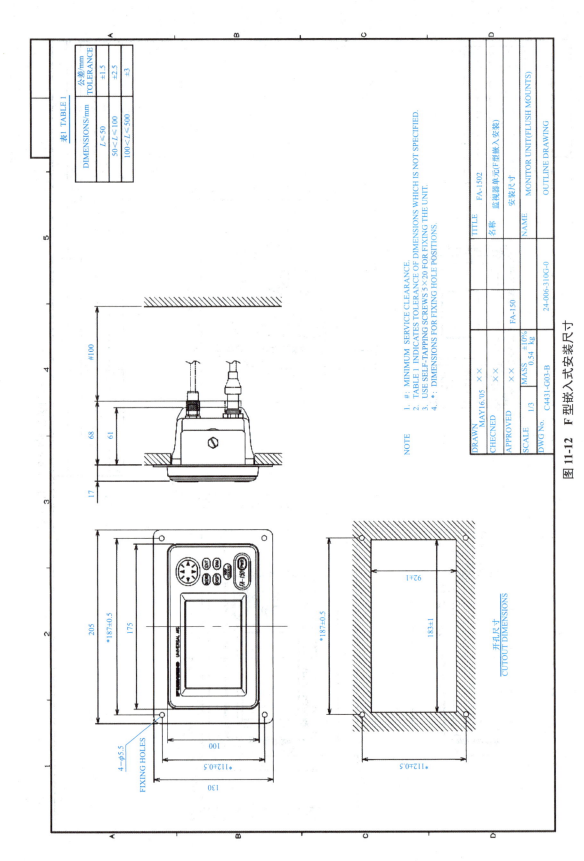

图 11-12 F 型嵌入式安装尺寸

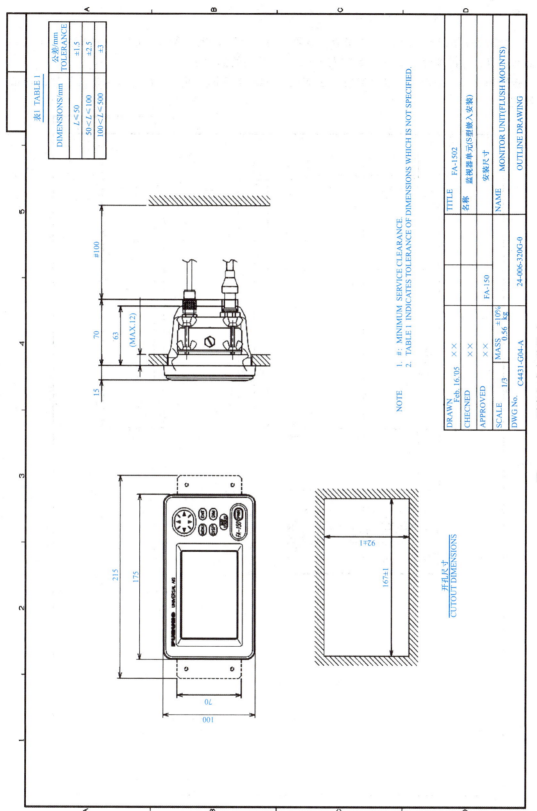

图 11-13 S 型嵌入式安装尺寸

三、UAIS 应答器(Transponder)的安装

UAIS 应答器(Transponder)的安装注意事项与监控显示单元(Monitor Unit)的安装除了最后一点有差别:标准罗经 1.2 m,操舵罗经 0.8 m,其余的都相同。

按照图 11-14(a)用四个自攻螺钉安装固定 UAIS 应答器。图 11-14(b)所示是应答器的内部布线实物。

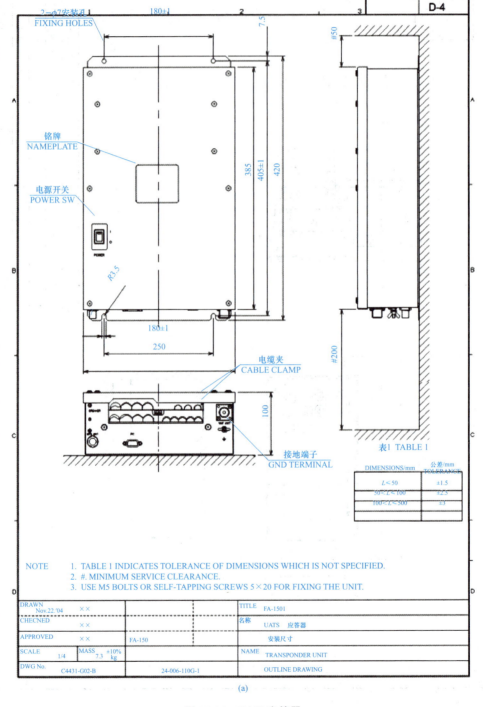

图 11-14 UAIS 应答器
(a)UAIS 应答器的安装

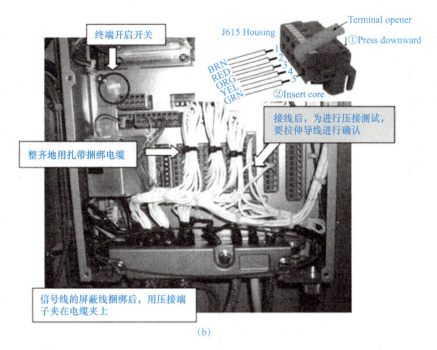

图 11-14 UAIS 应答器(续)

(b)应答器的内部布线实物

四、电源模块(Power Supply)的安装

除了常规的安装注意事项外要求与罗经的安全距离为：标准罗经 0.9 m，操舵罗经 0.6 m。

用四个自攻螺钉(4×16)安装在桌面或甲板上，不必打开机盖。电源模块安装如图 11-15(a)所示，图 11-15(b)所示是 AIS 电源 PR-240-CE 的实物接线图。

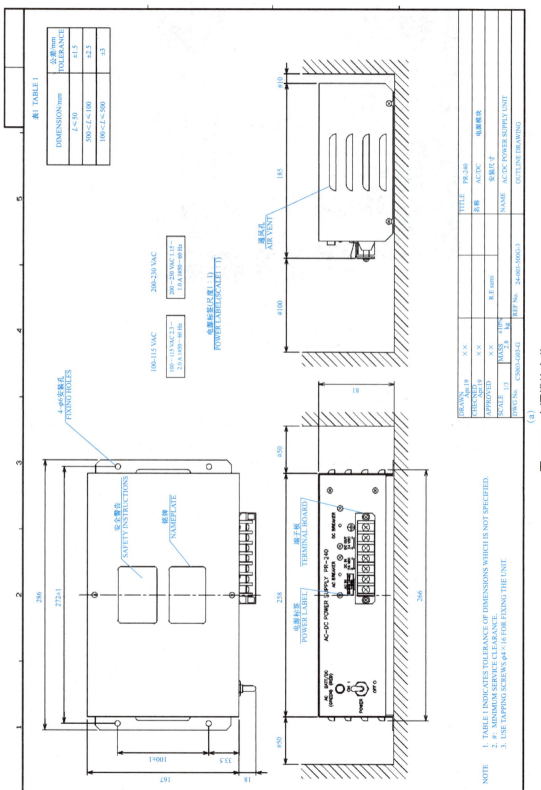

图 11-15 电源模块安装
(a) 电源模块安装

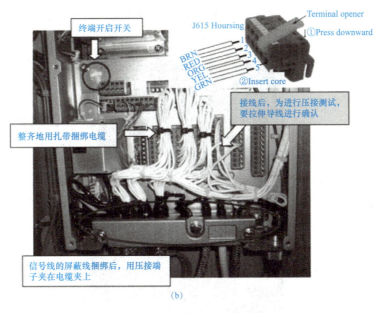

图 11-15 电源模块安装(续)

(b) AIS 电源 PR-24-CE 的实物接线图

五、识读 UAIS 接线图

UAIS 的宏观接线图如图 11-16 所示，Transponder 的内部端口及与外部设备接线如图 11-17 所示，UAIS 的具体接线图如图 11-18 所示。可以看出 UAIS Transponder 是整个装置的核心。

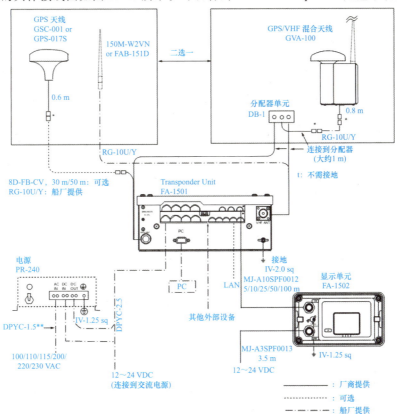

图 11-16 UAIS 的宏观接线图

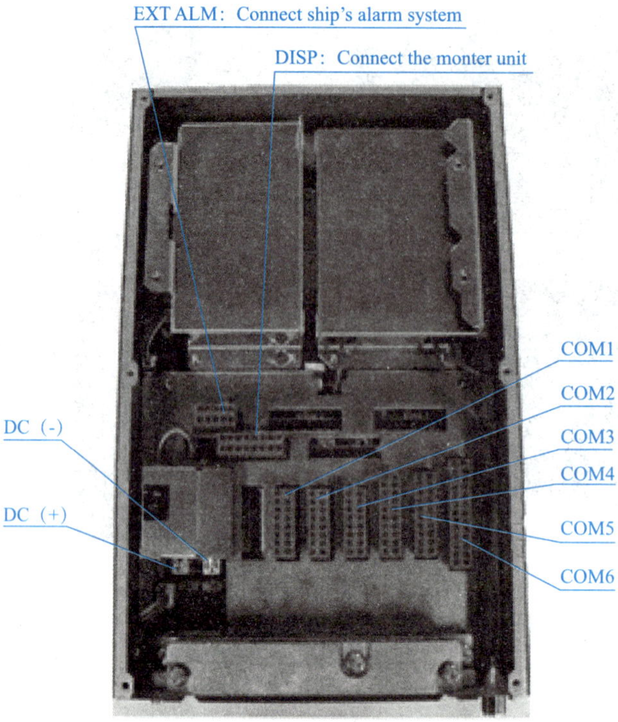

图 11-17 Transponder 的内部端口及
与外部设备的接线

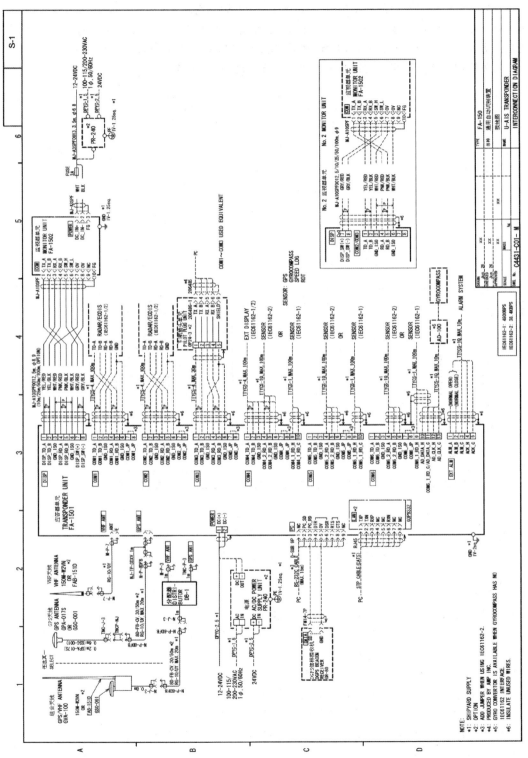

图 11-18 UAIS 的具体接线图

六、设置和调整(SETTING AND ADJUSTMENT)

设备安装后要设置本船的静态信息[MMSI、IMO(国际海事组织)号、船名(Ship's Name)、呼号(Call Sign)、船舶类型(Type of Ship)和GPS天线位置(GPS Antenna Position)]。具体操作方法是：进入主菜单(MENU)后，按[▼]键，找到"INITIAL SETTINGS"，按[ENT]键后一一设置。具体操作请查阅厂家安装说明书。此外，还要设置 I/O 端口(I/O ports)。

技能二　AIS 的操作

一、认识控制键

UAIS FA-150 的显示屏及控制按键如图 11-19 所示。

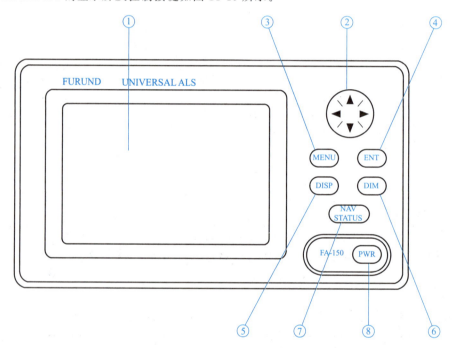

图 11-19　UAIS FA-150 的显示屏及控制按键

说明如下：

①LCD Screen(LCD 显示屏)：显示各种数据。
②Cursor Pad(光标键)：移动光标；选择菜单项和选项；输入字母数字数据。
③MENU Key(菜单键)：打开菜单。
④ENT Key(确认键)：确认；终止键盘输入。
⑤DISP Key(显示键)：选择显示屏；关闭菜单。
⑥DIM Key(亮度调节键)：调整面板调光器和 LCD 对比度。
⑦NAV STATUS Key(导航状态键)：显示导航状态菜单，用于设置导航状态。
⑧PWR Key(电源键)：打开和关闭电源。

二、打开和关闭电源

按[PWR]键打开/关闭电源。启动步骤如图 11-20 所示。

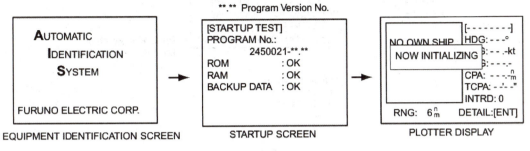

图 11-20　FA-150 启动步骤

如果最后未出现正常的标绘显示画面，请注意提示信息。

船舶在航行或抛锚停泊时应打开 FA-150 的电源。但出于安全等因素时可以关闭电源。正常启动 2 min 内发射本船的动、静态信息并接收其他船舶的动、静态信息。

三、熟悉标绘显示(Plotter Display)的屏幕信息

当电源开启后，屏幕上会自动出现如图 11-21 所示的标绘显示屏幕画面(使用 DISP 和光标键配合可以转换显示模式和相关内容，细节请参阅厂家操作说明书)。

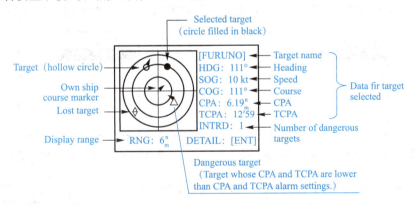

图 11-21　标绘显示(Plotter Display)屏幕画面

屏幕上右侧的信息是已经选择的目标船(Selected Target)的信息。目标(Target)标记为空心圆(Hollow Circle)的则只显示了该目标船的位置和航向，如果想要了解该船的更多信息就需要进行下面的相关操作。

在查找某船的信息数据前应当先选择量程范围，然后在一定范围内选择目标船。

(1)按[DISP]键显示标绘显示窗口。

(2)用[▼]或[▲]键选择范围，可选量程有 0.125 n mile、0.25 n mile、0.5 n mile、0.75 n mile、1.5 n mile、3 n mile、6 n mile、12 n mile 和 24 n mile。

显示目标数据的步骤如下：

(1)在标绘显示界面，按[DISP]键显示目标列表(the TARGET LIST)，包含了所有能被 FA-150 检测到的 AIS 目标，如图 11-22 所示。

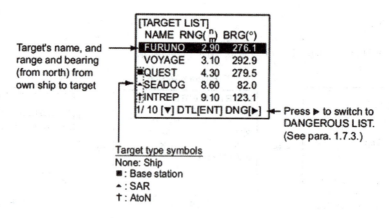

图 11-22　目标列表(TARGET LIST)

(2)用[▼]或[▲]键来选择目标,并可看到相关目标数据,然后按[ENT]键,这时屏幕上将以一定方式显示该船的信息(DETAILS SHIP)。

(3)用[▼]或[▲]键滚动显示屏可以查看其他数据。

五、发送信息(Sending a Message)

(1)按[MENU]键打开主菜单。

(2)用[▼]键或[▲]键选择"MSG"然后按[ENT]键,出现如图 11-23 所示的"MSG"子菜单。

(3)选择"CREATE MSG"后按[ENT]键,出现如图 11-24 所示的"CREATE MSG"子菜单。

图 11-23　"MSG"子菜单(sub-menu)　　图 11-24　"CREATE MSG"子菜单

(4)选择"SET MSG TYPE"后按[ENT]键,出现如图 11-25 所示的"SET MSG TYPE"子菜单。

(5)选择"ADRS TYPE"后按[ENT]键,显示 [BROAD CAST/ADRS CAST]。

(6)选择"ADRS CAST"是向指定的配备 AIS 的船舶发送信息;若选择"BROAD CAST"则是向广播范围内所有配备 AIS 的船舶发送信息。按[ENT]键选择。

(7)如选择"BROAD CAST",则直接跳转到步骤(8);如选择"ADRS CAST",需要输入 MMSI 码,按[ENT]键,使用 Cursor Pad 输入想要收到此信息的船舶 MMSI 号,按[ENT]键。

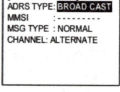

图 11-25　"SET MSG TYPE"子菜单

(8)选择"MSG TYPE",按[ENT]键显示 [SAFETY/NORMAL]。

(9)选择信息类型,"NORMAL"(除了 SAFETY 以外的信息)或"SAFETY"(重要的导航信息或气象预警),按[ENT]键。

(10)选择"CHANNEL",按[ENT]键,显示 。

(11) 选择你要发射信息的信道。
(12) 按[ENT]键。
(13) 按[MENU]键返回"CREATE MSG"子菜单。
(14) 选择"SET MSG",按[ENT]键,出现如图 11-26 所示的画面。

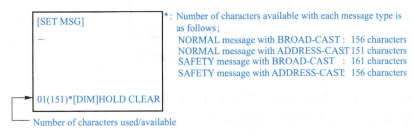

图 11-26 "SET MSG"菜单

(15) 使用 Cursor Pad 输入要发送的信息,用[▼]键或者[▲]键选择字符(character),用[◀]键或者[▶]键移动光标。
(16) 按[ENT]键返回"CREATE MSG"子菜单。
(17) 选择"SEND MSG",然后按[ENT]键,出现如图 11-27 所示的提示。

图 11-27 发送信息的提示对话框

(18) 按[◀]键选择"YES",然后按[ENT]键发送信息。

六、查看收到的消息(Viewing a Received Message)

当接收到消息时,将在屏幕上显示图 11-28 所示的提示。
要查看消息的具体内容按照以下步骤进行:
(1) 按任意键,Message Received 窗口消失。
(2) 按[MENU]键显示主菜单。
(3) 选择"MSG",然后按[ENT]键。
(4) 选择"RX LOG",然后按[ENT]键,出现收到消息的日志,如图 11-29 所示。

图 11-28 消息收到窗口

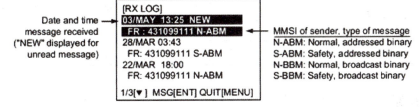

图 11-29 收到消息的日志

(5) 浏览未读的消息内容,使用 Cursor Pad 选择消息,然后按[ENT]键。图 11-30 所示是已收到的消息的例子。

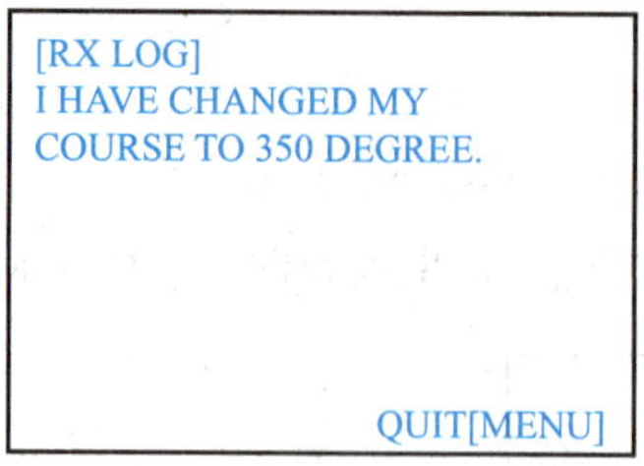

```
[RX LOG]
I HAVE CHANGED MY
COURSE TO 350 DEGREE.




                QUIT[MENU]
```

图 11-30 已收到的消息的例子

(6) 按[DISP]键关闭日志。

关于 AIS 的操作还有很重要的内容没有说明，如 Setting Up for a Voyage 及 Setting CPA/TCPA 等，限于篇幅，请读者查阅厂家操作说明书。

任务总结

通过本任务的学习，了解了船舶 AIS 设备组成，并能够对设备进行正确安装和操作。

项目评价

序号	考核点	分值	建议考核方式	考核标准	得分
1	AIS 系统图、接线图识读	15	教师评价(50%)+互评(50%)	能正确识读系统图、接线图，识读错误一处扣1分	
2	AIS 接线	15	教师评价(50%)+互评(50%)	能正确进行设备接线，接错一处扣2分	
3	AIS 操作	15	教师评价(50%)+互评(50%)	能正确进行设备操作，操作错误一次扣3分	
4	项目报告	10	教师评价(100%)	格式标准，内容完整，详细记录项目实施过程并进行归纳总结，一处不合格扣2分	
5	职业素养	5	教师评价(30%)+自评(20%)+互评(50%)	工作积极主动、遵守工作纪律、遵守安全操作规程，爱惜设备与器材	
6	练习与思考	40	教师评价(100%)	对相关知识点掌握牢固，错一题扣1分	
	完成日期		年月日	总分	

项目总结

通过本项目的学习，了解了 AIS 系统组成及功能，掌握了 AIS 的工作原理、AIS 系统的安装过程和技巧。通过对系统图和接线图的识读，对系统进行了安装。在详细阅读设备操作说明书后，学会了对设备的操作。

练习与思考

1. 船舶全球的唯一编码 MMSI 码又称作（　　）。
   A. 接续码　　　　　　　　　　　B. 船舶呼号
   C. 船舶识别号　　　　　　　　　D. 自动识别号

2. 每一艘船舶从开始建造到船舶使用结束解体，给予一个（　　）MMSI 码。
   A. 全球唯一的　　　　　　　　　B. 可以选择的
   C. 船东命名的　　　　　　　　　D. 船厂命名的

3. MMSI 码适用于（　　）国际航行船舶，不适用渔船、非机动船、游艇、从事特殊业务的船舶和军用船舶。
   A. 2 000 总吨及以上的　　　　　B. 100 总吨及以上的
   C. 500 总吨及以上的　　　　　　D. 300 总吨及以上的

4. MMSI 码一般由（　　）办理，现有的营运船可以向它提出申请获得。
   A. 国际海事组织　　　　　　　　B. 国际水运组织
   C. 国际移动组织　　　　　　　　D. 当地船级社

5. AIS 中是使用（　　）来区分不同的船舶的。
   A. 船名　　　　　　　　　　　　B. 船舶呼号
   C. 接续码　　　　　　　　　　　D. MMSI 码

6. AIS 信息在信道中的传输，依据不同情况，分别采用五种 TDMA 协议，其中（　　）技术是 AIS 设备访问数据链路的主要方式。
   A. SOTDMA　　　　　　　　　　B. TDMA
   C. TDM　　　　　　　　　　　　D. SDTDMA

7. 在实施自组织时分多址接入技术中，需要两个 AIS 专用的（　　）VHF 频道。
   A. HF　　　B. VHF　　　C. MF　　　D. L 波段

8. 在船载 AIS 设备中，能够完成收发通信的设备是（　　）。
   A. ARPA　　B. GPS　　　C. VHF　　　D. DF

9. AIS 单元的静态信息每相隔（　　）min 广播一次。
   A. 3　　　　B. 4　　　　C. 5　　　　D. 6

10. AIS 单元的动态信息将按照（　　）规定的速率予以更新。
    A. 报告速率　　　　　　　　　　B. AIS 自身接收速率
    C. AIS 自身发送速率　　　　　　D. 船东自定义

11. AIS 单元的航次相关的信息每相隔（　　）min 广播一次。
    A. 3　　　　B. 4　　　　C. 5　　　　D. 6

12. AIS 的工作模式主要有（　　）。
    A. 自主连续模式　　　　　　　　B. 分配模式
    C. 轮询模式　　　　　　　　　　D. 以上都是

13. AIS 由（　　）设备组成。
    A. AIS 发射机应答器和传感器
    B. AIS 发射机应答器、各种必要的传感器和显示器
    C. AIS 发射机应答器和各种必要的传感器
    D. AIS 发射机应答器和显示器

14. 关于AIS,下列说法正确的是(　　)。
    A. AIS增加了操作者的工作强度
    B. AIS是否工作,由驾驶员决定
    C. AIS不能探测到雷达盲区和障碍物之后的目标
    D. AIS能自动存储信息

15. AIS系统是一种(　　)。
    A. 无人操作的无线电通信系统
    B. 用VHF发短CMS信息的系统
    C. 无人操作的无线电导航系统
    D. 以上都是

16. 在AIS系统中,VHF收发机在发射信号时,(　　)发射信号。
    A. 使用87B国际专用频道
    B. 使用88B国际专用频道
    C. 交替使用87B和88B两个VHF国际专用频道
    D. 同时使用87B和88B两个VHF国际专用频道

17. AIS的主要功能是(　　)。
    A. 自动播发AIS信息
    B. 自动接收AIS信息
    C. 以标准界面输出AIS信息
    D. 以上都是

18. AIS自动播发的船舶信息中包括船舶的(　　)。
    A. 静态　　　　B. 动态　　　　C. 与航行安全有关　D. 以上都是

19. AIS出现的最大意义就是(　　)。
    A. 监视危险/污染货物,保护海洋生态环境
    B. 为进一步提高船舶安全航行提供了一种有效的信息手段
    C. 改善岸台和岸基VTS交通控制
    D. 增加船舶导航设备的信息、信息的使用价值和导航功能

20. 在AIS系统中,提供时间信息的传感器是(　　)。
    A. GPS　　　　B. 雷达　　　　C. 陀螺罗经　　　　D. VHF

项目十二　船载航行数据记录仪（VDR）的安装与操作

项目描述

　　船载航行数据记录仪（Voyage Data Recorder，VDR），通俗地说就是船舶黑匣子，是用于记录船舶航行数据、指令和状态等的专用设备。该设备以一种安全和可恢复的方式，连续存储船舶发生事故前后一段时间的与船舶位置、动态、物理状态、命令和操纵相关的信息。当船舶发生事故时VDR可以帮助调查者找出船舶失事的原因。该设备共有两种形式：一种是标准的VDR，应用于所有的新造船及客船和客滚船上；另一种是简易的VDR（Simplified Voyage Data Recorder，S-VDR），主要应用于2002年7月1日之前建造的在航货船上。

项目分析

　　对船载航行数据记录仪相关国际标准和导则进行了解，掌握VDR系统的组成；了解VDR设备的工作原理，识读系统图和接线图，并对VDR设备进行熟练操作。

相关知识和技能

1. 了解船载航行数据记录仪的相关标准；
2. 了解VDR与S-VDR的区别；
3. 能正确识读VDR的系统图和接线图；
4. 能正确对VDR进行安装和操作。

任务一　VDR的基本知识

任务目标

1. 了解船载航行数据记录仪的相关标准；
2. 了解VDR与S-VDR的区别。

任务分析

　　本任务的最终目的是了解船载航行数据记录仪的相关知识，了解与其相关的国际标准和导则，了解VDR与S-VDR的区别。
　　船载航行数据记录仪（VDR）又称为航行数据记录仪、航程纪录器和船舶黑匣子，是为符合1974年国际海事组织《国际海上人命安全公约》[IMO Res. A. 861(20)]，在2002年7月1日开始强制要求全球船舶安装的专用数据记录系统，用来协助识别任何海洋事故发生的原因。该系可从船上的各种传感器收集数据,然后将其数字化并压缩,最后将这些资料存储在外部安装的防护存储单元中。防护存储单元是防篡改装置,并且设计用来承受与海难事件(火灾、爆炸、碰撞、下沉等)有关的极端高温、冲击、振动和高压。当船舶在海难事故中下沉时,取回防护存储单元时可分为固定单元或自由浮动单元(或与应急指位无线电示标结合)。防护存储单元内所储存的数据是最后12 h[48 h 为2014年法规 MSC.333(90)],可以由当局或船东打捞回收并重新读取,以进行海事调查。除了防护储存单元之外,该系统还具备一个记录控制单元和一个数据获取单元,它们连接到船上的各种设备和传感器。新的MSC.333(90)法规还规定,内部必须保存至少30 d的记录数据。虽然该系统的主要目的是事后调查事故,但也可以进行预防性维护、性能效率监测、恶劣天气损害分析、事故风险规避和培训记录数据等其他用途,可提高安全性并降低营运成本。

另有一种简化型船载航程资料记录仪(S-VDR),根据国际海事组织的MSC.163(78)性能标准要求所定义,是该系统的简化版本,专用于小型船只,它只记录该船的基本数据,成本也更低。该强制要求于2006年7月1日生效。

一、船载航行数据记录仪相关国际标准和导则

船载航行数据记录仪的相关国际标准和建议可分类为性能标准、技术标准和查验导则三类。

1. 性能标准

性能标准是对设备使用功能的最低要求,由 IMO 制定。自1997年以来,IMO 通过的有关船载航行数据记录仪的性能标准及其修正案包括:

(1)IMO A.861(20)号决议《船载航行数据记录仪(VDR)性能标准建议案》(1997年11月27日通过)。

(2)IMO MSC.163(78)号决议《船载简易航行数据记录仪(S-VDR)性能标准》(2004年5月17日通过)。

微课:船载航行数据记录仪 VDR 的基本知识

(3)IMO MSC.214(81)号决议《船载航行数据记录仪(VDR)性能标准[A.861(20)号决议]和船载简易航行数据记录仪(S-VDR)性能标准[MSC.163(78)号决议]修正案》(2006年5月12日通过)。

(4)IMO MSC.333(90)号决议《关于实施经修订的船载航行数据记录仪(VDR)性能标准》(2012年5月22日通过),其适用2014年7月1日及以后船上安装的VDR设备。

2. 技术标准

技术标准是对设备技术指标的最低要求,由 IEC 根据 IMO 的性能标准制定,是各生产厂家生产和测试设备的依据。自2000年以来,IEC 根据 IMO 关于 VDR/S-VDR 的性能标准,分别制定了关于船载航行数据记录仪的技术标准,并在2007年依据 IMO MSC.214(81)号决议对技术标准重新作了修订。目前生效的技术标准如下:

(1)《海上导航和无线电通信设备和系统:船载航程数据记录仪(VDR):第1部分:船载航程数据记录仪(VDR):性能要求、测试方法和试验结果要求》(IEC 61996—1—2013)。

(2)《海上导航及无线电通信设备和系统:船载航行数据记录仪(VDR):第2部分:简易航行数据记录仪(S-VDR):性能要求、试验方法和要求的试验结果》(IEC 61996—2—2013)。

3. 操作、安装和年度测试导则

针对VDR/S-VDR的安装、操作、数据所有权和年度审验,IMO 和 ISO 等国际组织通过和颁布了相关的指导性建议,各国政府按照或参照这些建议规范船载航行数据记录仪的安装、操作和查验。这些指导性建议如下:

(1)IMO《航行数据记录仪所有权与恢复导则》(2002年5月29日通过)。

(2)IMO《从航行数据记录仪和简易航行数据记录仪中读取存储数据供调查机关使用的建议》(2005年6月17日通过)。

(3)IMO《航行数据记录仪和简易航行数据记录仪的年度性能测试导则》(2006年12月11日通过)。

(4)ISO 22472《船舶与海运技术－VDR操作与安装导则》(2006年11月1日颁布)。

二、VDR 与 S-VDR

VDR 与 S-VDR 没有原则上的不同,最主要的区别在于要求记录的信息数量。VDR 与 S-VDR 的数据记录功能区别见表 12-1。

表 12-1　VDR 与 S-VDR 数据记录功能区别

数据		设备	
类型	内容(来源)	VDR	S-VDR
导航仪器	日期、时间、船位(EPFS)	强制	强制
	速度(计程仪或 EPFS)	强制	强制
	航向(罗经)	强制	强制
	水深(测深仪)	强制	非强制*
雷达 AIS	雷达图像(雷达)	强制	非强制*
	AIS 数据(AIS)	不需要	若记录雷达数据,则不需要
音频	驾驶台/VHF 声音(麦克风)	强制	强制
操作状态	舵令及响应	强制	非强制*
	轮机命令和响应	强制	非强制*
环境状态	船体开口	强制	非强制*
	水密门和防水门	强制	非强制*
	加速度和船体应力	若有传感器	非强制*
	风速、风向	强制	非强制*
报警	主报警	强制	非强制*
* 若有 IEC 61162 或 NMEA 数据或 RGB 接口(雷达),则应予记录			

注意:VDR/S-VDR 保存的信息分为配置数据和运行数据。表 12-1 中所列数据均为运行数据。配置数据是由正式授权人在 VDR/S-VDR 启用时写入,且不能被其他未授权人改写的,永久保存在 FRM 中的数据。配置数据定义了系统及其所连接传感器的配置,改变该数据不会影响运行操作数据。配置数据包括型式认可主管机关和参考标准、IMO 船舶识别编号、软件版本号、自动记录最近配置数据修改的日期和时间、麦克风位置和记录端口分配及其 ID、所连接的 VHF 通信设备的位置和端口分配及其 ID、所连接的雷达显示器及其 ID、获取时间和日期的来源、获取船位的 EPFS 及其在船舶的相对位置、其他数据输入源的标识等。

任务总结

船载航行数据记录仪(VDR)是以一种可靠和可恢复的方式,保持船舶在事故前后一段时间,与船舶位置、运动状态、指挥和控制相关信息存储的仪器。IMO 对 VDR 和 S-VDR(船载简化的航行数据记录仪)的性能标准通过了 4 项决议,本任务简要介绍了经修订的 VDR 性能标准及 VDR 与 S-VDR 的区别。

任务二　VDR 系统介绍

任务目标

1. 掌握 VDR 系统的组成;
2. 识读 VDR 设备的系统图和接线图;
3. 能正确安装 VDR 系统,并正确接线,会操作 VDR 设备。

任务分析

本任务的最终目的是能够对 VDR 系统进行安装和操作。为了实现这个目的,必须掌握 VDR 系统的组成、识读系统图和接线图的方法,并能对 VDR 设备进行有效操作。

一、VDR 系统组成及各部分作用

FURUNO VR-3000 基本的 VDR 包括以下几部分:

(1)数据采集单元(Data Collecting Unit,DCU),也称为主机,安装在驾驶台附近的航行设备间等。其内部程序与接口、传感器等配合,完成采集数据、数据格式转换、数据刷新和数据备份等任务,是系统的核心,如图 12-1 所示。

(2)数据记录单元(Data Recording Unit,DRU):结构上表现为最终记录介质(Final Recording Medium,FRM)装载在数据保护舱(Protective Capsule)里,如图 12-2 所示。FRM 一般采用闪存(Flash Memory)。数据保护舱通常安装在罗经甲板龙骨正上方离开船舶建造结构 1.5 m 外的空旷处,以方便维护和事故后的回收。通常工作环境下所记录的数据能够在记录结束后保持至少两年。

图 12-1　数据采集单元

(a)

(b)

图 12-2　数据记录单元
(a)固定式(Fixed Type);(b)自由浮离式(Float Free Type,只用于 S-VDR)

微课:VDR 系统介绍

保护舱有固定式和自由浮离式两种。其外壳为高可见度荧光橙色,用反光材料标识"VOYAGE DATA RECORDER—DO NOT OPEN—REPORT TO AUTHORITIES"。保护舱带有一个

在25～50 kHz频段的水下声响信标，信标所用电池至少可以工作30 d。

1) 固定式保护舱。固定式保护舱在任何情况下都固定在安装的位置上，并设有分离螺栓或释放杆或转锁等机械释放机关与底座相连，舱体上设有金属拉环或把手，以方便水下回收。在事故发生后，保护舱可以承受冲击(50 g 半正弦脉冲 11 ms)、穿刺(250 kg 100 mm 直径尖头物体 3 m 坠落)、耐火(260 ℃ 10 h 及 1 100 ℃ 1 h)、深海压力和浸泡(6 000 m 深 24 h 及 3 m 深 30 d)等恶劣环境，并保持数据完好性。对于S-VDR，保护舱可不要求满足穿刺的标准。

2) 自由浮离舱。自由浮离舱在船体沉没时能够自动脱离船体上浮，并能够在海水浸泡至少7 d保持数据完好性。但如果保护容器经历了高于国际标准对无线电发射装置的防火性能所应承受的火烧温度时，则自由浮离释放装置自动禁止释放保护容器。自由浮离舱还带有昼夜工作的指标灯和在121.5 MHz工作的自引导发射机，周期性发射摩尔斯码"V"指示最后已知或即时位置(如果有内置EPFS设备)。也有的自由浮离舱集成了EPIRB发射机，能够通过卫星搜救系统发出遇险报告。为指标灯和无线电发射机供电的电池至少可工作 7 d。

(3) 远程报警板(Remote Alarm Panel，RAP)：远程指示系统的状态(有的设备报警指示器集成在主机上)。

(4) 接线盒(Junction Box，JB)：能够减少电缆敷设量，增加输入端口数量(VR-3000 S 的可选件)。

(5) 桥楼麦克风(Bridge Microphone)：即室内麦克风，与室外麦克风加在一起的数量最多6 个。

(6) VHF接口单元 IF-5200 及 VHF麦克风和扬声器(Loudspeaker)。

系统工作时主电源采用100～230 VAC，也要提供24 VDC电源。当供电主回路失电时，要求备用电池能够记录桥楼音频 2 h。

系统能够连续存储12 h 以上的数据。系统整体工作过程可以简述如下：VDR/S-VDR 通过传感器接口及信息处理电路采集传感器信息，在数据处理器中对这些数据进行变换、压缩、编码等处理，然后输入存储器和FRM记录保存，并不断滚动覆盖翻新。其主要工作过程可概括为信号采集、数据存储和备份以及自检和故障报警。

二、识读 VDR 系统图

1. FURUNO VR-3000 标准配置清单

FURUNO VR-3000 标准配置清单见表 12-2。

表 12-2　FURUNO VR-3000 标准配置清单

名称	型号	呼号	数量	说明
Data Collecting Unit	VR-3010	—	1	
Data Recording Unit	VR-5020-6G	—	Choose one	6 GB, for connection of single rada
	VR-5020-9G	—		9 GB, for connection of 2～4 radars
Remote Alarm Panel	VR-3016	—	1	Includes installation materials
Junction Box	IF-8530	—	1 set	Option on VR-3000s
Microphone	VR-5011	—	1-6	Choose quantity
Waterproof Microphone	VR-3012W	—		
Power Supply Unit	PSU-001	—	1	Russian spec. only

续表

名称	型号	呼号	数量	说明
Installation Materials	CP24-00605	004-383-250	1 set	For VR-3010, radar 1 to 2 CH
	CP24-00609	004-383-290		For VR-3010, radar 3 to 4 CH
	CP24-00601	004-383-210		For VR-3010, no radar coom
	CP24-00801	004-384-960	1 set	For VR-3016
	CP24-00217	004-381-090	1 set	For VR-5011
	CP24-00215	004-379-590	1 set	For VR-5020
	CP24-00910	000-042-241	1 set	IEEEI 1994 cable, 30m, w/amor
	CP24-00401	001-014-241	1 set	For RAP
Accessories	FP24-00201	004-383-300	1 set	English document
	FP24-00203	004-555-560	1 set	For VR-3010
Spare Parts	SP24-00201	004-555-540	1 set	For VR-3010

2. 识读设备说明书的 VDR 系统图

设备厂家的 VDR 系统图如图 12-3 所示。图中的主要英文释义如下：

Waterproof MIC：防水麦克风(用于驾驶室外)；

Bridge MIC：桥楼(驾驶室内)麦克风；

VHF Audio：VHF 音频(即说话声音)；

Radar：雷达(记录雷达显示器上的全部信息)；

Serial Data：串行数据；

Alarm Monitoring System：报警监控系统；

Live Player Pro：在线播放处理器；

Analog：模拟的；

Digital：数字的；

Serial：串行的；

GPS：全球定位系统(记录船位，即经纬度和坐标系)；

Speed Log：计程仪(记录速度)；

Heading：船首向(记录船首向，即罗经指示)；

Echosounder：回声测深仪(记录龙骨以下水深、测深仪量程和其他状态信息)；

Autopilot：自动舵(记录操舵指示器舵令及其响应角度)；

Engine Telegraph：轮机命令和响应[记录所有车钟的或直接的轮机/螺旋桨控制器的位置、轴转数(或等效速度)、反馈指示、前进后退指示器及首尾侧推(如果有)]；

Steering Gear：舵机起动器；

M/E Remote System：主机遥控系统；

Main Air Compressor：主空气压缩机；

Bow Thruster：艏侧推装置；

Shell Door System：船体开口/门系统(记录船体开口/门状况)；

Watertight Doors：水密门；

Fire Doors：防火门；

Anemometer：风速风向仪；

Fire Detection：火灾探测；

Main Alarms：主报警(记录所有 IMO 强制要求在驾驶台内报警的状态，报警声音通过麦克风记录)；

Others：其他的重要航行安全数据，如 ECDIS、CCTV 等。

VDR 系统(VR-3000/3 000 S)的实物连接图如图 12-3(b)所示。

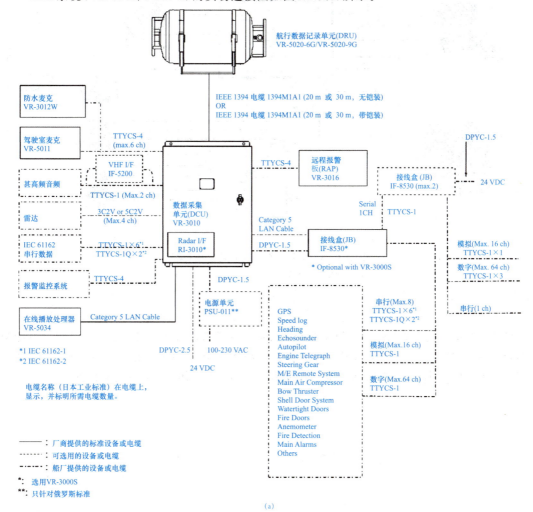

(a)

图 12-3　VDR 系统图及实物连接图

(a)设备厂家的(FURUNO VR-3000)VDR 系统图

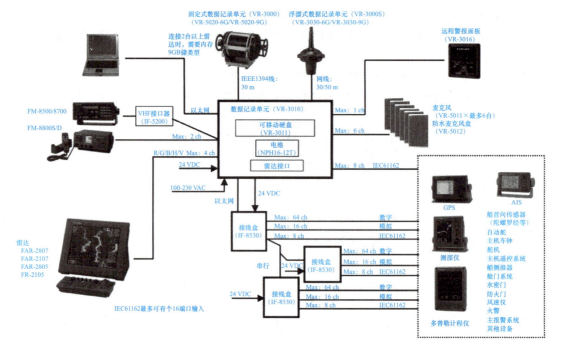

图 12-3 VDR 系统图及实物连接图(续)
(b)VDR 系统(VR-3000/3000S)实物连接图

3. 识读船厂的 VDR 系统图

各船厂根据船舶建造规范、各种建造标准及船东的要求，再结合设备的实际情况，设计绘制本船厂的 VDR 系统图。图 12-4 所示是某船厂一艘散货船的 VDR 系统图。此图中的 VDR 不是 FURUNO 的，因此与图 12-3 相比信号采集有了不同，但总体系统构成是相同的。

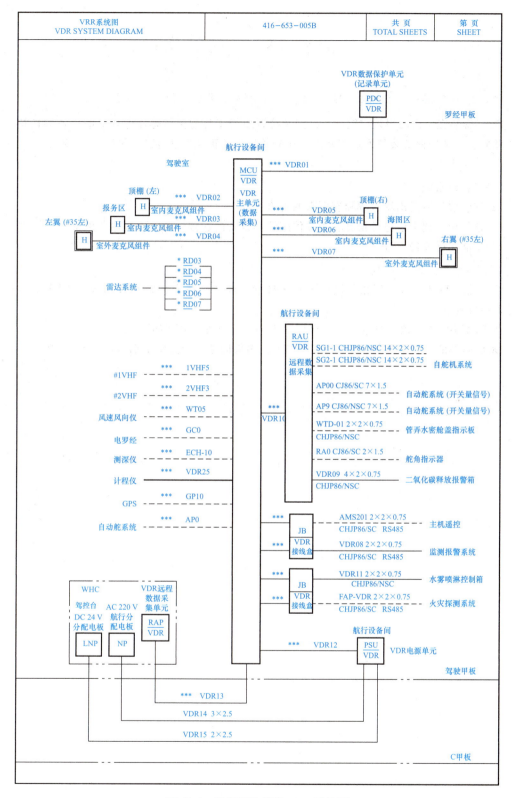

图 12-4 某船厂散货船 VDR 系统图

注：(1) 电力电缆选用 CJ86/SC，通信电缆选用 CHJP86/SC；
(2) 带 * * * 号电缆由 VDR 厂家提供；(3) 带 * 电缆由设备厂家提供

技能一　VDR 的安装

一、数据采集单元（Data Collecting Unit，DCU）的安装

DCU 安装在室内的甲板或舱壁上。安装位置要便于与相关传感器及相关的设备的连接。对于舱壁安装，请确保安装位置足够坚固，在船舶遭遇的正常振动范围内足以支撑 DCU。

1. 安装注意事项

(1) 安装面必须平整。
(2) 安装位置应远离受水溅和有雨水的地方。
(3) 选择位置要考虑电缆长度、相关传感器和设备的连接、访问连接器和该单元门的通道。
(4) 不能离磁罗经太近。

2. 安装过程及细节提示

为了抬高 DCU，在单元顶部提供了有眼螺栓。注意：在安装好 DCU 后，用提供的装饰帽塞住有眼螺栓孔。

将 DCU 用 M10 螺栓或 ϕ10 方头螺栓紧固到所选位置，安装如图 12-5 所示。

DCU 内部的安装细节如图 12-6 所示，DCU 内部同轴电缆的固定细节如图 12-7 所示。

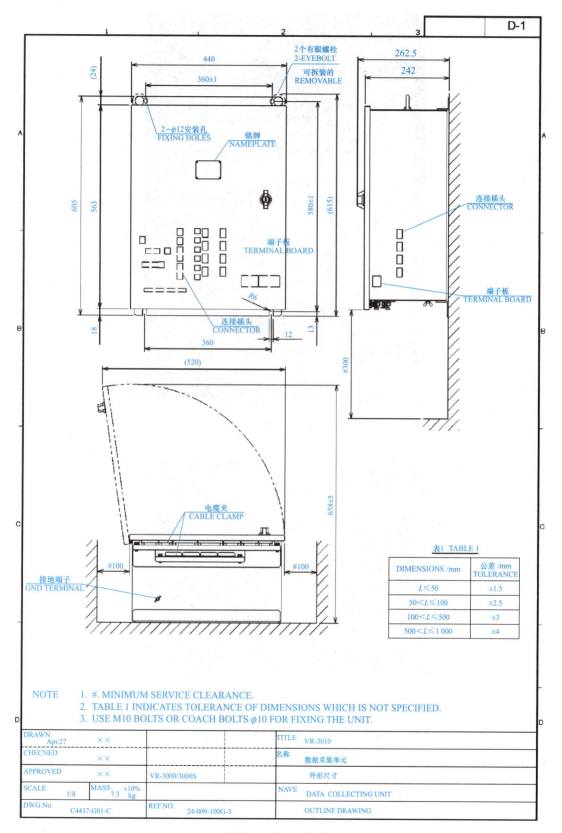

图 12-5 DCU 安装

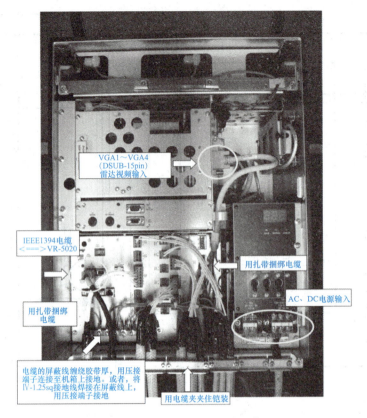

图 12-6　DCU 内部的安装细节

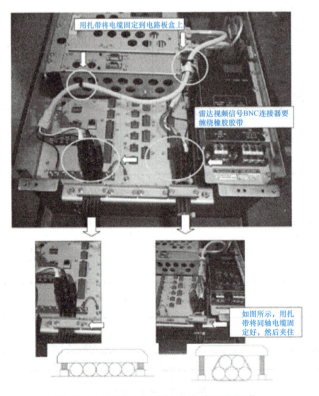

图 12-7　DCU 内部同轴电缆的固定细节

二、数据记录单元(Data Recording Unit, DRU)的安装

1. 安装注意事项

(1)必须与燃料或其他潜在的火警危险分开。
(2)必须与可能的机械损伤源分开。
(3)安装地点必须便于常规维护和复制数据。
(4)选择便于潜水员或水中搜寻机械人取回设备的地方。
(5)DRU 四周空旷,没有阻碍,以便潜水员或水中搜寻机械人进行作业。

2. DRU 的安装过程

(1)数据记录单元(DRU)的安装支架与安装底座的连接。DRU 原厂装有安装支架(Mounting Bracket)。要求造船厂为 DRU 制作一个安装底座(Mounting Base),焊接在甲板上。安装支架要用 M8 螺栓和螺母(双螺母)安装在安装底座上,减振器和螺栓之间的间隙至少应有 3 mm,如图 12-8 所示。

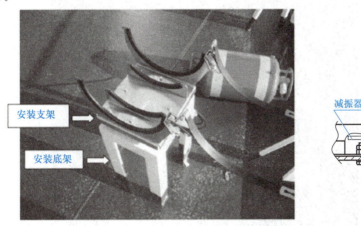

图 12-8　DRU 的安装支架与安装底座

(2)DRU 火线(Fire Wire Cable)的连接。将火线连接至 DRU 时,插头要插入最内侧。连接至 DRU 的电缆插头不能受到损伤,也不能受到雨淋。必须缠绕胶带,以进行防护防水处理。DRU 的火线如图 12-9 所示。DRU 的火线连接如图 12-10 所示。

图 12-9　DRU 的火线

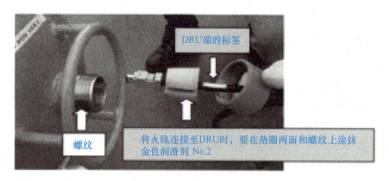

图 12-10 DRU 火线的连接

拧紧 DRU 盖型螺母，直到只能看见一条螺纹，如图 12-11 所示。注意：不要将盖型螺母拧紧至螺纹末端。拧好后做防水处理，如图 12-12 所示。

图 12-11 拧紧 DRU 的盖型螺母

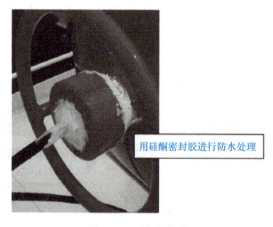

图 12-12 防水处理

(3)多余电缆的处理。多余电缆不能剪断，应按图 12-13 所示的方法进行处理。

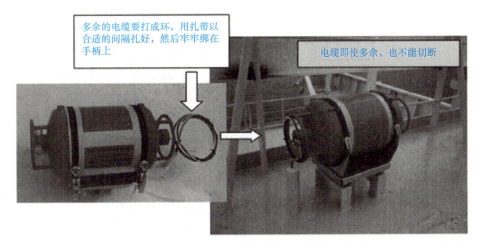

图 12-13　多余电缆的处理

（4）装上铰链销（Hinge Pin）。装上铰链销是安装 DRU 的最后一步，请不要忘记，如图 12-14 所示。

图 12-14　装上铰链销

3. DRU 主体分离的步骤

当需要将 DRU 的主体分离时，应按以下步骤进行：

（1）松开手动拧紧的盖型螺母（Cap）。

（2）直接拉出 DRU 的电缆（Cable）（电缆也许在事故发生后已经切断）。

（3）先取下卡销（Snap Pin），再取下铰链销（Hinge Pin）。

（4）提起释放拉杆（Release Lever），分离主体，如图 12-15 所示。

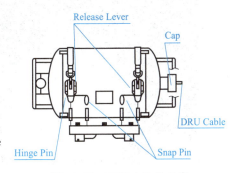

图 12-15　DRU 主体的分离

三、远程报警板的安装

要确保有足够的空间用于后盖的安装和布线。远程报警板采用嵌入式安装。在远程报警板附近贴上"IMPORTANT"的标签。安装如图 12-16 所示。图 12-17 所示为报警板的电缆处理。

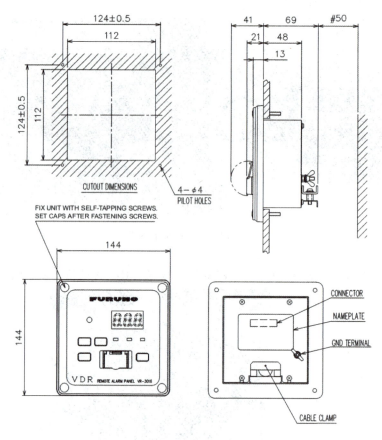

图 12-16 远程报警板的安装

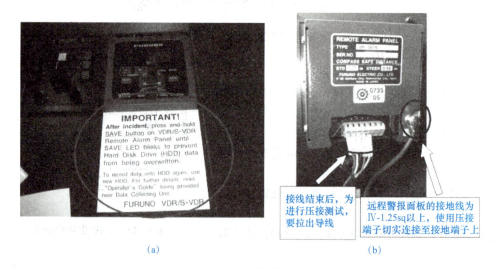

(a) (b)

图 12-17 远程报警板实物

(a)前面；(b)后面

四、麦克风(Microphone)的安装

1. 桥楼麦克风(Bridge Microphone VR-5011)的安装

桥楼麦克风带有嵌入式安装板。用 6 个 4 × 16 自攻螺钉固定安装板。单个麦克风的有效使用尺寸约为直径 10 m、高度 2 m，如图 12-18 所示。图 12-19 所示为雷达位置的麦克风安装实例。

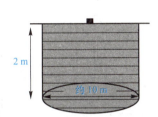

图 12-18　麦克风的有效使用尺寸　　图 12-19　雷达位置的麦克风安装实例

麦克风安装在可录制桥楼所有对话的位置。例如，海图桌、雷达控制台、GMDSS 无线控制台、驾驶台、发动机控制台等的顶棚面上。本机最多可连接 6 个麦克风。

2. 防水麦克风(Waterproof Microphone VR-3012W)的安装

防水麦克风，即室外麦克风，安装在桥楼两翼(Wing)，有两种类型：舱壁安装(Bulkhead Mount)或嵌入式安装(Flush Mount)。

有关麦克风的具体安装方法、接线盒的安装，以及初始化设置和检查等详见厂家安装说明书。

五、识读 VDR 接线图

图 12-20 所示为 VRD 的接线图(以 FURUNO 航行数据记录仪 VR-3000 为例)。以数据采集单元为核心，图中给出了各种选配模块。

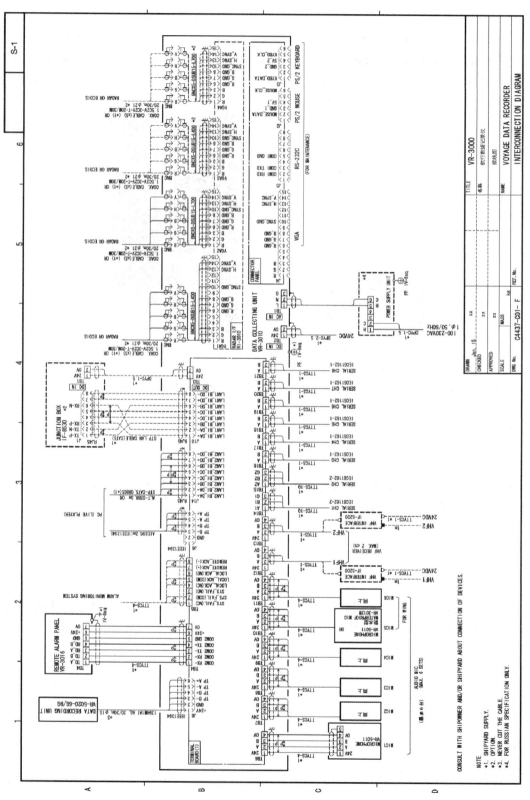

图 12-20 VDR 接线图

技能二　VDR 的操作

VDR 配有钥匙锁住 DCU 以防止任何未经授权的访问。安装完毕后必须妥善保管好钥匙。

配置数据的装载和更改应由正式授权人在 VDR/S-VDR 启用时完成。具体操作根据设备的厂家与型号不同而不同，通常通过 Web 连接由专用软件完成配置操作。配置操作有密码保护。只有在配置完成后，系统方可正常进行数据记录。

VDR/S-VDR 在正常工作状态下的运行是完全自动的，无须人为干预。当报警单元发出告警时，航海人员应按操作说明书的要求进行操作。VDR/S-VDR 通常设有电源、存储、记录终止、报警确认和测试等操作按钮。

一、打开电源并记录数据（Powering，Recording）

在 DCU 的电源控制面板（Power Control Panel）上按照下列顺序依次打开交流供电主电源（AC SUPPLY MAINS）、直流供电主电源（DC SUPPLY MAINS）和备用电池（BATTERY BACK-UP）的开关（Switches）。确认电源控制面板和远程报警面板（REMOTE ALARM PANEL，RAP）的正常指示灯（NORMAL LED）亮，如图 12-21 所示。VDR 在 DRU 和备份硬盘（HDD）中自动记录数据。

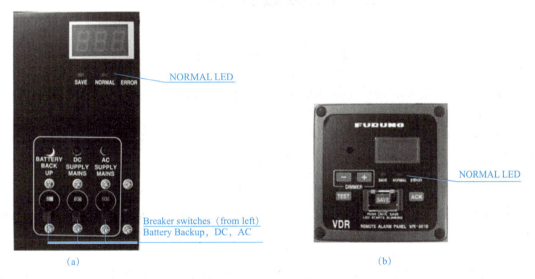

图 12-21　VDR 打开电源的正常指示
(a)电源控制面板；(b)远程报警面板

二、停止记录数据（Stopping Recording）

只有在下列情况下才能终止数据记录：
(1)船舶在港口内进行必要的维护。
(2)船舶处于闲置状态。

要停止记录，请按照下列顺序关闭电源：BATTERY BACKUP, DC SUPPLY MAINS and AC SUPPLY MAINS。

注意：当 BATTERY BACKUP 的开关打开时，千万不要通过关闭主开关去关闭系统。如果这样做，系统就会由备用电池供电继续运行，2 h 后系统停止工作。

三、远程报警面板的操作(Operation on Remote Alarm Panel)

在远程报警面板上没有电源开关。它的打开和关闭由 DCU 上的电源开关控制。当远程报警面板上的错误指示灯[ERROR LED(red)]亮时，在错误代码表(Error Code Tables)中核对错误代码编号，识别确认错误。远程报警面板的功能按钮如图 12-22 所示。

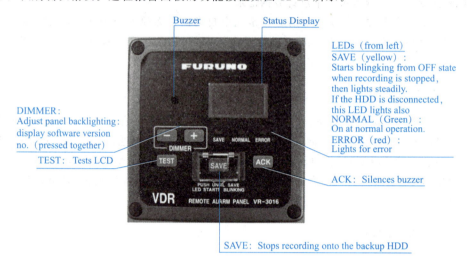

图 12-22　远程报警面板的功能键

ACK Button：报警确认键。每次连接到 VDR 的雷达被关闭时，蜂鸣器就鸣叫。按下[ACK button]键使报警静音。

Save Button：存储键。按下存储键则停止向 DCU 中的备份硬盘记录数据。如果发生事故，按此按钮以停止录制数据到备份硬盘，然后取出硬盘。

四、取出备份硬盘(Removing HDD)

VDR 的信息自动地复制到备份硬盘上，能存储超过 12 h 的信息(最多 48 h)，然后自动地被新信息刷新覆盖。如果可能的话，事故发生后将备份硬盘带走。参照图 12-23 按照下列步骤进行：

(1)长时间按住远程报警面板上的[Save]按钮，黄色 LED 灯开始闪烁(Dlinking)，表明记录正在被终止。

(2)等到灯光平稳(Steadily)。

(3)用钥匙打开 DCU 并关闭电源。

(4)拉 HDD 门上的把手(Knob)，打开门。

(5)断开 IEEE 1394 电缆。

(6)取出 HDD。

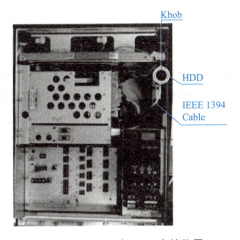

图 12-23 HDD 在 DCU 中的位置

任务总结

通过本任务的学习，了解了 VDR 的功能、特点及设备的组成，掌握了对设备进行安装和操作。

在进行设备安装和操作时一定要注意安全，同时要了解各个船级社和造船企业的要求，接线时注意线型的选择和工艺。

项目评价

序号	考核点	分值	建议考核方式	考核标准	得分
1	VDR 系统图、接线图识读	15	教师评价(50%)＋互评(50%)	能正确识读系统图、接线图，识读错误一处扣 1 分	
2	VDR 接线	15	教师评价(50%)＋互评(50%)	能正确进行设备接线，接错一处扣 2 分	
3	VDR 操作	15	教师评价(50%)＋互评(50%)	能正确进行设备操作，操作错误一次扣 3 分	
4	项目报告	10	教师评价(100%)	格式标准，内容完整，详细记录项目实施过程并进行归纳总结，一处不合格扣 2 分	
5	职业素养	5	教师评价(30%)＋自评(20%)＋互评(50%)	工作积极主动，遵守工作纪律，遵守安全操作规程，爱惜设备与器材	
6	练习与思考	40	教师评价(100%)	对相关知识点掌握牢固，错一题扣 1 分	
完成日期			年 月 日	总分	

项目总结

通过本项目的学习，了解了VDR系统组成及功能，学习了VDR工作原理，掌握了系统的安装过程和技巧，通过对系统图和接线图的识读，对系统进行了安装，在详细阅读设备操作说明书后，学会了对设备的操作。

练习与思考

1. VDR的主要功能是（　　）。
   A. 船舶航行数据的记录、显示、打印、自检和故障报警
   B. 显示船舶的动态和静态信息
   C. A＋B
   D. 以上都不是

2. VDR必须在（　　）h内连续记录所有数据。
   A. 24　　　　B. 48　　　　C. 12　　　　D. 8

3. 船舶发生意外事故之后的（　　）h内，船长或指定人员必须将VDR的连线装置拉脱。
   A. 2　　　　B. 4　　　　C. 8　　　　D. 12

4. VDR与S-VDR的区别是（　　）。
   A. 安装位置不同　　　　　　　　B. 要求记录的信息数量不同
   C. 防水性不同　　　　　　　　　D. 外形不同

5. 船载航行数据记录仪的相关国际标准和建议可分为（　　）。
   A. 性能标准　　B. 技术标准　　C. 查验导则　　D. A＋B＋C

6. VDR保护舱带有一个在25～50 kHz频段的水下声响信标，信标所用电池至少可以工作（　　）d。
   A. 30　　　　B. 20　　　　C. 25　　　　D. 10

7. 自由浮离舱在船体沉没时能够自动脱离船体上浮，并能够在海水浸泡至少（　　）d保持数据完好性。
   A. 3　　　　B. 5　　　　C. 7　　　　D. 10

8. 桥楼麦克风（Bridge Microphone）：即室内麦克风，与室外麦克风加在一起的数量最多（　　）个。
   A. 6　　　　B. 8　　　　C. 7　　　　D. 9

9. VDR系统工作时主电源采用100～230 VAC，也要提供（　　）VDC电源。
   A. 32　　　　B. 100　　　C. 68　　　　D. 24

10. VDR系统能够连续存储（　　）h以上的数据。
    A. 20　　　　B. 24　　　　C. 12　　　　D. 16

附录 海岸电台频率表

海岸电台台名	发射/接收频率/kHz	工作时间/h	识别码
海上 110 台	6 368.0/6 368.0	24	—
天津	8 755.0/8 231.0	24	—
	13 092/12 245		
	13 122/12 275		
大连	8 716.0/8 170.0； 13 077/12 230	24	004121300
秦皇岛	—	—	004121200
烟台	8 764.0/8 240.0	24	004121400
青岛	8 794.0/8 270.0；13 107/12 260	24	004122200
宁波	8 746.0/8 222.0	24	004122400
上海	8 770.0/8 246.0	24	—
	8 791.0/8 267.0		
	8 806.0/8 282.0		
	13 083/12 236		
	13 113/12 266		
温州	—	—	004122500
福州	8 755.0/8 231.0	24	
广州	6 510.0/6 209.0	24	004123100
	8 782.0/8 258.0		
	13 107.0/12 260.0		
	13 149.0/12 302.0		
湛江	—	—	004123300
海口	8 764.0/8 240.0	24	004123500
舟山海洋渔业	12 515.0/12 630.0	24	—
舟山市水产局	12 371/131 152； 9 130.0/9 130.0	24	—

注：8 MHz 为首选频率。

参考文献

[1] 蔡新梅. 船舶无线电通信系统安装与操作[M]. 北京：北京理工大学出版社，2019.

[2] 李冰蟾. 船舶导航设备维护与管[M]. 哈尔滨：哈尔滨工程大学出版社，2024.

[3] 陈永冰等. 船舶导航系统信息接口技术及应用实践[M]. 北京：科学出版社，2021.

[4] 李建民，高向阳. GMDSS综合业务[M]. 大连：大连海事大学出版社，2021.

[5] 王化民，李建民. 船舶通信技术与业务[M]. 大连：大连海事大学出版社，2020.

[6] 中华人民共和国海事局. 全球海上遇险与安全系统（GMDSS）操作员考试大纲与评估规范[M]. 大连：大连海事大学出版社，2009.

[7] 中华人民共和国国家标准. GB/T 16162—2021 全球海上遇险和安全系统（GMDSS）术语[S]. 北京：中国标准出版社，2021.

[8] 中华人民共和国交通运输行业标准. JT/T 1380.5—2021 海船船员培训模拟器训练要求 第5部分：全球海上遇险与安全系统模拟器[S]. 北京：人民交通出版社，2021.